教育部重大攻关项目《国外马克思主义的现状、发展趋势和基本理论》（04JZD002）

当代国外马克思主义研究丛书

俞吾金/主　编
陈学明　吴晓明/副主编

全球化背景下的
现代性问题

吴晓明　邹诗鹏 /主编

重庆出版集团　重庆出版社

图书在版编目(CIP)数据

　　全球化背景下的现代性问题 / 吴晓明，邹诗鹏主编.
重庆：重庆出版社，2009.9
　　(当代国外马克思主义研究丛书)
　　ISBN 978-7-229-01161-1

　　Ⅰ.全…　Ⅱ.①吴…②邹…　Ⅲ.现代主义—研究
Ⅳ.B089

　　中国版本图书馆 CIP 数据核字(2009)第 155012 号

全球化背景下的现代性问题

QUANQIUHUA BEIJING XIA DE XIANDAIXING WENTI

当代国外马克思主义研究丛书
主　　编　吴晓明　邹诗鹏
丛 书 主 编　俞吾金
丛书副主编　陈学明　吴晓明

出　版　人：罗小卫
责任编辑：别必亮
责任校对：温雪梅
装帧设计：重庆出版集团艺术设计有限公司·蒋忠智·钟丹珂

重庆出版集团
重庆出版社　出版

重庆长江二路 205 号　邮政编码：400016　http://www.cqph.com

重庆出版集团艺术设计有限公司制版

重庆市伟业印刷有限公司印刷

重庆出版集团图书发行有限公司发行

E-MAIL:fxchu@cqph.com　邮购电话：023-68809452

全国新华书店经销

开本：787mm×1 092mm　1/16　印张：26.75　字数：385 千
2009 年 9 月第 1 版　2009 年 9 月第 1 次印刷
印数：1～4 000 册
ISBN 978-7-229-01161-1
定价：44.00 元

如有印装质量问题，请向本集团图书发行有限公司调换：023-68706683

当代国外马克思主义研究丛书总序

Quanqiuhua Beijing Xia
De
Xiandaixing Wenti

对国外马克思主义的研究滥觞于 20 世纪 70 年代末和 80 年代初的"西方马克思主义热"。经过 20 多年来的发展,今天我们完全有把握说:国外马克思主义研究,尤其是当代国外马克思主义研究,已经成为一门显学。

国外马克思主义研究之所以成为显学,原因是多方面的。首先,马克思主义本身显示出强大的生命力。几乎可以说,在马克思以后,国际上出现的任何重大的社会思潮,都会自觉地或不自觉地从马克思主义那里借贷思想资源,甚至直接地或间接地用马克思主义来命名相关的思潮或学派。在这个意义上可以说,马克思仍然是我们的同时代人。其次,国内的马克思主义研究,特别是马克思主义基础理论研究,必须借鉴国外马克思主义研究的最新成果。作为发展中的国家,我国在现代化进程中尚未经历过的事情,许多国家已经经历过了。它们的经验教训是什么? 这些经验教训蕴涵着哪些重大的理论问题? 这些问题是否会导致我们对马克思主义基础理论理解上的重大突破? 事实上,国外马克思主义者一系列原创性的研究成果,早已引起国内理论研究者的深切的关注和巨大的兴趣。再次,作为社会主义的国家,我国是以马克思主义作为自己的指导思想的,当然应该比任何其他国家都更多地致力于对国外马克思主义的探索,以便确保我国的精神生活始终站在马克思主义理论的制高点上。

作为国外马克思主义研究领域中的长期的耕耘者,我们也深切地体会到这一研究领域近 20 多年来发生的重大变化。复旦大学哲学系于 1985 年建立国外马克思主义研究室,1999 年升格为复旦大学当代国外马克思主义研究中心,2000 年成为教育部重点研究基地(该研究领域中唯一的重点研究基地,简称"小基地"),2004 年,在小基地之外,建立了复旦大学国外马克思主义与国外思潮国家级创新研究基地(该研究领域中唯一的国家重点研究基地,简称"大基地");2005 年又建立了国内第一个国外马克思主义自设博士点。2006 年全国又建立了 21 个马克思主义一级学科,下设五个二级学科,其中包括国外马克思主义研究。所以,从学科建设的角度来看,国外马克思主义已经从马哲史或外哲史的一个研究方向上升为独立的二级学科,而小基地和大基地的相继建立也表明,国外马克思主义的研究已经受到高度的重视。

我们之所以要策划并出版《当代国外马克思主义研究丛书》,其直接的起因是:通过投标和竞标,我们获得了2004年度教育部重大攻关课题《当代国外马克思主义思潮的现状、发展态势和基本理论研究》。这个课题促使我们凝聚大、小基地的全部学术力量,及博士后和博士生中的佼佼者,对当代国外马克思主义做出全方位的、有穿透力的研究。这套丛书具有以下三个特征:

其一,系统性。本丛书试图通过三种不同的研究进路,即"区域研究"、"流派研究"和"问题研究"来构建这种系统性。"区域研究"重点探讨亚洲、非洲、拉丁美洲和南美洲(包括一些社会主义国家,如越南、老挝、朝鲜、古巴)的马克思主义发展现状;"流派研究"主要探索国外最新的马克思主义流派,如"后马克思主义"、"解构主义的马克思主义"、"女性主义的马克思主义"、"解放神学"等;"问题研究"侧重于反思当代国外马克思主义者探索的一系列重大的理论问题,如"全球化背景下的现代性"、"市场社会主义"、"当代资本主义的最新发展"等。通过这三条不同的研究进路,这套丛书将全面而又有重点地勾勒出当代国外马克思主义发展的整体面貌。

其二,前沿性。本丛书对"前沿性"的理解是,把研究的焦点放在20世纪80年代和90年代初以来国外马克思主义的最新发展上。也就是说,重点考察在最近20年左右的时间里,国外马克思主义发展的最新态势是什么? 国外马克思主义者发表了哪些有影响力的著作和论述? 他们正在思考哪些重大的社会问题和理论问题? 当然,为了把前沿问题叙述清楚,也需要做一些历史的铺垫,但探讨的重心始终落在国外马克思主义者所面对的最前沿的问题上。

其三,思想性。纳入本丛书出版规划的著作,除译著外,都充分体现出对思想性的倚重。也就是说,这些著作不仅是"描述性的",更是"反思性的"、"研究性的"。它们不仅要弄清新的现象和资料,而且要深入地反省,这些新的现象和资料可能给传统的理论,尤其是基础理论造成怎样的挑战? 如何在挑战与应战的互动中丰富并推进马克思主义基础理论的发展? 总之,它们不是材料的堆砌,而是思想的贯通。这也正是这套丛书不同于其他丛书的最显著的特点之一。

我们感到庆幸的是,这套丛书在策划的过程中就得到了重庆出版社总编辑陈兴芜编审和该社重点图书编辑室吴立平主任的热情支持。本丛书的出版也得到了2004年度教育部重大攻关课题《当代国外马克思主义思潮的现状、发展态势与基本理论研究》(课题批准号为04JZD002)的资助,在此一并表示感谢。

序

序

在全球化的背景下,现代性已日益成为全球共同面对的基本问题。对于现代性问题的广泛关注,从根本上来说,不仅起源于现代性本身所具有的世界—历史意义,而且起源于现代性在其展开过程中表现出来的必然性。正是经由这种自我展开的历史运动,现代性——在全球化过程中近乎完成的现代性——将自身揭示为问题,揭示为一系列对于全球来说具有普遍性质的重大问题。

虽说对于现代性(modernity)的历史内涵和哲学意义依然存在着广泛的争论,但现代性作为问题,作为普遍而重大的问题,却总是被当做"现代世界"的本质根据——它的原则、纲领、精神气质(ethos)等——而受到追究的。如果说这样的追究在历史上可以回溯得比较久远,那么它在20世纪的开展却是以马克思和尼采为后盾的。对于西方世界来说,20世纪的重要性就在于,现代性之成为普遍问题的划时代意识始于第一次世界大战,就像这种意识的较为晚近的后果突出地体现在所谓"后现代主义"(postmodernism)中一样。

后现代主义既意味着现代性神话学的广泛瓦解,又意味着现代性的完成。海德格尔曾说,关于哲学之终结的谈论意味着形而上学的完成(Vollendung),而终结作为完成乃是聚集到最极端的可能性中去。

同样,在后现代主义语境中,关于现代性终结的谈论也意味着现代世界的完成——这一世界达到了其最极端的可能性。由此而绽露出来的诸多内容无疑包含着某种深刻的东西,它们提示着现代性本身在其展开过程中必然遭遇的历史命运。当尼采预告欧洲虚无主义降临之时,他并没有把虚无主义看做是某种从外部侵入的势力;恰好相反,他把虚无主义理解为现代理性主义的极致,也就是说,理解为内在于现代理性主义本身之中的极端可能性。与之相类似,霍克海默和阿多尔诺在《启蒙的辩证法》中力图指证的是:启蒙的纲领是要通过祛除神话而使人树立自主,但启蒙自身的辩证法却恰恰使之倒退为神话,倒退为具有极权主义性质的神话;其原因并不出自其他古老的或现代的神话,而是植根于启蒙自身的原则之中。

当我们今天面对着现代性已然开展出来的一系列自我实现的历史性成就时,我们同样面对着它的一系列自我否定的历史性趋势。正是由于这样一种时代状况,所谓现代性问题方始作为真正普遍的问题——并且也是本质重要的问题——显现出来。在某种意义上甚至可以说,现代性问题已成为我们时代一切问题围绕着旋转的那个枢轴,亦即全部问题所在的那个核心了。只要任何重大的时代问题能够被提出,它们总已在某种程度上先行地勾连于现代性问题的总体了。事实上,对于现代性的全部批判主张和重建主张,包括后现代主义的各种激进反叛,也都或者构成现代性问题本身,或者构成使问题得以被标举出来的基本方面。

就像现代性由以奠基的历史性实践第一次开辟出世界－历史一样,现代性在其展开过程中的自我否定同样必然地具有世界－历史意义。就现代性问题的真正理解而言,这种历史性质的具体化与其在不同民族、不同文化中的具体化具有同等的重要性。因此,以为"后现代转向"对于非西方国家来说没有意义的主张(如史蒂文·塞德曼),从根本上来说是错误的。其错误就在于:虽说迄今为止有关后现代性的讨论几乎全都发生在西方,然而在全球化时代,这些讨论所涉及的内容之构成现代性问题之总体的历史性规定,却不仅是本质重要的,而且同样具有普遍的性质。如果撇开了这种规定,那么,现代性及其问题就会是完全抽象的。在这种抽象的境域中，就像古典经济学家得以虚构出资本主义生产无限制发展的神话一样，关于现代性的讨论就会使自身陷入一种完全非历史的或伪历史的幻觉之中。

因此之故，对于现代性问题的深入追究不能不是批判的。"批判"在这里意味着什么呢？它在理论方面首先意味着"澄清前提"和"划定界限"。这两者归根到底无非是一回事：只有无须乎前提的事物才是没有界限的；而当某一事物得以成立的前提被彻底澄清之际，此一事物得以展开自身的界限也就清晰地显现出来了。如果我们今天要能够真正去思考现代性问题，那么，批判地澄清这些问题的前提并由此而把握其界限一事，就不仅非常重要，而且极为必要。对于当今的中国人来说，批判地理解现代性问题的前提和界限总是一项更为艰巨、也更为必要的任务（较之于同时代的西方人而言）。这是因为：一方面，我们长期以来并且直到今天依然面临着实现现代化的根本任务，而现代化的意思无非是进入到现代性之中。另一方面，我们始终不能抽象地脱离自身的文化传统而进入到现代性之中，我们民族已然亲历着的现代化实践确实是在非常独特的文化传统的基础上开展出来的。这一判断决不意味着拒斥我们的现代化任务，相反倒是意味着对这一任务的理解必须批判地深入到一些基本前提中去，并且意味着唯赖这种深入，切近地把握我们当今所面临的现代性问题才是真正可能的。

如果说中国自近代以来的一切文化争论归结起来都是围绕着"古今中西"这个核心点来展开的，而这个核心点说到底也就是现代性问题。而这个核心问题在今天并未发生根本转移，我们进一步深入思考这个问题的积极动力就在于有能力批判地检审时代问题所在的那些基本前提，例如，只有在现代性本身的历史前提、不同文化传统所构成的历史前提得到不断澄清的地方，才有可能真正把握这两种前提之间变化着的特殊中介，以及由之而来的种种具体化。由此，我们方始能够从根基上理解当今的现代性问题，并对之作出独立的、积极的和建设性的应答。

"全球化背景下的现代性问题"正是因此而受到关注并被课题化的。不消说，这个课题意味着一个具有很高学术要求的思想任务，它只有通过广泛而深入的学术探讨和积累，才能推动思想逐步进入到问题

3

的根基之处;同样不消说,这个课题也深深地关切于中国一百多年来的现代化实践,因而它也试图作为一种思之努力,参与到我们民族向着未来筹划的历史命运中去。

这样的任务显然不是能够一蹴而就地完成的。但是,作为一个具有明确目标的学术研究和思想探索,我们希望首先把问题集中在社会理论方面。虽然人们可以从政治哲学、历史哲学、文化理论、实践哲学、宗教学、伦理学等各个不同的学科领域来讨论现代性问题,但是,对于我们的研究来说,从社会理论层面作出的探讨更能在本质方面切中现代性问题,并有益于从基础上对现代性进行批判、反思与建构。因为就我们所面临的现代性问题而言,没有任何别的事情比使社会现实——当今中国的社会现实——积极地显现出来更为重要、更为紧迫了。当代西方哲学家们对现代性所作出的那些深入研究和卓越批判,如霍克海默、阿多尔诺、马尔库塞、哈贝马斯、吉登斯、鲍曼、乌尔里希·贝克等在社会理论领域展开的分析,以及福柯、鲍德里亚等在社会理论领域进行的后现代式的现代性批判,无疑取得了重要的成果。这些成果对于我们的研究来说将会是非常有借鉴意义的,但从根本上来说,只有在当今中国的社会现实能够被揭示着前来同我们照面的地方,这些批判性成果的意义方始有可能成为真正具有启发性的和建设性的。

对问题的这种提法本身,使得我们探究现代性问题的任务直接关联于马克思的哲学和社会理论。而此一关联的要点在于,唯物史观不仅开启了对现代世界及其本质的具有原则高度的批判性分析,而且同时最坚决地提出了深入把握社会现实的基本纲领与方法。非批判的观点只是使一切历史的前提滞留于晦暗之中,而疏离于社会现实的批判却总是缺乏原则高度的。因此,唯物史观的优越性便以这样一种方式体现出来:它是一种以把握真正的社会现实为指归的现代性批判。正如海德格尔所说,马克思在体会到异化的时候深入到历史的本质性的一度中去了,而只有在此一度中才可能有资格和马克思主义交谈。

就社会现实的发现而言,黑格尔无疑是一位必须被提到的先驱者。当马克思在《资本论》第二版的跋中坚决反对把黑格尔当“死狗”来打并声称自己是这位大哲的学生时,他所要强调的无非是:在黑格尔手中得到全面阐述的辩证法虽则采取了神秘的形式,却正是使社会现实得以显现出来的方法。伽达默尔说得对,黑格尔通过对主观思想的尖锐批判,开辟了一条理解人类社会现实的道路。在黑格尔看来,主观思想的观点盛行于所谓"外部反思"的哲学中;作为忽此忽彼地活动着的推理能力,反思不会深入于特定的内容之中,但却知道如何把一般的抽象原则运用到任何内容之上。黑格尔通过思辨的辩证法力图证明,这种外部反思最终只不过是诡辩论的现代形式。这确实是一个伟大的功绩,并且直到今天仍然具有十分重要的意义,因为时下关于现代性的许多意见和争论,在很大程度上仍然从属于主观思想及其外部反思。

然而,在马克思看来,问题并不止于黑格尔对主观思想的这种思辨超越:只要辩证法如此这般地局限于思辨唯心主义,那么在这里出现的与其说是主观思想的真正瓦解,毋宁说倒是它的最终完成——以绝对形式实现自身的思想只是在表面上获得了现实性的外观。于是,马克思对黑格尔的决定性超越就通过下述命题被道说出来:"意识在任何时候都只能是被意识到了的存在,而人们的存在就是他们的现实生活过程。"只是从这里开始,我们才有可能从一切形式的主观思想中解放出来,并且才有可能真正触及并深入到经由马克思的划时代批判才开始显现出来的社会现实本身。

依循于上述的那些基本观点,我们试图对全球化背景下的现代性问题作出较为深入——并且能够日益深入的——理论探讨。经过甄选的各篇论文被安排在以下四个彼此相关、并体现我们基本观点的主题之下:(1)现代性的基本理论;(2)马克思学说与现代性社会理论;(3)现代性与社会理论的当代视域;(4)现代性与社会理论的实践探讨。从总体上看,文集目前只是一个力图在理论上获得进一步展开和深入的初步尝试,但就这种尝试的目标以及由此而被提示出来的任务而言,它理应被看做是非常有意义的和富于成果的。如果说,这样一项理论任务毕竟与中华民族的复兴事业本质相关,那么我们确实就有充分的信心指望它不断增益的积极开展,指望它在思想犁过的大地上繁花盛开。

吴晓明

2008 年 7 月于复旦大学

Quanqiuhua Beijing Xia De Xiandaixing Wenti

MULU
目　录

第一专题

现代性的基本理论

Quanqiuhua Beijing Xia
De
Xiandaixing Wenti

现代性逻辑预设
——关于三种路径的探讨

张 雄

现代性逻辑预设是现代性的基础性叙述,它是现代性核心价值观念最具有典型特征的思想规定,也是哲学及各门综合知识所涉及的现代性特征之间的联结点。它的生成与发展是一个漫长的历史过程。当人们去认知现代性时,有着不同的意识层次,如直观、感觉或情感等,唯有以思想、范畴进行反思现代性时,它表达了一种日益强烈的历史相对主义意识。因此,现代性逻辑预设又是意义同质化的哲学反思命题,它通过对历史时间与空间的还原,将杂多的人类实践行为特殊样式以抽象思辨的哲学范畴排序及逻辑编目,深刻地反映着现代性历史生成与发展的辩证同一体的本质,同时又深层次地揭示了人类生存进化的现状和缺憾(异化、祛魅、破碎及病态等)。

对现代性逻辑预设进行发生认识论考察有着十分重要的意义。一方面,它有助于我们了解现代性核心价值观的生成与发展的历史过程,把问题放在历史中去透视,放在生成和起源中去追问,这是走出形式理性主义认识困境的有效方法;另一方面,它有助于我们客观准确地把握现代性产生的历史逻辑根源,从唯物史观的角度,对现代性的历史地位和发展性状作出科学的判断,为我国现代化发展进程提供有价值的思考。

本文通过对中世纪基督教神学观与现代性逻辑预设的勾连、近代欧洲工业革命对现代性逻辑预设的影响、近代西方理论经济学传统的价值内核对现代性逻辑预设的侵蚀等三种路径的探讨,旨在提出一种有助于理解现代性问题方面所存在的历史间距的参考文本。

一、历史时间意识、历史整体性观念、历史进步观念
——中世纪基督教神学观与现代性逻辑预设的勾连

美国学者马泰·卡林内斯库在《现代性的五副面孔》中指出:"尽管现代性的概念几乎是自动地联系着世俗主义,其主要的构成要素却只是对不可重复性时间的一种感觉,这个构成要素同犹太－基督教末世论历史观所隐含的那种宗教世界观绝非不能相容。唯其如此,现代性的概念在异教的古代世界中显然不存在,它产生于基督教的中世纪。"①为什么现代性逻辑预设发端于中世纪基督教神学? 从现代性发展的历史脉络来看,有三个方面值得关注。

(一)基督教神学为现代性早期逻辑预设的产生提供了三条重要原理

基督教神学为现代性早期逻辑预设的产生提供了三条重要原理:(1)发现人性最初的共同原理。维科指出:"我们放弃了从罗马的任何东西那里发现人性最初的共同原理的任何希望,而就世界的这个伟大时代而言,这些原理起源相当晚近,我们也对从希腊人的虚骄,埃及人的遗迹,如他们的金字塔,甚至从东方的全部隐晦的东西中全部发现这些原理,不抱有任何希望,那么,就让我们到圣史的原理中去寻找它们吧。"②维科所要寻找的原理,正是基督教神学在扬弃希腊－罗马对人性的乐观主义观念的基础上所表明的一种深刻的历史哲学观念,即人的行动并不是根据智慧所预想的目标而设计出来的,它完全是被直接

---

① 卡林内斯库:《现代性的五副面孔》,顾爱彬、李瑞华译,商务印书馆,2002 年,第 18 页。

② 维科:《维科著作选》,陆晓禾译,商务印书馆,1997 年,第 134 页。

而又盲目的欲望(在背后)所推动。这一重要原理启示了近代的康德，使他把人道之中的全部优越的自然禀赋的发展理解为人性之中的"贪得无厌的占有欲和统治欲"①。可以说，现代文明正是理性战胜欲望这一具有原因论性质的迷思澄明及其展示的必然结果，而现代性正是"恶的历史驱动"的精神现象学的解读。(2)心灵产生事物的模式及其意象的原理。基督教神学是对古希腊—罗马的"自然发生论宇宙观"的思辨形式的转换与提升——"心灵发生论宇宙观"，而这一点对于西方近现代思维方式和知识论反思的路向影响不可低估。中世纪的神学不能完全地被理解为人与神的对立，从某种意义上说，它是一种特殊的人学，是与人类的进化难以分离的一种精神的历史遗存物的显现。对于西方人来说，在前现代性与现代性的过渡、现代性与后现代性的过渡期，模仿上帝(有不同的诠释)，至少可以使人在精神素质上保持一种强大的凝聚力，这样能够衰减由于历史转折的震荡而带来的不同阶层之间精神的疏远幅度。正因为如此，一些后现代主义者特别重视未来的新宗教问题的研究。(3)真理与自由相悖的原理。尼采曾认为，虚无主义的主要成分是价值的颠倒、禁欲主义和对生活的否定。作为虚无主义的启蒙(赫勒语)——中世纪基督教神学借用一套新的话语系统颠倒了前现代社会格局的价值等级，如将"好人是高贵的人，坏人则与奴隶相联系"的观念改变为"最卑微的生物最为上帝所爱"的理念，为摧毁古罗马的秩序作出了贡献。应当说，这是现代性较早的一次通过内在否定的精神品格而彰显其生命活力的证明。最为重要的是，基督教神学产生了现代性的所有悖论——真理和自由的悖论。真理(超越世俗的崇高目的论)的普遍性和自由(世俗原欲的驱动)的差异性对本质性思考来说不能不是一个悖论。倘若上帝能创造有自由意志的受造物，但他不能促成或决定他们只做正确的事情。对至高无上的普遍价值的规定与信仰，本身就是对世俗生活差异性的消解，然而，失去差异性与普遍性的相互对立和否定，普遍性也就成为虚无。无论是康德还是尼采，他们的哲学困惑其实质都在于此。

---

①　康德:《历史理性批判文集》，何兆武译，商务印书馆，1991年，第7页。

（二）历史时间意识的萌发，为现代性提供了认知自身逻辑发生与发展的可能

卡林内斯库在考察现代性概念时提出了一个十分重要的观点："只有在一种特定时间意识，即线性不可逆的、无法阻止地流逝的历史性时间意识的框架中，现代性这个概念才能被构想出来。"[①]现代性概念之所以与历史时间意识的萌发相关联，是因为现代性本质上是一种历史大尺度的精神反思及量度的产物，现代性体现了一个完整时代特征所内含的历史与文化、时间与空间相互叠加、交错运动的实质性内容，反思中的现代性，乃是精神把历史的特定内容输入到特定的历史时间与空间的坐标中，并且通过历史逻辑的内在环节加以整理和连接，在诸多的共相中寻求历史的普遍性原则和特殊性原则，从而构成现代性逻辑预设的范畴群体以及特殊历史形式的综合判断。中世纪与它之前的古代社会比，有一个重要的历史认识论方面的变化：历史时间意识的萌发。早期历史学家在理解时间观念中的历史事件时，往往更相信循环时间的历史过程的自然法则，既然自然按四季白昼循环往复变化，那么人世间一切事件或人物或诸神，都是循环时间的表现形式，再次降生或再次死亡理所当然。而中世纪基督教神学家们所理解的历史事件，不再是纯客体变迁的自然法则演绎的结果，而是与人的价值、信念直接同构的主体道德实践的显现。人与神的故事实际上不过是基督教否定循环时间而赞成一种线性不可逆时间的结果，上帝作为历史的轴心，这种线性不可逆时间导向永恒性。上帝是永恒的，希腊诸神只是不朽的；上帝处在时间之外，但上帝通过历史时间来工作。在现代性的框架里，要承认文明是历史上规定了方向的东西，必须在时间上看出它的活动原理和定向标。任何属人的时间概念都应当包括着历史上和逻辑上与之相应的社会空间概念。黑格尔认为，历史时间是同质的连续体。历史是时间的等同物，因为整体的一切成分彼此同时，处于同一个"现在"。从历史哲学的角度看，希腊－罗马的历史观念，历史主体的抽象

---

① 卡林内斯库：《现代性的五副面孔》，顾爱彬、李瑞华译，商务印书馆，2002年，第18页。

还不擅长将"自然时间"转换为"历史时间",历史资料在形式化过程中缺乏整齐划一的目的因整合,因此,历史的读本只能是杂乱无章的偶然事件的堆积符号;而中世纪的历史观念,在基督精神的营造和整合下,历史事件由基督的诞生而向前和向后被记录并被评价,神的计划被赋予历史时间的量度而加以诠释和证明,它使人类有了开启"历史时代"的可能。自然主义历史观逐渐为神本主义的历史观所取代,"世界乃是自然"的观念不断为"世界乃是历史"的观念所覆盖。当然,此处的历史观念,有着浓厚的宗教神学和超验的光环,远远没有达到马克思所解读的历史范畴的科学内涵及深度。

(三)历史整体性观念和历史进步观念的萌发,为以主观性的统治为特征的现代性注入了一种特有的思维方式和一种理解历史过程的价值观

其思维方式的特征为:历史必须设定一个主体,即把整个现实创造出来的"创造主体",创造与被创造的关系不仅构成了作为客体的世界可以被把握为一个统一的整体,而且连主体在内都可以被理解为统一的主体－客体,即统一的历史过程。现代性首先是它的"历史整体性",从"世界历史意识"到"现代化进程的观念";从"文明中心论"到"全球化意识"等,后现代主义者试图用"边缘化"、"多元化"和"非中心论"来解构历史整体性观念。实际上,在理论形态中我们可以批判它,但在生活世界里至少目前还不能消解它,因为它是传统,地球上还有相当多的人其实践行为和利益关系与之不能割舍。英国学者阿尔布劳转借科林伍德的观点指出:"历史分期观念的提出归功于早期基督徒们。他们不得不把历史看做这样的历史:它具有普世性,按照上帝的意志运动,以一件神学事件(即耶稣基督的降临)作划分,然后再以一些划时代的事件做进一步划分。以此为背景,我们就可以明白现代时代做的是什么。"[①]笔者以为,希腊—罗马的普世历史并不是普遍的历史,因为它有一种特殊主义的重心:希腊、罗马的地域性似乎是历史旋

① 阿尔布劳:《全球时代——超越现代性之外的国家和社会》,高湘泽译,商务印书馆,2001 年,第 20 页。

转的中心;而中世纪根据基督教神学原理所构造的历史,理应是一部普遍的历史,一部世界通史,在这里基督精神已不是地域性的历史旋转中心,而是具有无限精神张力和宇宙始基论意义上的"逻格斯"存在。它的存在使得人们对历史偶发性的重大事件给予总体性的精神整合成为可能,所有历史事件的记录都要以基督诞生为中心的模式而结晶。阿尔布劳指出:"普世性的历史有赖于创造一个统一的人类交往场地,以之提供单一的事件框架,创造出单一的世界。这就是现代规划,普世性的历史是它的记录、它的伴随物和它的成就。"①撇开浓厚的神学光环,从整个西方文化传统之链来看,这种历史整体性观念与近代形而上学的总体性辩证法哲学思想不无渊源关系。

确认历史发展是进步的观念,是现代性一个最为典型的特征。进步,作为历史时间之产物的真理,它是一种理解历史过程的价值观。著名的历史学家克罗奇指出,进步观念永远是一种新型历史的主题,即人类精神进步史的主题。中世纪基督教文化的出现,标志着人类对进步观念的认识达到了一种道德哲学状态。进步不再是可感的、现实历史画面的显现,而是精神运作的结果。奥古斯丁在《上帝之城》中指出,罗马帝国的灭亡,不应被视为异族战争的结果,而是一种新时代精神(基督教)对已逝精神(罗马神话)的唾弃,它是一种历史的进步。其意义在于:人类通过由肉体生活(恶)向精神生活(善)的转换,实现了道德的提升和历史的进步。从世俗之城走向上帝之城,是道德的上升运动。近代社会意识形态的基本原理就是寻求进步。显然,神学的进步观是荒谬的,但从道德目标来关注历史进步的内涵,给后人不无启迪。

二、物性化、单向度、宏大叙事
——近代欧洲工业革命对现代性逻辑预设的影响

吉登斯在考察现代性的制度性维度时提出了一个颇有争议的话

---

① 阿尔布劳:《全球时代——超越现代性之外的国家和社会》,高湘泽译,商务印书馆,2001 年,第20页。

题:现代性诸制度究竟是资本主义的还是工业化的? 在他看来,应该把资本主义和工业主义看成是现代性制度的两个彼此不同的"组织类型"或维度①。笔者以为,从工业革命的角度来分析现代性逻辑预设问题,必然涉及资本主义话题,如赫勒所说,"是工业资本主义触发了现代性的发展"②。近代欧洲工业革命,是一个具有巨大历史威力的人类实践活动,在此之前,没有另一件百年才逢一次的大事能如此改变着地球和人类世界。这场革命最具有进步意义和最具有历史缺憾的历史辩证性正在于:从纺织工业的技术革新,到瓦特的蒸汽机的发明;从冶金工业的蓬勃兴起,到采煤工业的突飞猛进;从交通运输的迅速发展,到机械制造业的日新月异,历史的每一步推进,似乎在铸造着一个崭新的物态世界,同时也昭示了康德的如此思想——一个被创造物的全部自然禀赋都注定了终究是要充分地并且合目的地发展出来的。人类的自我设计、自我操纵、自我管理、自我建造达到极致。但随着社会分工、交换的发展而形成的社会关系的物化和异化,尤其是,货币向资本的转换,金融资本向工业资本的集聚,物性化的工业革命带来了人类心智的物性化;单向度的工作机原理带来了单向度的价值偏好的人;宏大叙事般的工业主义形象与实体带来了近代所特有的人类宏大叙事的思维方式和习俗。正是从这个意义上,在马克思的眼里,现代性是合理的,也是现实的;现代性是属人的计划而不是大自然的计划;现代性是缺憾的,也是值得批判和超越的。

(一)工业革命范式的内在性之一:物性化

哈贝马斯在《现代性的哲学话语》中转述了巴塔耶的一段话:"工业社会的基础是强调商品(物)的优先性和自立性。"③工业革命的哲学话语正是圣西门所言说的"把人力作用于物"。芒图在《十八世纪产业革命》著作中从四个方面对这种"物"作了如此诠释:(1)机器的使用,"大工业的显著的特征就是使用机器。""这些工具能产生相当数目的

---

① 吉登斯:《现代性的后果》,田禾译,译林出版社,2000 年,第 49 页。
② 赫勒:《现代性理论》,李瑞华译,商务印书馆,2005 年,第 52 页。
③ 哈贝马斯:《现代性的哲学话语》,曹卫东等译,译林出版社,2004 年,第 263 页。

工人所能产生的物质力量。"①(2)一种工厂制度,即"以经常的劳动来看管一套由总动力不断发动着生产机器的、不分长幼的各种工人的协作"②。(3)商品的生产,即"那些不是自然界直接提供的消费品的生产,是各种工业的目的"③。(4)资本的运动,"越来越复杂的设备以及越来越多而又有组织的人员便构成了大企业,即真正的工业王国;作为这个巨大活动的动力、作为原因而又作为结果的资本,在人力和机械力的炫耀后面活动;被其自身所固有的规律即利润规律鼓舞着,这个规律推动它不断地生产以便不断地扩大自己。"④由于在广度和深度上对物的开发和激活的成功,人对物的占有和分享的欲望愈来愈膨胀,一方面乞浆得酒,另一方面又不经意地落入到名缰利锁的境地。价值观朝着物性化维度改变。

1. 机器—技术幻象的出现

工业革命之前,人类主要依靠古旧的手工劳作方式,基本借助自然的仁慈和险恶来解决自身存在的生活资料问题。静态的环境,本能的需求,低效的劳动,慢节奏的生活,与人类对自然的排序缺乏精确性和对自然的"攻击"缺乏清晰性的能力保持着原始的一致性。工业革命之后,机器神奇般的出现,人类在大大增强对自然的支配性和盘剥性的同时,对工具手段的沉迷已不可名状。机器—技术创造众生,人类软弱无能。机器—技术越是智能化,人的主体地位越是失缺;机器—技术空间的扩大,使得它的存在越来越成为自身合法性的证明;机器—技术产生的问题越多,需要的机器—技术就越多,机器—技术带来的恶行和罪过不过是自身发展不充分的结果;机器—技术发展愈深入,它愈加成为一种路标;整合碎片化的世界只能靠永不停转的机器。人类历史可以

---

① 芒图:《十八世纪产业革命》,杨人楩、陈希秦、吴绪译,商务印书馆,1983年,第21、22页。

② 芒图:《十八世纪产业革命》,杨人楩、陈希秦、吴绪译,商务印书馆,1983年,第22、23页。

③ 芒图:《十八世纪产业革命》,杨人楩、陈希秦、吴绪译,商务印书馆,1983年,第9页。

④ 芒图:《十八世纪产业革命》,杨人楩、陈希秦、吴绪译,商务印书馆,1983年,第10页。

没有目标,但不能容忍机器的任何中断。正因为如此,机器—技术"神灵"使得 17 ~ 18 世纪的企业家心醉魂迷,据史料记载,在厂商的信笺上加盖"蒸汽企业"字样,甚至还印上烟囱在滚滚冒烟的厂房图形,这已成为那时一种享有盛誉的标志。本雅明在研究波德莱尔提供的"现代性的壁画"作品时特别引述了波德莱尔的这段话:"病态的大众吞噬着工厂的烟尘,在棉絮中呼吸,任由机体组织里渗透白色的铅、汞和一切制作杰作所需的毒物……这些忧郁憔悴的大众,大地为之惊愕;他们感到一股绛色的猛烈的血液在脉管中流淌。"波德莱尔为这幅图画特别加上醒目的标题:"现代性"[1]。同样,这种"神灵"也使得 17 ~ 18 世纪某些哲学家头脑发晕:笛卡尔认为,自然界的一切物质事物都服从于机械运动规律,动物包括人的肉体是一种非常复杂的自动机,它们以机械的方式对外部刺激作出反应,因此,"动物是机器"。拉美特利更为彻底,提出"人是机器"的论断,认为人比最完善的动物只不过多几个齿轮,多几条弹簧。现代性正是从这样的观念中抽引出一条影响至今的技术世界观和信仰系统:整个世界被机器—技术装置所定义、所架构。在海德格尔看来,机器—技术对人性杀伤的本质并不存在于物质自身的装置中,而存在于人和事物被带入共现(presence together)的方式中。技术的在场性所换来的只能是一个由主体可获得的客体所构成的世界,但是,主体的中心地位被消解了,而且所有东西都被化为可获得性了。海德格尔的分析实际上提出了一个十分深刻的问题:我们的原本世界究竟是什么? 在这个世界上人与物的排序应当如何? 传统的人与物的博弈解读文本是否失效?

2. 人对刚性的物性化管理制度的迷信和对商品交换虚假本质的误解

大工业带来的是时间观念与生产的节奏感,在封闭的机器生产的大系统中,监督成为强化企业、工厂和车间管理权的必要手段。吉登斯指出:"同资本主义和工业主义一样,监督机器成了与现代性兴起相关

---

[1] 弗里斯比:《现代性的碎片》,卢晖临、周怡、李林艳译,商务印书馆,2003 年,第 21 页。

的第三个制度性维度。"①"一致化"和"直接性"是这种精致的科学的管理和组织制度的产物。这种制度的效率使人的认识逐渐迟钝起来,思考力和理性的批判力逐渐消失,其间看不到根本没有不传递整体压抑力的事实。尤其是19世纪90年代"泰勒主义"的推行,一种刚性化的工厂管理制度旨在研究生产的工作时间和劳动的动作之间如何达到机械的连续流转与生理极限相平衡的关系。通过一部指定的机器,并借助一块马表为计件工资规定完成工作的标准时间。然而,虽然工人的工资提高了,但不人道的机械劳动更沉重了,工人不经意地被这种机器生产的制度贬低成被设定的生产程序与机械流水线双重约束的奴隶。在人性追求最大化快乐曲线和资本追求最大化效益曲线的交叉点上,资产者更权重资本曲线的最佳方案。路易·迪蒙十分悲哀地指出,"在现代性中,不存在人类意义上的世界秩序……这个世界全无价值,这个世界的价值是被人类的选择添加上的,这个世界是一个类人的(低于人类)世界、一个对象的世界、东西的世界……它是一个无人的世界,在这个世界中人类已经故意将自己从中移出,因而他仅仅能够向这个世界施加他的意愿。"②可是,这个世界尽管被沦落为"一个对象的世界""东西的世界",但物的这种主体性究竟是真实的还是虚假的?马克思对"物性化"的解读有着重要意义。在工业资本主义自由竞争阶段,随着人的自身价值的贬低,商品制造者也被贬低为商品。尽管作为对象化的物化劳动是人的智力进化的表现,它不是对人的否定,而是对人的肯定,它是劳动过程的抽象比对;但作为异化的物化劳动却有着特定的社会性质,在某种意义上是对人的否定。它使劳动者本人也成为被物化了的对象化存在。人在执行自己的人的机能时,却倍感自己不过是物,物的东西成为人的东西,而人的东西成为物的东西。为什么人类会把自己沦落为备用物或物耗物呢?在马克思看来,原因有二:

一是来自过于强制性的机器—技术专业化与分工。分工使劳动者日益片面化和从属化;分工不仅引起人们的竞争,而且引起机器的竞

---

① 吉登斯:《现代性的后果》,田禾译,译林出版社,2000年,第51页。
② 鲍曼:《现代性与矛盾性》,邵迎生译,商务印书馆,2003年,第228页。

争,由于劳动者沦为机器,所以机器作为竞争者与他相对立,是分工、交换在特定的社会制度下强势发展而形成社会关系的物化和异化:变人与人的关系为物与物的关系,并以此作为支配人的思维与存在的社会力量。在他看来,"物性化"是人与"对象化存在"之间所具有的某种关系。"物性化"是生产方式和社会关系发展的产物,对于自然经济条件下落后的生产方式所衍生的人的依附关系来说,它是一个进步;而在工业化资本主义时代里,"物性化"与机器大工业生产方式相一致,它的存在确认了人类对自然的索取已获得较丰厚的酬报。但从社会关系层面透视,它反映了一种特殊性质的社会关系或生产关系,一种商品生产者私人劳动的社会性质,一种劳资关系相互对立的社会制度,一种人对资本的依恋和资本对人性的侵蚀的社会现实。

二是资本的拥有者疯狂追逐剩余价值的结果。马克思关注的不是机器的转动会给社会带来多少财富,而是对机器的后面是谁在使用它,是谁从机器中获利,又是谁为机器付出代价等问题感兴趣。人对机器—技术的崇拜深藏着由资本的剥削而带来的人与人关系的紧张、不平等和恐惧。马克思指出:"单纯节约劳动并不是使用机器的特征,……节约必要劳动和创造剩余劳动才是特征。"①追求剩余劳动、剩余时间和剩余价值使得人与机器的偶合创造了"第二自然",即一种不是由人的活动所控制,反而支配和主宰着人的意识和行为的"第二自然",形式上看,它有着商品生产和交换过程的物的外表,实质上是一种社会制度下的人对人的生存权力的占有、支配和剥夺。只不过以"虚假的和倒立的"形式表现出来。

(二)工业革命范式的内在性之二:单向度

工业革命带来的机器化和标准化的工艺进程,使得人类生存的基本结构发生了改变。技术的、科学的和机械的生产力越是取得成功,工业革命所带来的社会组织形式越是合乎理性的、生产性的、技术性的,受支配的个人越是在人性的内在维度方面受到改变。人的行为选择、心理渴求、价值偏好和欲望应是多方面、多向度的,而单向度意旨一种

---

① 《马克思恩格斯全集》第30卷,人民出版社,1995年,第363页。

选择及思维的单一模式，作为工业革命范式的内在性——单向度是社会行为集体无意识的结果。它的发生来自三个方面的原因：

一是社会化大分工和先进的生产流水线的结合，把人的生存世界变化为"大工厂"，一切都被纳入分工的体系中。机器、设备和厂房的物质分工，把整体的产品制造分解为诸多单一的生产循环加工工序，它以一种恒长的视觉效果和观念暗示——"单向度"乃是世界存在的基本生产单位，使人的思维方式和价值观念朝着此方向记忆和定格。人在生产过程的社会分工，一方面能带来人类的私人劳动与社会劳动的联结更加紧密、人类实践方式的专业化和职业化等积极效果，但另一方面也不经意地导致了分工制度最终把人拆解为机器的零件，把人的总需求简单地归属为单一追求物质产品的消费欲望等负面后果。

二是单向度从技术层面上说，即作为技术的特定的可能性领域而言，它来自如此社会心理暗示：产品生产的技术装置是支撑文明存在与发展的唯一根据。可是，单向度的本质并不在于技术装置之中，而在于人和事物被带入主观的方式之中。海德格尔对此有过深刻地说明。现代性有两种形式：以主观性的统治为特征的现代性和以普遍化强制为特征的现代性。前者是一个中心主体的世界，人的主观性使事物得到排序，进而获得精确性和清晰性的"攻击"。后者以普遍化强制为特征的现代性，在这里，技术有着另一种转喻：它包含了对人和事物的存在的一种特定理解、某些特定种类的活动在世界中的开放可能性。正是人对事物的单向度的召唤，最终使人落入被召唤的物的序列中，于是，以虽然它仍旧是一个由主体可获得的客体所构成的世界，但是，人的中心意志和主体地位在此被消解，所有东西都被化为可获得性。人已被框定在这种事物被召唤到在场状态的总体性方式之中，尽管主观性分析在一定程度上还存在着，但整个世界的存在被转化为交互性总体可获得性，人已变为其中的一种"备用物"，传统的主客二分的人与物的世界的认知图式消失了，人被带入到一种单向度地存在方式：仅仅以在场为根据来理解事物的存在。过去，人可以处在召唤与被召唤的选择中，现在除了作为"被用物"的被召唤外，其他，别无他选。

三是单向度从价值层面上说，它直接来自工艺合理性的"目的"，而从心理层面上说,它直接来自某种"虚假需要",即那些对压抑个人有特殊的社会利益所加给个人的需要。马尔库塞曾对这种单向度的特点有过如此解释:"把消费者同生产者联合起来,并通过后者又同整体联结起来。这些产品对人们进行说教和操纵;……并且由于这些有益的产品,在更多的社会阶级中为更多的个人所获得,随产品而来的说教不再是宣传性的东西,它成为一种生活方式,……这样,就出现一种单面的思想和行为的模式,在这种模式里,按其内容超越言行的既定领域的各种思想、愿望和奋斗目标,不是遭受排斥,就是被归结为这个领域的一些术语。"①这段叙述有三个要点:"单向度"是从一种产品说教变为一种生活方式;其思想和行为模式的攻击性在于,对精神价值的排斥;把一切存在都还原为单面的操作主义或行为主义的解释符号。

（三）工业革命范式的内在性之三:宏大叙事

宏大叙事是用以解构前现代的社会格局并给予现代世界以合法性的工具。利奥塔所要查审的宏大叙事的时间序列,理应以西方工业革命为历史依托的现代性社会全过程。在他看来,宏大叙事的表征是:以一种固定不变的逻辑（公理）、普遍有效的原则（普世）来阐释世界,以此作为衡量一切的价值观念和思想体系的标准。笔者以为,宏大叙事在近代的发端,需要有四个方面的学术及实践资源:(1)西方历史编纂学中长久盛行的一种叙述历史的方法论传统;(2)由文艺复兴时期形成的一种追求完整的、有中心、有头尾的艺术情节叙事模式;(3)近代西方形而上学主体性哲学注重反思性、总体性和普遍性的思辨形式;(4)以先进生产力为牵引的近代工业革命的历史实践过程所引发的社会变迁逻辑的叙事要求。应当说,最后一点是关键性的。

意识在任何时候都只能是被意识到了的存在。一切精神生产的缘由都可以在物质生产的过程中找到根据。人们之所以要把已经或正在经历的工业革命的实践加以叙述,加以抽象和反思,加以整理和归纳,并且从因果律、进步观和始基意义上加以追问,原因似乎很简单:"寻

---

① 《法兰克福学派论著选辑》(上卷),上海社科院哲学所外国哲学室编,商务印书馆,1998 年,第 499 ~ 500 页。

求命运打击不到的领域"乃是人类永远关心的自由命题。工业革命的起步,尽管机器的发明所导致的社会震荡是局部的、零散的,人类的惊讶只是表达了对新生事物的好奇和恐惧;但整个18世纪正值工业革命高潮迭起的时候,人们从大量的农民变成织工,大量的人口积聚在城市,大量的手工工场变成工厂,大量的市民成为工业无产者,大量的商人涌现在金融贸易市场,大量的机器搬进错落有致的车间厂房,大量生产过剩的企业的商业危机开始出现,等等一系列惊人的社会变革的事实中,感到了"革命"二字的分量,体悟到变迁的内在性、秩序性、进步性和趋势性的存在,觉察到机器对传统的习俗和制度有着现代意义的"酸蚀"作用。人们开始思考到当下机器工业的革命,是人类又一次历史重大的变革和提升,是代表着历史发展趋势的实践主体自觉推进社会转型的历史创造性活动,工业革命的发展逻辑,将对人类传统的生产方式、生活方式、思维方式以及价值观念发生彻底的、结构性的颠覆。

　　然而,这种发展逻辑从它的辩证性来看,其辉煌的一面掩盖不了忧患意识的另一面:资本对人性的侵蚀,财富的两极分化,私有制的痼疾,生态自然的破坏,惨绝人寰的战争,社会制度的不平等,等等一系列工业文明所导致的社会弊端。于是,思想者们开始着手宏大叙事的工作,目的旨在质疑工业文明的合法化和合理性问题,质疑由工业文明带来的科学技术存在的合法化和合理性问题,质疑人类生存方式的制度形式、文化观念、意识形态等合法化和合理性问题。于是,宏大叙事作为一种神话的结构、一种政治结构、一种历史的希望或恐惧的投影,在哲学社会科学、人文科学各个领域全面展开。有"具有工业权力象征的政治功能化"的宏大叙事,也有与社会生活和商业文化相对应的城市变迁的宏大叙事,还有与细节描写相对、与个人叙事、私人叙事、日常生活叙事、"草根"叙事等等相对的民间、民俗文化的宏大叙事。这些叙事往往以体系化的、反思性的、百科全书式的著作特点显示出来。恩格斯在评价18世纪工业革命的历史状况时对此有过评论:"18世纪综合了过去历史上一直是零散地、偶然地出现的成果,并且揭示了它们的必然性和它们的内在联系。无数杂乱的认识资料经过整理、筛选,彼此有了因果联系;知识变成科学,各门科学都接近于完成,即一方面和哲学,另一方面和实践结合了起来。""百科全书思想是 18 世纪的特征;这种思想的根据是意识到以上所有这些科学都是互相联系着的,可是它还不能够使各门科学彼此沟通,所以只能够把它们简单地并列起来。在历史学方面情况也完全一样;这时我们第一次看到卷帙浩繁的世界史编纂著作,它们固然还缺乏评介并且完全没有哲学上的分析,但毕竟不是从前那种受时间地点限制的历史片断,而是通史了。"①

由以上分析,我们可以知晓,宏大叙事的生成之所以与工业革命有关,主要有三个方面的根据:(1)工业革命是世界历史的运动,它对传统社会的颠覆是多方面的。宏大叙事之所以出现,是因为工业革命受历史进步观念的感召,它内含着诸多历史哲学的观念:如由工业革命导致的社会变迁,是人力所为,过去的存在与当下存在的实质性转换,表明近代历史并非平静;从产品到工厂,从企业到政府,从生活方式到社会结构,都有着衰亡与新生的特有节奏;近代历史的进步鲜明地反映在如此事实中:从希腊-罗马的神话故事到中世纪的圣经故事,再到近代工业革命时期的机器—技术的故事,反映了西方人自我意识的生成与觉醒。工业革命本质上是一部精神现象学读本,它显现了人类的一种精神现象:对工业的想象、记述、追问和反思。然而它留给我们今天人类却是一笔不可多得的精神财富。(2)宏大叙事的共有理念来自近代工业革命。工业革命首先将自然和社会打破成碎片,然后由技术与资本将其重新集合。在集合过程中,现代性完全以一种认识的逻辑将这个对象化的世界内化。工业革命乃是若干已经知道和认识了的法则组成的一个体系。从本质上说,该体系的哲学理念正是人类精神现象的一种抽象形式。(3)反映工业革命自身的宏大叙事有三大主题:由工业主义原则所带来的集权化、平等化与民主化问题;由工业主义原则所带来的世俗化、理性化与官僚化问题;反映工业革命内在结构及其工业有机体的生存、发展与终结的总原则的问题。

---

① 《马克思恩格斯选集》第 1 卷,人民出版社,1995 年,第 1 卷,第 18 页。

三、世俗主义、经济个人主义、价值通约主义
——近代西方理论经济学传统的价值内核对现代性逻辑预设的侵蚀

吉登斯指出,"现代性之躁动和多变的特征被解释为投资－利润－投资循环的后果,这种循环与总体利率的降低趋势相结合,产生了一种为其体系扩张所需的恒常性配置。"①弗里斯比在《现代性的碎片》一书中也指出,"商品形态不仅象征了现代性的各种社会关系,而且还是后者的重要起源。""这种商品形态拥有一种即使在古典政治经济学中也经常被忽视的历史特殊性,"可以断言,"现代性的辩证法仍旧被庸俗政治经济学所掩盖,对于生活在资本主义关系'魔魅世界'的当事人来说,仍然是隐而不显。永恒的、自然的以及和谐的一面掩盖了过渡的、历史的和对立面。"②这段耐人寻味的话语实际上为我们作了如此提示:现代性首先是人类经济实践活动的产物,它与现实经济生活融为一体,并且密不可分。就其深刻和内在特性而言,现代性本身与人类经济活动中的经济性有关,与传统的理论经济学分析态度相联。经济生活的细节、表象,最有可能与现代性的最深奥、最本质的运动相联系。现代性也只有根据当下人类的内在经济生活的反应来体验和被解释,才是真实的存在。马克思指出:"生产力、资金和社会交往形式的总和,是哲学家们想象为'实体'和'人的本质'的东西的现实基础。"③不容怀疑,没有资本与工业革命的连接,没有一种建立在私有制市场、生产契约和交换自由的基础上,以及建立在个人自由和自利基础之上的自发经济制度,工业资本主义就不可能发生发展,西方现代化历史进程就不可能开启和绵延,现代性至多是一个古代性"母腹中的胎婴"。因此,对现代性的研究,理应包括对近代西方理论经济学传统的研究,尤其是,对这一传统的价值内核(通常指驱动理论经济学发展的人学原

---

① 吉登斯:《现代性的后果》,田禾译,译林出版社,2000年,第10页。
② 弗里斯比:《现代性的碎片》,卢晖临、周怡、李林艳译,商务印书馆,2003年,第31、34、37~38页。
③ 《马克思恩格斯选集》第1卷,人民出版社,1995年,第93页。

因或影响理论经济学价值判断的核心原理。它既是理论经济学发展的内在轴心,也是特定历史阶段人类经济实践活动长期积淀的行为规则及特征的哲学记录,同时,更是与现代性逻辑预设相关联的形而上思辨与形而下求证相契合的焊接点。笔者以为,世俗主义、经济个人主义、价值通约主义是理解这一原理的三个关键命题)的批判与研究。

(一)世俗主义

柏拉图最早提出两重世界论,一个是真实的世界,即理念的世界;一个是非真实的世界,即幻影的世界。受柏拉图的影响,奥古斯丁在历史哲学著作《上帝之城》中,明确提出了"人类的历史就是上帝之城战胜尘世之城的历史"。上帝之城是崇高的、善美的;尘世之城是世俗的、充满恶欲的。唯有道德的力量才能使人从尘世之城走向上帝之城。正是这种历史哲学观念的笼罩,在中世纪的思想标准中,对金钱和财富的贪婪被视为令人堕落的主要罪恶。可是,在近代初期,一些与商业、银行业等相关赚钱职业,在遭受几个世纪被贬之后,却开始受人尊敬起来。原因何在?韦伯指出,现代资本主义精神其实来自修道院密室。自从寻求上帝的禁欲主义热情离开修道院密室,进入日常生活,就成了构造"庞大的近代经济秩序的宇宙"的精神动力。世俗主义发生是人类自我意识的客观化显现,它一方面,作为将神性俗化的变革理念,其在场性来自教徒们对冲破传统教义束缚的大胆企盼;另一方面,作为实质性历史变革的价值理念,它的合法性存在却来自从一种目的论的自然经济向机械论的资本经济进化的历史必然性。康德曾深刻地揭示了现代性市场发生的客观必然性以及现代性经济学体系构建的思维原点:"大自然的历史是由善开始的,因为它是上帝的创作;自由的历史是由恶而开始的,因为它是人的创作。"①恶是历史发展的动力。由于人类所拥有的虚荣心、权力欲或贪婪心的恶的驱使,历史才会由野蛮进入文化阶段,文化的启蒙,必然导致传统的道德自然禀赋被追求现实经济发展的实践原则所替代。"没有这些东西,人道之中的全部优越的

---

① 康德:《历史理性批判文集》,何兆武译,商务印书馆,1991年,第68页。

自然禀赋就会永远沉睡而得不到发展。"①可见,从神性观念向世俗观念的转变,意味着历史的进步;从道德作为历史进步的唯一尺度向以人的欲望所牵引的世俗经济发展的历史进步尺度转变,标志着历史真正进入了现代性社会。正是从这个意义上说,现代性即世俗性。"纯粹世俗的情欲和物欲"一旦占据支配世界的神圣位置,现代性才会真正地加速自身发展的辩证运动。

世俗主义包容着诸多具有现代意义的经济学价值观念。

首先,对人的欲望的尊重与开发。惠特克在《经济思想流派》中指出:"究竟什么才可称之为近代经济学呢?……近代经济学是对于欲望满足的客观研究。"②早期资产者和经济学家一致认为,天性注定人类会喜爱财富和权势,而这些永不知足的欲望正是推动历史的基本矢量。欲望刺激了地主和农民的农业文明,在工业社会的生成中发挥了十分重要的驱动作用,欲望造就了市场,它是市场经济发育的重要内驱力。经济学家康芒斯曾转引边沁的一段名言:"欲望,有各种痛苦甚至死亡本身作为它的武器,支配了劳动,鼓起了勇气,激发了远见,使人类的一切能力日益发达。每一种欲望获得满足时的享受或愉快,对于那些克服了障碍和完成了自然的计划的人,是一种无穷尽的报酬的源泉"③。

其次,它教化人的市场意识,即在市场环境下人们通过市场去追求利益,也就是通过提供自己所拥有的生产要素(劳动和资本)的服务,为社会生产出财富,来获取利益。人的社会行为和活动,首先要仔细考量经济的价值取向和效益问题,要善于将它们纳入到市场的交换原则和资源配置的框架内来进行思考。经济行为人所追求的目标、劳作的方向都需要紧紧地围绕市场需求。

再次,铸造现代商业精神。商业的扩张摧毁了自给自足的农业经济,并促使农业日益依赖于市场。圈地运动都是使农业经营从属于巨

---

① 康德:《历史理性批判文集》,何兆武译,商务印书馆,1991年,第7~8页。
② 惠特克:《经济思想流派》,徐宗士译,上海人民出版社,1974年,第72页。
③ 惠特克:《经济思想流派》,徐宗士译,上海人民出版社,1974年,第276页。

大市场和控制市场的商业资本的需要。近代经济学进入"古典派境地"的初期,经济学古典文献多数是与商业有关。如约翰·罗伯茨的《工商业的发展》(1615 年)、刘易斯·罗伯茨的《商人商业概要》(1638年)、雅克·萨瓦里的《完美的商人》(1675 年)、G. D. 佩里的《商人》(1638 ~ 1665 年)等。现代商业精神的价值理念包括:自主、契约、信用、公平、合作、开放、创新、洞察、远见等。

最后,它倡导人的精算观念。早在 1494 年,法拉·卢卡·帕西奥利的《算术、几何、比例和成比例概论》,不仅讨论了有关利息、票据和兑换的一般商业精算问题,而且还论述了具有成本意识、追求细节等价值观的复式簿记方法。在 17 世纪,英国牧师巴克斯特撰写了《基督教徒指南》一书,书中倡导并论述了教徒如何学会过世俗生活、树立必要的经济观念、如何从事谋求生计的经济活动等,其中大量讲述了教徒应当学会勤于积累,精于计算,反对奢侈,提倡节约的基本道理。韦伯在《新教伦理与资本主义精神》一书中对此有过详尽的论述。

(二)经济个人主义

经济个人主义是解析古典经济学传统乃至新古典经济学一个十分重要的轴心。事实上,自斯密以来的整个西方主流经济学发展史,似乎都可以被看做是经济个人主义理论的延伸和拓展。早在 18 世纪,斯密就对完全市场个人主义的原则作了诠释:听任个人在竞争市场中自由地进行自己感兴趣的交易,就会获得最可能好的社会效果,市场理应自由放任,个人则是社会财富增长的基本运作单位。笔者认为,经济个人主义通常有三种语义范围(参阅拙文,《中国社会科学》1999 年第 2期):(1)作为一种学说,它既包含着对经济自由的一种信念,又是对某种文化上的具体行为方式(如追求极大化的理性行为)所给予的制度证明;(2)作为一种制度,经济个人主义意指一种建立在私有制市场、生产契约和交换自由的基础上,以及建立在个人自由和自利基础之上的自发经济制度;(3)作为一种方法论,其要义是:以个人经济行为为基本分析单位,并把全社会的经济和谐视为个人经济行为的社会加总的结果。如哈耶克指出的,"我们在理解社会现象时没有任何其他方法,只有通过对那些作用于其他人并且由其预期行为所引导的个人活

21

动的理解来理解社会现象。"①经济个人主义与现代性逻辑预设的关系不可忽视。"个人"是执行现代性社会的最基本的单位,而经济个人主义是对现代性个人概念构成的最重要的理论充盈和读写。库尔珀在《纯粹现代性批判》转引彼得·贝格尔的话指出:"除其体制功能和角色功能外,作为最高实在的自我概念正是现代性的灵魂。"②美国学者鲍尔格曼在《跨越后现代的分界线》著作中也指出:"个人最初看来似乎是执行现代规划的自然补充物。个人是企业的创始人和其成果的受益者。"③历史是如此坦诚:先有经济行为的个人主义发生,后才会出现形而上学个人概念的抽象形式。因为个体不可能从一个草案、一个符号化程序、一个范畴模具、一个可能世界中演绎出来。近代早期思想家们提出并热心讨论的"个人主义"概念,往往有着直接的市场经济背景。

个人概念的发育,只是在近代资本主义市场经济早期发育的历史过程中才能找到根据。在西方文明历史发展的进程中,我们看到了工业主义、培根的幻想的遗产,破坏了乡村生活的本质;启蒙运动、笛卡尔和洛克提倡的新工具和新理念,动摇了教会和贵族在文化上具有的权威。但更为重要的是,在霍布斯和洛克的社会契约论中,已较为深入地探讨了个人与公认的社会内容、价值观和意义之间的关系问题。他们从人性论的角度,提出了重要的指导性原理:"个人"对于人类丰富多彩的发展具有绝对的和根本的重要意义。应当说,现代意义的个人概念和个人主义的教条从这里开始孕育和生成。然而,正是经济生活的事实,促进了这一事件的发生。马克思深刻地指出:"在发展的早期阶段,单个人显得比较全面,那正是因为他还没有造成自己丰富的关系,并且还没有使这种关系作为独立于他自身之外的社会权利和社会关系同他自己相对立。留恋那种原始的丰富,是可笑的,相信必须停留在那

---

① 哈耶克:《个人主义与经济秩序》,贾湛、文跃然等译,北京经济学院出版社,1989 年,第 6 页。
② 库尔珀:《纯粹现代性批判》,臧佩洪 译,商务印书馆,2004 年,第 29 页。
③ 鲍尔格曼:《跨越后现代的分界线》,孟庆时 译,商务印书馆,2003 年,第 46 页。

种完全的空虚化之中,也是可笑的。"①然而,"在一切价值都用货币来计量的行情表中,一方面显示出,物的社会性离开人而独立;另一方面显示出,在整个生产关系和交往关系对于个人,对于所有个人表现出来的异己性的这种基础上,商业的活动又使这些物从属于个人。因为世界市场(其中包括每一单个人的活动)的独立化……随着货币关系(交换价值)的发展而增长,以及后者随着前者的发展而增长,所以生产和消费的普遍联系和全面依赖随着消费者和生产者的相互独立和漠不关心而一同增长。"②自然经济向商品经济的转换,使得"个人"概念从"以血亲关系和宗法关系为纽结的人群共同体观念"中发育出来,个人开始以独立存在的实体和主体地位与生存世界发生着联系,个人只有在劳动和交换关系的基础上,契约、合同或协议的达成并且作出主观评价之后的价格构成中,才能真正反映个体存在向独立性和主体性的发展。因此,没有早期的经济主体性个人的涌现,就不会有笛卡尔的主体性哲学的提出。

资本的原始积累贯通着货币向资本转换的全过程,个人开始从偶发性货币交换的社会劳作状态向以货币作为投资手段和目的的市场经营状态转变,此时拥有货币和资本的个人已成为市场竞争的基本单位,当下个人主义充盈着如此内容:资本的私有财产,有着遗赠和继承的权利的必要性,它可以无限地转让和积累。可见,作为一种历史形态的象征性符号——个人主义,它是对资本主义一种制度文明所涉及的内在要素(所谓平等的个人权利、立宪政府、自由经营、自然正义和公平机会和个人自由、个人尊严等)的观念提升和定位。

此外,作为现代性灵魂的"个人"概念的确立,离不开经济生活中实存着个人方面与客观方面的两者分离。应当看到,人类经济生活在它的最原初形态里,个人方面与客观方面两者不分彼此。这种不偏不倚最终被货币关系(交换价值)缓慢地分裂成相互对立的两个方面,个人要素越来越从生产、产品、交换中剥离出来,其间人的个体自由得到

---

① 《马克思恩格斯全集》第 30 卷,人民出版社,1995 年,第 112 页。
② 《马克思恩格斯全集》第 30 卷,人民出版社,1995 年,第 110~111 页。

了释放。个体自由的发展程度往往取决于：自然对我们而言越是变得客观、实在、表现自身的规律，人的个体自由就越是随着经济世界的客观化和去人格化而提高。非社会性存在中的经济孤立不可能唤起个体的积极感觉，同理，一种持有盲目崇拜自然之规律和严酷的客观性的愚昧信念也不可能唤起这种感觉；伴随这种对立而来的是感到独立性的一种特殊的力量，一种特殊的价值。实际上，在自然经济的那种孤立状态中，通过对自然的迷信阐释只会更加强了自然对人的束缚。唯有当经济发展了其全部的范围、复杂性、内部的相互作用时，才会出现人与人彼此异质性交往的可能，通过取消个人对血缘因素和地缘因素的依赖关系使单个人更强烈地返回自身，使其更积极地意识到自己的自由。

（三）价值通约主义

价值通约主义显示了人类的主体性在世俗社会的张力，它以一种经济性符号来兑换对象化世界的一切存在。价值通约主义与现代性的关联主要反映在三个方面：（1）它通过经济价值作为主观价值的客观化，对于直接享有的主体和对象之间的距离化产生影响。长期的无障碍的价值通约，它客观上带来了主体意志的强化；（2）永恒的资本观念和商品世界可自由兑换的原则，构成了近代形而上学对世界存在的绝对性理念的一种经验证明；（3）生活世界的物性化存在与精神世界被完整地通兑为物性世界的交换单位有着不可分割的联系。事实上，我们有必要对价值通约主义产生的主要途径作出进一步分析。

1. 由于货币自身所拥有的特殊功能，导致人们不经意地将货币与对象化世界的可通约性加以放大

货币在形式主义哲学家眼光里，它什么也不是。黑格尔曾把货币称为是抽象的、死板的、无情的实物。尽管如此，经济学家们还是处于乐观的心态，称货币是"流通的大车轮，是商业上的大工具"（斯密）。货币在拥有价值尺度、交换媒介、支付手段和价值储藏等功能方面都显示了精神设定对象化存在的自由空间和意志。尤其是，对于商品制度来说，货币拥有如此属性：（1）商品交换的尺度；（2）交换手段；（3）商品的代表；（4）同特殊商品并存的一般商品。这些属性构成了货币的特权：一种特殊商品与其他一切商品相对立而获得代表或象征它们的交

换价值的特权。这种特权构成了市场的交换习俗：依靠一种抽象的价值单位，即由商品的买者和卖者们协商决定的价格内在地规定着货币单位来运行市场既是可能的，又是必须的。货币的这种可通约、可兑换功能，随着市场张力的扩大，不断由技术领域向社会领域渗透；由物质层面向精神层面渗透；由经济单位向经济域外的各部门渗透。现金支付成为人们之间唯一的纽带，这种"人人都经手，事事离不开，天天都相遇，处处皆流通"的流转性质客观上极易导致如此错觉：货币可以通兑一切。从哲学的角度来分析，该错觉与货币是时—空伸延的工具，货币能够支托出时间的特点相联系。吉登斯为此指出："凯恩斯把货币和时间紧密地联系在一起。货币以一种延缓的方式，在产品不可能直接交换的情况下将债权和债务连接起来。我们可以说，货币是支托出时间，因此也是将交易从具体的交换环境中抽脱出来的手段。更准确地说，根据较早引入的术语，货币是时—空伸延的工具，它使在时间和空间中分隔开来的商人之间的交易成为现实。"[①]显然，货币的大空间流转离不开社会时间与空间的支托，它的神奇性在于对物理时空、社会时空和历史时空的压缩和转换，尤其是在时间坐标上对未来时空的支付与换算，对已逝时空的物化与兑换。总之，时空坐标中的"过去—现在—未来"似乎都可以被货币所交割、换算和复制。

2. 它来自主观世界存有的货币幻象

货币幻象主要指货币在观念中所彰显出的过溢的权力张力，或指各种未能把货币量值符号同真实量值区别开来的现象。其实质是在观念中用货币来剥夺整个世界的固有价值。货币幻象是人的主观感觉、意念、联想和想象的产物。货币幻象起源于在商品制度的社会里，货币的特权对人性的侵蚀，它使人对外部世界的价值判断出现可量化和不可量化的双重标准，并对人的认知系统和评价系统产生影响。从哲学层面反思，最重要的是，经济价值作为主观价值的客观化，对于直接分享生活的行为主体与对象之间所存在的通约关系产生着不可忽视的影响。在经济价值的形成过程中，人的无限的快乐空间被具象到一个有

---

①　吉登斯：《现代性的后果》，田禾译，译林出版社，2000 年，第21 页。

限的客体上加以体验,然而,有限本身无法承载无限的内涵与外延,但意识只关心满足,精神对物质的虚无化必将发生。在经济价值的交换过程中,交换与兑换极易把最卑下的与最高尚的存在统统化解为一个毫无差等的换算单位,世界的差异性即刻被消解在量化的公式中。在经济价值的实现过程里,历史的时间与空间统统被转换为货币单位的符号,人们欣赏和记忆的往往是交换对象的某一片段或碎片,仅仅是它的局部而不是整体。吉登斯在《现代性的后果》一书中专门用"脱域"术语分析了货币幻象的特点。在他看来,脱域是社会关系从彼此互动的地域性关联中,从通过对不确定的时间的无限穿越而被重构的关联中"脱离出来"。货币的脱域性在于它是一种象征标志,拥有着特殊的抽象能力——信任,即"任何一个使用货币符号人都依赖这样一种假设:那些他或她从未谋面的人也承认这些货币的价值。但是这里信任的,是货币本身,而不仅仅是(甚至主要地不是)信任那些用货币作具体交易的人。"①也就是说,货币的脱域往往发生在货币所拥有的抽象普遍性内涵对货币持有者感性具体的个别存在的超越。普遍性拥有着无限的想象力,精神的本质正在于无障碍地叠加和创造普遍性存在的自由空间。

3. 它来自资本张力与权力张力的互动

在现实社会中,价值通约主义的存在往往有着深刻的社会历史根源和制度原因。通约反映着社会关系的交换,从本质上说,它来自作为特殊货币的资本所反映的社会关系的本质。资本是构成现代性的基础,资本被创造的过程,就是现代性形成的过程。马克思在《资本论》中,对资本形态的发育和发展过程的分析,实际上就是对资本与现代性关系的剖析,他所揭示的重要思想的启发性在于:离开对资本和资本制度的批判,我们无法切中现代性的要害。资本对现代性影响的重要方面,是资本张力与权力张力的互动问题。

首先,在以资本为中轴的社会里,人与外部世界的价值通约领域,随着资本与权力的相互融合而放大,一切存在都变成商品,一切商品都

① 吉登斯:《现代性的后果》,田禾译,译林出版社,2000年,第23页。

出自资本的社会逻辑体系之中。资本通过资本制度的运作,导致没有哪种自我决定的人类行动不在该资本制度的控制中。资本的张力也就反映在资本的人格化方面,无论是私人资本家还是政府的官僚,都是执行资本指令的被控制物。资本的再生产微观控制者们,其主体的决策权利与再生产体系的连贯性本身,都被整个社会资本的循环系统所控制,所编目。此时,资本的拥有者便拥有着社会控制的权力系统,同时也就拥有着对权力合法性予以解释的意识形态话语权。人性的贪婪通过资本的扩张得到张扬和满足;反过来,资本正是通过人类的占有欲和过程的绵延,不断强化自身的特有权力,不断受到神话和追捧的待遇。实际上,这是属人的经济关系和财产关系在特定社会制度下的划分和分配的结果。

其次,资本的张力得益于权力的张力,资本通过权力的制度化运作,获得了"兑换一切"的社会功能。马克思对此有过深刻揭示:资产阶级把个人的尊严变成了交换价值,用一种没有良心的贸易自由代替了无数特许的和自力挣得的自由。伯曼在《一切坚固的东西都烟消云散了——现代性体验》一书中作了如此解读:马克思这段话的要义在于,资本主义市场在现代人的精神生活中拥有着巨大力量——把一切都被还原为价格表,它不仅为了寻求经济问题的答案,而且也是为了寻求形而上学问题的答案。当其他的价值都"变成了"交换价值时,资产阶级社会并没有抹掉而是吞并了旧的价值结构。旧的尊严方式并没有死亡;相反,它们并入了市场,贴上了价格标签,获得了一种作为商品的新的生命。于是,任何能够想象出来的人类行为方式,只要在经济上成为可能,就成为道德上可允许的,成为"有价值的";只要付钱,任何事情都行得通。价值通约主义被化入了日常的资产阶级经济秩序的机制之中——这种秩序将人的价值不多也不少地等同于市场价格,并且迫使我们尽可能地抬高自己的价格,从而兑换我们所需要的一切。

再次,资本的张力深刻地暴露了权力张力的本质。马克思仔细考察了近代工业资本主义发展过程,他认为,作为异化的物化本质,工业资本主义的制度形式反映了私有制、贪欲跟劳动、资本、地产这三者的分离之间的本质联系;也反映了交换和竞争之间、人的价值和人的贬值之间的本质联系。马克思不仅看到工业化进程中资本作为一种生产要素的积极作用，更深刻地揭示了资本作为一种社会关系的本质，对人性的杀伤以及对资本主义社会结构的内在颠覆性。他指出："资本的原始形成只不过是这样发生的：作为货币财富而存在的价值，由于旧的生产方式解体的历史过程，一方面能买到劳动的客观条件，另一方面也能用货币从已经自由的工人那里换到活劳动本身。"①因此，货币转化为资本，是以劳动的客观条件与劳动者相分离、相独立的那个历史过程为前提的，资本一旦产生出来并发展下去，其结果就是使全部生产服从自己，并到处发展和实现劳动与财产之间、劳动与劳动的客观条件之间的分离。这种分离导致人类劳动变成重复和机械的操作，最终以真正的机器替代目前像机器般使用的人类劳动。资本也正是通过社会权力将社会财富两极分化，并对社会大多数人加以支配和控制，从而使人类对商品、货币和资本的崇拜更加深了。

价值通约主义导致的现代性后果是显而易见的。当代急剧发展的货币经济所产生的巨大影响，已使我们清醒地感到，货币已经成为现代经济生活和活动的焦点、关键和要害。思想家们对现代性的批判，理应包含着对货币的哲学批判。货币先于现代性而存在，却强力地催动着现代性的萌动和发生；现代性只是在货币经济对现代生活施以重大影响的经济事件中，才是成熟的，才能确认它的存在是感性的、被量度的、被均匀化切割的、被指认为可交换的。货币符号以其特有的张力，构成一种现代性社会不可或缺的"能动的关系结构"，其对象不仅是可交换的物品，而且有针对货币交换者周围集体和周围世界的意义。所以，货币是一种"系统活动形式"，一种"整体性反应"。而现代性的某一基础层面，正是建立在这种整体性反应之上的，从某种意义上说，货币使得现代性具象化为货币化生存世界，货币的交换过程，被看成是所谓"超现实"层面上的一种符号运作过程，它客观上促使货币不经意地把世界重新分类，给人以某种自由和自我实现的感觉，但同时也招致了人类拒斥现代性的心理。

---

① 《马克思恩格斯全集》第30卷，人民出版社，1995年，第501页。

　　席美尔第一个从货币哲学的角度,分析和解构了由货币导致的文化价值符号的单向度依恋问题。他认为,现代性文化之流主要朝着两个截然相反的方向涌流:一方面,通过在同样条件将最遥不可及的事物联系在一起,趋向于夷平、平均化,产生包容性越来越广泛的社会阶层;另一方面,却趋向于强调最具个体性的东西,趋向于人的独立性和他们发展的自主性。货币经济同时支撑两个不同方向,它一方面使一种非常一般性的、到处都同等有效的利益媒介、联系媒介和理解手段成为可能;另一方面,又能够为个性留有最大程度的余地,使个体化和自由成为可能。但是,这两种势不两立的社会——文化倾向,导致了人们对现代性的焦灼不安:现代文化价值的平等化、量化和客观化的单向度依恋情结,造成的是人类终极追求和意义的失落,人类对生命的感觉越来越萎缩,社会加速了被世俗化倾向,货币成了现代社会的"宗教"。

　　货币价值评判始终存在的"二律背反"问题,哲学家试图通过批判来加以扬弃它的片面性和单向度;可是经济学家往往把哲学家的批判理念视为"货币幻觉";而经济学家对货币经济的积极打造和单向度的肯定,往往被哲学家视为认知上的短视。应当指出,哲学对货币的批判,不是拾捡货币的感觉碎片,而是将物性化的世界还原为人的世界,单维的世界转变为完整的世界。哲学家关心的不是货币本身的此在问题,而是货币背后所牵动的属人的本性和人的生活状况及其前景问题。雅斯贝斯曾用"匿名的责任"来描述现代性的精神状况:对现实的无幻觉的认识和生存决断的激情。伽德默尔把它解释为是"精神性的衰落"。海德格尔从货币化生存世界的人类"恋物情结"的角度,揭示了现代性所侵蚀的人类精神性之所以衰变的原因:"如果我们让物化中的物从世界化的世界而来成其本质,那么,我们便思及物之为物了。如此这般思念之际,我们一任自身为物的世界化本质所关涉了。如此思来,我们就为物之为物所召唤了。"[①]在都市化的生存空间里,人们通过包括交换、所有权、个人自由、贪婪、挥霍、生活风格、文化等,能够充分

---

　　① 海德格尔:《海德格尔选集》(下),孙周兴选编,上海三联书店,1996年,第1182页。

感受到货币给现代人的个性和自由开辟了无限大的活动空间;同时,由于人类"现代性"生存状态至今摆脱不了货币经济的刺激和支配,货币的存在与流动,正在加速并改变着现代人生存交往的理念和方式,人们越来越感到,货币在开拓私人财富和私人生存空间的同时,却程度不同地挤压了公共空间和公共权利。尤其是,货币对现代人性的改变和侵蚀的事实,使我们至今无法消解类似马克思、西美尔、卢卡奇曾对货币、资本所持有的忧患意识。"金钱"与"时间"在对现代人生活的约束中,造成人在快速生活中的迟钝、在日常忙碌中的傲慢、在优裕享受中的粗暴、在狂热追求当中的冷漠。货币对社会各种质料的组合、货币经济对人与人关系中内在维度的改变,锻造出人对世界理解趋向物欲化和价值通约化的心理坐标。货币化生存世界直接影响和关联着人的世界观、人生观和价值观,它使得一种纯粹数量的价值不断压倒品质的价值,从而追求生活意义的平等化、量化和客观化,把人生的消费和积累作为唯一至上的终极追求目标。

（作者单位：上海财经大学人文学院）

现代性与哲学的自我批判

王德峰

人类目前所处的境况,一般被笼统地称之为"现代性"。在现代性的生存状况中,工具理性和计算的理性占据主导地位,近代启蒙理想实现为形式的正义或正义的形式。在过去时代里的那种(尽管也是在异化的形式中)向着被认为具有普遍真理性的崇高实在攀登的梯子已经消失,人们如今只能在一个由合理的利益原则和效率目标所构成的平面上活动。在反思现代性要求的激励下,学院的哲学家们已发表了大量的论述,有批判性的反思,也有辩护性的反思。尽管众说纷纭,但至少说明这样一点:现代性并不是一张供人沉睡的床,在这张床上不再有时间和历史。

然而,对现代性的哲学觉察并非新鲜事情,它由来已久,对它所作的反思,甚至在作为西方近代思想集大成的黑格尔哲学中,也已达到了相当深刻的程度。当然,在黑格尔哲学中,思辨的思维方式所包含的对现代性的批判要素结不出真实的果实来,反倒成了哲学与生活世界最终隔绝的完成。人们向来所向往的代表普遍真理的体系哲学,通过黑格尔哲学的形式而终结了。在黑格尔之后的体系哲学的努力,即使采取了针对黑格尔的批判形式,其命运却总是和黑格尔哲学没有差别。

情况为什么会是这样的? 我们当代人难道真是毫无希望地远离了

任何普照之光,而哲学的真理真的已经下降到了学派意见的领域? 当代的哲学家们难道不是应该继承哲学向来的伟大使命,让真理的太阳再度放出它的光芒?

但是,我们即使有继承这种使命的意愿,却已经丧失了继承的能力。这一点早已通过黑格尔哲学的总体失落得到了证实。问题是,现今的许多讨论尚未进入这一理解的视域之中,这样就阻断了对哲学的当代处境的根本体会。因此,我们仍然首先必须再度深思黑格尔哲学的历史性失落。正是从这里出发,我们才有可能符合事情真相地去讨论现代性问题与哲学在当代的自我批判。

一、从黑格尔哲学的总体失落看西方哲学传统的中断

黑格尔哲学的失落决非单纯地源自哲学思考上的唯心主义谬误。黑格尔的思辨神秘主义是有现实生活根源的。正如马克思所说,"社会生活本质上是实践的。凡是把理论导致神秘主义方面去的神秘东西,都能在人的实践中以及对这个实践的理解中得到合理的解决。"[①]这就是说,有某种神秘的东西在推动着黑格尔去创造他那个庞大的思辨体系。这个东西是什么? 首先要明确的是,它是生活实践本身所包含的东西,而这实践无疑是西方人近代以来的实践。在西方人近代以来的实践中究竟发生了什么神秘的东西? 在有可能从根基处揭示这个神秘的东西之前,方便的做法是先看一下这个"近代"的自我宣言。

时代的自我宣言,就是时代关于它自身的意识。而近代意识若简要言之,就是个人主义原理。无论是近代起点上的文艺复兴运动也好,宗教改革运动也好,或者直接来自哲学的理性主义启蒙运动,都是这个原理的不同投影。从哲学上看,近代启蒙的理性主义区分为英法经验论哲学和德国古典哲学。后者是对前者的批判性应答的产物。德国哲学对英法哲学的应答,虽然是批判的,但却是从对它的出发点的积极肯定开始的。这个出发点,即自由个人原则。对于自由个人原则,德国古

---

　　① 《马克思恩格斯选集》第 1 卷,人民出版社,1972 年,第 18 页。

典哲学在其起步之时即是予以充分肯定且着力加以论证的,例如康德的《实践理性批判》即是要论证个人的自由如何以他所拥有的实践理性作基础。不过,也正是在康德式的论证中已经包含了对英法哲学从唯物主义或经验论立场论证个人自由的拒绝。人的生而自由,不是由于他作为自然界的一员拥有作为生物存在的天然权利,而是由于他作为理性存在而拥有以理性为基础的自由意志。这就是说,从康德那里起步的德国古典哲学一开始就力图避免近代个人原则发生无精神的唯物主义退化。但是,康德用以阻止这种退化的方法乃是构造抽象的实践理性,即对于符合理性之不矛盾律的绝对道德律令的理解和由此而来的自觉遵从。从此中可以看出这样一点:康德一方面认识到,在论证个人的物质利益权利之基础的问题上,不能单纯依凭知性上的形式合理性,而需诉求某种绝对价值;另一方面,他也认识到,这种绝对价值已同现实的资本世界的生活实践相分离。由于这种分离,为了道德可能性的最后保证,便要求把上帝作为必要的假设来予以论证(道德神学)。但是,上帝既然是假设,便没有实体性;既然没有实体性,人的道德实践就不能不丧失普遍真理之基础,而个人的自由就仍不得不停留在只有知性才能起作用的形式理性的领域内。在此领域中,理性的唯一用法是形式的,那就是契约。由契约来实现的个人自由表明,自由的唯一真实内容只是诸个人的权利领域之间的界限本身。在这种界限上所达成社会共识,便是社会世界最后所能留存的普遍真理和绝对价值。但这是一种怎样的普遍真理和绝对价值呢?由这种真理和价值所实现的是怎样的自由呢?马克思在《论犹太人问题》中说:"这种自由使每个人不是把别人看做自己自由的实现,而是看做自己的限制。"[①]这就是所谓抽象的个人自由和原子式的个人之间的非实体化关系。

黑格尔力图把近代个人原理同普遍的实体原则作辩证的结合,要求赋予个人自由以形而上的真理基础。既然已经面对现实地展开着的资本世界,思想的目标就应该致力于证明这个世界能够同携带着人类精神的全部历史财富,以便自由的个人不单纯是现实幸福的追逐者,而

---

① 《马克思恩格斯全集》第 1 卷,人民出版社,1956 年,第 438 页。

是能将普遍真理内化为道德良知的实践主体,并且在这种内化中达到属于人的幸福感。这正是与当时英法的自由主义原理相抗衡的德国的自由主义原理,是所谓"自我意识"与"实体"的辩证统一。问题是,这普遍真理(实体)在哪里?黑格尔的回答是,在历史中。在以往的精神化的古典世界中,历史发展已经成就了人类自我认识的精神财富。在以往的宗教和艺术中所完成的人的自我教化,其真理性价值在黑格尔的哲学中获得了纯粹概念的表达。真正的科学,在黑格尔看来,是真理的概念体系,而不是对于现象的知性知识。因此,黑格尔的哲学就作为涵盖人类全部精神史的概念体系而问世。它是在辩证逻辑的概念构造中所完成的对人类历史的精神回顾。而这种回顾本身即是"绝对知识",它被看做是在资本现实中重建人与人的之间的实体关系的精神基础。

然而,西方资本世界展开至今的历史现实,特别是当下的现代性状况,已经证明,不仅是遭到黑格尔批判的康德、而且黑格尔本人的巨大努力都以失败告终。今天的基本事实(除非我们拒绝任何关于当代人异化状态的指认)是,个人之从伦理实体中被放逐出去,这一点已无可挽回,而个人在形式理性中的抽象自由则以其无家可归状况作为现实的补充。所以,黑格尔的哲学与其说是以知识论与本体论的历史统一来宣告了向自由无阻进步的可能性,倒不如说他藉此终结了哲学。哲学成了对历史的逻辑回忆,而真理则只是这种回忆的精神价值。这也就是说,哲学在黑格尔所构造的形态中成为人类精神在脱离当下生活世界的情况下所进行的孤独的逻辑自察。黑格尔甚至把这一点说成是哲学本身的基本特征:"当哲学把它的灰色绘成灰色的时候,这一生活形态就变老了。对灰色绘成灰色,不能使生活形态变得年青,而只能作为认识的对象。密纳发的猫头鹰,要等黄昏到来,才会起飞"①。这只猫头鹰除了通过对历史的思辨还原来再度证实当下所发生的一切的不可避免性外,再也说不出别的什么,而对于未来,则更是无话可说。黑格尔本人其实也清楚这一点,所以他认为未来不是知识推断的对象,而

---

① [德]黑格尔:《法哲学原理》,商务印书馆,1982 年中译本,第 14 页。

是希望和恐惧的对象。

这样,在黑格尔的宏大的哲学抱负与他关于哲学对未来无所作为的这种认识之间,就形成了令人惊讶的对比。如果通过他的哲学所确证的历史的精神财富不能构成生活世界进一步前进的动力的话,那么,这只能说明,这些精神财富已在当下世界中被某种神秘的东西分解为碎片,即使黑格尔仍然用哲学的辩证体系把它们组织成有机的概念统一体,但这只是使这些旧的精神形态成为用逻辑价值来封存的木乃伊罢了。

这不仅仅是黑格尔哲学自身的悲剧。黑格尔是西方哲学传统的伟大的继承者,是一个用宏伟的哲学体系凝聚这一传统之精华的大师。所以,他也就通过他的最终与生活世界隔绝的宏大的哲学叙事为这一传统画上了句号。

在黑格尔之后,人们对于哲学还能期待什么? 也就是说,黑格尔是代表了西方哲学传统的中断还是同时意味着它的终结? 若仅是中断,则它就是还可能通过某种修正而得到更新与接续的东西。这个尖锐的问题直到今天仍然悬而未决。

二、当代哲学的根本语境

在现存的条件下,我们根本还无法回答上述问题,因此,本文宁愿在仅限于"中断"的意义上看待黑格尔哲学的失落。我们现在的关注点在于,应当把这一中断同现代性状况内在地联系起来,也就是说,黑格尔以自己的建立体系的努力及其内在目的的最终失落,深刻地验证了当代资本世界的非灵化以及当代人在这种非灵化中的无家可归。黑格尔哲学,作为近代理性精神的集大成者,用它在这个世界中的失落,证明了这个世界关于自身基础与原则的幻想和声明同它的实际真相之间构成了突出的对比。这样,黑格尔以一种他本人意想不到的方式把他自己的哲学谬误同当代人类处境的根本性质相关联。正是这一关联构成了在黑格尔之后的哲学探讨的根本语境。

这一语境通常隐而不显,直接可见的是文本,但语境在暗中起了决　*35*

定文本真实意义的作用。事实证明，一百多年来西方的哲学活动，只要是真诚的思想探索，都不能不在对当代状况的体悟中领会到（即不是单纯从学理上分析出）黑格尔哲学的失落，并且通过这种领会进一步去批判地反思西方的整个哲学传统。因此，当代各种哲学流派，尽管它们彼此之间在面目上大相径庭，却都是从批判黑格尔开始的。难怪 M. 怀特海在他所编的 21 世纪哲学家著作选读本《分析的时代》的篇首就说："几乎 20 世纪的每一种重要的哲学运动都是以攻击那位思想庞杂而声名赫赫的 19 世纪的德国教授的观点开始的……这些人（指当代重要的哲学学派的奠基人——引者）在这一时期或那一时期都是黑格尔思想的密切的研究者，他们的一些最杰出的学说都显露出从前曾同那位奇特的天才有过接触或斗争的痕迹或伤痕。"①但是，在西方哲学传统的内部，黑格尔几乎是无法批判的。固然，人们曾经抓住黑格尔体系内部的矛盾和裂痕而从事攻击，但是只要还站在旧哲学本身的地基上，那么这种批判至多代表了黑格尔体系瓦解的征兆，而在这种征兆中是产生不出对黑格尔的真实超越的。即使是在对黑格尔哲学的思辨前提作唯物主义批判的费尔巴哈那里，情况也还是如此。因此，一切对黑格尔的真正批判，都同时意味着西方哲学的自我批判的开始。

无论是英美的分析哲学还是欧洲大陆的现象学运动及后来的存在主义运动，还有当代的后现代主义思潮，都属于西方哲学在当代的自我批判。这些哲学运动体现了不同的、甚至是彼此尖锐冲突的哲学观，它们常常冲突到如此严重的地步，以致相互之间根本无法确认对方的思想努力究竟能不能算得上哲学，也就是说，连思想和观点的争论都无从展开，因为争论需要争论双方有共同默认的前提。这种共同前提的缺失，表征了当代哲学活动共同基地的消失。哲学变成无名之物的这种情况，是空前的。如果说哲学在以往的进展中始终都包含着来自学说批判的理论动力的话，那么现今的批判则是一种针对着理论之为理论的批判，是理论思维自身的灾难。这场灾难可以说是由黑格尔之后的"哲学"来亲自导演的一场哲学自我否定的悲剧。

---

　　① M. 怀特海：《分析的时代》，商务印书馆，1981 年中译本，第 7 页。

当代哲学是不得不导演这场悲剧的,因为这悲剧属于现实世界本身。西方哲学传统完成在现实世界自身中,也就是说,它同时是这个世界自身的原理。在这一点上,海德格尔说得分明:"劳动的新时代(指资本时代——引者)的形而上学的本质在黑格尔的《精神现象学》中已预先被思为无条件的制造之自己安排自己的过程,这就是通过作为主观性来体会的人来把现实的东西对象化的过程。"①海德格尔在这里所说的正是早就由马克思在《1844 年经济学哲学手稿》中所指证的在资本关系下的劳动的抽象化。抽象劳动是增殖交换价值的劳动,由于这种增殖,它便突破以往的商品生产的范畴而凌驾于生产使用价值的具体劳动之上,并支配着后者,也就是说,它是生产和再生产着资本存在的劳动。因此,资本是有生命的,因为抽象劳动成为现实劳动中的主体的方面,对这一主体方面的哲学表达就是"自我意识",用海德格尔的话说,就是"作为主观性来体会的人";而商品的对象性存在(即作为人的感性的本质力量的对象性存在)——使用价值——则被抽象化为映现资本存在的物相。那本来执行着人与自然界的本质关系的感性活动,作为资本关系下的生产运动,成了"无条件的制造之自己安排自己的过程"。这个"自行安排"所具有的规律正是国民经济学所要探讨的经济规律(私有财产运动的规律)。所以马克思在那部手稿中把黑格尔的哲学看做是对国民经济学的前提与出发点的哲学表达。因而黑格尔哲学,按其本质上正是现存资本世界自身的原理而言,是给这个原理戴上的唯心主义的精神光环。

但精神光环毕竟只是光环,而不是精神,它是对这个本身无精神的世界原理的观念装饰。因此,个人作为"主体",便只是在观念装饰中的主体。这是西方哲学传统之最后的归谬之地,正是在此归谬之地上,当代哲学洞察到了自己的先辈的谬误与这个世界本身之间的内在同构。当然,在这里,"当代哲学"乃是一个虚构的词,因为一方面,哲学已成为无名之物;另一方面,现存哲学流派之间的极端的相异关系,表明了哲学这种以往的"共同事业"被分解为各个要求着其自律性的"碎

---

①　《海德格尔选集》(上卷),上海三联书店,1996 年,第 383~384 页。

片"。这个虚构的词如果毕竟还有意义的话,它只能是指称当代各种"哲学言说"的共同语境,即对上述"内在同构"的洞察本身。

正是因为当代哲学言说的共同语境在于上述洞察,这也就从根本上规定了各种"当代哲学"在本质上属于对哲学传统的批判。一切建设体系的努力,归根到底还是从属于这种批判,是这种批判的实现方式之一,而并非建设的真正开端。在这一点上,胡塞尔是一个典型的例证。胡塞尔曾经向往一种"作为严格科学的哲学",以及在此基础上以一种新的方式继承并实现以往哲学之形而上学使命的"现象学哲学",但是,他却在这种向往和努力最为深入的境域里,发现了"生活世界",从而提出了返回生活世界的口号。这一口号一经提出,曾经受到过希望用现象学来"修复"哲学传统的人们,便立即又被置回到了对这种传统的批判中,或者更确切地说,是被置入到一种更为彻底的批判中。

尽管晚年的胡塞尔仍然把这一口号所包含的要求看做是一条通向现象学哲学这一目标的新道路,但是这一口号却打动了那么多的人,使他们幡然醒悟:在意识自身的范围内去超验地确立外部现实世界的原理,是意识关于自身为绝对主体的自我幻想。这种自我幻想所以可能,其秘密在于,现存世界本身的某种神秘的东西规定着这个世界只有在以传统哲学的思想方式来解释时才成为一个能被理解和接受的日常的客体世界。那个使我们成为抽象的主体、使事物成为这个抽象主体之外化的客体的生活世界,在这种世界原理中被遮盖了。但那神秘的东西却来自这个被遮盖的生活世界。现在的任务是要将这个被遮盖的世界显露出来。生活世界从来都不是客体,而主体也从来都不是能够与它隔绝、拿它当对象的先验自我;相反,主体本身是被规定出来的。它既是使主体的先验性成为可能的基础,同时又是终将使这种先验性成为虚构的真实力量。在这一点上,伽达默尔说的完全正确:"'生活世界'的概念具有驳倒胡塞尔超思想框架的革命力量","胡塞尔的自我解释对于理解他的意义来说根本不是一条可以信赖的准则"①。

从胡塞尔的例子中,我们得到的更重要的启发是,世界之原理并不

---

① 伽达默尔:《哲学解释学》,上海译文出版社,1994年,第193页、第180页。

是世界之现状的本质来历,世界现状的本质来历原在那本身是人的生命实践领域的生活世界中。正是这个本质来历才造就了使世界现状获得如此意义规定的那个世界之原理(现实中的人们是在这个原理中理解和接受世界现状的)亦即造就了现存的科学和以往的哲学以之为基础的那些具有客观确实性的范畴和法则。

但是西方近代哲学向来就把这些范畴和法则看做是理性本身固有的财富,是理性自身的产物,当理性把这些产物依某种内在于理性自身的逻辑展示出来时,世界的现状便相伴而来。因此,近代哲学首先通过笛卡尔来强调:世界之原理是众多作为纯思的自我本身的构造,哲学在论证这个构造时代表了对世界之原理的自觉,因此帮助了世界之现状的确立。例如,18 世纪的原理是个人主义,近代哲学则论证了个人主义,因此,是原理创造了世纪,哲学使这个原理达到了自觉,帮助了 18世纪的世界状况的最终确定。西方哲学传统向来引为自豪的地方就在于哲学完成这样的使命。这正是这种传统的形而上学本质。

哲学传统的形而上学本质,是在于它从思想的逻辑法相中寻找建构现实世界的基础。所谓"形而上的"原理,即在于认定存在者基本样式是先于一切对存在者的经验的东西;这种基本样式,亦即诸存在者的范畴规定及它们之间的法则联系,是诸存在者的经验存在的可能性的根本前提。揭示和认识这种根本前提被看做是哲学的根本任务。

但是,这些范畴和法则本身却根源于人们的生命实践体验,也就是说,在它们被理性地作为范畴和法则之前(这"之前"不是时间上的,而是根据上的),它们原本属于人的文化生命的感性基础。

哲学如何才能深入到这个"感性基础"中去? 前提是,哲学首先必须抛弃"作为哲学的"自身,即抛弃自己的传统的"理论"本质。就拿"感性"来说,从它作为传统的哲学范畴来看,它就还在"理论"之内,因为它代表了主体与外部世界的直观联系。而正是在这种形而上学的规定中,这种联系就只能是一种"附加的"东西,因为主体已然成立,它的成立被哲学表述为理性的纯粹自发性,而从未可能揭示它在"感性基础"中的原始构成。因此,现在的做法必须是恢复这种联系的本源地位。然而,这种"恢复"却极为困难,因为一方面,其非但无法从哲学传

39

统中为之找到现成的武器,相反,这传统本身就构成了对这种恢复的阻碍和消解;另一方面,现存世界的日常事实本身也每天都在阻碍这种恢复,因为那所要恢复的东西每天都成为被纳入到资本运动中去的"物相"。

所以,本质重要的工作就仍然是批判。这是"当代哲学"仍在继续着的伟大使命。它的伟大之处在于,这种批判不再仅仅是对旧学说的理论批判,而是对旧学说的"理论本质"的批判,更重要的是,这种批判直接是对现存世界之原理的批判。

但是,正如一切真正伟大的东西同时面临着最大的危险一样,"当代哲学"所要实行的针对着哲学理论本质的批判,也可能使哲学本身化为碎片,而不幸的是,这似乎就是我们在西方当代的哲学状况中所看到的实际情形。

这也就是我们在当代哲学的根本语境中同时看到的当代哲学的根本困境。在此困境中,我们把目光转向马克思。

三、从马克思的哲学观看哲学的自我批判

问题的要害不是在于我们如何在哲学对自身传统的批判中把哲学本身拯救出来。如果我们担忧于此,以此为要务,就说明我们仍然沉迷于理论,尽管此时我们要求的是一种体现了新的哲学思想方式的理论。

胡塞尔为自己一生的哲学努力所立下的宏伟目标,就是这种要求。胡塞尔在这种要求中把他自己同伟大的柏拉图联系起来。在胡塞尔那里,哲学在其"规范"上仍然接续着传统,他的任务是把真正的"柏拉图规范"——意识内在性的绝对优先地位——用严格科学的方法(现象学方法)揭示出来。这是包含在理论传统之扬弃中的理论要求,是在"现象学的还原"中还原出人类理性的本质真相。在此种努力中,胡塞尔贡献出20世纪"现象学运动"的伟大起点。

正是在这个起点中,哲学进入了人类文化价值的"感性基础"。但是这一进入,在胡塞尔那里,最终还是局限在理论描述的范围内。所以说这是一种"局限",是因为"感性基础"的先验构造在根本上排斥了这

个基础的历史性本质。对感性基础的先验构造的追求预设了意识主体,而在这种预设中,人归根到底仍是既成的、自我封闭的东西,他没有时间性,因为这种主体是在先验的意识生活中的主体,它的对象是作为意识的对应物的对象而得以构成的。主体的非历史性必然包含其对象的非历史性。我们因此就不能说这样的感性基础算得上是生活世界。胡塞尔因此也就不得不面对生活世界的民族多元性和生活世界的历史性这样两个难题。

在胡塞尔的尽头处,站着一个海德格尔。海德格尔虽然受惠于胡塞尔的现象学原则,但是他是带着他已在思索的基础存在论问题而受此恩惠的,所以在受惠的同时,即对之保持着批判的关系。这情形正如马克思与费尔巴哈的关系。莱茵报时期的马克思已开始思索关于黑格尔法哲学的思辨幻相的根源问题。他是带着这个问题认同了费尔巴哈之向感性基础的返回的,因此,在这一认同的同时立刻也就包含着对它的超越。费尔巴哈感性直观的唯物主义的根本缺陷,正是在于它对待现成世界在根本上还抱着"理论的态度",尽管它要求进入到这个现存世界的感性基础中去。

马克思对费尔巴哈所作的最关键的批评,见诸《关于费尔巴哈的提纲》和《德意志意识形态》。在后者中,马克思这样分析费尔巴哈:"他希望达到对现存事实的正确理解,然而一个真正的共产主义者的任务却在于推翻这种现存的东西。不过,我们完全承认,费尔巴哈在力图理解这一事实的时候,达到了理论家一般可能达到的地步,但他还是一位理论家和哲学家。……承认现存的东西同时又不了解现存的东西——这也是费尔巴哈和我们的敌人的共同之点"①;"诚然,费尔巴哈比'纯粹的'唯物主义者有巨大的优越性:他也承认人是'感性的对象'。但是,毋庸讳言他把人只看做是'感性的对象',而不是'感性的活动',因为他在这里也仍然停留在理论的领域内。"②马克思对费尔巴哈的这一批评,在原则上也同样适用于胡塞尔。

① 《马克思恩格斯选集》第1卷,人民出版社,1972年,第47页。
② 《马克思恩格斯选集》第1卷,人民出版社,1972年,第50页。

马克思把费尔巴哈的失误同他对现实世界的"理论的态度"直接联系起来,这是蕴含着深切的含义的。"理论家"或"哲学家"这些光荣的、特别是给德国人带来骄傲的名号,在这里是被贬义地使用的,这难道不发人深省吗? 其中无疑隐含着马克思自己的哲学观。在马克思看来,在黑格尔的伟大的哲学思辨失落之后,我们就不能再仅仅讨论哲学的错误本身,而是应该更进一步去探讨这种错误的真正来历。黑格尔的根本谬误包含在一个集中体现了西方整个哲学传统的形而上学体系本身中,而不是表现在它自身的哲学论断上,因而对黑格尔谬误的批判无疑即是对整个这一传统的批判。在这种批判中,对哲学与现实世界的关系、以及与此相应的哲学本身的存在理由和本质使命,都必然要得到彻底的审视。

进入到现实世界的感性基础中去,这无疑是一大进步,但是倘若对于这基础,最终仍不得不用理论构造的方法去给出形式的描述,那么,我们至多只能对之得到在"应然"范畴内的解释,至于这现实世界何以会"偏离"这感性基础的"应然",以及这个"偏离"本身又何以就能化身为哲学对现存事实的理论证实——这个更为根本的问题反倒在这种描述中被遮蔽了。

本文的前面部分已经引证了马克思在《关于费尔巴哈的提纲》中的那段重要论述,我们现在正可以来谈一下那个在实践中的"神秘的东西"了。那个把理论导向神秘主义方向上去的神秘东西究竟是什么? 对此,马克思本人在《关于费尔巴哈的提纲》中并未给出直接的论述。但是我们只要回想一下他在《1844 年经济学—哲学手稿》中关于人的本质与存在之间的关系所进行大量讨论,就能在这一点上获得基本的指引。在那里,马克思沿用了近代哲学中的"异化"这个术语,但却赋予它超出近代哲学思想模式的含义,这含义就是人的感性活动在自然进入历史的过程中发生的自我异化。关键在于它是活动的异化,而非某种现成存在者的主体本质的异化。马克思在那里当然大量地谈论了人本主义,但绝非如海德格尔所误解的那样是谈论了作为一种存在者范畴规定的"人本身"。海德格尔错误地把马克思所指认的人的社会性本质当成与人的自然存在直接同一的"先在实体",他没有真正注意到马克思讲的感性活动究竟如何意味着人类个体在执行自己与自然界的本质关系的活动中实行着对自身的社会本质的建构与占有。正是在这种"实行"中才发生着自然与人的同一(即人的感性的社会存在),并且也正是在这种"实行"中才发生着建构与占有之间的颠倒关系,即个人把他的活动所建构的他自身的社会本质当做不依赖于他的异己力量来占有。这种由建构的历史方式所规定的建构与占有之间的颠倒,正是那个在实践中的"神秘的东西"。

这种神秘的东西在哲学的"理论的"传统中是不可能被触及到的,因为哲学的理论本身还始终就是由这种东西所规定的,亦即是它规定了哲学对世界的解释。所以,所谓哲学的"理论传统",正是指哲学思维在以往还根本没有去思存在者的基本样式的来历,如海德格尔所说,它只能"从存在者出发思到存在者身上去",当然,它也"在过道中看了存在一眼"①,但它也就是从这种"在过道中的窥视"中获得了神秘的东西对它的思之方式的神秘主义规定。在传统哲学思维的理论方式中,现实自身的颠倒本质非但没有被揭露,反而在哲学对世界的理论解释中得到了观念上的肯定。

所以,以往的哲学就在那个从其中产生出"神秘东西"的生活世界面前终结了。哲学的新生将取决于能否在对自身的"理论本质"作彻底反思的前提下,使自己重归生活世界的本身的实践进程。哲学向生活世界的重返,必然意味着哲学自身形态的根本转变。如果说我们已能在海德格尔的基础存在论上多少看到一点这种转变的可能方式的话,那么,马克思的历史唯物主义则意味着更有价值的启发。在马克思本人对历史唯物主义学说作出成熟表述的著作中,我们到处可以看到马克思如何始终使哲学的思考直接指向对实践本身的理解,神秘的东西既然是在实践中产生的,它的解决自然也只有在实践中才是可能的,但它的解决却离不开人的自觉意识,这种意识就是"对这个实践的理解"。

说马克思哲学的本质是实践,并不是说,这种哲学应当直接就是现

---

① 《海德格尔选集》(上卷),上海三联书店,1996年,第375页。

实世界中的一个事项。哲学从来都不可能是这种意义上的现实活动。马克思主义哲学的实践本质,指的并不是它与日常世界中的活动的同一性;相反地,它倒是只有通过与今天的日常现实活动有距离,才会使自己有可能去归属现实活动的源始真相,即归属当下的感性活动对人的历史性建构。

这种哲学唯有通过坚持住它与日常现实活动的距离,才可能走到当下的感性活动本身的真理中去。而我们所说的这个距离,绝非人们通常所想象的理论与现实的距离。在形而上学的传统中,真实的情况倒是,理论与现实本质之间没有距离,马克思曾经指出过包括旧哲学在内的"意识形态"与现实本质之间的无距离:"如果在全部意识形态中人们和他们的关系就像在照相机中一样是倒现着的,那么这种现象也是从人们生活的历史过程中产生的"①。在理论中所完成的观念上的颠倒,表达的正是现实自身之颠倒的本质。

因此,对实践的理解不能再度退化为对现存事物的理解,而应该始终坚持对于那造成了现存事物的感性活动作出真正的历史理解这一指向。因此,一个基本重要的问题是,一种具有实践本质的哲学努力,怎样才能构成对生活世界中的实践作出历史理解的"真正的历史科学"的基础?这种真正的历史科学正是马克思学说本来的方向,也是今天的马克思主义者的时代任务。

(作者单位:复旦大学哲学学院)

---

① 《马克思恩格斯选集》第 1 卷,人民出版社,1972 年,第 30 页。

启蒙概念及其张力

汪堂家

一、小引

启蒙是一个始于观念更新而及于自由实践的漫长过程,这一过程既伴随着旧体制的瓦解和新气象的产生,又伴随着人性的解放与理性的自觉,也伴随着圣界与俗界的分离以及韦伯所说的"合理化"过程,更伴随着以精英自诩的知识分子们试图以追求人类的普遍解放的名义将新时代的世界观和价值观向自己力所能及之处进行不遗余力的推广。当这一过程与疯狂追求物质利益相联系并从资本和市场的扩张以及技术的广泛运用中获得源源不断的动力时,一场精心设计的全球性逐利运动和殖民运动也便随之展开。随着殖民化运动在20世纪的结束以及两次世界大战给人类带来的浩劫,随着科学技术的不恰当运用给人带来的负面影响不断显现,生活在21世纪的人们希望对启蒙本身进行批判性的反思,并对启蒙运动的思想遗产进行重新审视和清理也便在情理之中了。

然而,"启蒙"这个原本仅限于理智活动的词语被过多地赋予了感情色彩:它像"后现代"概念一样要么被视为百宝箱,要么被视为垃圾袋,随之而来的是两种截然相反的态度——要么为启蒙作辩护,要么对

45

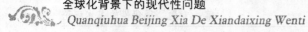

其后果进行谴责。其实,"启蒙"的本意仅在于彰显精神的力量,它唯一可以允诺的东西就是理性的自由。尽管它作为运动为未来的社会秩序确立了一些基本原则,但要求 17、18 世纪的思想家们为 19 世纪和 20 世纪的灾难负责,不仅有违公正的原则,而且等于承认后代人已经倒退到了启蒙运动前的状态:树立思想的权威并盲从于这种权威。启蒙只是为后人提供了选择的可能性,它无法决定后人如何做出选择。把今天的失败与灾难统统归咎于启蒙就像一个身无分文的人把自己的贫穷归咎于自己的祖先。今天,当我们重温康德关于要按人的尊严去对待人的观点时,当我们重温康德在 1784 年 8 月 30 日写的下面这段话时,我们仍然有必要保持康德曾经拥有的那种理性的自谦:"这一启蒙运动除了自由而外并不需要任何别的东西,而且还确乎是一切可以称之为自由的东西之中最无害的东西,那就是在一切事情上都有公开运用自己理性的自由。"①

但康德表明的"自谦"中也隐含非常崇高的要求亦即精神的自由。无论是对个人还是对于国家来说这都是最不易达到的理想。启蒙的真谛首先在于勇敢地运用理性,独立地运用理性,自由地运用理性。因为勇敢地运用理性,我们方能以启蒙的方式对待启蒙;因为独立地运用理性,我们方能以理性的方式去对待理性;因为自由地运用理性,我们方能以自由的方式去对待自由。以理性的方式去对待理性意味着不把理性情绪化,意味着看到情感中确有理性不可说明的因素,意味着看到理性自我展开的历程中已经显示出自身的矛盾。以自由的方式去对待自由意味着不把自由看做一种固定不变的模式,而是既把自由看做一种理想,又把自由看做一种观念,也把自由看做一种精神状态,还把自由看做一种制度,更把自由看做一种以尊重他人为特征的自我决定和自我规约的生活方式。以启蒙的方式去对待启蒙意味着看到启蒙的两面性,意味着克服对启蒙的不成熟看法所强化的不成熟的社会心态,意味着像 18 世纪德国《柏林月刊》的作者们那样展示对"启蒙"的解释的多

---

① 康德:《答复这个问题:"什么是启蒙运动"》,载《历史理性批判文集》,何兆武译,商务印书馆,1990 年,第 22~31 页。

样性。这些解释的确蕴涵着多种可能发展的萌芽,也蕴涵着 20 世纪关于启蒙的争论的萌芽。我们只要看看启蒙思想家卢梭以及其他浪漫主义者对科学技术的批评,只要看看雅可比(F. H. Jacobi)在《莱辛所言》中对启蒙运动不乏赞赏的温和指责,再看看康德和门德尔松(M. Mendelssohn,1729 ~ 1786)对启蒙运动的不同辩护,就不难明白启蒙运动本身就存在一种张力,这种张力的消失恰恰会使"启蒙"显示出自身的偏颇。对"启蒙"的滥用就是这种张力消失殆尽的表征。早在 1784 年,门德尔松就发出了这样的警告:"启蒙的滥用削弱道德情感,导致铁石心肠、利己主义、无宗教和无政府主义。"①

　　按德国著名哲学家 Juergen Mittelstrass 的划分,西方经历了两次启蒙,一次发生在古希腊,第二次发生在近代。"第二次启蒙把自身理解为一个时代,这个时代显然终结了过去并且成为未来的崭新开端。它由此作为历史的个体与其他时代(比如,古希腊或中世纪)迥然有别,而其他的时代并不把自身的存在归因于自身的自明性,而是归因于史学家的逐步完善的理解。"②这两次启蒙的共同点在于对理性力量的发现,人的理性与神的理性的分离以及前者的分化。它既是理性自觉的结果,也是启蒙运动的合乎逻辑的要求。回应这种要求乃是近代科学和一些自由主义政治哲学的基本目标和存在条件,对那些试图从自然律中引出道德律的人来说,它也是产生形形色色的现代伦理问题的重要原因。于是,"启蒙不仅被理解为对已成权威的传统的反动,而且被理解为对思想的日益增长的无纪律性的批判性抗议。"③

　　在此,我暂且撇开有关启蒙利弊的争议并且将讨论的范围限于第二次启蒙,即 17、18 世纪启蒙的一个侧面。这个侧面就是"启蒙"这个

---

　　①　施密特:《启蒙运动与现代性》,徐向东、卢华萍译,上海人民出版社,2005 年,第 56 ~ 60 页。要了解《柏林月刊》的情况和有关启蒙的争论,读者除了阅读该书还可进一步阅读以下著作:*Was ist Aufklaerung? Beitraege aus Berliner Monatschrift*. Hrsg. von N Hinske und M. Albrecht. Darmstadt: Wissenschaftliche Buchgesellschaft. 1973 .

　　②　Juergen Mittelstrass,*Neuzeit und Aufklaerung*,Berlin: Walter de Gruyter, 1970. S. 87.

　　③　Juergen Mittelstrass, *Neuzeit und Aufklaerung*. Berlin: Walter de Gruyter, 1970, Leitung. S. 1.

词(les lumieres)所关涉的原初意义即"自然之光"或"理性之光"如何形诸语言并且为未来的理解、误解和不确定的发挥留下了种种可能性。对于理性而言,语言并非可有可无的东西,它既是理性展开自身的场域,也是理性显示自身 力量的手段,还是理性寄放自身活动的成果的物质外壳。诚如门德尔松在《论这个问题:什么是启蒙?》一文中所言,"总的来说,一个民族的语言就是它的教育、文化和启蒙的最好标记,在广度上和深度上都是这样。"①因为启蒙原本与人的理性知识有关,与人对自身命运与处境的理论关切有关,与人对自身的本性、人与自然的关系以及人所凭依的传统的理性反思有关,它不仅要借语言来表达自身,而且要通过语言的解放来实现理性的解放。对启蒙时代的人来说,使用何种语言,以什么方式使用语言均关涉自由与人权,从某种意义上讲,启蒙系谱学也是权力的系谱学,是语言的系谱学,正因如此,几乎所有启蒙思想家对语言都有着特殊的敏感。明乎此,本文仅从语源学的角度对"启蒙"的可能性条件作一简要的考察并试图表明"启蒙"一词蕴涵着多种理解的可能性。

二、从"自然之光"到"启蒙"

中文的"启蒙",英文的 Enlightment 和德文的 die Aufklaerung 均是对法文 les lumieres 的翻译。在法文中 les lumieres 字面上是指"光"或"光明",用这个词的复数大写形式去指称"启蒙"或"启蒙运动"具有深刻的历史意蕴,并且体现了启蒙运动并非自绝于西方基督教文化传统,相反,它根植于这种传统并且远承希腊哲学的遗泽,近接文艺复兴的主脉,同时也给未来学者提供了发挥想象,进行不同解释的空间。18世纪常被称为"启蒙的世纪",也被称为"理性的世纪"。对这个世纪,法国人取过不同的名称,比如,"le siecle des lumieres""le siecle eclaire, les lumieres",甚至有人借用意大利文"illuminismo"来表示这个

---

① 门德尔松:《论这个问题:什么是启蒙?》,载施密特《启蒙运动与现代性》,徐向东、卢华萍译,上海人民出版社,2005 年,第 56~60 页。

世纪(意大利人至今仍沿用这一名称)。这些名称都有一个共同点,即都与"光"相关,而"光"总是让人产生遐想,激起希望。因此,这个世纪也被称为塑造理想的世纪。空想社会主义的出现,人们对现实的普遍不满以及对人类进步的坚定信念,都是对这个充满理想的世纪的最好注脚。如果我们对"启蒙"或"启蒙运动"概念作一个简要的语源学考察,就会发现它与"光的形而上学"有着无法忽视的渊源关系。

用英文的 Enlightment 去翻译 Les Lumieres 比较贴切,因为它既照顾到了法文原词的字面意义,又照顾到了它的隐喻意义;德文的 die Aufklaerung 作为 Les Lumieres 的译名只能算凑合,因为在当时的德语里的确找不到一个现成的词能十分恰当地表示法文原词的丰富意义,如果直接用 die Lichte(光照)或 die Illumination,das Glaenzen 去翻译又嫌太直接、太普通并且在德文里此词并不能让人想起"光"与"理性"的联系。18 世纪的学者们用 Les Lumieres 这个词来表示一场尊崇理性,怀疑一切权威的思想文化运动,不仅是出于修辞上的考虑,因为这个词既让人想到温暖与希望,又让人想起光明与生命的关联,而且是出于学理上的考虑,因为这个词通过典雅的诗意化表达既显示了 17、18 世纪那场思想文化运动与自柏拉图以来的视觉中心主义哲学的深刻联系,从而显示其渊源自有的历史底蕴,又显示出启蒙思想承继过去同时又昭示未来,烛照未来的勃勃雄心。可以说,用这个词来表示"启蒙运动"的确是再绝妙不过的选择。Die Aufklaerung 作为 Les Lumieres 的译名盛行于 18 世纪 80 年代;而且,在当时的德国政界、学界和宗教界人们对这个词的用法非常混乱,有的人从积极的方面去看待"启蒙运动",有的人则从消极的方面去看待"启蒙运动"。正统的宗教界人士尤其害怕它所倡导的自由精神会损害宗教权威,保守的政治家则担心它会破坏公共秩序甚至导致政治暴乱。因此,1783 年 12 月著名神学家策尔纳(Johanan Friedrich Zoellner)在《柏林月刊》(*Berlinischen Monatsschrift*)第一期上发表题为"*Ist es ratsam, das Ehebuendniss nicht ferner durch die Religion zu sanciren?*"(以后不经宗教而认可婚姻行得通吗?)的文章,要求对"启蒙"一词进行界定;随后,门德尔松和康德先后发表题为《论这个问题:什么是启蒙?》(*Uber die Frage:Was heist*

Aufklaerung?）以及《对这个问题的回答：什么是启蒙？》（*Beantwortung der Frage：Was ist Aufklaerung*）的论文，对策尔纳的提议作出回应。多亏《柏林月刊》，"柏林星期三协会"（Die Berliner Mittwochsgesellschaft），"启蒙之友社"（Die Freunde der Aufklaerung）以及《柏林启蒙杂志》（*Berlinisches Journal der Aufklaerung*）的广泛讨论，"启蒙"一词才渐渐深入人心；并且，人们多半把它与"光明""理性""自由""进步""怀疑""批判""革命"等等联系在一起。实际上，die Aufklaerung 这个词之所以还能凑合翻译 les lumieres，既是因为 die Aufklaerung 这个词在 18 世纪本可以指"云开日出"，因而间接与"光"相关，也是因为它被大部分学者赋予与理性相关的意义并被广泛接受，尽管它从字面上显示不出与"理性"（die Vernunft）和"理智"（der Verstand）的特殊联系。

为何说用 les Lumieres 来表示启蒙运动还有学理上的考虑并且显示了它与自柏拉图以来的视觉主义哲学的历史联系呢？众所周知，"启蒙运动"的核心思想正如康德在其论文中所言乃是教人勇敢地运用自己的理性，"理性"的自由运用则是使人超出不成熟状态的关键。但康德所说的对理性的自由运用是指公开的运用，而不是指私下的运用。公开的运用意味着像学者那样对公众自由地发表意见。所以，启蒙的历史在很大程度上即是理性的自我展开的历史，也是理性争取公开运用的历史。但是，自笛卡尔以来，"理性"作为"自然之光"（la lumiere naturelle）或"良知"（le bon sens，不是在道德意义上使用）的观念已经渐渐获得人们的接受和认同。当理性逐步脱离信仰的束缚而获得自身的独立地位时，人们也便对它抱有更高的期待。所以，17 世纪中叶之后，法国的一些知识分子已习惯于"理性之光"（la lumiere de la raison）这一说法，甚至在无需说明的情况下人们都会知道"自然之光"或"光"的隐喻意义指"人的理性"。

虽然这一隐喻用法的推广要归功于笛卡尔和笛卡尔主义者，但它并非笛卡尔的独创。正如法国学者拉比卡（Georges Labica）在"启蒙的昨天与今天"（Les Lumieres hier et aujourdhui）一文中所说："光的隐喻早已出现在柏拉图、普罗丁和玛尼那里，它因从（古伊朗的）拜火教

Avesta 中汲取灵感而更加完善,在那里,蒙昧的力量(Angra Mainyu,或 Daivas)与光明的力量(Spenta Mainyu 或 Ahura)使人们经历着各种各样的冲突。"①如果将启蒙时代的这一核心哲学概念上溯到柏拉图甚至上溯到巴门尼德,我们便可看到一个清晰的视觉中心主义的脉络,并且这一脉络与光的隐喻相关②。希腊哲学的一些重要术语,如 theoria(理论)、eidos(本质),"理念"等,其最原始意义本身就是指"看",而"看"是离不开光的,甚至可以说它就是光的作用过程。希腊哲学虽然也重视听(比如,苏格拉底和赫拉克利特就是如此),但与"看"相比,"听"仍然处于从属地位。我们且不说柏拉图的太阳隐喻,他所说的理念就有"光"的效能。理性不仅是"善"的光显,而且能在烛照万物中认识理念。当亚里士多德将心灵的认识比作光照并且认为精神使事物可以认识就如同光线使万物可见时,他已与他的老师相去不远。普罗丁(Plotin)则在糅合柏拉图和亚里士多德的思想的基础上使用"自然之光"这一概念,因为在他那里,自然之光既可以指对理念的恍然大悟(有点接近我们佛教所说的顿悟),也可以指理念照亮世界的功能。奥古斯丁对"自然之光"的解释奠定了这一术语在基督教哲学传统中的地位。他在《忏悔录》(见《忏悔录》Ⅶ. 137)中,对这个词赋予了新的意义,他把"自然之光"解释为对上帝的话的领悟,这样一来"自然之光"不仅有了神学的意义而且有了认识论的意义。

但真正把"自然之光"作为"理智之光"或"理性之光"使用的是经院哲学的集大成者托玛斯·阿奎那。他在《神学大全》中将"神圣之光或上帝之光"与"理性之光"(lumen rationis)或"理智之光"(lux intellectualis 或 lumen intellectus agentis)明确地区分开来,并认为"理性的自然之光"又分"上帝之光"或"神圣之光"(lumen naturale rationis participtio quaedem est divinis luminis)③。所以,J. Mittelstrass 对"自然之光"一词的解释是符合历史实情的。他认为,"自然之光"在这里是

---

① Georges Labica, Les Lumieres hier et aujourd'hui, 载《法兰西思想评论》第 1 卷,高宣扬主编,同济大学出版社,2005 年,第 22~36 页。

② 参见亚里士多德:《形而上学》A50. 986a25~26。

③ Summa theologiae, I qu. 12 art. II ad3.

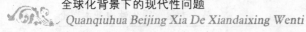
相对于"超自然之光"（lumen supranaturale），"信仰之光"（lumen fidei）或"恩典之光"（lumen gratiae）而言的①。但奥古斯丁排除了"理智之光"的独立存在并独立发挥作用的可能性，因为他所说的理智之光只是人分有"上帝之光"的一种方式。人的理智沐浴在普照的神光中。这样一来，人的理智能力始终是受限制的，尽管它不乏某种神圣性。

笛卡尔虽然在许多方面受到过阿奎那的影响并且从他那里继承了一些术语②，但他喜欢给它们赋予新义。笛卡尔的贡献在于，他通过将上帝的理性与人的理性完全分开而将理性作为独立的文明之源。此外，他大力强调要增强理性之光并有效地发挥它的作用，他还首次尝试以法语撰写哲学著作从而为后来的启蒙运动所要达到的一个基本目标——开启民智——开辟了可能性。在《指导心灵的规则》中，笛卡尔在谈到科学的统一性时指出："因此，如果有人想真心实意地探求事物的真理，他就不应选择某一专门的科学；因为所有科学都是相互联系，相互依赖的；他应该想想如何增强理性的自然之光，这不是为了解决这样或那样的经院哲学式的困难，而是为了使他的理智可以指导他的意志在生活的各种偶然性中作出适当的选择。"③他在解释直观时说，"直观是纯净而专注的心灵的无可置疑的观照，并且只能源于理性之光。"④由于直观是认识所有真理的最根本的方法，理性之光也就成了真理之光或真理之源。这一观点几乎影响了17世纪的绝大部分理性主义者。所以，当大家读到斯宾诺莎在《伦理学》中将真理与光明相比拟，将错误与黑暗相比拟（他说："正如光明之显示自身也显示黑暗一样，真理是真理自身的标准也是错误的标准。"⑤）时也就不会大惊小怪

---

①　J. Mittelstrass, lumen naturale, Enzyklopaedie Philosoophie und Wissenschaftstheorie. B. 2. Hrsg. von. Juergen Mittelstrass. Wissenschafts Verlag. Mannheim / Wien / Zuerich. 1984. S. 726 ~ 727.

②　参见 Etienne Gilson, *Etudes sur le role de la pensee medievale dans la formation du systeme cartesien.* Paris：J. Vrin，1930，p. 207 ~ 209.

③　*The Philosophical Works of Descartes.* Vol I. tr. by E. S. Haldam and G. R. T. Ross. Cambridge at the University Press. 1972. p. 2.

④　*The Philosophical Works of Descartes.* Vol I. tr. by E. S. Haldam and G. R. T. Ross. Cambridge at the University Press. 1972. P. 7.

⑤　斯宾诺莎：《伦理学》（命题四十三），贺麟译，商务印书馆，1983年，第82页。

了。笛卡尔在《谈谈方法》这篇试图让哲学讲法语的划时代文献中曾经这样写道：

> "的确，我在专门考察别国风俗的时候，根本没有看到什么使我确信的东西，我发现风俗习惯五花八门，简直同我以前看到的哲学家的意见一样。所以，我由此得到的最大好处就是大开眼界，看到有许多风俗尽管离奇可笑，仍然有一些大民族一致赞成和采纳，因此，我懂得不要对我过去相信过的成规惯例坚信不疑。这样，我渐渐摆脱了许多错误的看法，而这些看法遮蔽了我们的自然之光，使我们不太听从理性。"①

早期的笛卡尔虽然也承认心灵中有某种神圣的东西在启迪它，但已明确地把这种东西从科学和日常的认识活动中排除出去，他的方法论原则可以理解为为增强自然之光而设立的指导原则。由于人的情感、意志都可能损害、遮蔽自然之光，笛卡尔希望找到正确的方法来净化理性并指导理性的具体运用。他有时还直接采用"理性的纯粹光明"这种说法，其意在指出，人的理性本是清明澄澈的，但它很可能受到干扰和蒙蔽，因此需要培植、保护并依正确途径来运用，否则理性会走入迷途。需要指出的是，在笛卡尔那里理性的指导原则并非靠启示或超自然之光提供，而是从成熟的理性自身而来。理性之光一方面是知识之源，科学之源；另一方面，也是幸福之源，自我完善之源。前一点帮助近代人确立了知识论和认识论的基本原则，后一点帮助近代人确立了"进步"的观念以及人类具有自我改进的能力的观念。而这两种观念是后来的启蒙运动的基本信念并且成了激励人心，凝聚共识的重要口号。当后来的启蒙思想家们纷纷相信只有理性方能给人以人的尊严时，"理性之光"对他们来说显示了普遍的道德力量。

对理性的这种乐观主义态度充分体现在笛卡尔的后继者斯宾诺莎

---

① 笛卡尔《谈谈方法》，王太庆译，商务印书馆，2000年版，第9～10页。后几句译文据 C. Adam et P. Tannery 编《笛卡尔的著作》（第6卷）稍作改动。

的这一论点中："遵循理性的指导,我们是直接地追求善,只是间接地避免恶。"①"道德的原始基础在于遵循理性的指导"②。笛卡尔及其后继者对理性与情感的可能冲突没有给予足够的重视,他们也全然没有意识到笛卡尔虽然倡导理性但他并没有作为一个道德学家去给理性以道德约束,相反,他在解释人的激情时依然采用物理学的方式并天真地相信理性原则的贯彻将自然而然地让人高尚。这就给后人提出了一个非常严肃的问题:理性之光真是道德的源泉吗? 如果不是,道德的源泉在哪里呢? 17 世纪的理性主义思想家力图从理性、从人的主体性中寻求知识的确实性的根源,但一直未能解决知识、科学与道德的关系,他们只是简单地从理性中逻辑地推演出道德的可能性。莱布尼兹在1684 年写过一篇著名的论文"对认识、真理和观念的沉思"(*Meditationes de cognitione*, *veritate et ideis*),他对帕斯卡的《论几何学精神》(*De l'esprit geometrique*)以及阿尔诺德(Antoine Arnauld)的《论思想的艺术》(*De l'art de penser*)赞赏有加,但他重新提出了事物的最终根据和第一因对于认识的确实性的重要性,并在某种意义上渐渐将知识问题转变成逻辑与语言问题。他仍然没有放弃光的隐喻并将"清楚、明白"这一同样与光的隐喻相关的真理标准悄悄保留下来。当他断言"如果给予充分的认识,就肯定始终存在一种先天的可能性的认识"③,我们不仅预先嗅到了康德的气息,而且会问这种先天可能性的认识的根源在哪里? 莱布尼兹的答案是,理性之光并且唯有理性之光才能让我们看到这种可能性。1714 年,他甚至专门写了《以理性为基础的自然与神恩的原则》④,进一步扩展了理性概念的适用范围并认为崇高的理性既可以认识事物的内在必然性,又可以让我们与上帝相通并因此领受上帝的惠爱,从而达到至善与至福。

① 斯宾诺莎:《伦理学》(命题六十三),贺麟译,商务印书馆,1983 年,第 220 页。

② 斯宾诺莎:《伦理学》(命题五十六),贺麟译,商务印书馆,1983 年,第 212 页。

③ G. W. Leibniz, *Betrachtung ueber die Erkenntnis*, *die Wahrheit und die Ideen*. In: G. W. Leibniz, Philosophische Schriften und Briefe. Hrsg von U. Goldenbaum. Berlin: Akademie Verlag. 1992. S. 28 ~ 36.

④ 中译文载《莱布尼兹自然哲学著作选》,祖庆年译,中国社会科学出版社,1985 年版,第 128 ~ 137 页。

虽然从笛卡尔到莱布尼兹的形而上学受到 18 世纪一些启蒙思想家的嘲笑，但这些启蒙思想家仍然自称是理性精神的传人。他们也打着理性的幌子强调人的感性生活并为人的情感、意志与欲望做辩护。一方面，分析、经验与想象都在百科全书派那里被赋予同等重要的地位；另一方面，怀疑精神与批判精神被看做理性自觉的必然结果。除重新阐释"自然"概念并从理性之光引出各种各样的科学观念外，一些启蒙思想家如卢梭和伏尔泰，甚至早就批判了科学与道德的分离并认为这便是理性时代的困境。正如法国学者德拉奴瓦指出的那样，伏尔泰"将一些地球人与外星客相对照。外星客对地球人的科技成果惊叹，但也为地球人的政治和道德缺陷懊丧"①。正是在这种意义上，我以为一些人将当今科技的一些负面效应也归咎于启蒙运动是没有道理的。一些启蒙思想家恰恰提醒我们要防止科学没有道德定向的可怕社会后果。卢梭的观点最清楚不过地证明了这一点。他富有激情地写道："我自谓我所攻击的不是科学本身，我是要在有德者的面前保卫德行。"②"看一看人类是怎样通过自己的努力而脱离了一无所有之境，怎样以自己的理性之光突破了自然所蒙蔽着他的阴霾，怎样超越了自身的局限而神驰于诸天的灵境，怎样像太阳一样以巨人的步伐遨游在广阔无垠的宇宙里，那真是一幅宏伟壮丽的景象。然而，返观自我以求研究人类并认识人类的性质、责任与归宿，那就要格外宏伟和格外难能了。"③

卢梭所说的"理性之光"在 18 世纪是一个最普通不过的词语。实际上，正如"自然之光"与"理性"可以互换从而象征着"自然"与"理性"之间的本质关联一样，对"自然"概念的多种解释与对"理性"的多种解释相互对应并相互影响。在不同的启蒙思想家那里，"理性"与"自然"往往被赋予不尽相同的含义，有些含义甚至相互矛盾。但有一

---

① 吉尔·德拉奴瓦：《启蒙思潮与行动：影响和批评》，载《启蒙的反思》，哈佛燕京学社编，江苏教育出版社，2005 年，第 132～144 页。

② Jean – Jacques Rousseau，*Oeuvres completes* Ⅲ. Paris：Gallimard，1964. p. 5.

③ Jean – Jacques Rousseau，*Oeuvres completes* Ⅲ. Paris：Gallimard，1964. p. 6。译文引自卢梭《论科学与艺术》，何兆武译，商务印书馆，1997 年，第 6 页。

点是共同的,即,他们都欲借理性之名来表达自己的观点、学说、计划乃至情绪,这本身就表明了"理性"的威名已经成为所有人都不可小视、不可回避的东西。理性不但被视为一种认识工具,而且被视为一种生活态度和精神气质,"几何学精神"和牛顿物理学所揭示的自然秩序成了理性活动的基本象征和积极成果,大部分启蒙思想家都把怀疑和批判精神看做理性的基本特征。如果以这种精神去对待启蒙本身,我们就可以大致接受美国学者赖尔(P. H. Rell)和威尔逊(E. J. Wilson)的如下判断:

> "启蒙运动时期理性概念的诸多含义,与启蒙学者的其他一些常用概念密切相关,这些概念包括理性主义、演绎法、几何学方法、归纳法、经验主义、自然法、科学方法、批判分类、常识。几乎每一门启蒙学科都出现了关于理性概念及其含义的讨论,尤其是认识论、心理学、数学、宗教和科学。共济会、巴伐利亚光明派等启蒙团体把理性提升到了近乎神圣的地位。自然神论及其相关的物理神学等宗教表达形式则把理性概念作为信仰的支柱,《圣经》评注运用理性来挑战《圣经》权威。最后,虔敬主义、卫斯理宗、贵格会等新的宗教教派以理性的名义奋起捍卫宗教。在所有这些现象和思想领域中,含义千变万化的理性始终起到了核心的作用,人们藉此可以深入了解各种错综复杂的启蒙思想。"①

然而,正是那些错综复杂的启蒙思想为后人留下了各种理解和争论的可能性。由于理性被赋予极为不同的意义,理性本身似乎发生了分裂。理性展开了自身的矛盾并打破了自身的统一。在启蒙运动中,"理性"之名有被滥用的危险,"启蒙"本身也有被滥用的危险。有趣的是,在17、18世纪的启蒙思想史上,甚至词典一类的工具书也常被视为

---

① 彼得·赖尔,艾伦·威尔逊:《启蒙运动百科全书》,刘北成、王皖强编译,上海人民出版社,2004年,第44页。

弘扬理性精神的手段。阿尔诺(Arnauld)和郎斯洛编的语法著作被视为法语史上的里程碑,而这本书的书名就叫《普通的基于理性推理的语法》(*La Gramaire generale et raisonnee*)。狄德罗和达朗贝编的《百科全书》的副标题即是《有关科学、艺术和工艺的基于理性推理的辞典》(*Encyclopedie, ou dictionnaire raisonnee des sciences, des arts, et des métiers*)。由此,我们可以看到理性精神如何深入人心并成为人们的共识。从某种意义上说,启蒙只是延续从文艺复兴开始的世俗化过程而已。虽然启蒙的基本任务远远没有完成,也许永远不能完成,但在理性至上的名义下行反理性之实同样需要引起我们的警惕。从以上的历史考察中,我们可以得出这样几点结论:(1)理性与启蒙是不可分割的,理性缺位的启蒙并非真正的启蒙,而是新的蒙昧。(2)启蒙从一开始就要反对神权的绝对统治并要求人的理性的独立地位,但并不是要绝对抛弃宗教价值,相反,它要解放基督教中那些被压抑,遮蔽和禁锢的理性因素和自由意志赋予人的创造性力量。(3)理性虽然有着强大的力量,但理性本身并非万能的,它还需要与勇敢这一人类的古老美德相联系才能发挥自身的作用。(4)理性和启蒙都包含一定的矛盾和张力,任何形式的滥用都会导致消极的后果。

(作者单位:复旦大学哲学学院)

现代性，或淹没在话语中的世界历史

胡大平

> 对于多数中国人来说，在没有体验到现代生活之前就已经陷入其眩晕，并在这种眩晕中失去了方向感。"现代性"正是作为治疗这种眩晕的良药出现的，但不幸的是，对于理论本身来说，它恰恰又正是理论眩晕的征兆。
>
> ——题记

作为一种未竟之志，现代性既是一种想象，又是一种叙事。在现代性社会理论发展过程中，它曾明确地试图替代具有决定论和目的论色彩的欧洲中心主义的世界历史叙事。然而，这种替代本身，无论是科学主义取向的现代社会学，还是反科学主义取向的后现代性社会理论，都不仅没有达到消除那种欧洲中心主义的目的，反而因为其对时间性的压抑而成为一种独断论。因此，在今天，无论是通过社会理论来重建现代性研究，还是通过现代性问题来重建社会理论，其焦点问题都是穿越20世纪话语的眩晕而回到世界历史本身。在这一意义上，现代性只是世界历史发展给我们提出的一个问题而非它给自身所做的结论。如果存在着现代性这一回事，它只能是我们对作为历史的世界的一种应答。

这种应答既依赖于全新的世界历史叙事，又依赖于全新的社会想象。

一、从绝对的参照到自指的能指：话语中的现代性

在谈及民主问题时，达尔指出一个关键性困难："没有一种真正的民主理论——而只有各式各样的民主理论"①。在"现代性"问题上，我们处于同样的困境，因为在今天的整体学术氛围中，不仅存在着各式各样的现代性理论，而且"现代性"本身在多数时候已经成为一个与现实无关的关于再现的再现问题。因此，如果要提出一种关于现代性的社会理论，首要问题便是从社会理论角度清理现代性话语，而使现代性所描述的问题赤裸地呈现出来。

然而，一旦提出从社会理论角度清理现代性话语这种要求，我们似乎就需要同时提出放弃在一定意义定义现代性的要求。这是因为，我们已经不能按照规范的学术要求和理论研究惯常的做法通过学术史来获得某种具有确定价值的历史理解。或者说，沉痛的学术史，让我们感到似乎必须放弃对现代性本身的定义才有可能打开一种真正的理论空间。

一方面，在学术和理论中，当现代性成为像商业中的可口可乐那样的通货，它亦丧失了与任何具体问题的联系，就如"异化"这个术语丧失了其震撼力那样，尽管我们仍然直接遭受着它早先所标识的那些问题的折磨（就中国人来说，更确切地讲，我们今天才直接遭受那些问题）。在今日，真理遭到了词语的报复；昔日，它曾借词语而介入人的存在。高度平面化的和密集的传播方式，不仅夷平了话语的等级，而且消解了信息之间的差异②。在此一背景下，学术并不能够成为守护思想的最后一个堡垒。这构成现代性问题的基本方面之一。

另一方面，"现代性"话语的泛滥亦引发了"现代性"的文献史考证

---

①　达尔：《民主理论的前言》，顾昕等译，三联书店，1999年，第2页。
②　例如，一位房地产商对公众说："这样活着是你的责任。"而尼采派的哲学人则必须学会包装自己的方式才会赢得公众。由此，我们可能产生的联想是，正如20世纪现代艺术开端上野兽派所为那样，似乎只有摆脱精致形式暴露出其粗野的本质，真理才能够召回它曾经具有的力量。在此，鲍德里亚"知识上的恐怖主义"才不难理解。

的异常增殖。然而，多数文献史都因为失去了问题（考证"现代性"这个术语传播史的兴趣压倒了追溯其描述的问题的兴趣）而变得无聊①，学术的这种势态与吉尼斯百科全书的特征表现出异常的一致：那种我比你懂得多的快感支配了我们称之为理论的活动。

　　由于这两个方面的原因，我们在涉及现代性话语时面对的不是沉重的而是深痛的学术史。也因此，将之作为向当下学术提出的一种有关丧失了自身起源的绝对知识的历史的问题。我们必须承认，它在当前已经成为一种"自指的能指"——除了它自身外，它不指涉任何东西，但它却是如此吸引着我们，以至于在学术中不谈论现代和现代性就好像开车被吊销了驾照。

---

　　① 在今天的学术写作中，对于研究所涉"关键词"的文献追溯成为规范的显著标志。例如，在马克思主义相关研究中，对于"意识形态""资本主义"等这些大词汇的持续关注，再如"和谐"问题所引起的对我国历史文献的兴趣等。然而，在多数时候，这只是一种外在的无关紧要的做法，因为它只是在表面上加强了某个主题的历史厚重感，而非展示问题的当代性质。从这一角度看，威廉斯的《关键词》，其高度传播反而只是体现一种负面的意义：为获得某个词的确定用法，为使自己的讨论具有丰富的历史根据，我们不得不依据甚至过量的文献考证。在这里，问题并非缺乏分析，而是分析本身仅仅增加了主题的复杂性而非揭示了问题的内在逻辑。就《关键词》来说，它的意义并非通过考证为今天具有重要影响的那些术语提供标准的用法指南，而是揭示在这些词汇的内部争论。在他看来，这些争论见证了在语言内部发生的意义变迁参与了社会历史的变迁（参阅《关键词》，刘建基译，三联书店，2005年，导言）。这种研究，与《文化与社会》一致，既集中体现了英国研究的经验主义传统，又十分明显地突出了20世纪英国马克思主义从文化内部探寻意义与社会结构之间关系的旨趣，这一旨趣在爱德华·汤普森、霍布斯鲍姆那里也有着深刻的体现，尽管他们与威廉斯实际采纳的研究方式亦存在不能忽视的差异。但是遗憾的是，威廉斯的《关键词》所激起的广泛模仿恰恰是以压抑其研究视角的理论价值和政治意义为前提的，那种参与当代文化建构的深切关怀被转化成与当代问题无关的编年史记录。在此，我们不得不对以学术权威性为旨趣的文献分析和引用提出批评，提请注意我们所参与的不是关于一个主题的中立讨论，而是关于一个问题的建构竞争。在这一方面，卢卡奇的《作为马克思主义者的罗莎·罗森堡》那篇文献值得我们高度关注，在这篇文献中，卢卡奇以自己对问题的把握阐明了卢森堡自己如何通过对有关资本积累问题文献史的分析而参与了对问题定义，从而提示出问题本身在于"整个资本主义制度的辩证法"，资本积累问题的文献史则是"资本主义制度为其生存和扩展而斗争的历史"（《历史与阶级意识》，杜章智译，商务印书馆，1995年）。正是在这一意义上，詹姆逊的《单一的现代性》具有特殊的价值。因为，它通过文献史表明我们所追逐的"未写成的现代性"恰恰是一种"没有任何历史性或未来性东西"（《詹姆逊文集》，第4卷，中国人民大学出版社，2004年，第10～11页），由"现代性"这个主题所串起来的文献史只是"资本主义的界限"这个问题的表述方式之一。

　　马歇尔·伯曼曾经这样来描述现代艺术。他指出:"现代主义就是对纯粹的、自指的艺术对象的追求。总而言之:现代艺术与现代社会生活的正当关系就是根本没有关系。"①这类似于布尔迪厄对现代媒体的描述,也类似于齐泽克对当代意识形态的分析。现代性话语如何成为自指的能指,自指性为何在今天成为一种普遍的结构,这正是需要我们研究的问题。我们的结论将非常简单,不过,需要引证伯曼关于现代性的描述来转一个小弯。伯曼断言:

　　　　今天,全世界的男女们都共享着一种重要的经验———一种关于时间和空间、自我和他人、生活的各种可能和危险的经验。我将把这种经验称作"现代性"。所谓现代性,就是发现我们自己身处一种环境之中,这种环境允许我们去历险,去获得权力、快乐和成长,去改变我们自己和世界,但与此同时又威胁我们要摧毁我们拥有的一切,摧毁我们所知的一切,摧毁我们表现出来的一切。现代的环境和经验直接跨越了一切地理的和民族的、阶级的和国籍的、宗教的和意识形态的界限:在这个意义上,可以说现代性把全人类都统一到了一起。但这是一个含有悖论的统一,一个不统一的统一:它将我们所有的人都倒进了一个不断崩溃与更新、斗争与冲突、模棱两可与痛苦的大旋涡。所谓现代性,也就是成为一个世界的一个部分,在这个世界中,用马克思的话来说,"一切坚固的东西都烟消云散了"②。

　　对这段令人叹为观止的引文,我们很难作出什么评论。因为,在这一描述语境中,"现代性"实际上成为一个全能所指,永久性地占据了那个位置,不仅排除了其他的竞争者,而且自身也不再受时间和空间的

---

　　① 马歇尔·伯曼:《一切坚固的东西都烟消云散了》,徐大建等译,商务印书馆,2003年,第36页。
　　② 马歇尔·伯曼:《一切坚固的东西都烟消云散了》,徐大建等译,商务印书馆,2003年,第15页。

折磨。不过,我仍然提请读者注意,其之所以能够产生这种效应,原因在于,在这段文字中,"现代性"这个词完全可以用另一个词来替代。这个词便是:"命运"。这不是一种巧合。如果哈贝马斯的分析是正确的,即"黑格尔是使现代脱离外在于它的历史的规范影响这个过程并升格为哲学问题的第一人"[①],在他那里,"现代性的自我理解不仅表现为理论的'自我意识',表现为针对一切传统的自我批评立场,而且也表现为'自我决定'和'自我实现'的道德观念和伦理观念"[②],并肯定伯曼所描述的现代性与黑格尔的最初把握是一致的,那么,我们就不难理解其中的道理。因为,作为黑格尔座架的理性恰恰可以在一般意义上等同于命运。正是在这里,我们必须追问现代性与历史之间的关系。当然,这在黑格尔那里是矛盾的,或充满张力的。因为,理性本身作为一个无时间和参照的东西,其自身恰恰表征着不可抗拒的历史性。正是在这一意义上,如果说现代性构成了黑格尔以及作为其弟子的马克思的中心问题,那么这两个人必定是焦虑的。这样就可以理解其文本都充满张力的基本原因。当然,这样来看伯曼引用的"一切坚固的(《马克思恩格斯选集》翻译用语)东西都烟消云散了"这个修辞表达,我们将会直接切中"现代性"话语在当代的问题所在。因为,当它脱离语境后,马克思用以表达"革命"的这个修辞丧失了其由时间之矢所支撑的动态性而直接转化成一种透明的平面。简单地说,由于时间感的丧失,作为现代性之参照的世界历史便被排除了,它自身成为一个自指的能指。

二、社会理论的可能性与不可能性:从哲学到社会理论再到哲学

我们以伯曼作为例子来阐明,现代性作了一种全能所指,它不再具有任何确切的意义。这不只是试图在事后来阻击现代性的美学话语——20世纪80年代以来,美学正是现代性话语主要增生扩散的领

---

① 哈贝马斯:《现代性的哲学话语》,曹卫东等译,译林出版社,2004年,第19页。
② 哈贝马斯:《后民族结构》,曹卫东译,上海人民出版社,2001年,第181页。

域,而是从其起点上断然否定通过美学达到现代性反思的可能性,因为美学作为我们捕获碎片化经验的工具,恰恰是在现代性本身已经成为碎片的情况下才获得如此显著地位的。在某种意义上,具有总体性抱负的伯曼为我们指出了这一点,也同时为理解美学从20世纪80年代开始成为西方学院激进主义最主要面孔这个事实提供了重要启示。我们看到,在20世纪前半期,美学就成为西方左派理论家对抗绝望氛围和探索自我解放道路的主要工具,它亦是那种传统得以延续的最方便的道路。詹姆逊的《政治无意识》(1981年)之象征意义正在于此。然而,遗憾的是,不仅中国学者,而且西方学者,似乎都不恰当地抬高了这种象征意义。当以美学为核心的文化研究误认为马克思主义在今天的"出场路径"的时候,这种误解甚至开始贬损那种象征意义本身。究其原因,正在于多数学者并非真正理解美学话语的扩散是以"现代性"这个能指的自由漂浮为前提的[①]。与《政治无意识》同年出版的《一切坚固的东西都烟消云散了》恰恰在无意识层面上为我们描述了这一点。这是我们主张拒斥"现代性"问题之学术史的基本原因。

不过,即使这种立场获得同情,人们还会提到另一个领域,即社会理论。一般说来,这个领域旨在揭示社会生活的组织模式,因此,即使在现代性社会生活发生巨大散裂的情况下,它仍然能够有效地提供关于现代性的确切认识。我们确实也看到,与美学话语扩散并行,社会理论在今天无疑成为支持现代性论题的另一显性领域。如何看待这个问题呢?

在我看来,在社会理论问题上,今天的现实同样没有为我们提出任何确定的意义。因为,由于其历史的散裂,我们不重新定义社会理论本身就无从谈论关于现代性的社会理论,这一点,就像美学中发生的那样:如果缺乏阿多尔诺那样的对美学的重新定义,我们就不能认同美学本身。实际上,这个问题,哈贝马斯在把现代性作为一项未竟之志加以理论化的时候就已经提出来了。一方面,他明显地站在从卢卡奇到法

---

① 必须指出的是,在现代性与美学的联结上,人们仍然可能从阿多尔诺和马尔库塞后期探索提出其合理性的论据,毕竟阿多尔诺的未竟之作《美学理论》是以现代性问题为中心的,而马尔库塞全部探索都似乎维系在这个问题点上。

兰克福学派的社会批判理论传统之中;另一方面,他又宣告了这种传统的失败,非常明确地提出了从社会理论再度回到哲学的命题。哈贝马斯在重建现代性过程中在社会理论与哲学之间的游离,我们今天应该看得很清晰,只是较少有人关注其内在的理论原因。实际上,这个问题并不难理解:一方面,他对现代性的理解恰恰通过对卢卡奇和法兰克福学派的反思从而绕过马克思而回到了黑格尔———如前所述,后者被其视为现代性自我反思的第一人,他试图通过返回而重新确立在全部现代性理解过程中所逐步丧失的那种作为前提的普遍性哲学,这使得哲学必须成为其中心①;另一方面,尽管20世纪见证了在现代性自我反思上从哲学到社会理论这种转向的失败,但是正是从黑格尔到马克思的过渡所表明,这种反思的完成却必须遵循那一路径本身,正是这一点,晚年哈贝马斯毅然站在社会理论的阵营中。

尽管哈贝马斯仍然陷在矛盾中,但这种矛盾不是理论上的,而是现代性实践本身所独具的,正如全部马克思主义的发展所表明的那样。我们提出这个问题,旨在表明,如果希望步随哈贝马斯通过社会理论的重建来重新把握现代性,则需要对社会理论本身的发展与现代性问题之间的关系予以澄清。在这一点上,他是十分清醒的。为此,我们需要略加展开对上述第二个方面的讨论。实际上,为什么现代性自我反思必须从哲学到社会理论才能完成,这个问题是由马尔库塞回答的。在马克思主义自我理解的历史上,马尔库塞曾经留下一项容易被人们忽视的研究,他从理性的内在变迁角度为我们解释了为什么在黑格尔体系瓦解之后必然会是社会理论。当然,他是出于对批判理论之必然性的论证才做这项研究的。因此,他只是突出了定义批判理论的霍克海默所强调的一个基本观点,这个观点一直被认为是马克思学说的基本品质,这便是批判理论的力量并非来自科学或绝对知识而是来自它本

---

① 他不仅系统地讨论了"现代性的哲学话语"(《现代性的哲学话语》,曹卫东等译,译林出版社,2004年),与晚近的哲学家们进行了广泛的对话,而且试图重新定位现代哲学本身(《后形而上学思想》,曹卫东等译,译林出版社,2001年),而所有讨论的中心点都汇集于其试图为生活世界普遍性进行立法的交往行动理论框架。

身与具体社会历史条件之间的反思意识①。在马尔库塞看来,这种反思意识是从黑格尔的理性体系中孕育的,它表现为成为理性的历史的自我实现的要求。当然,法兰克福学派及其前身卢卡奇正是马克思开创的社会理论的代表②。哈贝马斯不仅是这一传统的继承人,但与马尔库塞不一样,他直接面对的是这种理论在包括马尔库塞本人身上的失败。因此,他才需要到黑格尔那里找回那种失落的意识并重建其宏大的社会理论。不过,哈贝马斯在这种重建中有一个犹豫:他实际上是在肯定现代资本主义之强大的适应性和灵活性基础上来考量其实现普遍性之可能性,这使得他既同时认可了从卢卡奇到法兰克福学派的社会理论路径,又不拒斥这种社会理论所反对的主流社会学。正是在这一意义上,他从不对现代理论内在冲突进行区分,而是笼统地强调卢卡奇和法兰克福学派的社会理论承续的正是韦伯的现代性概念③。

然而,对我们来说,在主张社会理论的时候,需要一种方向。所以,我们必须提出社会理论的内在分裂问题。我们必须意识到,在今天,我们谈及社会理论的时候,并非总是指一种单一的现实。特别是,当现代性/后现代性作为一个关键词而成为社会理论的外在标识的时候,社会理论自身是否可能也成了问题。在这里,我们简要叙述除上述卢卡奇和法兰克福学派社会理论传统之外的两种理论。

我们引用法国人狄骥如下关于公法变迁的讨论来描述其中一种。狄骥说:

> 不管我们多么不喜欢这一事实,现有的证据已经断然地
> 向我们表明:以前曾经作为我们政治制度之基础的那些观念

---

① 马尔库塞:《理性与革命》,程志民等译,重庆出版社,1993年,第290页。关于霍克海默的论述,参阅《传统理论和批判理论》,载曹卫东选编《霍克海默集》,上海远东出版社,1997年。

② 实际上,马尔库塞只是为这种社会理论的诞生作出一种合法性证明。因为卢卡奇在《历史与阶级意识》中早已断言:对马克思主义来说,归根结底就没有是独立的法学、政治经济学、历史科学等等,而只有一门唯一的、统一的——历史的和辩证的——关于社会(作为总体)发展的科学,参阅《历史与阶级意识》,杜章智等译,商务印书馆,1995年,第77页。

③ 这个问题需要专门讨论。

正在逐渐解体。到目前为止仍然左右着我们这个社会的那些法律制度正在发生巨大的变化。即将取代它们的新制度建立在截然不同的观念之上。这些观念代表着进步还是倒退？这个问题并不在我们的研究范围之内。这种价值判断在一种科学的社会理论中是没有什么意义的。科学的社会理论只能就重大变化的事实作出描述和解释①。

在表面上，狄骥在 20 世纪初说的这番话与我们今天的"现代性"讨论并非直接联系，但实际上，不仅狄骥提出的问题在结构上与所称"现代性"问题完全一致，而且其讨论方式代表着该问题流行研究策略的一极，即韦伯－帕森斯传统的社会理论，它是现代性问题在 20 世纪呈现的基本方式之一。这种方式不仅目前仍然在流行的社会理论中占有很大的市场，而且一些新的动态也是从对它的反驳中产生的。在总体上，我们把这一种讨论路线称之为"对事实的把握"。这是社会理论的标准路径。在这一路线中，"现代性"最后成了不仅不带任何价值判断而且失去了任何确定意义的一种描述问题的方式。

这种性质的社会理论，正是对欧洲传统历史哲学的替代，它伴随着欧洲工业革命而完成，最终体现在韦伯－帕森斯的宏大社会学体系上。不过，我们应该注意到，韦伯－帕森斯的宏大社会学体系的完成不只是社会学作为学科的成熟标志，而且是全部人文社会研究自然科学化初步完成的征兆②。在今天，我们已经学会了从笛卡尔和培根出发揭示这种被称为"近代的"意识的谱系，并将之定位为工具理性。社会学或社会理论，它的特殊意义在于，它的历史为我们准确地再现今天所称个人主义、理性主义、民族主义等这些现时代根本特点是如何在理论上被描述出来的，这种描述方式本身是如何适应于现代历史变迁而最终成

---

① 狄骥:《公法的变迁·法律和国家》,郑戈等译,辽海出版社、春风文艺出版社,1999 年,第 7~8 页。

② 20 世纪 50~60 年代的计量历史学和人文地理学的实证化浪潮是这种趋势的最集中和最后表征。20 世纪 70 年代,再现危机和叙事危机明显地因为反思性人文研究而成为西学的主流意识之一。

为一种主流的思维方式。洛克、孟德斯鸠、卢梭等这些古典市民社会理论的代表,正是他们为作为社会学对象的社会提供了最初的描述。孔德关于社会学将成为人类知识的桂冠的预言,以及韦伯、涂尔干为严格意义上的社会学提供基本立法,宣告社会从此将可能脱离其诞生的母体(即历史)而成为一种独立的对象。在这两个阶段之间,工业革命和科学所宣告的资产阶级社会的最终形成无疑是必不可少的基础。从这里,我们便可理解,为什么这种社会理论尽管存在着明显的问题并遭到强大的批判,但它却获得了异常的扩散,就是我们引证一位法学家的诉求所暗示的它的普遍吸引力。回到前文的讨论,基本原因在于它所描述的社会构成了现代人自我理解的绝对参照,离开这个参照,我们就不可能提出有效的问题。

与上述主流传统相伴,在全部社会理论中,还存在一种复杂的倾向。如果说马克思试图在发展现代社会理论的时候仍然忠实于作为它所替代的哲学根基的历史意识(后来的海德格尔也正是把超越常识的历史性作为重建哲学或形而上学的绝对前提),这一传统为我们今天审视韦伯-帕森斯社会学传统所压抑的世界历史提供重要的参照,那么在社会学中存在的另一种倾向恰恰能够为理解世界历史意识的丧失提供了必要的线索。实际上,在上述狄骥的讨论中我们就能够看到这种倾向。我们注意到,尽管他的目标是试图客观地描述法律的变迁,但是入口恰恰在于"观念"。当然,法律问题具有自身的特殊性,其"观念"并不应该简单地被还原为"意识"或"感觉"。不过,无论如何,对一种具有自主性的"内在意义"的揭示,恰恰反映了现代理论本身试图把主体动机、需求内化至客观变迁过程从而寻求更加美好和公正社会的冲动,这种冲动在过去一直由强大的文化学派以极端的形式代表着。在 20 世纪的社会理论中,与社会主义有着复杂内在联系的涂尔干传统含蓄地代表着这种冲动。尽管涂尔干亦强调"抛开个人判断和主观评价而直接穿透社会结构"这个与韦伯一致的社会学理想,但他不仅在直接作为自己社会学前提的"社会事实"定义中把思想和行为的客观性肯定下来,①而且在更广泛的范围内把理想和道德确认为社会学的基本问题②。正是由于这一点,我们才能够清晰地理解在法学中产生的那种新的社会理论要求,例如伯尔曼在解释西方法律传统过程中对新社会理论呼吁③,昂格尔在评判法律与现代性关系时关于新社会理论的定义等等④。实际上,如果在社会理论传统中不存在涂尔干的这种冲动,我们就无法理解 20 世纪 70 年代社会理论发展的某些关键性趋向,例如吉登斯的构成理论、文学理论的社会理论化等。在总体上,我们把这种趋向称之为"对正在形成的意义的把握",它同样构成今天现代性社会理论的焦点之一。

必须同时指出的是,因为这种传统并没有显著的承继标志而相当复杂,只是在 20 世纪 60 年代之后由涂尔干的外甥莫斯的相关研究(以《礼物》为代表)所产生的效应才引起人们的重视。不过,广泛的重视似乎又压抑了现代社会理论这一维度的意义,因为当人们看到资产阶级社会和原始社会正是围绕象征(意义)结构(过程)而产生的两种不同社会形态,前者以功利压抑了意义从而产生了普遍的物化,并由此开辟一条现代性批判道路。令人遗憾的是,大量研究只是由此简单地转向求助(后)结构主义来伸张一种后现代主义的价值,在学术上对本能的依赖再次占据上风。所以,当反中心主义、反理性主义成为一面旗帜时,主观的感觉最终悄悄地替代了客观的意义而成为解释的社会理论的焦点。正是在此刻,文学理论而非社会理论成为现代性的首要再现领域,波德莱尔而不再是马克思成为首要的现代性作家。它的基本后果是:现代性(以及后现代性或后现代主义)及其理论谱系变得晦暗不明。

无论如何,由于这一种社会理论倾向的存在,它对现代思想的广泛

---

① 迪尔凯姆:《社会学方法的准则》,狄玉明译,商务印书馆,1995 年,第一章。
② 涂尔干:《社会学与哲学》,梁栋译,上海人民出版社,2002 年。
③ 哈罗德·J. 伯尔曼:《法律与革命:西方法律传统的形成》,贺卫方等译,中国大百科全书出版社,1993 年,导论。
④ 昂格尔:《现代社会中的法律》,吴玉章等译,中国政治大学出版社,1994 年。

吸收,社会理论本身也就包含了越来越多的张力。例如,我们有趣地看到,即便在吉登斯即现代性构成其理论中心的影响力的社会理论家那里,"现代性"术语的使用亦同样具有那种双重性。它涉及人们的态度和制度两个方面①。

或许,正是由于这样的问题,在当代,谱系学和知识考古学才成为一种时尚,哲学才成为一种另样的要求。然而,对福柯的挪用能够将我们从这种知识难题中自我拯救出来吗? 福柯通过知识考古学揭示出西方文化认识型的两个巨大的间断,其中第二个便是从 19 世纪初开始的现代性。在现代性认识型中,"事物首先已经获得了自己所特有的一种历史性,这种历史性把事物从这个连续性空间中解放出来,这个空间向事物和向人都强加了同一个年代学"②。难道我们在谈论现代性的时候,不正是处在这种认识型吗? 哲学似乎也没有什么好说的了。哈贝马斯挡在我们的面前,其《现代性的哲学话语》之透彻分析将使大多数研究成为模仿或反讽③。在这一背景下,除了那种表征被压抑快感的强迫重复,哲学是否还能够成为他者和自我的真理? 这让人忍不住想起鲍德里亚和齐泽克。

三、革命/反对革命:世界历史叙事的焦虑与哲学

尽管回到哲学并不能解决问题,但是为了使话题得以维系,使我们重新发现问题,我们仍然需要借助于哲学。无论如何,哈贝马斯正是在哲学上为我们揭示现代性概念与从西方理性视野中赢得的现代性的自我理解之间的内在联系,从而为我们考察其内在矛盾打开窗户,也为我们自己来理解由这种内在矛盾所征兆的世界历史焦虑提供必要的前提。

---

① 吉登斯等:《现代性:吉登斯访谈录》,尹宏毅译,新华出版社,2001 年,第 69 ~ 70 页。

② 福柯:《词与物》,莫伟民译,上海三联书店,2001 年,第 481 页。

③ 我们需要研究的是哈贝马斯对作为未竟之志的现代性的重建,以及在此过程中他对哲学的重建。这需要另外一个庞大的专题研究来完成。

哈贝马斯指出：

> 黑格尔不是第一位现代性哲学家，但是他是第一位意识
> 到现代性问题的哲学家。他的理论第一次用概念把现代性、
> 时间意识和合理性之间的格局突显出来。黑格尔自己最后又
> 打破了这个格局，因为，膨胀成绝对精神的合理性把现代性获
> 得自我意识的前提给中立化了。这样，黑格尔就无法解决现
> 代性的自我确证问题。结果，在他之后，只有以更温和的方式
> 把握理性概念的人，才能处理现代性的自我确证问题①。

为什么说黑格尔是一种矛盾？哈贝马斯在哲学上已经说得很清楚
了。但是，有一个问题他并没有真正回答：黑格尔这种矛盾究竟意味着
什么？如果不回答这个问题，我们就不能断言在今天我们能够获得他
所期待的那种自我反思意识，甚至他本人的内在问题亦与此相关。与
这个问题联系在一起的便是世界历史。

在世界历史问题上，黑格尔不是一个侏儒而是一个巨人。因为，正
是他才真正地把现代性与世界历史联系在一起。关于这一点，无须多
言。在其《历史哲学》《法哲学》和《美学》中，日耳曼与世界历史的那
种高度重叠性难道还需要解释吗？不过，为什么黑格尔又恰恰成为哈
贝马斯所言的那种自我反思的不可能，或者用恩格斯更加尖锐的批判
语言来说，"拖着一根庸人的辫子"？

这不是黑格尔一个人的问题，或者说，这是哲学本身的问题。黑格
尔自己说过：

> 哲学的任务在于理解存在的东西，因为存在的东西就是
> 理性。就个人来说，每个人都是他时代的产儿。哲学也是这
> 样，它是被把握在思想中的它的时代。妄想一种哲学可以超
> 出它那个时代，这个与妄想个人可以跳出他的时代，跳出罗陀

---

　　① 哈贝马斯：《现代性的哲学话语》，曹卫东等译，译林出版社，2004 年，第51页。

斯岛,是同样愚蠢的①。

在此,他以比喻说明被我们奉为圭臬的"密涅瓦的猫头鹰"为什么必须在黄昏时分才起飞,反过来说,为什么它的自我反思是不可能的。在此,我们无法展开详细的评论。马克思和恩格斯最终反对哲学的实践亦明确地提出了这个问题。不过,当哈贝马斯深刻意识到必须从哲学走向社会理论而又不得不驻留于哲学的时候,实际上仍然只是重复了问题,而没有给予答案。在他否认最终走向美学的阿多尔诺和马尔库塞时,同时亦拒斥了那种主体性与时代之间的距离。这正是黑格尔的问题。黑格尔陷在这个问题之中,恰恰是与他无法抗拒哲学之普遍性诉求有关。因为,只有在自身的现代性中,他同时才能看到那种普遍性。黑格尔本人并不能打破那种理性的循环。

我们不能责备黑格尔,因为这是哲学家的宿命。费希特以更清晰的语言描述了这种宿命。"每个时代的首先要涉及的基本特点都取决于国家在其时代发展的阶段;因此,我们应该首先指明国家在现时代发展的阶段。这个课题只有依据历史才能完成,所以,我们应该首先说明我们的历史观。"②在这里,"历史观"不是一个特指,而是那种作为普遍性的世界历史意识!因为,只有基于普遍性,我们才能够为现代性提供一种作为世界历史的时间框架。也正因此,现代性本身才成为绝对的自我参照。因为,现代性,就其确切的形式来说,它本身就是一个关于时间的框架。这正是现代性社会理论能够替代世界历史叙事的基本原因。后来的结构主义的例子为我们清晰地表明了这一点。

从这里出发,我们似乎得出一个悖论:由于普遍性与现代性之间的联系,现代性压抑了世界历史。这正是近代以来思想的命运。当欧洲率先占领世界历史制高点的时候,它也就实际上成为假想为普遍性的世界历史的化身,描述欧洲人命运的现代性也就似乎成为全人类的命

---

① ［德］黑格尔:《法哲学原理》,范扬等译,商务印书馆,1961 年,第 12 页。
② 费希特:《现代时代的根本特点》,梁志学译,辽宁教育出版社,1998 年,第 3 页。

运,世界历史亦因此在瞬间闪耀之后便成碎片。马克思曾经试图通过颠倒黑格尔来改变这一点,但是由于他自己并不能阻止《资本论》被普遍化的命运(尽管他做过巨大的努力),他为欧洲人提供的解决方案似乎最终成为欧洲中心主义的另一种版本。

因为问题重大,我们需要较为详细地展开。我们的方案是通过对比1856年产生的两个表面并不相关的文本来揭示现代性之政治想象维度的世界历史叙事支持,并且强调正是由于普遍性的纠缠,世界历史转向反对它自身。这两个文本是马克思的"在《人民报》创刊纪念会上的演说",以及托克维尔的《旧制度与大革命》。这两个文本可能会引起偏爱"存在"话语的哲学家们的焦虑,因为它们的主题是革命——这正是塑造存在之现代性形式的最关键力量,而这种力量本身恰恰是让哲学家们爱恨交织的东西,它不断惊扰着存在的平静性,把日常性投入旋涡,使大众处于深刻的不安。

前一个文本以1848年欧洲革命为背景,马克思在其中指出:

> 那些所谓的1848年革命,只不过是些微不足道的事件,是欧洲社会干硬外壳上的一些细小的裂口和缝隙。但是它们却暴露出了外壳下面的一个无底深渊。在看来似乎坚硬的外表下面,现出了一片汪洋大海,只要它动荡,就能把由坚硬岩石构成的大陆撞得粉碎。那些革命吵吵嚷嚷、模模糊糊地宣布了无产阶级解放这个19世纪的秘密,本世纪革命的秘密①。

在此,马克思透过"1848年革命"看到了"一片汪洋大海"。正是那片汪洋大海已经形成,1848年革命这样的事件便成为它要实现自己的征兆,它们宣布了无产阶级解放这个秘密。在后一个文本中,托克维尔并没有讨论离他最近的"1848年革命"而是拾起了法国大革命——他实际上把1789～1848年这60年的历史视为法国大革命恢复旧制度

---

① 马克思:《在〈人民报〉创刊纪念会上的演说》,《马克思恩格斯选集》,第1卷,人民出版社,1995年,第774页。

的连续进程——这个话题,在他看来,法国大革命本身是一个矛盾。他强调:

> 1789 年,法国人以任何人民所从未尝试的最大努力,将自己的命运断为两截,把过去与将来用一道鸿沟隔开。为此,他们百般警惕,唯恐把过去的东西带进他们的新天地:他们为自己制订了种种限制,要把自己塑造得与父辈迥异;他们不遗余力地要使自己面目一新。我始终认为,在这项独特的事业中,他们的成就远较外人所想象的和他们自己最初想象的要小。我深信,他们在不知不觉中从旧制度继承了大部分感情、习惯、思想,他们甚至是依靠这一切领导了这场摧毁旧制度的大革命[①]。

托克维尔并非反对法国大革命,而是担心蕴涵在其暴力形式并通过这种形式在制度上肯定下来的专制。在这里,托克维尔通过对法国大革命的反思试图重新声张"1789 年取得的最珍贵、最崇高的成果"——思想、言论与自由等等。实际上,托克维尔对待法国大革命的这种微妙的矛盾心理,在其《论美国的民主》中已经通过对美国民主制度之"多数暴政"的担心有所表现,也在这一著作的绪论中明显地表达。

马克思和托克维尔对待革命的态度是不同的,前者讴歌革命,而后者颇有踌躇。但这种差异并非源自他们的政治立场和理想,而是源自他们对世界历史发展方向及其塑造力量的看法。细察《论美国的民主》,托克维尔对美式民主的盛赞,与其说是描绘现实,倒不如说是叙说理想——"公民的自由联合"。马克思关于"自由人的联合体"思想尽管与其有着不同的内涵,但并没有完全不一样。实际上,它们都是启蒙运动的自然成果。马克思和托克维尔的差异正是由这种相同而产生的。对于托克维尔来说,以法国革命为标志的民主革

---

① 托克维尔:《旧制度与大革命》,冯棠译,商务印书馆,1992 年,第 29 页。

命虽然发生了，但"在法律、思想、民情和道德方面没有发生为使这场革命变得有益而不可缺少的相应变化"，这正是其借由美式民主来主张"新的政治科学"的基本原因。对于马克思来说，他呼唤的是另一种全新的政治——彻底消灭阶级对立存在条件的无产阶级革命。马克思之所以主张通过革命的方式把革命进行到底，这是由于革命不是一种偶然的事件而是由于现代工业和科学与现代贫困和衰颓这两种力量之间的对抗所决定的历史必然。而托克维尔只是把民主作为一种想象的命运。

尽管对客观必然性和从命运角度对世界历史动态的理解是两种不同的方式，但在表象上却惊人地一致。我们看到，由于马克思和托克维尔都是把欧洲作为现代世界历史的原型，他们在对非西方历史的态度上令人惊异地表现出一致性。例如，马克思在谈到印度问题的时候，尽管他也控诉英国殖民统治给印度人民带来的灾难，但也毫不留情地把以它为代表的"田园风味的农村公社"作为"东方专制制度的牢固基础"给打发掉了。因此，他首要地强调殖民所输出的欧式社会革命的意义，他强调：

> 的确，英国在印度斯坦造成社会革命完全是受极卑鄙的利益所驱使，而且谋取这些利益的方式也很愚蠢。但问题不在这里。问题在于，如果亚洲的社会状态没有一个根本的革命，人类能不能实现自己的命运？如果不能，那么，英国不管干了多少罪行，它造成这个革命毕竟是充当了历史的不自觉的工具①。

尽管我们说，马克思这里具有明显欧洲中心主义的论调因为其对历史发展客观必然性的论证而具有合理性，但也不能否认在这样的论述中不仅存在着揠苗助长的嫌疑，而且实际上面临着诸多现实的困境。20世纪非欧洲文明的发展充分表明了那些困境。而对于

---

　　① 《马克思恩格斯选集》，第1卷，人民出版社，1995年，第766页。

托克维尔来说,问题就达到恐怖的程度了。因为其被奉为民主理论圭臬的《论美国的民主》,开篇便阐明了一个极端奇怪而暴力的逻辑。因为他说:

> 印第安人虽然占据在那里,但并没有拥有它。……上帝在把他们安置在新大陆的富饶土地上时,似乎只给了他们暂时的使用受益权。他们住在那里,好像是在等待别人的到来。……总之,整个这片大陆,当时好像是为一个伟大民族准备的空摇篮①。

无须我们过多评论,因为美式民主的历史和现实已经为这种"空摇篮"修辞作出了最充分的解说。在这里,我们强调这个问题,旨在指出:无论最终采取何种方式来实现那种现代性的政治想象,由于那种想象实际上已经把欧洲道路置于普遍性维度中,或者说,它本身就是以假想的欧洲普遍性为基础的一种政治规划,对于非欧文明来说,现代性本身就是一种不可能性。在这一意义上,我们不难理解19世纪以来非欧文明现代化进程的基本路径:先是它们陷入欧洲的殖民而被压抑了自身的道路;接下来便是在与主要发达资本主义国家主宰的世界市场上依附与脱钩两种战略;最后,也就是最近,除了那些不可能的外在冲突外,同时在内部又不得不全面遭遇因模仿道路而产生了全面物化。历史的路程证明,非欧洲现代性本身就是一个虚假的乌托邦。

从意识形态角度来说,这种伪乌托邦正是资产阶级现代性乌托邦的一个世界历史注释。19世纪中期哲学家们围绕革命产生的焦虑,以及文艺评论家们(如波德莱尔)直接围绕现代性而表达的矛盾情感,正是资产阶级现代性乌托邦临近实现时刻的独特征兆。

多数人已经承认,革命正是资产阶级开辟现代世界历史的手段。但是,很少有人注意到,作为现代性成长的基本手段,革命更加尖锐地

---

① 托克维尔:《论美国的民主》,董果良译,商务印书馆,1996年,第29页。

集中了作为现代性想象根基的资产阶级意识形态的内在矛盾性。在这一点上，托克维尔的担心不无道理，尽管他在批评法国大革命时只是指出其"不知不觉"沿袭了旧制度而没有真正地面对恰恰是蕴涵在民主制度之中的那种现代资产阶级意识形态的内在矛盾。所以，我们看到，他与同样对法国大革命持批评态度的伯克实际上具有相同的立场，尽管他对后者颇有微词，认为其是在捍卫君主制。这是因为，在伯克保守主义外表下遵循的仍然是与托克维尔一样的自由原则。甚至，伯克对于自由的内在矛盾具有更大的警觉。伯克清醒地认识到"当人们集体行动时，则自由便是权力"①，为了防止权力对自身的伤害，他呼吁对自由的审慎使用，所以他才不仅决然地反对英国以主权名义对美洲殖民地的敲诈——正是这种敲诈引发了同样以主权名义的美洲革命②，而且坚决地反对法国革命。

20 世纪，由于极权主义的威胁，反对革命的政治想象成为一种时代情绪，并由此产生了反对元叙事的"现实（世）主义"社会理论叙事。例如，这种叙事早在利奥塔等人推动后现代主义叙事之前就已经在卡尔·波普尔那里牢固地确立并形成一种对虚假的"开放社会"的崇拜

---

① 伯克：《法国革命论》，何兆武等译，商务印书馆，1998 年，第 11 页。
② 有必要强调的是，伯克是从呵护英国已经确立的自由原则来反对潜在的战争的，因此他并不反对美洲的独立。尽管第二次世界大战之后的民族独立和解放运动具有特殊的历史语境，但是如果考虑到美国革命的性质正是反殖民的独立革命，那么正是它预示了非欧洲国家开始自身现代性的基本方式，并且揭示了革命非欧洲国家现代化起点的双重内涵：同时摆脱欧洲支配和革新传统。而这双重内涵又统一在为其合法性提供论证的资产阶级意识形态上。伯克在谈及美洲问题时警告英国政府："万一你愚蠢而鲁莽，从无限制的、亦不可限制的无上主权的本性中，演绎出一套巧妙、却为你统治的人民所厌恶的推论、结果，那你搅混了、毒化了你统治的根源，那就是以身作则，教他们以同样的推理，去质疑你主权本身的合法性。野猪被逼急了，会掉头冲向猎人。假如你要的主权，与他们的自由不相容，他们将何去何从呢？他们会把你的主权甩在你脸上。"（《美洲三书》，缪哲译，商务印书馆，2003 年，第 61～62 页。）如果说，在此伯克仅仅谈及的是国际关系问题，那么在更大范围内，以现代欧洲为原型的组织起来的民族国家内部同样存在着类似的问题：国家主权和个人天赋权利（以个人自由为内容的主权）等。

和历史哲学的否定①。在一种普遍的情绪支持下，后现代主义最终牢牢地把握了这种想象，并逆反地推动社会理论本身以现代性为中轴进行大规模的反思性重组。由此，思想本身进入一种由现代性/后现代

---

①　在反对目的论的和决定论的历史哲学（即波普尔所言的"历史主义"或"历史决定论"）过程中，波普尔提出"历史没有意义"这个主张（参阅《开放社会及其敌人》，陆衡等译，中国社会科学出版社，1999年），既不是理论上的错误，亦非没有实践价值。相反，在反极权主义思潮、反对规律崇拜和科学迷信方面，波普尔的著述具有明显的价值。但是，必须指出的是，波普尔的论证不仅利用激情式的写作含蓄地动员了人们的情绪，而且他的接受在极大程度上正归功于此。然而，在对波普尔的理解和解释中，人们又倾向于从其"科学"理论出发。这便导致一个显性的矛盾：当我们以"科学"的名义本能地接受波普尔的全部有关历史和社会科学的论述时，恰恰与其呼吁的基本精神背道而驰。从波普尔的全部著述看，实际上，他不仅明显地假设了自然科学与人的科学之间的严格一致（即马克·布洛赫所言的"虚假的几何平等线"）——这意味着，他本人并没有真正走出批判对象的行列，而且在其对人文科学的批判中充满了一些任意性判断。例如，其《猜想与反驳》中对辩证法、乌托邦的批判大多挪用已经成为流弊的常识定义（参阅《猜想与反驳：科学知识的增长》，傅季重等译，上海译文出版社，1986年），而没有坚持自己的理性标准。而实际上，从这个标准出发，我们能够清晰地看到，辩证法和乌托邦在知识上的接受史恰恰与人类追求完善目标的历史行动及其面临的社会历史条件一致。在这一意义上，他所批评的宏大"社会计划"和自己主张的零星"社会工程"始终是历史发展过程两种对立的常态。同样，无论是启蒙规划、民主规划、自由规划还是社会主义的规划，无不是乌托邦的具体历史形式（参阅哈维对这个问题的分析，《希望的空间》，胡大平译，南京大学出版社，2006年，第三部分）。这意味着，真正反思的任务不是波普尔所强制性地圈定的对"科学知识"的可能性探讨，而是对理论与社会条件之间关系的分析。后来哈贝马斯的《认识与旨趣》更为尖锐地指出了这个问题。在他看来，"彻底的认识论批判只有作为社会理论才是可能的"（《认识与旨趣》，郭官义等译，学林出版社，1999年，导言），"彻底的认识论批判最终只能以再现类的历史的形式进行；并且，反过来，从以社会劳动和阶级斗争为媒介的类的自我产生的观点来看，社会理论只有作为认识着的意识的自我反思才是可能的"（《认识与旨趣》，郭官义等译，学林出版社，1999年，第55页）。我们可以说，尽管哈马斯亦没有为我们提供一套详细的可行方案，但这一反思却是有效地阻止波普尔的那种讨论方式所隐含的独断论的危险。在更加开阔的视野中，即使不将社会理论本身抬到首要的地位，我们也会发现：波普尔以知识反思来替代历史反思，这恰恰是他所批评的非理性主义之最曲折和深刻的表现。而这一点恰恰又是被所不解的怀特海所揭示的，后者指认了现代科学之自足的理性主义之反理性主义特征。这正是现代的（或按照卢卡奇的说法，资产阶级的）意识形态之内在悖结。如果不理解这一点，我们就不能理解在整个现代社会批判中，为什么最后科学成为替罪羊。当然，这不是说波普尔以命题的真理性（这是实证主义的显性问题）压抑了对象的实存性，而是说，当他把批判的矛头指向"社会计划"并由此否定对总体性历史的理解和探索的意义时，他恰恰陷入另一种独断论，这种独断论不是把当代问题归咎于现代人追求目的行动以及由这种行动所产生的确定社会结构而是简单地指责对人类目的进行探索的历史哲学，这样，进一步，在历史不确定性假设基础上来主张"开放社会"时恰恰因为解除了当代人的历史责任而陷入对"现实"本身的辩护。这是为什么波普尔的社会学说明显地表现含糊性的特征。有趣的是，在《二十世纪的教训》这本访谈和演讲集中，当波普尔不再板起"科学"的面孔，他的讨论对我们就具有更大的启发性。因此，当人们以科学的名义来主张"开放社会"的时候，我们必须保持充分的警觉。因为我们已经看到，对"开放社会"的信仰恰恰与对当代自由民主的信仰是直接联系在一起的，然而，当代全球问题恰恰正是15世纪以来资本主义（在政治上即是自由民主制度）扩张的基本后果之一（斯塔夫里亚诺斯提出了对这个问题最重要论述之一，参阅《全球分裂》，迟越等译，商务印书馆，1993年）——实际上，今天我们多数人都能够在经验上就直观地感受到当代全球问题的基本原因，而无须过分强调历史。

性、普遍性/差异性(特殊性)、必然性/偶然性、总体化/个体化、主体性/后主体性等等对立所标识的全面战争之中。世界历史便在这种战争的硝烟中飘摇。

四、重提社会学的想象力,或从欧洲中心主义的现代性走向以资本主义为中心的世界历史

我们仅从理论——即现代性的自我意识——角度阐明了时间意识在现代性中消失了,这种研究只是证明了现代性话语的不可能性。然而,我们还得继续谈论现代性——毕竟我们不能通过立法来禁止它,也不可能像鸵鸟一样来回避它。这就需要进一步追问:如果西方率先开辟现代性并占据世界历史制高点从而导致现代性对世界历史的压抑,那么,在今天我们是否能够通过对现代性的批判重新开始世界历史?

这不是一个容易回答的问题,因为这并不是在理论上剔除已经自指化的"现代性"这个能指(即使这也不可能),而是通过对近代历史的重新审理来重新定位一种政治想象。这是当前全球面临的真实的实践问题。

在这里,我们试图在理论方面提出一种大胆的想象:从欧洲中心主义的现代性走向以资本主义为中心的世界历史。我们这个想象是基于这样的现实:在历史上,正是因为我们无法在欧洲之外想象世界历史,现代性才必然是欧洲中心主义的。在今天,问题逆转了。尽管现代性实际上已经成为以欧洲为中心的,但我们却不必以欧洲为中心来想象现代性。这是因为,支撑欧洲(西方)中心主义的资本主义已经成为西方无法独自占据的普遍性,它在全球的扩散恰恰造成了现代性本身的破碎,这为全球基于资本主义开辟新的世界历史提供了契机。

我们无须在全球层面上一一展开对各个地区的论证。对于我们中国人来说,我们必须比过去更加清醒地意识到:我们通过马克思主义来实现民族复兴和繁荣大业时,我们实际上采取的恰恰是一种以欧洲为中心进行历史想象的现代性道路。更重要的是,如果中国实际上只是借助于马克思主义来占据普遍性,那么我们必须提出这个问题:如果存在着普遍的世界历史,那么它的普遍性并不仅仅意味着欧洲的普遍性。正是这一原因,在我们建构自身的资本主义历史的时候,我们恰恰是离欧洲最远的。这可能正是我们今天面临的真实问题。别的不说,西方开始普遍地把中国作为现实的竞争对手这个事实清晰地说明,西方人比我们更真实地看到了这一点。因此,当我们承认资本主义的中心地位,绝不是一种逃避和放弃自身责任的姿态;恰恰相反,这是我们真正面对作为世界历史主人一员的自身的责任:并非只存在被动参与世界历史的中国,实际上,存在着作为世界历史建构主动力量的中国。

在更大的范围内,我们也将看到下面一些理由。

第一个理由通过颠倒詹姆逊的相关理论给出。在他看来:

> 资本主义全球化在其制度的第三个阶段或晚期阶段所投射出来的标准化,对所有这些关于未来的世界的文化多样性的虔诚希望都投以怀疑,而这个世界已经被一种普遍的市场秩序殖民化了①。
>
> 由此,在由"现代"这个词支配的概念领域之内,不可能对根本性的替代或变革进行理论阐述,甚至不可能对它进行想象。……我们真正需要的是以称作乌托邦的欲望全面代替现代性的主题。我们需要把庞德确定乌托邦倾向的使命,与本雅明关于它们的根本的地理学以及对它们现在多种海平面上的压力的衡量结合在一起。现时的本体论需要未来的考古学,而不是过去的预测②。

这里,我们提出的问题是重申乌托邦想象而克服寻找"飞地"的欲望。因为,从他的讨论中,我们实际上看到,"飞地"恰恰已经不复存在。甚至可以这么说,正是因为资本主义的普遍化,对资本主义替代的乌托邦恰恰重新回到资本主义内部。这正是我们需要考虑的话题,而

---

① 詹姆逊:《詹姆逊文集》,第4卷,中国人民大学出版社,2004年,第10~11页。
② 詹姆逊:《詹姆逊文集》,第4卷,中国人民大学出版社,2004年,第180~181页。

且正是这个话题与马克思主义在全球的复兴密切地联系在一起。在这个问题上，戴维·哈维从"历史唯物主义"向"历史地理唯物主义"升级的探索已经为我们提供了一种重要的启示。

第二个理由通过拓展伯尔曼的社会理论构想给出。通过对西方法律史的深入探讨，伯尔曼指出：

> 西方历史每次重大革命的一个重要因素是它对未来预言式的幻想。每一次革命都不止是一种政治计划，甚至不止是一种充满激情的为改革世界的斗争。每次革命还代表了对末世论——一种关于末日的救世主的梦想，一种关于历史正向最后结局的确信——的信仰和信奉。①

不过，尽管那种对历史终结的追求使西方陷入自身的迷恋之中，但它却并不能主宰世界历史。相反，它的这种革命导致一种独特的后果。在今天，我们必须这样来重新审视这种后果：

> 即把西方历史不仅主要看做一系列从封建主义到社会主义的过渡时期，而且也看做下面的一系列过渡时期：从一个统制一切的基督教的统一体内部多元的社团团体转变为民族国家，这种国家处在统制一切的但却是无形的宗教和文化统一体之中，然后再转变为没有一个统制一切的西方统一体而寻求世界范围新形式统一体的民族国家②。

作为一名法学家，伯尔曼基于社会理论的历史想象意味深长，他不仅从法律史角度证明了经济之外的力量如何同样构成为一种物质力量干预世界历史，而且指出正是这种干预产生了不受其动机控制的社会

---

① 哈罗德·J.伯尔曼：《法律与革命：西方法律传统的形成》，贺卫方等译，中国大百科全书出版社，1993年，第29页。

② 哈罗德·J.伯尔曼：《法律与革命：西方法律传统的形成》，贺卫方等译，中国大百科全书出版社，1993年，第54页。

结果。在这一意义上，其社会理论思想与在现代社会学诞生之初的涂尔干具有直接的一致性。后者强调：

> 社会也是自然，却可以支配自然。不仅万物之力汇聚于社会之中，而且也会形成一种新的合成力，通过它所具有的丰富性、复杂性和作用力，超越了所有曾经构成它的事物之外。归根结底，社会是自然在其发展过程中达到的一个更高点，汇聚了所有自然的能量，在某种程度上超出了自然本身之外[①]。

在 20 世纪末，人们从空间的角度来揭示这个问题的复杂样态和规划它的前景。例如，吉登斯断言：

> 在现代性条件下，地点逐渐变得捉摸不定：即是说，场所完全被远离它们的社会影响所穿透并据其建构而成。建构场所的不单是在场发生的东西，场的"可见形式"掩藏着那些远距关系，而正是这些关系决定着场所的性质[②]。

（作者单位：南京大学哲学系）

---

① 涂尔干：《社会学与哲学》，梁栋译，上海人民出版社，2002 年，第 105 页。
② 吉登斯：《现代性的后果》，田禾译，译林出版社，2000 年，第 16 页。

拒斥还是辩护

——全球化中的普遍主义和特殊主义

杨学功

普遍和特殊或共相和殊相、一般和个别的关系，是最古老的哲学问题之一。这个问题早在柏拉图和亚里士多德那里就有过论述，在中世纪哲学和近现代西方哲学中也起过或仍起着重要作用。虽然随着后现代主义思潮的兴起，差异、多元、偶然等得到前所未有的强调，而以某种最高普遍性为追求目标的传统西方哲学则被贴上了基础主义、本质主义、逻各斯中心主义等等标签，但普遍性看来并没有也不可能因此而被颠覆。在《矛盾论》中，毛泽东把这个问题看做"矛盾问题的精髓"，甚至说"不懂得它，就等于抛弃了辩证法"①。冯友兰在《中国现代哲学史》中高度评价毛泽东的这个洞见，说它接触到了"真正的哲学问题"②。在全球化时代，这个古老且真正的哲学问题又重新焕发了活力。全球化研究中各种分歧的焦点，似乎都可以归结为两种不同的应

---

① 《毛泽东选集》第 1 卷，人民出版社，1991 年，第 320 页。
② 冯先生的原话是："这篇文章，本来是毛泽东为了克服党内的严重教条主义思想而作的。其中接触到两个真正的哲学问题：其一是两个对立面的统一和斗争的问题，其二是一般与特殊、共相与殊相的关系的问题。"参见冯友兰：《中国现代哲学史》，广东人民出版社，1999 年，第 151 页。

对之策:是普遍主义还是特殊主义? 进而言之,我们应该接受和为之辩护的是何种普遍主义? 应该警惕和拒斥的又是何种特殊主义?

一、全球化中普遍与特殊的悖论

全球化无疑是我们这个时代最显著的特征[①]。由于这个术语从宏观和总体上描述了当今时代的特点,而其他名称如"知识经济时代"、"网络时代"或"信息社会"、"后工业社会"等,都只能描述当今时代某一方面的特征,因此远不及"全球化"一词更有概括力。如果省略主语,单就其过程和结果而言,全球化是指某种或某些要素(商品、资本、技术、文化等)超越了民族国家和地理区域的界限而扩展到全球范围,成为全球流通的要素;在更高层次上,则是指某种或某些规则在全球范围内被普遍奉行和遵从(所谓"国际惯例")。正如德国著名社会学家乌尔利希·贝克(Ulrich Beck)所说:"全球化指的是在经济、信息、生态、技术、跨国文化冲突与市民社会的各种不同范畴内可以感觉到的、人们的日常行动,日益失去了国界的限制。……金钱、技术、商品、信息、毒品都超越了国境。按照这种理解,全球化指的是空间距离的死亡。人们被投入往往是很不希望、很不理解的跨国生活形式中。根据安东尼·吉登斯的解释,这是超越空间距离(由不同民族国家、宗教、区域、大陆组成的似乎是相互隔绝)的世界。"[②]

因此,在一定意义上,全球化(globalization)本身即意味着普遍化(universalization)。无论是某种(些)地方性的事物在发展过程中获得了全球性的普遍意义,还是某种(些)规则在全球范围内被普遍奉行和遵从,都意味着或要求某种普遍性;反过来说,某种事物或规则具有普遍性,是其得以在全球流通或奉行的"通行证"。如果某种事物只在一定的地域范围内流行,某种规则只在某个民族国家范围内奉行,则都标

---

① 20世纪60年代特别是80年代以来的新一波全球化浪潮,是近代开始的全球化在当今时代的继续和发展。这种发展是如此之迅猛,以致时任联合国秘书长加利1992年在联合国日致辞时宣布:"第一个真正的全球化的时代已经到来了。"

② 张世鹏:《什么是全球化?》,《欧洲》2000年第1期。

志着它们还没有"全球化"。

然而问题在于,今天的全球化虽然已经超越了"国际化"的水平,但又还没有达到"一体化"的程度。如果说"国际化"是最低程度的概念,"一体化"是最高程度的概念,那么"全球化"就是介于二者之间的概念。

首先,"国际化"(international)是个一般的概念,只要人类的相互交往跨越了国界的限制,就可以说是国际化。从这种意义上说,国际化并不是什么新现象,甚至不是近代才出现的现象,而是在很早的古代就有了。如里斯本小组(The Group of Lisbon)的研究所提示的,在最近几十年内,在如此众多的领域发生了如此重大的变化,诸如国际化、跨国化之类的概念已经不能准确地描述目前的发展和它的意义。这些变化使得传统概念已经变得毫无意义,或者变得很不明确。"国际化"重在描述以民族国家为主体的国家间的交往,而"全球化"所强调的则是非国家的国际主体的行为和全球共同规范的作用。可见,"全球化"是作为超越"国际化"的概念出现的,如果把它等同于"国际化",就使得这个概念失去了其独特的意义,而变得没有必要了。

其次,"一体化"(integration)是指世界各国在全球范围内普遍趋同,形成高度整合的全球社会的过程。作为一种发展趋势,在恰当理解的意义上也许并非毫无根据;但就全球化在当今所达到的程度而言,它又是一个十分超前的概念。也如里斯本小组的研究所指出的,全球化并不意味着这个世界已经从政治上实现统一,经济上已经完全一体化,文化上已经同文同质。"全球化在很大程度上是一个十分矛盾的过程,它的影响范围十分广大,它的结果又是多种多样的。"[①]

全球化在目前所达到的发展状况,使之必然蕴涵着普遍化和特殊化双向运动的趋势。事实上,很多学者都已认识到全球化中的这一悖论并有精彩的论述。例如,美国学者罗兰·罗伯森强调,全球化是一个统一性和多样性、同质化和异质化并存的过程,全球化过程包含着普遍主义的特殊化和特殊主义的普遍化的双向运动,"我自己的论点,包含

---

① 里斯本小组:《竞争的极限——经济全球化与人类的未来》,中央编译出版社,2000年,第39页。

了既对特殊性、差异性又对普遍性和同质性保持直接关注的尝试……我们是一个巨大的两重性过程的目击者和参与者,这个过程包含了特殊主义的普遍化和普遍主义的特殊化二者的互相渗透。""全球化本身产生变异和多样性,从许多方面来看,多样性是全球化的一个基本方面。"他甚至说,"多元主义必须成为全球体系的一个基本特征,而且这本身必须合法化。"①英国学者吉登斯也认为,"全球化不是一个单一的过程,而是各种过程的复合,这些过程经常相互矛盾,产生冲突、不和谐以及有着新的分层形式。"②

全球化作为各民族国家相互联系和相互依赖日益密切、相互渗透与融合不断加强的过程,并不是一个单一化的过程,而是一个充满内在矛盾的过程。一方面,全球化确实表现为各国、各民族和各种不同的文明体系之间在生产方式、生活方式和价值观念上的某种趋同化。例如,市场经济体制正在超越其欧洲的起源,而成为全球的惯例或通则;民主政治日益成为世界各国共同的政治追求,对人权的尊重,对自由和平等的向往已经成为普遍的政治价值,而专制政治已越来越不得人心。但是另一方面,与上述过程相伴随的则是特殊化和多样化。市场经济虽然正在成为世界的惯例,但各国的市场经济体制却极不相同,其差异并不见得随着市场经济的发展而缩小。德国的市场经济体制被称为社会市场经济,极不同于英美的自由放任经济;东亚的市场经济则由于其严重的政府干预而有别于其他的市场经济体制。民主政治也一样,日本和韩国实行的是代议制民主,但若严格按照英美的标准来衡量,则难说是真正的民主;世界上找不出两个政治制度完全相同的国家,虽然它们都属于民主国家,都奉行主权在民的基本制度③。

与这种趋同化(同质化)和多样化(异质化)趋势相并行,甚至成为其集中表现的是国际化和本土化之间的矛盾。一方面,全球化正在冲

---

① 罗兰·罗伯森:《全球化——社会理论和全球文化》,上海人民出版社,2000年,第144、247页。

② 安东尼·吉登斯:《超越左与右》,社会科学文献出版社,2000年,第5页。

③ 参看俞可平:《全球化的二律背反》,载《全球化的悖论》,中央编译出版社,1998年。

破传统的民族国家壁垒,随之而来的是越来越多的国际性标准和国际性规范为世界各国所共同接纳和遵守,"与国际接轨"已经成为许多国家的共同口号,许多国际通用的标准和准则到现在才第一次获得了真正的全球意义。但是,各国在接纳和遵守这些普遍的国际准则时,始终没有忘记其本国的传统和本国的特征,而是将国际准则与本国传统结合起来,使国际准则本土化。例如世界上多数国家都同意接受和遵守有关环境保护和人权保护的国际公约,但是在解释这些公约的意义,特别是在本国实施这些公约时,都深深地带有每一个民族国家的特殊烙印[①]。

以法国为例,经济贸易的全球化是法国无力阻挡的趋势,也是法国政府经常鼓吹的口号,但西方首脑尼斯峰会时街头的反全球化示威多少反映了一部分法国人对这个话题的态度,表明经济贸易的全球化远未得到所有西方人的认同。在政治制度方面,西方各国都服膺多元民主的理念;但在社会制度方面,法国与美国却大相径庭,在这个层面谈全球化,在法国无异于痴人说梦:"而文化意义上的全球化,则只能是法国人眼里的闹剧。法国政府在无力阻止经济全球化的情况下,强调的是法国的文化特殊性。到过法国的同胞们大概都有感受,如果你用英语问路,十有八九会无功而返。在我们这里英语已经成为了外语的代名词,教育部还明文规定鼓励教师用英语授课;而在法国,20 世纪 80 年代个别理科的博士论文还可以用英文写作,而到了 90 年代,国民议会通过立法,一切授课及一切论文都必须使用法语,他们甚至在巴黎网球公开赛上把通用的 net 或 deuce 改成了法语版本。"[②]

二、普遍化和特殊化:全球化的双向运动

全球化包含各种不同层次,如经济贸易的全球化、政治—社会制度的全球化、文化的全球化等,这几个层次的含义不尽相同,其可行性和

---

① 参看俞可平:《全球化的二律背反》,载《全球化的悖论》,中央编译出版社,1998年。

② 许振洲:《西方抵抗西方》,载庞中英主编《全球化、反全球化与中国》,上海人民出版社,2002 年,第 16 ~ 19 页。

前途也不完全一致。因此,对于全球化所包含的内在悖论,即同质化和异质化、普遍化和特殊化的对峙,也可以分别从经济、政治和文化三个层面来加以说明。

全球化首先是经济全球化,这也是今天能够现实地讨论的领域。马克思曾指出,"世界历史"时代的形成,是以"世界市场"的开拓为基本途径的。大工业"把世界各国人民相互联系起来,把所有地方性的小市场联合成为一个统一的世界市场,到处为文明和进步作好了准备,使各文明国家里发生的一切必然影响到其余各国"。"单是大工业建立了世界市场这一点,就把全球各国人民,尤其是各文明国家的人民,彼此紧紧地联系起来,以致每一国家的人民都受到另一国家发生的事情的影响。"①而驱动世界市场形成的力量是资本运动的逻辑。"创造世界市场的趋势已经直接包含在资本的概念本身中。"②"资本一方面要力求摧毁交往即交换的一切地方限制,夺得整个地球作为它的市场。另一方面,它又力求用时间去消灭空间,就是说,把商品从一个地方转移到另一个地方的时间缩减到最低限度。资本越发展……也就越是力求在空间上更加扩大市场,力求用时间去更多地消灭空间。""以资本为基础的生产,其条件是创造一个不断扩大的流通范围,不管是直接扩大这个范围,还是在这个范围内把更多的地点创造为生产地点。"③资本是天生的国际派,资本的本性驱使资本家奔走于世界各地,他们到处落户,到处开发,到处建立联系。这样,工业所加工的,就已经不是本地的原料,而是来自极其遥远的地区的原料;它们的产品不仅供本国消费,而且同时供世界各地消费。正是由于世界市场的开拓,才使一切国家的生产和消费都成为世界性的了。时至今日,由于经济、科技的发展,现代交通运输工具、现代信息通讯工具的迅速进步,已经把世界各地紧密地联结在一起,今天世界上能够完全躲避这种作用的"世外桃源"几乎不存在了,马克思所预言的"世界市场""全球市场"终于成为现实。商品、服务、劳务、资本、信息等的充分交易,中介环节的简化,生

---

① 《马克思恩格斯选集》第1卷,人民出版社,1995年,第234、241页。
② 《马克思恩格斯全集》第46卷(上),人民出版社,1979年,第391页。
③ 《马克思恩格斯全集》第46卷(下),人民出版社,1980年,第33、390页。

产者和消费者的合二为一,全球化经济网络不可避免地进入了人们的生活。每一个消费者需要的商品,都是全球范围内所可能提供的、最合意的价廉物美的商品;每一个企业,都要在全球市场中竞争与合作,为全世界提供产品和服务,以求得生存和发展。

当代美国著名马克思主义评论家阿里夫·德里克在冷战结束以后所写的一部总结性著作中对此作了分析。他认为,马克思把经济全球化理解为资本主义的世界经济。对马克思而言,所谓"世界空间"是由欧洲资本主义经济的扩张而形成的,这种扩张使其势力所及的所有社会成为同质(homogenization)的社会。虽然后来的民族解放运动(殖民地争取独立的斗争)使这一趋势有所缓解,但20世纪70年代以来,资本主义普遍化的趋势又重新得到加强。其基础不仅是商品交换和金融交易的全球化,而且更重要的是通过一种"新的国际劳动分工"而实现的生产的跨国化①。当然,德里克也注意到,资本主义的普遍化是以一种奇特的方式表现出来的,即资本主义的普遍化不是资本主义的地域中心化。当代资本主义的跨国化发展,通过在全球范围制造资本主义发展的新起点,而使资本主义非中心化了,它结束了欧美在世界上的经济霸权,并且使资本主义第一次脱离了欧洲中心主义。

资本主义的全球化撕裂了民族国家的边界线,削弱了民族国家的经济主权,并使资本主义从作为发展单位的民族国家中抽离出来。新的全球性经济单位(微观主体)是跨国公司。有人将这种新的世界经济形态描述为"全球性的区域主义"或"全球性的民族主义",这种描述捕捉住了经济全球化中同质化与散裂化同时并存的趋势。资本主义的跨国化也排除了按照以前的框架把世界划分为三个世界的做法,因为第三世界的某些区域已经变成了资本运作的中心,而第一世界中的某些区域已经落到第三世界的地位上。换言之,原来那种"中心–外围"关系已经不再是国与国关系的主要特征,而逐渐变成了"走资本主义道路的国家–地区与被资本主义边缘化的国家–地区"之间全球关系

---

① 参看阿里夫·德里克:《革命之后》第四章"弹性生产时代的马克思主义"。中译文载俞可平、黄卫平主编《全球化的悖论》,中央编译出版社,1998年,第263页。

特征,这样就造成了现在世界主义与地方主义同时并存的悖论,呈现出"全球化与地方化"两极对峙的格局①。实际情况是,与经济全球化、世界经济一体化相伴随的,是区域经济集团的大量涌现,其中欧盟、北美自由贸易区、亚太经合组织等的影响最为显著。

如果说经济全球化过程中已经凸显出"全球化与地方化"的悖论,那么,对无论就已经达到的程度,还是就未来可预期的实现程度看,都远远低于经济全球化的政治全球化和文化全球化而言,普遍化和特殊化的紧张关系就更为突出。

实际上,政治领域不仅远没有实现全球一体化,相反,在经济全球化加速发展的同时,政治上的民族中心主义、种族分裂主义、种族排斥主义、霸权主义的强权政策、新干涉主义的战争行动却日益升级。因此,在缺乏现实基础和条件的情况下,过分超前地侈谈政治全球化无疑是天真和幼稚的。在当今国际社会中,包括中国在内的发展中国家反对把全球化无限制地扩大到政治领域,实质上是反对把发达国家的政治制度和意识形态推广给其他国家,这是在发达国家主导全球化进程的条件下的明智选择。当然,事实上我们也无法忽视正在加强相互联系和相互依存的世界政治的变迁,也许全球性政治力量的相对增强和民族国家主权的相对受制很可能是 21 世纪的并行不悖的两个趋势。但真正的政治全球化、世界政治、全球政府,至少在目前看来还是一个遥远的想象。尽管国际性的政治规范的作用越来越明显,非政府组织在全球交往中扮演的角色和发挥的作用越来越重要,但只要作为国际交往主体的民族国家没有消亡,政治全球化就不可能走一条无视国家主权的道路。

至于文化全球化,马克思早就指出,在世界历史时代,各民族的精神产品将成为全人类公共的财产。不过,马克思并未因此否定文化的民族性,他认为所谓"世界文学"是由许多种"民族的和地方的文学"形成的。普遍存在于特殊之中,共性存在于个性之中,任何世界性的文化

---

① 参看王宁、薛晓源主编:《全球化与后殖民主义批评》,中央编译出版社,1998年,第 9～21 页。

共性,都存在于文化的民族个性及其相互作用之中。除了存在于各民族文化之中并相互交流的世界文化,并没有与任何民族都不相干的所谓"世界文化"独立存在。就是说,这里仍然有一个文化的民族性和世界性的关系问题。"越是民族的就越是世界的",这种主张或许失之偏颇;但完全没有民族特色的同质文化,也肯定希望渺茫。

综上所述,全球化并没有使全球同质化和单一化,并没有也不可能消灭多样性和民族性。正如美国康奈尔大学校长杰弗里·莱曼所说:"我们要跨越而不是放弃民族特性。……人们对别的国家、民族和社会感兴趣,是相信通过更多地了解别的文化如何解决社会问题,可以使我们对自己产生全新的认识。即便我们尊重国界的重要性,大部分人都赞同全人类是一个整体。每当我们在另一种文化中找到共识,我们会感觉获得了认同。虽然误解和冲突会持续存在,我相信,我们正在见证真正跨国多元文化的发展。这种文化既包括全球共同愿望,也包括地域、民族和地方差异。……它必须承认世界文化从根本上存在差异,但又不能武断地认为某些文化比另外的文化更优越。超越国界的视角与全球视角有所不同,前者超越了民族主义的同时也不主张用一元化的全球主义取而代之。超越国界的视角还意味着参与的愿望:参与各地人民认识世界和改善生活环境的活动。"①

---

① 莱曼:《社会责任与跨国研究大学》,《参考消息》2005 年 2 月 14 日第 6 版。2007 年来中国讲学的斯洛文尼亚哲人齐泽克在接受记者采访时,也谈到他对全球化中所存在的悖论的看法:"全球化的背景下,世界是不可能平等的。我们正在寻求一种新的世界秩序,关键是强大起来的国家要懂得自律。""全球化的一个好处是,美国失去了用好莱坞垄断我们想象力的这颗按钮——好莱坞也拍过许多好电影,但如果把《英雄》跟好莱坞类似题材的片子《角斗士》比较,老天,你们比他们好多了。"但在谈到东欧国家民族主义对美国大众文化的反应时,他又认为:"现在的东欧国家中,最令我担心的不是大众文化,而是保守狭隘的民族主义者对大众文化的反应。15 年前许多东欧人梦想的市场、自由,到头来生活并没有改善多少。可怕的事情都是从非主流势力开始抬头的……,从这种意义上讲,美国大众文化便有积极正面的作用。……'美国化'在这种意义上代表的是开放、宽容的文化;'反美国化'则是固守本土狭隘的民族主义与权威。这是很复杂的现象。"在回答记者关于到底该不该发扬本国文化的提问时,他说:"不要一味说'要发扬本国文化'。本国文化的发扬,还得靠重新创造。我的悖论是:传统文化,只有我们在每个时代对其重新打量、从头创造的前提下,才有可能真正存活下去。"参见《新京报》2007 年 6 月 15 日 C11 版。

三、"全球主义"的意识形态陷阱

全球化既是一种客观事实和发展趋势,又是一种价值观念和意识形态。在这方面,贝克区分"全球化"、"全球性"和"全球主义"三个概念很有启发意义。如果把全球化(globalization)看做一个动态过程和发展趋势,那么,全球性(globality)就是这一过程中所生成的结果,而全球主义(globalism)则是一种思想主张和意识形态。作为一种客观事实和发展趋势,全球化是无法抗拒或拒斥的;但打上普遍主义色彩的"全球主义"意识形态,却可能成为某些西方国家推行霸权主义的舆论工具和策略手段,从而成为一种陷阱。

科学知识对于全人类来说是毫无例外地普遍有效的,因此,通常所说的普遍主义(universalism)和特殊主义(particularism)之争主要集中在价值和价值观领域。在哲学上,普遍主义是以人和万物本质、本性的共同性、普遍性等观念为基础,进而在价值问题上持本质主义、绝对主义和一元论的观点和立场。它相信人类生活中存在着终极的、绝对合理的、普遍适用的一元化价值及其标准,只要人们通过恰当的方式发现并推广执行之,就能够解决世界上的一切纷争①。可见,普遍主义以承认全人类普遍价值体系为前提;而真正意义上的全人类普遍价值体系,又要以高度一体化的全球社会的客观形成为前提。然而如前所述,当今全球化还远未达到全球一体化的程度,虽然人类共同利益的增长和扩大为此奠定了基础,但所谓全人类普遍价值体系还是一个十分抽象和超前的概念。在这种情况下,各种以普遍主义姿态出现的"全球主义"意识形态,其实并不具有真正意义上的全球普遍性,也不是在全球范围内各民族国家平等协商的结果,而通常是某种特殊主义的普遍化,即某种特殊价值"充当"普遍价值,其最典型的形态就是"西方中心主义"冒充"全球主义"。这是有历史原因和现实根据的。

---

① 李德顺:《全球化与多元化——关于文化普遍主义与文化特殊主义之争的思考》,《求是学刊》2002年第1期。

从历史上看,全球化是与西方资本主义的全球扩张相伴而生的,是产生于西方的以工业文明为标志的现代性的全球扩展过程。到目前为止,只有西方文明把自己扩张到了全世界,其他文明都还没有做到这一点,至少在其所达到的广度和深度上无法和西方文明相比。对此有人提出异议,认为每种文明从价值上看都有普世关切或世界倾向,或者说都有传播和扩张自己的愿望,并非只有西方文明才是普世文明①。这种看法虽然具有反对"西方中心主义"的意味,但并不符合事实。正因为全球化是与西方近代文明的全球扩张联系在一起的,无论它过去被叫做现代化,还是现在被称为全球化,只不过是把考察问题的视角从民族国家转移到全球体系,而无论现代化还是全球化在其展开过程中,都有两个非常强的预设:一个是同质化(homogenization),另一个是趋同(convergence)②。人们怀抱着一种或者是朴素或者是精心设计的价值观:全球化发展程度越高,全球同质化也将日益加强,全球同质化就是全球西方化。

很多人认为,在经济全球化过程中,世界各国被纳入国际经济体

---

① 关于全球化发源的地点,人们几乎一致认为,全球化发源于西方,具体说是西欧,它是与西欧资本主义的萌芽和发展相伴而生的一个历史过程。但是也有人对此提出异议。他们认为,把全球化的发源地确定在西欧带有"欧洲中心主义"的意味,因为每种文明从价值上看都有普世关切或世界倾向,或者说都有传播和扩张自己的愿望,并非只有欧洲文明才是普世文明。针对把哥伦布发现新大陆作为全球化开始的观点,他们这样写道:"哥伦布横跨大西洋的壮举对推动洲际交流过程的确功不可没。但是人类通过海洋的跨洲际交流活动并不始于哥伦布,比他早半个多世纪的我国郑和,从1405年(永乐三年)至1433年(宣德八年)的28年间,七下西洋,历经30余国远达非洲南端。所乘的最大的'宝船'载重量约1500吨,可容千人。船队每到一地,都以精湛的中国手工艺品换取当地特产,促进了中国和亚、非各国的经济文化交流。使中国与亚、非两大洲的许多国家和地区建立了友好关系。郑和的远航比15世纪末哥伦布、达·伽马等的航行早半个多世纪,航海规模与船只之大,都远远超过他们。直至15世纪中叶,西方造船业最发达的热那亚,制造的大帆船最高吨位也不过1400吨。实际上,中国的航海技术一直到18世纪中叶在世界上仍然是先进的。这个史实表明,郑和的壮举时间早于、规模大于、人数多于、距离远于后来的哥伦布探险。由此可以看出,西方中心论所强调,以哥伦布探险成功作为'全球化'开始是不确切的。"(参见马俊如等《全球化概念探源》,载《中国软科学》1999年第8期。)这种看法不能成立。只要比较一下哥伦布探险和郑和下西洋所怀抱的不同目的,事情就再清楚不过了。

② 杨学功:《全球化条件下的文明对话——杜维明教授访谈录》,《哲学研究》2003年第8期。

系,按照统一的经济规则活动。这一切看起来似乎很公平,但目前通行的游戏规则是由占据国际市场领先地位的发达国家操纵制定的,其立足点和着眼点是为了保护和扩大发达国家的利益。经济落后的广大发展中国家为了求得自身生存,不得不按照有利于别人的规则行事,处处受制于人。全球化是西方强国实现本国利益最大化的手段,超级大国要扩大本国利益,就必须建立、推进全球化机制。经济全球化实际上就是资本主义经济体系对世界的主宰和控制。不仅如此,伴随着经济全球化,西方的意识形态、价值观念、生活方式也几乎遍布世界的每一个角落。因此,全球化的实质就是西方化。有的论者更进一步指出,作为当今世界的唯一超级大国和对全球化的发展方向具有举足轻重影响的国家,美国要的并不是各国平等、相互尊重的全球化,而是要使全球化变成"全球的美国化"(global America)。经济全球化的过程实际上就是世界统一大市场形成的过程,在美国看来,这个过程会促进西方式的民主政治在全球的推广,最终实现政治全球化。所以,全球化本质上是一种新资本主义,甚至是一种新帝国主义和新殖民主义,其目的是要让资本主义统治全世界。基于这种看法,他们对全球化的发展持悲观态度,认为全球化对于发展中国家来说,是一个充满迷幻色彩和具有极大欺骗性的"陷阱"。

德国记者马丁和舒曼在其所著《全球化陷阱》一书中指出,世界市场是强者和冒险家的游戏场,是由"富裕沙文主义者"开办和操纵的"资本赌场"。国际金融体系是经济强国制定的游戏规则体系,对于弱国或处于资本饥渴中的发展中国家来说,这一规则体系无异于一纸"浮士德契约"。按照这种规则进行的全球化游戏,只会"把民主推向陷阱"。在缺乏平等前提的全球化自由竞争中,"正义不是市场问题,而是权力问题",其目的所指也不是正义秩序的重建,而是利润和权力的争夺,其最终结果"仅仅意味着实现强者的权力"[①]。应该承认,这些看法不是完全无根据的,更非危言耸听;相反,对我们观察西方主导下

---

① 参见汉斯·彼得·马丁、哈拉尔特·舒曼:《全球化陷阱》,中央编译出版社,1998 年。

的全球化是有警醒意义的。如果说"全球主义"的意识形态是一个包藏着祸心的陷阱并非夸大之辞,那么,正如有的学者所指出的:"全球化的陷阱也许还不只是经济表象掩盖下的政治陷阱,而是经济掩盖与政治设计共同营造的文化陷阱。因为,'新全球主义者'确信,在'一个新的文明'的世界地图上,无须标示或不允许标示文化差异的界线。对于不想且不可能放弃自身的人格认同、民族认同和文化认同的人们来说,这是一个更为深刻的也更为严重的问题。"①全球化特别是深层次的全球化还远未到庆贺自己凯旋的时候,如果全球化意味着不同文化之间的交流融合,它是值得推进的;如果全球化意味着强势文化对弱势文化的压迫,那就是应该反对的,不管全球化的名字有多么动听。

值得注意的是,传统意义上的"西方中心主义"在受到包括西方学者在内的深刻批判之后,其为普遍主义辩护的合法性和有效性已经在一定程度上被解构。在这种背景下,"全球主义"意识形态又有了新的特点。特别是"9·11"事件之后,美国一方面继续对外"输出"带有普遍主义面纱、实际打上了美国烙印的自由民主价值观;另一方面,以"反恐"为名,更加肆无忌惮地推行新霸权主义的强权政治和单边主义对外政策,新干涉主义的战争行动日益升级。这是对建立公正合理的国际关系秩序的严重威胁。

毫无疑问,霸权主义并不是真正意义上的普遍主义,而是以强权国家自身的国家利益为旨归的特殊主义,只不过披上了普遍主义的外衣而已。在这里,普遍主义的外衣必不可少,因为如果不把这种特殊主义普遍化,其推行就没有任何借口和理由。然而,这种以"特殊主义的普遍化"为特征的"全球主义"意识形态,其实与伊斯兰原教旨主义所遵从的逻辑并无二致,拉登就多次通过对外散布的录像带劝说美国人放弃他们原来的信仰,改而信奉伊斯兰教,舍此不能得救。把自己的特殊主义打扮或标榜成普遍,必然无视和排斥与己相异的"他者"作为特殊存在的权利,甚至把"他者"妖魔化,这是造成国际关系中新的恶性冲突的根源。

---

① 万俊人:《全球化的另一面》,《读书》2000年第1期。

四、警惕极端民族主义的挑战

但是,从上面的论述中不能得出这样的结论:普遍主义是罪恶之源,应该予以拒斥,转而为特殊主义辩护。实际上,对当今国际关系构成威胁和挑战的,除了以霸权主义面目出现的虚假普遍主义之外,还有各种形式的特殊主义,后者同样是引起纷争的根源。

全球化的加速发展和全球主义意识形态的扩张,引起了民族主义的反弹。吊诡的是,在全球化条件下,民族国家意识非但没有降低,反而越来越强。在国际交往中,一旦涉及国家主权问题,强烈的民族情绪就不可避免。我们认为,民族性虽然是全球化过程中不能省略或约化的因素,但必须警惕民族主义发展成为一种极端的势力。极端民族主义是一种排斥外来文化、拒斥任何意义上的普遍性的典型的特殊主义[①]。

民族主义的兴起是当今一种世界性的现象,在反全球化运动中代表了一支重要力量,表现为旨在维护以至弘扬本文明、本民族、本地方的文化传统和价值观念体系的宗教/文化运动。它们抵抗全球化大潮中主导的西方文化和价值观念体系的侵蚀和支配,首要口号便是抵御西方文化和西方政治经济秩序的统治。民族主义并非仅限于发展中国家,在发达的西方国家同样引人注目。例如在法国,让·马里厄·勒庞创立并领导的右翼组织"国民阵线",其20世纪90年代以来的主要姿态就是反"全球主义"和反美国经济、文化帝国主义。该组织的一位主要发言人对一位美国著名专栏作家说:"在捍卫我们的民族自我意识

[①]　民族主义的情绪随处可见,举一个例子:2007年1月,美国摄制的纪录片《南京》在圣丹斯电影节首映,并获得最佳编辑纪录影片奖,2007年荣获香港国际电影节人道主义奖。这部由没有电影制作经验的一位美国商人生产的电影,被列入2008年奥斯卡奖的"候选名单"。影片的制片商莱昂西斯出身于一个希腊裔美国人家庭,与中国和日本都没有任何血缘关系。如所预期的那样,这部电影在中国受到普遍欢迎,在日本则受到空前的冷落,"没有一家日本分销公司愿意发行"。然而,莱昂西斯在回答记者的提问时却说:"这不是反对日本的电影,这不是支持中国的电影,这就是反对战争的电影。"参见魏一帆:《电影慈善:莱昂西斯和〈南京〉》,《南方周末》2008年1月10日23版。

时,我们是在保护多样性免于标准化","我们反对毁坏家庭和民族的全球主义"①。

以全球性的生产和国际化的金融市场为核心的世界经济的发展,超越了近代所形成的民族国家政治体制的制约。这一事实就导致了全球化同民族主义之间的矛盾。全球化在客观上促进了现代化,但它往往导致那些传统社会和落后国家在转型期出现文化认同危机、政权合法性危机和权威危机,进而造成社会动荡和不稳定。民族主义则是社会转型期政权合法性的重要思想资源,它主张在社会混乱时期重新恢复文化认同和民族国家意识②。

但是,民族主义是一把双刃剑,过激的民族主义、极端民族主义都容易导致情绪化的盲目排外思想,导致不能正确把握历史发展趋势。从学理角度看,民族主义在特定的条件下可能成为现代化的动力,但是极端民族主义又包含着与现代化相对立的要素。

当民族国家追求现代化的努力超出民族国家的范围和边界时,也即是说当民族国家以参与全球化的方式谋求现代化时,民族主义与现代化的矛盾就凸显出来。更确切地说,此时需要民族主义的是国家,而不是现代化,现代化只是国家的目标之一。在某种特定时期,如全球化浪潮冲击民族国家的时期,民族主义与现代化就呈现矛盾的一面。在现代化的起步阶段,需要由民族主义维系的国家来推动现代化;当现代化发展到一定程度后,民族主义的强烈伸张反过来又会阻碍现代化。民族主义在这一历史发展阶段往往以强调传统的异质性的方式来追求与现代性的同质性。就是说,一方面,民族主义强调传统文化价值和政治价值的特殊性,另一方面又维护民族国家追求具有全球同质性的现代化。这就是现代民族主义内在的自我矛盾之处。如何处理好这种矛盾,正是一个国家实现现代化的关键③。

---

① 时殷弘:《当今世界的反全球化力量》,参见庞中英主编《全球化、反全球化与中国》,上海人民出版社,2002 年,第 2～4 页。

② 刘靖华:《全球化背景下的民族主义问题初探》,《现代国际关系》2001 年第 8 期。

③ 刘靖华:《全球化背景下的民族主义问题初探》,《现代国际关系》2001 年第 8 期。

就中国的情况而言,由于近现代中国面临着实现国家富强即现代化的时代课题,而现代化是从西方发源的,世界的现代文明主要就是工业文明,而工业文明基本上是西方的产物,因此,实现现代化的过程势必就是一个向西方国家学习的过程。在这一意义上说,越是向西方发达国家接近,向他们学得越多,社会就越现代化;反之,越不向西方学习,传统的东西保留得越多,社会就越落后,现代化的程度也就越低。由于在近代中国的特定历史语境中,西方文明代表先进的文明,而中国传统代表落后的东西,所以在整个中国现代化过程中,中国先进势力与落后势力的交锋和斗争,常常表现为"西化"与"中化"之争。正如艾思奇所分析的那样,代表既得利益阶层的落后势力总是通过强调"西方的文明如何没落"、"如何不适应中国的特殊国情"、"中国传统文明如何优越"等论调,来反对中国的改革和现代化。这是近现代中国一切保守反动势力惯用的伎俩,它抹杀人类历史发展的一般规律,是"思想上的闭关自守主义"①。事实上,带有极端民族主义色彩的"中化派"对中国现代化进程常常起着阻碍的作用。

现在突出的问题是全球化过程中的民族认同,因为全球化对民族认同构成了相当严峻的挑战。有学者尖锐地提出:在全球化时代,是什么使中国人成为中国人? 成为中国人意味着什么? 什么是中国文化? 它的意义在哪里? 这些涉及到民族认同和文化认同的问题。民族认同不是一套孤立的性质,而是一种关系。中国现代的民族认同,就是在中西文化交流碰撞的大背景下,中国人维护自己的个性,给自己和自己的前途定位:"谁是中国人?""中国往何处去?"但如果以为"强国梦"就是中国现代的民族认同,这是将问题看得过于简单了。因为如果中国人只是要建立一个西方式的强国,那就根本不会有民族认同的问题,而只会有目标认同。民族认同与目标认同是根本不一样的。民族认同要解决的是自我定位,包括民族的定位和国家的定位;而目标认同只是一个外向选择的问题。民族认同既要确定民族性格,又要确定国家理想。

---

①　艾思奇:《论中国的特殊性》(1939),载罗荣渠编《从西化到现代化》,北京大学出版社,1990年,第592～593页。

这决不同于具体的发展目标。民族认同不仅仅有一种抵抗优势文化挤压的心理功能，更能为民族的发展方向和生活原则提供正当性依据。然而，到目前为止，我们的认同问题并没有完全解决。如果传统文化、西方文化和现代化都不能成为我们现代的文化认同之所在，那么我们的文化认同将在什么地方[①]？

我们[②]对这个问题的回答是：中国只有在追求现代性的过程中保持自己的民族性，或者在保持民族性的基础上大胆地接纳现代性，才能真正走出现代性和民族性的外在紧张。在全球化进程中，这一历时性的矛盾将会得到共时性的解决。为此，必须放弃对自身特异性的自恋，接纳现代文明的普遍价值。只有这样，才能真正巩固和发展自身的独特性，否则很可能使精心维护的特异性变成别人同情和看稀奇的对象，而不是被世界认可和尊重。

（作者单位：北京大学哲学系）

---

① 参见张汝伦：《经济全球化与文化认同》，《哲学研究》2001 年第 2 期。
② 说明：除上面所引用的文献外，本文写作过程中还从赵敦华教授《为普遍主义辩护》和童世骏教授《为何种普遍主义辩护》两文（均载《学术月刊》2007 年第 5 期）中获得不少启发。作为背景性资源，它们直接影响了本文的选题。2007 年 10 月 11 日在苏州参加第七届"马克思哲学论坛"期间，我还曾就这个问题同两位教授讨论过。

由"理性"而"合理性"
的逻辑征程及其悖反性
——"现代性社会"价值本体确立与认同的困惑

袁祖社

当代思想与"现代性"的深刻照面,从初始迄今,似乎总有一种似曾相识而实际上又陌生无比的感觉。面对"剪不断"、"理还乱"的现代性问题,当代知识充满了无尽的困惑,无法走出"现代性文化场域",陷入了理智常常会遭遇到的"欲罢不能"、"欲说还休"——所谓"言不尽意""意不尽象"的尴尬境地。大卫·莱昂正确地指出了这一点:"到20世纪末,关于现代性的争论已经日趋明朗化了,即是那些想与现代性妥协的人与宣称现代性已经终结的人之间的争论。或者,是那些承认晚期(高度)现代性的人与那些接受后现代性的人之间的争论。"①

以"社会现代化"进程中日益突显的"中国问题"的当代性视野观照和审视,不难发现,自20世纪90年代中期以后,文化中国由市场经济的制度安排而来的"社会"维度的首次出场,客观上使一个中国民众从未经历和体验过的生存、生活场域,权利、利益场域,价值、文化场域

---

① 大卫·莱昂:《后现代性》,吉林人民出版社,2004年,第60页。

等,真正成为触手可及的现实。

也正是从此开始,源自西方社会 16 世纪的"现代性话语",开始实质性地主宰中国大陆知识界。中国学者们从不同角度对这一论题做了不遗余力的挖掘和整理,试图揭明这一论题自身及其背后的诸多复杂而深刻的难题,以对正勃勃进发又问题成堆的中国现代化实践有所裨益。但努力所得及其所达到的智识水平,却不尽如人意。

那么,人类的思想,究竟在哪里出现了问题?

一、由"理性"而"合理性":"现代性文化"逻辑征程中"社会"本位的价值发现

现代性观念被视为现代社会与现代人的生存之根,它所表达的,是现代人对一种新质的生存与生活"共同体"的创制与拥有的渴望。因此,有关"现代性"观念的各种主张,均可视之为围绕新的"社会工程学"规划实践,现代思想主体自主选择的观念冒险方式,弥漫于现代社会理论和实践的全部领域和艰难曲折的漫长过程。

现代思想史于这一方面的理论资源和成果,可谓丰富异常。但细加清理和审视,会发现真正切入实质和堂奥的识见,竟稀缺异常。

通常认为,现代性观念首先是"现代人"对理性的神圣性、权威性等的迷信与崇拜。作为一种思想史事实,现代性发轫于西方,标志的是人类生活、社会关系结构、组织模式由传统向现代的深刻变迁,是一种从未有过的、人类自觉地以自己作为"主体"(价值性和人为性)来型塑"社会"历史(建构人为规划的宏伟"社会工程"),实现人的自由和人类解放的过程。马丁·阿尔布劳一语破的:"现代规划是现代性的运动,是通过占支配地位的制度安排体现出来的人类各种活动的总方向。它甚至曾被等同于社会本身。但现在我们知道它是历史上一个短暂的阶段。"①

---

① [英]马丁·阿尔布劳:《全球时代——超越现代性之外的国家和社会》,高湘泽等译,商务印书馆,2004 年,第 50 页。

就现代人生存于其中的"社会世界"、"社会现实"和社会事实的理论建制而言,这是一个貌似严肃、实则充满鲜明而强烈的主观性意向的现代人的"观念游戏"。这一过程的显在的文化征象之一,就是"理性"概念向"合理性"的内在转化。这一过程充满矛盾和纷争。"人们一直把现代性与合理性联系在一起,因为人们认为剪除旧思想的错误是新思想的任务。'现代的就是合理的',这种思想至少可以追溯到 13 世纪的奥卡姆的威廉,而把现代性思想应用于技术和生活之中则被奉为现代阶段的一个特征。"①

西方思想史中的理性这一概念,最初兼有两方面含义:一是"理由",二是原理,尤其是以"第一原理"与"终极原因"为其根本含义和真谛。笛卡尔以后,随着经验科学的兴起和发展,形而上学中的"第一原理"与知识论上的"终极原因"逐渐分离,甚至理性概念中的"终极"的意涵逐渐淡化,才转变为"合理性"概念。"理性"与"合理性"的充分叠合,一方面使理性指向于"第一因"或终极因的本体论意蕴消失;另一方面,透过对逻辑一致的强调及哲学辩证法的运用,使理性与实在由符合而走向等同。到了黑格尔,便发展出"凡是合理的,就是现实的,凡是现实的,就是合理的"结论。由此看来,如果理性是以追求真理为其目标,那么,从"理性"转移到"合理性",从本质上已显示出真理概念的宽松化与世俗化,追求真理已从存在论意义上的"终极原因",调整为追求知识论意义上(与经验相符合)的"普遍原则"。

"理性"概念向"合理性"转化的结果,使得被视为新价值载体的"社会"本身,成了一个理性主义范式支配和观照下的可理解、可控制的对象性的领域,社会被纳入到关于"时间"、"进步"等的历史主义想象之中。"进步的学说,相信科学技术造福人类的可能性,对时间的关切(可测度的时间,一种可以买卖从而像任何其他商品一样具有可计算价格的时间),对理性的崇拜,在抽象的人文主义框架中得到界定的自由理想,还有实用主义和崇拜行动与成功的定向——所有这些都以

---

① [英]马丁·阿尔布劳:《全球时代——超越现代性之外的国家和社会》,高湘泽等译,商务印书馆,2004 年,第 42 页。

各种不同程度联系着迈向现代的斗争,并在中产阶级建立的胜利文明中作为核心价值观念保有活力、得到弘扬。"①

由此可见,对现代性观念的辨析,是与对现代"社会价值"追求的历史合理性考察分不开的。张颐武先生引用 Hal Fosterd 话说"作为一种广泛的观念形态的'现代性'意味着人类在知识领域内的进步。它是一个开始于启蒙时代的文化合法性工程,它包括在科学、道德、艺术等领域的全面的理性化建设"②。现代性所追求和展现的,原本就是一种关于"美好社会"的理性预期和无限敞开的价值想象。黑格尔、马克思、涂尔干、马克斯·韦伯以及于尔根·哈贝马斯等人,都以自己的方式,走进这一难题,作出了独特的理论贡献。对此,只要透过他们对现代性内涵和实质的不同规定,如黑格尔的"市民社会"、马克思所谓"资本主义"、涂尔干所谓"有机团结"、韦伯所谓"合理化"等等,就不难理解这一点。其中的每一个又都是与说明人类社会发展的动力机制联系在一起的,如生产方式(马克思)、劳动分工(涂尔干)、理性化的多样性(韦伯),同时还包含了一系列方法论类型与分析方法:社会关系(马克思)、社会事实(涂尔干)、社会行动(韦伯)③。

伴随着这一历程的展开,现代人很快发现,社会在一步步走向现代化、文明化,但现代人的"生存根基"也同时被连根拔起,逐渐陷入了由文化相对性和价值虚无所导致的"生存迷茫"之中,无方向感地漂泊着。

"社会"自身的现代性构成和安排方式出现问题以后,现代人所思考的问题是:社会究竟有没有其存在资质,"社会"有没有成就其自身的方式? 或者说,在归根结底的意义上,现代性个人所获得的"社会"本位的自主的价值体验方式,如何才是可能的和正当性的?"有组织的社会性的创新性生产是唯一为现代所特有的东西。但是它本身并不

① [美]马泰·卡林内斯基:《现代性的五副面孔》,顾爱彬等译,商务印书馆,2002年,第48页。

② 张颐武:《"现代性"的终结:一个无法回避的课题》,载《战略与管理》,1994年第3期。

③ Owen,D.(1997)*Sociology after Postmodernism*,London:Sage,P12.

能确立起一个时代。因为,如果没有精神支柱,新事物往最好处说也只能是昙花一现,往最坏处说则可能成为破坏性的东西。"①

由此,在社会、政治理论家和文化、历史哲学家们眼里,"社会实体"、"社会观念"和作为分析和阐释符号的"社会"自身竟成了一个严峻问题。

那么,"现代性"观念何以成了一个问题?现代性究竟要把"社会"引向何方?

二、由"是"到"应是"——"现代性"观念自身作为新"社会价值本体"的吊诡

在社会现代化的过程中,现代性是以挑战传统"价值理性",寻求并确立新的个人/体化"社会价值理性"的姿态出现的。

但是,这一努力却遭遇到了由于"神圣价值"的被驱逐所导致的世俗社会生活的普遍的"不确定性"状态的挑战。人们开始感觉到,在现代性条件下,再也没有什么知识是原来意义上的知识了,因为在"原来"意义上的知识,知道就是能确定。而在现代性条件下,无论是自然科学还是社会科学,"所有的科学都是建立在流沙之上,没有什么东西是可以确定的,也没有什么东西是能够被证明的。"②现代性是在人们反思性地运用知识的过程中被建构起来的,而所谓必然性知识实际上只不过是一种理智的误解罢了。

现代性正是以这种方式逐渐形成自己的文化和哲学主题。它不再执著于"存在的本质是什么",而是将更多的注意力转向询问"存在应该是什么"。这一转变与前述"理性"概念向"合理性"转化是一脉相承的。按照马丁·阿尔布劳的观点,在社会现代化的进程中,"在机巧理性的帮助下,以探求财富开始的活动发展成了对于社会秩序原理的探求。理性被从两个相互独立的方面应用于社会。就第一方面而言,它

---

① [英]马丁·阿尔布劳:《全球时代——超越现代性之外的国家和社会》,高湘泽等译,商务印书馆,2004年,第56页。

② Poper,K. (1962) *Conjectures and Refutations*, London:Routledge,P34.

变成了现代国家技术,其表现形式有军队、行政管理、教育和稍晚一些的福利国家。就第二个方面而言,它被用于拟订一些原理和观念,这些原理和观念可被用于理解任何民族的人际关系,即可以像被用于掌管民族成员之间或甚至本家庭成员之间的交往一样被用于掌管中国人和欧洲人之间的交往。由此发生出来的普世主义,变成了一种强有力的对'把西方的方式强加于世界其他地方'的做法的合法化。"①

那么,由"现代性"观念所造就的"社会"及其相应的价值理解和实现方式,究竟有没有真正成为现代人实质性意义上的"生存"和"生活"现实?"现代性"观念所自许的"社会"立场,其真蕴若何?究竟展现了多少?或者,当"现代性"观念将自身作为新"社会价值本体"得以设定以后,究竟有无历史性必然性,其内在限度是什么?

从历史性反思的角度来看,可以说,"现代性观念"自身就是一种新的社会价值本体观念,或者说,在"现代性"观念看来,自己本身就直接是新的现代社会存在的价值本体基础。现代性观念的初始动机和抱负,是要凭借理性自己,自主地造成一种有别于传统社会的新质的"社会共同体"现实。在现代社会形成之初,马克思、涂尔干等人,虽然看到了现代社会发展所存在的问题和弊病,但他们认为,这只是社会进步过程中的一个短暂的插曲,人类只要继续依靠理性的力量,就最终能够消除导致这些问题、弊病和社会危机的因素,创造一个更理想的现代社会。在当代,哈贝马斯和阿兰·图雷恩等人则对以启蒙运动为核心的现代性计划充满信心。哈贝马斯将现代性看做一项未完成的计划,虽然处在困境当中,但是,在现代框架之内,危机是可以解决的,现代性的潜能尚有待充分发挥。图雷恩则提出了一个"有限的现代性"的观点,即以往的现代性是一个"人类误将自己当做上帝,却以极权主义现代性的专制自我囚禁而告终的时期。"②

与哈贝马斯、图雷恩等人的观点相反,鲍曼等人提出了"现代性是

---

① [英]马丁·阿尔布劳:《全球时代——超越现代性之外的国家和社会》,高湘泽等译,商务印书馆,2004 年,第 53 页。

② Alain Touraine, *Crotique of Modernity*, Oxford:Blackwell,1965,p. 366.

一项无法完成的计划"①,对鲍曼等人而言,现代性从其产生那天起,就孕育了自身的衰落。因此,那种认为"经由不断修正的现代化处方,已有的问题即使不能解决也将会减轻"②的预设必然遭受质疑和挑战。

的确,现代性不仅意欲成为"社会价值"(理念、目标追求)本身,而且意欲成为"社会价值"的实现方式,并以其自设的观念,试图成功地造成实际上是一个专属于一个阶级、阶层的"社会现实"。正是在这个意义上,斯玛特深刻地指出,社会理论是现代性的一部分。正是社会与自然的分离产生了分析这一过程的社会理论。从启蒙思想家至结构主义者,社会理论家一般都信奉如下思想:现代代表着进步,社会理论可以用来改善社会,知识和理论本质上是普遍的,因而能够有助于理解跨历史、跨地域的社会③。

然而,随着这种"社会现实"的发育和展开,随着各种问题的暴露,其观念预设的基础、根据问题,面临着深重的"合法性危机",再一次表明了人类理智的诡异:"……现代性意味着比理性更多的东西。理性提供架构。这样,理性就成了一切把标示现代性之特色的概念上的对立面组织起来的东西所依据的模型,这些概念上的对立面有:浪漫主义与理性主义;个人主义与集体主义;服从与反叛;计划与市场;国家与市民社会;公民与外国人;精英与大众。以理性来标示现代性之特色,这实在是一种误导。更精确些说,现代性的原理在于对'理性/非理性'这种两分法的应用;其中,对立双方相互依赖因而相辅相成、同等重要,甚至于达到了鼓吹非理性的程度。"④

这意味着,在社会现代化进程中,那些曾经作为"社会价值"基础和根据的"现代性"观念反过来变成了"社会"的对立面,处处与"社会"对抗。由此,我们不难理解,为什么包括鲍德里亚、福柯在内的许多后现代思想家表现出激进的"非社会"立场。鲍德里亚将现代性描

---

① Keith Tester,*Conversation With Zygmunt Bauman*,2001,p.75.

② 巴里·斯玛特:《后现代性》,台湾巨流图书公司,1997年,第137页。

③ Smart,Barry,1992,*Modern Condition*,*Postmodern Controversies*,London:Routledge.

④ [英]马丁·阿尔布劳:《全球时代——超越现代性之外的国家和社会》,高湘泽等译,商务印书馆,2004年,第43页。

绘为一个以机械化、商品化和一般交换为基础的,由生产和工业资本主义支配的时代,而将后现代主义说成是一个由新技术(其特征是物体和图像的无限制的复制)界定的后工业社会。鲍德里亚宣称,新的后现代时代的决定性特征是:社会(真实)已蒸发为一种"幻象"(simulacra)的偶然游戏;符号和图像取代了"真实"的东西。为此,他描述了如下的后现代时期的图景:"我们置身于一种模仿逻辑中,它与事实逻辑和理性秩序毫不相干。"①福柯则批判了现代性理论的整体主义假定,因为这种假定将社会构成为一个统一体或总体,而不是一种复杂的话语、制度、实践和"多形态的制服技术"的混合物。社会只是一种抽象,人们可以从不同的视角来接近它,但无人能根据一般法则或结构提供一种详尽无遗的或统一的描述。"社会之整体"恰恰是那种不应该加以考虑的东西,除非作为被毁灭的某种东西②。

布迪厄也表达了类似的观点,他认为"社会"是一个空泛的概念,因而他将社会化约为一个个场域和社会空间。在他看来,一个分化了的社会并不是一个由各种系统功能,一套共享的文化,纵横交错的冲突,或者一个君临四方的权威整合在一起的浑然一体的总体,而是各个相对独立的"游戏"领域。

可见,现代性试图将自己确立为新的"社会价值本体"的努力,终究是一场难以避免的失败的结局。现代性不仅没有实现自己的社会价值目标,现代人类发现自己不仅没有获得文明意义上更多的自由和进步,而且愈来愈深地陷入了一种难以摆脱掉的"普遍化强制"。也正是因为此,海德格尔才对"现代世界中的生活"保持着高度的警惕。他指出:"如果我们想以这种方式来达到明晰性,最重要的事情就是获得这样一种洞见,即人并不是他自己制造的存在者。若是没有这种洞见,人们就只能停留在市民社会和工业社会的表面政治对立之中,人们就会忘记,社会概念只是扩大了的主观性的另一个名称,或者只是它的一面镜子。作为他自身和世界的制造者的人,只不过是统治性的现代主观

① Baudrillard,Jean, *Simulation*,New York :Semiotext. 1983:31~32.

② Foucault, Michel, *Language*, *Counter - Memory*, *Practice*, Ithaca:Cornell University Press. 1977:233。

性的另一种说法而已。那种如今受到高度吹捧的所谓个人与社会之间的对立,完全是用主体与客体这种语言拟定的。从原子论到社会主观性的过渡并不是进步。"①

三、从"主体性"到"社群":现代性观念的超越与"和谐社会"的共同体新质

在社会现代化的过程中,人们发现,在现代性观念及由其所造就的缺陷明显的"现代性社会"内部,人类无法找到一种恰当的自救的方式。按照"自反性现代化"理论家的观点:"任何形式的团体、任何形式的社群,任何形式的'我们'、任何形式的民族性和其他集体特性所需要的可能根本不是任何形式的怀疑阐释学而是一种'挽救阐释学'。与怀疑大师们不同,这样的挽救阐释学不会永无止境地扫除一切根基而会试图揭示共同在世的本体性基础。"②

现代性文化自身所力图展现的,原本是一种充满悖论和价值冲突的生存论场景。马歇尔·伯曼作出了如下的客观性描述:"今天,全世界的男女们都共享着一种重要的经验———一种关于时间和空间、自我和他人、生活的各种可能和危险的经验。我将这种经验称作'现代性'。所谓现代性,就是发现我们自己身处一种环境之中,这种环境允许我们去历险,去获得权力、快乐和成长,去改变我们自己和世界,但与此同时它又威胁要摧毁我们拥有的一切,摧毁我们所知的一切,摧毁我们表现出来的一切。现代的环境和经验直接跨越了一切地理的和民族的、阶级的和国籍的宗教的和意识形态的界限;在这个意义上,可以说现代性把全人类都统一到了一起。但这是一个含有悖论的统一,一个不统一的统一:它将我们所有的人都倒进了一个不断崩溃与更新、斗争

① ［美］大卫·库尔珀:《纯粹现代性批判——黑格尔、海德格尔及其以后》,臧佩洪译,商务印书馆,2004 年,第 276 页。
② ［德］乌尔里希·贝克、［英］安东尼·吉登斯等:《自反性现代化——现代社会秩序中的政治、传统与美学》,赵文书译,商务印书馆,2001 年,第 182 页。

与冲突、模棱两可与痛苦的大旋涡。"①伯曼的分析揭示出,现代性面临着许多自身无法解决的问题,充满了矛盾和冲突,无法实现有效的自我超越。因为现代性在西方服务的是经济理性的至上性,证实的是自由主义的个人功利性追求的合理性。

但是,"现代性文化"理论的社会指向性本身的有限性以及生存论价值承诺的悖反性,促使我们反省的,是这样一种深层次的学理性关切:谁之"现代性"?何种"现代性"?为谁之"现代性"?与之相关的问题则是:为什么要有"社会"?"社会"何以可能?什么样的"社会"才是合理而美好的社会?现代社会思想史家们进而开始质疑:真正属人的社会性存在是可"期望"、可"设定"的吗?如果有,是在什么意义上、以何种方式、在何种程度上才能使其获得并实现其可能性?现代人发现,社会历史本身原本就没有所谓(价值)本体,社会历史性存在、人的生存与生活本身就是价值本体。

上述诸多关切及其反思背后所隐藏着的,实质上是有关"现代性社会"的人学价值论意义澄明:"人是谁"抑或"人的方式"究竟何所指?这一问题所回答的是这样一个问题:人究竟在什么意义上才能成为人自身?

这一问题看似寻常,但无疑是正处在"现代性文化"的历史语境中的中国当代整体性的"社会建设"理论和实践必须担承的艰难的文化使命。自有现代性理论至今,其本身的意义,已被西方以及中国学者做了最大限度的挖掘与阐释。但是,对当代中国人的心性历练来说,即使是西方近代意义上的现代性社会实践和体验,也还只是刚刚开始。面对现代性,我们首先应该思考的是:中国"社会"的发育程度是否足以与现代性的要求本身相匹配?只有找准现代性理论与中国社会的实际差异之所在,才能避免抽象,做到有效言说。

依据乌尔里希·贝克等人将社会变革分为从传统到(简单)现代化到自反性现代化的观点,可以认定,中国社会目前还仅处在"简单现

---

① [美]马歇尔·伯曼:《一切坚固的东西都烟消云散了——现代性体验》,徐大建等译,商务印书馆,2003年,第15页。

代社会阶段"。从历史发展的意义上讲,"传统社会以公有结构(communal structures)为前提,而简单现代社会则以集体结构(collective structures)为前提。这些集体结构假定,公有纽带已经断裂,'我们'已经变成抽象的、原子化的个人的一个集合体。……社会阶级不是社群的而是社会的,是一种以千人一面和社会关系的非人格性为前提的集体。如果社群以共享意义(shared meaning)为前提,那么集体则以共享利益为前提(shaerd interests)……"①

那么,处在"简单现代化"阶段的中国现代性社会问题的症结和实质是什么? 有学者如此表达了这一代学人应有的立场:"……它意味着这样的一个不断追问,那就是理解中国的视野如何可能? 晚清以来,关于中国的自我理解开始在现代性的历史语境中产生困惑和危机。今天,现代性话语的主宰已经渗透了我们社会生活的方方面面,甚至是潜意识。在这样的处境下,反思现代性如何可能?"②

随着市场经济和全球化的历史进程,中国学者关于"现代性"学术现象的关注,已由早期的泛文化、泛价值层面等外在性审视和批判,逻辑地进到了现代性的内核——民族自主的生存与生活方式的自觉建构。具体地表现为由"反思型现代性"到"学习性现代性"的转变。中国当代知识分子正在运用自己的集体性智慧,建构不同于西方文化背景的"另类现代性"——实际上是建构不同于西方现代文明的另一种现代文明秩序。因为,中国在19世纪末叶之前,不止是一个帝国,也是一个文明体(civilizational entity),具有一独立的文明秩序,但这个文明体在西方冲击下已一步步崩解。百余年来,中国一个接一个的现代化运动,就目的言,无非在建构一个中国现代的文明秩序,或建构一个中国的现代性。③

时至今日,随着中国自己的现代性问题的跨时空压缩性累积、突出

---

①　[德]乌尔里希·贝克、[英]安东尼·吉登斯等:《自反性现代化——现代社会秩序中的政治、传统与美学》,赵文书译,商务印书馆,2001年,第143页。

②　吕新雨:《理解中国的视野如何可能》,载丁耘等主编《思想史研究》第1卷,广西师范大学出版社,2005年,第241页。

③　参见金耀基:《中国现代文明秩序的建构》,《北京大学学报》第33卷,1996年第1期,第20~27页。

和尖锐化,学者们呼吁建构具有民族特色的"现代性文化和价值"。其成果,集中体现为"民生"本位的"和谐社会"实践,这一努力,或可成为中华民族贡献给当代人类的新的建设性"现代性模型"。

"和谐社会"的理想表明,就社会性是属人的社会本性而言,就人只能生存、生活于社群本位的"社会性共同体"中而言,需要对"社会性"的本体价值属性作出文明进程的当代指认。"……社会生活不是某种外在的、从实利主义的出发点解释的人类生活形式。人类生活的各个领域——从家庭、经济合作体到它的最高精神职能(科学的、艺术的、宗教的生活)——皆具有社会生活、共同存在或友好团结的形式,这点是深刻的以人的存在为基础的本体论完全统一的必然及内在表现。"①从现实来看,市场经济、全球化和各种现代社会理论激烈较量和复杂博弈的结果,社会生活和社会存在的本体"和谐性"属性最终胜出。这是社会现代性进程中,中国思想界以自己文化的方式,以"文化整体性人格",自信地向世界所作出的理论和价值承诺,表达了新世纪中国人在四位一体的"社会建设"中,对一个自由、民主、人道、公平、宽容的"社会世界"的生存理想和信念表达。

按照这种指认方式,"和谐性"不仅是社会的本质属性,更是人之为人的本质属性,当然也是人类文明进程的最高的理想和价值目标所在。一代中国人坚定地相信,如果说20世纪是个分裂、异化的世纪,那么即将到来的21世纪,必将是在"宇宙上帝"统一精神下多极并存、综合协调的世纪——不管各种强权、霸权和集权用怎样强制的手段,制造人性的、民族的、国家的分裂,进化到今天的人类,内心急剧成长着的对人性统一和谐的渴念,对爱、对自由、对真诚、对正义的全面企求,将冲破一切人为的界限、暴力的淫威,成为不可遏止的世纪潮流。

"和谐"的理念是现代社会的文化价值理念,体现并实际代表着人类文明的当代水平和发展方向。这一理念是对当今人类社会所需要和不懈追求的共生的理念、宽容的理念、对话的理念、公正的理念的高度浓缩和体现,并以各种有效的方式实现着对"现代性"及其社会观念的

---

　　① C.谢·弗兰克:《社会的精神基础》,王永译,北京三联书店,2003年,第60页。

内在超越和扬弃。"内部统一性,整个人类生活的基本和谐与一致尽管是社会存在的基础,是真正的现实,却不能在外获得体现或者只能在社会生活的经验真实中获得完全不同的表现,这正是人类存在的真正悲剧所在,正是人类存在的经验现实及人类存在的本体论本质根本抵触所在。"[①]

(作者单位:陕西师范大学政治经济学院)

---

① C.谢·弗兰克:《社会的精神基础》,王永译,北京三联书店,2003 年,第 61 页。 *111*

黑格尔与现代自由

——黑格尔自由概念的三个环节

韩志伟

一、引论

现代自由是整个近代政治哲学的主题,从霍布斯到黑格尔都被卷入这个主题之中,它是超越于他们并且和他们一起发生着的存在。一方面,现代自由规范并主导着各种政治哲学的形式和内容;另一方面,各种政治哲学也不断地推动着现代自由的变换与发展。围绕着关于现代自由的各种理解和解释,近代以来的政治哲学家们已经卷入了现代性的浪潮之中①。在这股潮流中,黑格尔批判了作为现代主观自由最极端的表现形式的抽象自由,超越了以任性自由为表现形式的最典型的现代主观自由,最终实现了个体独立性和实体伦理性统一的具体客

---

① 在《现代性的三次浪潮》中,列奥·施特劳斯对现代性作了如下概括:由马基雅维里开启,霍布斯、洛克推动的现代性第一次浪潮,用人的权利(rights)取代了自然法(natural law);从卢梭开始,由康德、黑格尔推动的现代性的第二次浪潮,则用人的理性(reason)取代了自然(nature);最后,现代性的第三次浪潮则与尼采、马克思相关,在此,人将首次成为自己命运的主人。《现代性基本读本》,汪安民等编译,河南大学出版社,2005年,第157~167页。

观自由。他关于现代自由的批判所给予我们的东西,不仅仅是一条摆脱现代生活矛盾的出路,更重要的是一条更加有把握更加深入地进入这些矛盾的道路。

正如列奥·施特劳斯所言"近代政治哲学将'权利'视为它的出发点,而古典政治哲学则尊崇'法'"①。其中,自由意志作为一种普遍意志,在近代政治哲学家们对现代自由的自我理解和反思的过程中获得了一系列的规定性,即从卢梭的公共意志到黑格尔的绝对意志。卢梭通过其首创的公意概念不仅对现代自由展开了批判,而且还揭示了法则与自由之间的本质联系。他认为作为实证法根源的普遍意志,不仅是自由的意志,而且还是善良的意志。保证一个意志的善良仅仅是人的普遍自由本性,没有必要考虑人的特殊自然本性。从此,理性取代了自然,这一划时代的思想在康德的道德学说中获得了清晰的表达。不再是人的自由意志围绕着人的自然本性旋转,而是人的自然本性围绕着人的自由意志旋转,这一道德形而上学领域内的"哥白尼式的革命"充分说明,康德已经把卢梭关于自由公民通过法律而自治的政治学说,深化为一种自律性的普遍道德学说②。这种反思的进程在黑格尔思辨哲学中达到了彻底化,普遍的自由意志获得了全面性的理解。面对被康德称之为新时代曙光的法国大革命及其恐怖的绝对自由,面对把一个无限的东西展示在人们胸膛中的康德实践哲学及其空虚的形式自由,面对第一个以道德捍卫者身份来对抗理性哲学家的卢梭政治哲学及其抽象的普遍自由,面对自从洛克以来的市民社会先于或外于国家

① 列奥·施特劳斯:《霍布斯的政治哲学》,申彤译,译林出版社,2001年,第188页。

② 卡西尔认为,"对于康德说来,卢梭始终是这样一位思想家,他在伦理学领域中'把自己从独断论的迷梦中惊醒过来'——他把崭新的课题摆在自己面前,并且激励着自己去寻求崭新的结论。"(卡西尔:《卢梭·康德·歌德》,刘东译,三联书店,2002年,第30~31页。)但是,他认为卢梭尽管是率先洞见到了道德哲学中的这个根本问题,但是他缺乏可靠的方法论支持;而康德恰恰是通过先天论改造过的传统逻辑形式,即先验逻辑这一方法论的有力武器完成了卢梭的概念,赋予这些概念以系统的基础。同时还可参阅宋继杰的《康德哲学中的自由概念》一文,作者明确指出康德对自由和法则之间关系的思考在很大程度上受惠于卢梭。罗嘉昌·宋继杰主编:《场与有——中外哲学的比较与融通》,中国社会科学出版社,2002年,第349~350页。

的流行观点及其主观的任性自由,他不是辩证地解释各种形式的现代自由,而是相反从现代自由的内在本质来思考什么是辩证的东西,从而在《法哲学原理》中为人们全面展现了全体自由的不同环节,深入批判了主观自由的各种形式,最终在国家中实现个体独立性与实体伦理性统一的客观自由。

黑格尔对当时整个西方现代社会政治生活有一个基本的判断,即现代自由是主观自由。他认为,主观特殊性的原则在古代和东方世界都没有得到应有的权利,也就是说这种主观任性的自由原则并不是社会政治生活的基本原则。比如,在柏拉图的理想国中,个人分属于等级是听凭统治者的决定;而在印度的种性制度中,个人分属于等级则听凭纯粹出身的事实来决定。因此,"主观特殊性既没有被接纳在整体的组织中,也并未在整体中得到协调。"①但是,人的主观自由原则作为人的社会政治生活的本质环节,必然要获得发展,这是历史自身发展的必然性。这种无论如何都要显露出来的社会政治生活的本质性环节,直接表现为一种敌对的原则,表现为对整个社会秩序的腐蚀。无论是建立在家长制的和宗教的原则之上的古代国家,还是建立在比较富有精神的、但仍然比较简单的伦理原则之上的古代国家,最终都无法抵抗住这种精神状态的分解,抵抗不住自我意识在自身中的无限反思,在主观自由无限发展的过程中土崩瓦解。古代国家那种简单的实体性原则从根本上说缺乏真实无限的力量,只有这种力量才能真正驾驭特殊性的独立发展,使自身在与这种发展的对立中保存自己,并把与这种发展的对立结合在自身之中。由于古代的国家不具有这种真实无限的力量,所以,它在应付这种独立特殊性的发展时,只能用自身的简单抽象的实体原则与之对抗,从而把那种独立特殊性的原则从实体性的国家中完全排除出去。

人的主观自由原则,在古希腊的城邦社会中没有得到应有的地位,而在罗马的法权社会中以自我与实体对立的外在形式表现出来,只有在自由的基督教中主观性的权利连同自为存在的无限性才以内在的形

---

　　① [德]黑格尔:《法哲学原理》,范扬、张企泰译,人民出版社,1961年,第215页。

式表现出来。但是,这种内在的形式必然要在现实的世界中实现出来,整个自由的基督教原则的世俗化不可逆转。黑格尔的全部思辨哲学就是这种基督教原则世俗化的表达,他认为:"我们时代的伟大之处在于,自由,作为自在自为的精神财富,受到了承认。"①全体的客观性自由不再停留在遥远的彼岸,就在此岸的世界中不断地实现着自身。如果这种全体的自由不能在自身中容纳现代的主观自由,就无法获得自身的实现,就始终停留在某种片面中。《法哲学原理》作为黑格尔晚年最成熟的实践哲学著作,其主题就是全体自由的现实化。所以,"法"就是自由的现实化,即"自由的定在"。这种自由在自我实现的过程中展示为一系列的环节,可以说,每个环节都是这种自由的体现。全体自由的每个环节不仅包含着这种自由本身,而且还同时包含着其他的环节。但是,这些环节是不同的,抽象的法不同于道德的法,道德的法不同于伦理的法,伦理的法不同于世界历史的法。从抽象的法到世界历史的法整个发展过程,就是全体自由在现实世界中的实现过程。正是在这个过程中,我们才更加真实地看到全体的自由性与各个环节的必然性的统一。

正如马克思在批判黑格尔"法哲学"时所指出的那样,"黑格尔的深刻之处也正是在于他处处都从各种规定 ……的对立出发,并把这种对立加以强调。"②因此,我们对黑格尔自由概念的理解,只有从现代自由的各种规定的对立面的统一中去把握这些对立,才能在这种自由的一系列对立中,在作为上升到矛盾顶峰的多样性中,在其内在的相互关系中获得那活生生的无限真实的自由;才能最终不再停留在某个环节中,被其内在的矛盾所驾驭,痛苦挣扎或者走向虚无,而是超越这个环节,在把握这些矛盾中确立自身,使全体的自由展现出来。但是,这种全体的自由作为一种无限的自由首先在自我意志的无规定性中确立自身,而这种无规定性的自我意志就是抽象的自由,它构成了黑格尔自由概念的第一个环节。

①　《现代性基本读本》上卷,汪安民等主编,河南大学出版社,2005 年,第 122 页。
②　《马克思恩格斯全集》,第 1 卷,人民出版社,1956 年,第 312 页。

二、抽象自由

抽象的自由是一种绝对的自由意志，这种意志从一切规定性中抽象出来，达到意志自身的无规定性。这种无规定性的自由意志就是自我在自身中的纯反思，"在这种反思中，所有出于本性、需要、欲望和冲动而直接存在的限制，或者不论通过什么方式而成为现成的和被规定的内容都消除了"①。这种无规定性的自由意志，说到底就是自我的无规定性，是人与动物的根本性区别。因为动物也有需要、冲动和欲望，但动物听命于自身的需要、冲动和欲望。动物没有意志，动物的行动是一种直接满足自己需要、冲动和欲望的行动；反之，人作为一种无规定性的存在，他在自我的无规定性中能够驾驭自身的需要、冲动和欲望，并且还能把这些冲动、需要和欲望设定为他自己的东西。因此，这种绝对的自由意志包含着人的自由的本质规定，它不受任何外在于自己的东西的束缚，自己规定自己，从而在自我相关的否定性中达到无限性。所以，这种抽象的自由只能是否定的自由，是从一切东西中抽象出来的自由。只有人才能抛弃一切，甚至能够否定自己的生命，而动物则不然，它只能生活在自身的有限制的规定之中，并且使自己习惯于这些规定。但是，这种抽象的自由应当在整个全体自由中来理解，也就是说，它属于自由，但不构成自由全体。"这种否定的自由或理智的自由是片面的，但是这种片面性始终包含着一个本质的规定，所以不该把它抛弃。不过理智有缺点，即它把片面的规定上升为唯一最高的规定。"②抽象的自由中已经包含了全体自由的本质性的规定，即意志的无规定性。换言之，人的自我相关的否定性的无限性，已经以这种抽象的否定的形式表现出来了。所以，这种抽象的自由作为全体自由的第一个环节，在自身中不仅自在地包含着全体自由本身，而且还自在地包含着其他的环节。因此，这种内在于这种自由中的本质的规定是我们不应该

---

① ［德］黑格尔：《法哲学原理》，范扬、张企泰译，人民出版社，1961年，第13～14页。

② ［德］黑格尔：《法哲学原理》，范扬、张企泰译，人民出版社，1961年，第15页。

抛弃的。但是，只是停留在这个环节中，并且把这种自由看做是真正无限的自由，则是我们一定要抛弃的。当人们把这种抽象的自由当做独立自存的最高自由规定的时候，人们不仅无法真正理解这种自由的有限性和片面性，而且也无法真正把握住这种自由中所包含的自在的无限真实的东西。特别是，这种抽象的自由不仅在理论上是抽象的、片面的，更值得人们深思的是它在现实中是空虚的、恐怖的。

黑格尔关于法国大革命的思考，就是对这种抽象自由的思考。这种思考直接与他对这种自由的二重性本质的理解联系在一起。他首先肯定法国大革命在历史发展中的进步意义，在他看来，这种抽象自由的实现就是人们所追求的全体自由的表达，因为在这种抽象自由中始终包含着全体自由的本质的规定，即绝对的意志就是欲望成为自由的意志。在黑格尔眼中，法国大革命"是一个光辉灿烂的黎明，一切有思想的存在，都分享到了这个新世纪的欢欣。一种性质崇高的情绪激动当时的人心；一种精神的热诚震撼着整个的世界，仿佛'神圣的东西'和'世界'的调和现在首次完成了"①。在整个世界历史的进程中，法国大革命以自身的彻底性与过去的一切社会制度诀别，从而把绝对否定的自由意志在现实的社会生活中淋漓尽致地表现出来。但是，这种对绝对自由的追求最终导致了社会政治的狂热。"因为狂热所希求的是抽象的东西，而不是任何有组织的东西，所以一看到差别出现，就感到这些差别违反了自己的无规定性而加以毁灭。因此之故，法国的革命人士把他们自己所建成的制度重新摧毁了，因为每种制度都跟平等这一抽象的自我意识背道而驰。"②因此，这种否定的自由虽然追求抽象的普遍自由与平等，但是，它所想往的这种抽象观念不可能成为肯定的现实。因为任何社会制度和秩序在这种抽象观念看来都是对它自身的限制，这种抽象否定的自我意识正是从消灭这些有限的客观规定中产生出来的。这种自由的实现只能是"破坏性的怒涛"，它不仅否定任何重新建立起来的社会制度，而且从根本上消灭维护这些制度的个体生命。

---

① ［德］黑格尔：《历史哲学》，王造时译，上海世纪出版集团，2001年，第441页。
② ［德］黑格尔：《法哲学原理》，范扬、张企泰译，人民出版社，1961年，第15页。

在前面的分析中,我们指出这种抽象的自由最终是对人的生命的否定,这种否定在法国大革命中具体表现为一个个革命人士相继走向了断头台,使得整个原本追求普遍自由与平等的革命运动转变成了彻底否定个体生命的绝对恐怖活动了。"于是,普遍的自由所能作的唯一事业和行动就是死亡,而且是一种没有任何内容、没有任何实质的死亡,因为被否定的东西乃是绝对自由的自我的无内容的点;它因而是最冷酷最平淡的死亡,比剖开一棵菜头和吞下一口凉水并没有任何更多的意义。"①这种绝对的自由在自身的绝对的否定性的行动中产生了绝对的恐怖,人的个体生命的存在在这种恐怖活动中已经毫无意义可言。正如黑格尔在《精神现象学》中关于"绝对自由与恐怖"中所分析的那样,这种抽象的自由在政治方面就不仅表现为破坏一切现存社会秩序的狂热,更为重要的是它已经转变为对某种秩序有嫌疑的个人加以铲除,以及对企图重整旗鼓的任何一个组织加以消灭。这种抽象的自由是现代主观自由的极端表现形式,人类自我意识的孤独的绝对的抽象否定在此获得了充分的表现。

其实,这种抽象的自由在自身中已经包含着"一切定在的原始萌芽"。这种意志的自我规定决定了我要从一切内容中抽身出来,仿佛我从一切限定中越出逃遁。可是,"我不光希求而已,而且希求某事物"②。那种一味追求抽象普遍物而不追求任何特殊物的意志,根本就不是什么意志,因为意志要成为意志,就得一般地限制自己。意志希求某种事物,就是意志对自身的限制,就是无规定性的意志过渡到有规定性的意志,从而意志把这种规定性作为自身的内容和对象。由此,抽象的无限意志也就发展到了特殊的有限意志,后者就是黑格尔所要探讨的自由的第二个环节。在无规定性的意志中已经内在地包含了有规定性的意志,后者无非是前者中自在存在的东西的被设定而已。抽象的自由在自身中已经包含着意志的种种规定和目的,自由的意志无非是把这些规定和目的从自身中提供出来而已,所以有限的特殊意志实质

---

① [德]黑格尔:《精神现象学》下卷,贺麟、王玖兴译,商务印书馆,1979年,第119页。

② [德]黑格尔:《法哲学原理》,范扬、张企泰译,人民出版社,1961年,第17页。

上是对无限的普遍意志的"否定的否定",是对抽象的否定的否定,是抽象的普遍意志通过自己对自己的否定到达了有限的特殊意志。所以,黑格尔认为,当我们从无规定性的抽象自由进入有规定性的任性自由的时候,我们不是远离了那种真正无限的全体自由,而是更加深入到了真实的自由中。

三、任性自由[①]

任性的自由是一种相对的自由意志,是一种有规定性的意志活动。这种自由不再从一切内容中脱身而出,而是要追求某种具体的内容,但是这个内容必须是我选择的,是出于我的自愿,而非强迫。因此,任性的自由不再是一种消极的否定的自由,而是一种积极的肯定的自由,可是,这种自由仍然还不是全体的自由。它作为一种积极现实的自由,当它实现了自己的主观目的,获得了自己的追求对象的时候,也就同时被这个对象束缚住了,尽管这个对象是我自己选择的。更为重要的是,它作为一种肯定有限的自由必须选择这种可能性而排除其他的可能性,只有这样,才能最终实现自己的主观目的,获得自己所追求的对象,但是,这样一来,它也就同时被自己所选择的这种可能性束缚住了,而排除了其他选择的可能性。因此,无论是从这种自由活动的对象来看,还是从这种自由活动的过程来看,任性的自由虽然属于自由,但不构成自由全体。当我们在对立面的统一中把握任性自由的各种对立的时候,我们也就获得了对它自身的本质规定的真正把握和理解,同时,也就超越了这种自由而达到了更高层次的自由。

这种有规定性的意志活动始终处于主观与客观的对立之中,也就是自我意识和外部世界的对立之中,它不断地通过某种活动,借助某种

---

① Willkür 可以翻译成任性,也可以翻译成任意。康德区分了意志与任性。意志是指自我决定的能力,是应当和义务的源泉;而任性则是决定或选择的能力,它既被意志所决定,又受感性冲动的影响,因此它是他律的。康德只是把作为实践理性的自由意志与现实理性的选择能力区别开了,而在人的具体的选择中分析人的自由意志活动,则是在黑格尔的实践哲学中完成的。参阅尼古拉斯·布宁、余纪元编著:《西方哲学英汉对照词典》,人民出版社 2001 年,意志(康德)词条,第 1070 页。

手段把自己的主观目的转化为外部的客观实在,从而实现自己的主观目的,获得自己的追求对象。这种意志的自我意识在这种活动中表现为一种欲望,一种追求,无论你选择何种对象,明确何种目的,从这个方面看你都是自由的,因为这种选择是你自己的选择,自己的意志,没有他人的强制,只有自由的意志。也就是说,在这种有规定性的意志活动中始终存在着无规定性的意志活动,任性意志的这种主观形式就是绝对的自由意志的根本体现。但是,任性的意志毕竟不再只是一味追求的意志,而已经是一种要追求某物的意志了。因此,光有主观的欲望和追求是不够的,必须还要有欲望和追求的对象,这就不再仅仅是意志的追求,而是意志的目的了,无论这种目的是一种尚未实现的主观的目的,还是一种已经达成的现实的目的,它们都构成了任性意志的客观内容,而这种客观内容就是任性意志的具体对象。在这里,任性自由的客观内容,并不与它自身的主观形式相同一;相反,它们是对立的,这种自由的客观内容还不是自由意志的产物和内容。也就是说,这种意志还不能把自由的主观形式作为自己的对象,只能把直接接收下来的多样的客观内容作为自己的对象。简言之,这种自由只是在形式上是自由的,而在内容上却还受到冲动、本能、情感等直接存在的自然东西的束缚。因此,任性的自由既包含着特殊性的内容,又包含着普遍性的形式。二者虽然相互对立,却又相互依存,构成了任性自由的双重本性。在这种自由中,人的意志既不是纯粹由直接的自然冲动所决定的意志,也不是完全消化了特殊性内容的绝对自由的意志,而是二者之间"经过反思选择的中间物"。所以,主观任性的自由就是反思选择的自由,这种自由构成了现代主观自由最典型的形式,它主要体现在现代的市民社会中。

黑格尔作为市民社会理论家在本质上是现代社会理论家,他清醒地意识到了"在现代社会方面起主导作用的传统断裂意识,即使现代社会区别于旧欧洲的传统社会的意识"①。从古代世界缺乏自我意识

---

① Herbert Schn ädelbach, *Hegels praktische Philosophie*, Frankfurt am Main: Suhrkamp Verlag, 2000, P. 263.

的无限形式的客观意志,发展到充满任性以及任意目的的偶然内容的主观意志,形成了从古代到现代的"断裂",而这种在现代市民社会中起主导作用的传统断裂已经表明,"市民社会是在现代世界中形成的,现代世界第一次使理念的一切规定各得其所"①。无论是特殊性的主观冲动,还是普遍性的客观形式,都在现代市民社会这一基地上获得了发展。市民社会作为介于家庭和国家之间的差别的阶段,它构成了现代普遍精神的基地。正是在这种普遍精神的分裂或现象中,市民社会获得了自身双重性原则。一方面,个人的特殊性原则构成了市民社会的一个基本原则。在市民社会中,每个人都以自身为目的,其他一切在他看来都是虚无。可以说,整个人类的冲动、欲望和倾向从来没有像在这个世界中那样获得全面的展示,人类普遍精神的自我分化和自我反思在这个基地上获得了无限发展的空间。可以说,市民社会是一个无限反思的社会,一个无限发展的社会。但是,另一方面,普遍性的形式则构成了市民社会的另一个原则。在市民社会中,如果每个人不同别人发生关系,他就不能达到他的全部目的,因此,其他人便成为特殊的人达到目的的手段。个人的特殊性必须无条件地通过普遍性的形式的中介才能获得实现,这表明个人的特殊生活、权利和福利始终是与众人的普遍生活、权利和福利交织在一起的,而所有这些只能建立在一切方面都相互依赖的制度的基础之上。因此,黑格尔也把市民社会看成是"外部国家,即需要和理智的国家"。他按照市民社会自身的双重原则,揭示了现代市民社会中经济政治生活的本质,展示了这一现代社会中主观任性自由的矛盾。

黑格尔认为市民社会是一个经济社会,表现为一个"需要的体系"。他对政治经济学家们所把握的这个经济社会作了哲学方面的考

---

① [德]黑格尔:《法哲学原理》,范扬、张企泰译,人民出版社,1961年,第197页。 *121*

察,其中任性自由的二重性本质表现在这个社会的一切方面①。在市民社会中,个人的需要及其满足的方式与动物是不同的,动物只能在局限的需要及其局限的手段中来满足自身,人虽然也有其自身的局限,但是他能超越这些限制,获得普遍性的形式。一方面,人在不断区分自身需要的过程中,不断地使自身的需要多样化,精致化,甚至需要本身也不再是直接从具有需要的人那里产生出来,而是那些企图从中获利的人制造出来的,所以,在市民社会中,个人的直接感性的需要已经渗透了普遍理智的反思原则;另一方面,人的需要无法通过自己获得满足,必须通过他人所提供的手段才能获得实现,每个人的抽象、孤立的需要同时是具体的、社会的需要,所以,在市民社会中,个人的各自孤立的需要已经包含着普遍联系的社会原则。在市民社会中,个人的特殊性需要不断地转化为社会的普遍性需要,从而在需要自身无限的理智反思与普遍的社会联系中形成一个体系。在这个体系中,人只有通过劳动才能获得满足需要的手段。因为在市民社会中,人不可能像动物那样直接消费自然界所直接提供的物质,他只有通过加工自然物质,才能生产出满足自身需要的产品。劳动者创造了价值,但是创造价值的劳动者离不开自身的理论教育和实践教育。理论教育不仅使劳动者获得各种知识和观念,而且还使他们能够把握复杂的和普遍的关系。在实践的教育中,劳动者不仅养成了勤劳做事的习惯,而且劳动对于劳动者是一种限制。在这种限制中,劳动者既要适应自己的劳动资料的性质,还要适应别人的任性。更为重要的是,劳动者获得了普遍有效的技能。

---

① "最初,市民社会是指称社会和国家的一个一般性术语,与政治社会是同义的。晚近,市民社会则意指国家以外的社会和经济安排、规范、制度"。但是,"在契约论的政治思想中,尤其在洛克的著作中,'政治的或市民的社会',与父权制权力机构和自然状态恰成对照。"而黑格尔首次明确了现代意义的市民社会概念,不仅把市民社会与政治社会作了相对区分,而且还把市民社会与国家理念区别开来。黑格尔市民社会理论的提出,成为近代以来政治哲学中最富有创意的革新(参阅邓正来:《国家与社会》,北京大学出版社,2008年,第272~273页)。市民社会概念不仅对于黑格尔来说,首次成为实践哲学的主题,而且对于后来的马克思来说,其资产阶级社会概念就来自这一概念。离开古典政治经济学,无法理解现代市民社会理论,因为后者是对前者的哲学考察。黑格尔对斯密、塞伊、李嘉图的政治经济学给予了很高的评价,并对其做了哲学理解。[德]黑格尔:《法哲学原理》,商务印书馆,1961年,第204~205页。

现代的劳动者必须是受教育的劳动者,他们在教育中才能获得教化和技能,适应现代化的社会生产。因为现代劳动在自身抽象化的过程中,不仅产生了社会劳动的复杂分工,进一步推动了社会生产力的发展;而且还导致了社会劳动的机械化,机器代替人的现象出现了。劳动本身也同样在无限的理智反思和普遍的社会联系中形成一个体系。一个现代的劳动体系与一个现代的需要体系相互依存,相互作用。这种辩证的运动最终导致这样一个结果,"在一切人相互依赖全面交织中所含有的必然性,现在对每个人说来,就是普遍而持久的财富"①。个人的特殊财富,是通过自身的教育和技能所分享到的一份普遍财富;而社会的普遍财富,则是通过个人的特殊财富才获得保持和增加的。在二者的相互依存与相互转化的过程中,普遍而持久的财富在无限的理智反思和普遍的社会联系中也形成了一个体系。随着社会需求和社会劳动的无限分化,每个生产者根据他们的普遍性组成一些特殊利益集团,黑格尔称之为等级。在这种等级中,人们有了普遍的利益,意志就不再是私人的冲动和任性,而是以普遍利益为根据的普遍意志。在市民社会中,个人不再作为一个单纯的私人而存在,而是作为隶属于某一特定等级的成员而存在。在这个由需要、劳动和财富构成的社会经济体系中,个人的特殊性冲动和社会的普遍性形式之间的辩证关系获得了全面的发展,二者之间的矛盾也充分地表现出来。

从整个需要的体系中产生出来的普遍性的形式,只是为每个人提供了一种形式上的自由,每个人只具有分享普遍社会财富的可能性。至于个人特殊财富的获得则要依靠每个人不同的选择与反思,依靠每个人不同的条件与质料,所以个人特殊财富的实现是偶然的,不确定的。这个普遍的自由形式与特殊的偶然内容之间的矛盾最终使整个市民社会陷入自身更大的矛盾之中。一方面,需要体系通过自身无限的反思和普遍的联系,使整个社会的普遍财富获得了巨大的增长;另一方面,随着社会需求和劳动无限分化,创造了普遍财富的广大群众越来越陷入贫困。这就是现代市民社会的二律背反,是黑格尔所面对的社会

---

① [德]黑格尔:《法哲学原理》,范扬、张企泰译,人民出版社,1961年,第210页。

现象中的二律背反①。如果按照抽象理智的平等观念来解决这个矛盾，让富有的阶层来担负贫困群众的生活资料，只能使他们变得好逸恶劳，这与市民社会的原则是相违背的，因为在市民社会中，每个人只能通过个人的劳动来取得生活资料，整个社会已经为个人的努力提供了这种可能性。反之，在抽象理智的形式自由观念看来，社会可以通过给予贫困群众劳动机会，使其通过个人的劳动来获得生活资料，同时增加社会财富，从而解决这个矛盾。但是，这种观念没有看到整个社会的矛盾不在于生产不足，恰恰在于生产过剩，消费不足。因此，无论是诉诸于抽象的平等观念，还是求助于形式的自由观念，都只能加剧这个社会矛盾。对于市民社会的这种辩证法，只有两条道路。一个是外在超越的道路。市民社会的内在矛盾推动着这个特定的市民社会不断地向全球扩张，通过殖民事业的发展，把这一特定市民社会的内在矛盾转化为整个现代世界的普遍矛盾。显然，这条道路未能解决这个矛盾，只是把特定社会矛盾变成了整个世界矛盾。另一个是内在超越的道路。市民社会的内在矛盾无法在其内部或其外部获得解决，只有在更高的伦理实体阶段中才能获得解决。这就是在国家理念中，实现个人的独立性

---

① 康德认为，理性在对整个世界的认识中产生了四个二律背反，其中最重要的是必然与自由的二律背反。他通过自然世界与自由世界的区分，使必然性的因果性和自由的因果性在各自的世界中同时存在，并不矛盾。反之，任何把这两个不可通约的世界相互混淆的观点，都最终无法保障受必然性的因果性支配的自然世界与奠基于自由的因果性之上的自由世界和平共处（参阅康德《实践理性批判》中"对纯粹实践理性的分析论的批判性说明"部分，邓晓芒译，杨祖陶校，人民出版社，2003 年，第 121～146 页）。但是，由此导致了自然世界和自由世界的对立，人们在自然的世界中没有自由，而在自由的世界中又不现实，人的现实自由世界失落了。后来，康德力图在自由游戏的审美活动和自然内在合目的性的认识活动中寻求人的现实自由世界，但是这个世界只能通过象征、暗示或类比的方式向我们透漏出来，再次披上了神秘的面纱（参阅康德：《判断力批判》，邓晓芒译，杨祖陶校，人民出版社，2002 年）。康德把现象世界等同于自然世界，认为在自然现象中没有人的自由存在。但是，社会世界也是现象世界，而且社会现象不同于自然现象的根本之处就在于，在社会现象中有人的自由存在。自然与自由的关系，现象与本体的关系，物的世界与人的世界的关系等等，在现实的现代社会世界中发展为一系列矛盾。黑格尔通过对这些社会矛盾的解释，揭开了人的现实自由世界的神秘面纱。他对整个现代市民社会的批判，就是对人的现实自由世界的批判。马克思对整个现代资本主义社会的批判，也同样是对人的现实自由世界的进一步的批判。只要人类还在不断地追求着自己的现实自由世界，那么，这些在不同时代对人类现实社会的批判思想，就始终是我们批判自身也生活于其中的现实社会现象的伟大先导。

和伦理的普遍性的统一，最终克服在市民社会中普遍的自由形式与特殊的偶然内容之间的二律背反。只有这样，我们才能超越任性的形式自由，实现具体的全体自由，把握到无限真实的东西。

四、具体自由

简单地说，具体的自由是抽象的自由与任性的自由的统一，是自由的全体。这个层次的自由，只有用思辨的方法加以思考才能得到理解，用理智的观点来看就无法真正深入到这个环节中。无论是从一切中抽象出来的自由意志这个环节，还是由自己或他物所规定的自由意志这个环节，人们容易理解和承认，因为它们单独说来都是不真的而是理智的环节。在具体自由这个层次，自我相关的否定性的无限性具有了现实性和现在性，自由意志本身既不局限于抽象的内在否定性中，也不局限于抽象的有限肯定性中，它就是在自身中存在着的理念。黑格尔把这种无限的自由看做是以自身为中介不断返回自身的圆圈；反之，那种只会向前伸展，永无止境的直线标志着纯粹否定的恶的无限。

这种无限的自由不在遥远的彼岸，就在现实的此岸，因为有限自由的无限本性的实现，就是这种无限的自由。正如我们前面所分析的那样，无论是抽象的普遍自由，还是主观的任性自由，都是一种有限的自由。虽然这两种有限的自由都以各自不同的方式包含着无限自由的本性，但是，理智的观念总是使人们把这两种有限的自由看做是人类最高的自由观念，从而使其中无限的自由本性无法获得实现，人类一再陷入片面的有限自由中。黑格尔在对法国大革命的反思中，揭示了作为现代自由最极端的表现形式的抽象自由。由于这种抽象否定的自由只有在破坏某种东西的时候，才感觉到它自己的存在，所以整个现存的社会制度都无法与这种抽象的普遍原则共存，从而导致绝对的恐怖。黑格尔对这种绝对自由及其恐怖的揭示，从根本上说是对卢梭抽象的普遍自由观念的批判。卢梭以其公共意志概念对抗个人权利概念，开启了反现代性的先河。但是，正如布鲁姆指出的那样，"卢梭为反现代性作了最现代的表达,并因此导引了极端的现代性。"①与此相反,面对近代欧洲社会在其发展过程中所产生的政治与经济的第一次分离,黑格尔提出了市民社会的概念,把对现代自由观念的探讨转向了现代经济活动领域。在这个相对独立的经济社会中,他从这个社会的内在本质充分揭示了任性自由的有限性。他认为,这种自由要么依赖着特殊性的偶然内容,要么执著于普遍性的抽象形式,从根本上说二者都是一种"固执者的意志",具有这种意志的人们不把自身完全局限于一定的事物,就感到不自由。所以,在市民社会中,这种自由始终处于特殊性的偶然内容与普遍性的自由形式的根本对立中,从而导致社会的矛盾。黑格尔对这种任性自由及其矛盾的揭示,既是对洛克式的主观任性自由的反思,又是对康德式的空虚形式自由的批判。他在对洛克－康德式的任性自由的肯定中,同时包含着对其否定性的理解,整个市民社会的内在矛盾只有在国家理念中才能找到出路,正如这种任性的自由只有在全体的自由中才获得理解。可以说,这两种有限的自由,无论是执著于抽象的普遍物的有限自由,还是停留在同样抽象的特殊物的有限自由,二者始终存在着他者,只有在无限的具体自由中,他者才消失了。无限的具体自由不再依赖于任何外在于自身的东西,在他物当中就是在自身当中,换言之,这种自我相关的否定性的无限性,作为全体自由的生命源泉,在不断地实现着自身。自然不断地回复到精神,而精神则不断地向前发展。

这样一来,无限具体的自由就不再是一种抽象的普遍形式,而是一种具体的自由理念了。所谓法的定义就是自由意志的定在,人们应该从作为理念的自由来加以理解。所谓法的体系就是合理性的体系,就是把各种特殊性的冲动纳入自由理念的体系。但是,黑格尔认为,人们对于法的理解并不是这样,自卢梭以来特别流行的见解则把法作为一种普遍的形式来加以定义。这种对自由理念的形式主义理解,就是对于自由理念的现实化的形式主义理解,也就是对于法本身的形式主义理解。而这些观念根本无法理解自由的全体意义,只能导致对现代自

---

① 布鲁姆:《巨人与侏儒》,张辉选编,华夏出版社,2007年,第234页。

由各种片面性的理解。它们在思想上是肤浅的,而在现实中是可怕的。因此,思辨的哲学应该超越这种对自由的形式主义理解,尽管这种见解在现代自由概念的发展史上有一定的意义。所以,"依照这种见解,其成为实体性的基础和首要的东西的,不是自在自为存在的、合乎理性的意志,而是单个人在他独特任性中的意志,也不是作为真实精神的精神,而是作为特殊个人的精神。这一原则一旦得到承认,理性的东西自然只能作为对这种自由所加的限制而出现;同时也不是作为内在的理性东西,而只是作为外在的、形式的普遍物而出现。"①这就是说,要超越现代的主观自由,就要超越个人独特任性的意志,因为后者是前者的根基。只有把个人独特任性的主观意志融入合乎理性的客观意志中,才能最终实现全体的自由,超越主观的自由。在黑格尔看来,现代性的本质就是世俗化了的基督性,通过外在的、形式的普遍物限制人的欲望,控制人的冲动,这是不可行的,这本身就是有待扬弃的主观意志。因为这种意志通过对特殊意志的反思,达到了普遍意志,但是,这种普遍意志仍然是一种主观片面的意志,是一种自我的纯形式,自我的纯确信,还不是真正的自由意志。要超越这种反思的意志,我们不能任意地把给定的事物纳入一般原则之下,应该使自己完全进入事物的客观内容并且抛弃自己的所有幻想。这个客观的事物就是自在自为地存在着的理性的东西,黑格尔把这种理性的东西比喻为我们人所共知的"康庄大道",在这条道路上谁也不显得突出。因为我们在追求理性的东西的时候,我们就已经走在了合乎理性的康庄大道上了,此时我们不是作为独特的个体而是依据伦理的实体在行动。因此,在这种合乎理性的伦理行为中,我们实现的不是自己而是事物。全体自由的意义就在于全部运动,它既不存在于无规定性中,也不存在于规定性中,而同时是它们两者。这样一来,我们也就把抽象的自由和任性的自由都提升到了具体的自由这个层次上来了,从而普遍的意志不再作为一种片面主观的意志,而是作为一种完全客观的意志,成为真正的自由意志了。

黑格尔认为,这种完全客观的普遍意志只有在国家理念中才能实

---

①　[德]黑格尔:《法哲学原理》,范扬、张企泰译,人民出版社,1961年,第37页。

现出来。国家是市民社会的真理和目的。虽然整个市民社会是相对独立的,但是它自身的内在矛盾使其无法到达普遍自足。在这个相对独立的领域,特殊性的偶然内容和普遍性的自由形式始终处于根本对立之中。在这个社会中,自由的形式仅仅给人们提供了自由发展的可能性空间,而在每个人自由发展的现实社会生活中,个人特殊性的偶然内容只有参与其中,人们才能获得现实性的发展,而不是一种可能性发展。这样,在市民社会中,普遍的自由形式和特殊的偶然内容之间的二律背反,使整个市民社会无法形成一个统一的整体,全体自由的理念无法在人的世界中实现出来。只有作为"地上的神物"的国家才能一方面促进普遍自由性的实现,另一方面使个人特殊性得到充分发展,从而在自在自为的合乎理性的国家伦理实体中,真正实现个体的独立性与伦理的实体性的统一。每个人只有成为国家的成员,才能获得真正的承认。只有在国家中,个人才能发现自己的无限自由本性,通过自己的努力,最终参与到全体的自由中,实现个体与实体的统一。而"现代国家的原则具有这样一种惊人的力量和深度,即它使主观性的原则完美起来,成为独立的个人特殊性的极端,而同时又使它回复到实体性的统一,于是在主观性的原则中保存着这个统一"①。国家虽然是神物,但这个神物毕竟不是在天上,而是在地上,它仍然立足于特殊性的偶然内容之中,因而每个国家仍然都是作为一个独立的特殊个体存在着。但是,它们只有在同其他国家发生关系时才是一个现实的国家,正如一个人只有在同其他的个人发生关系时才是一个现实的人一样。这样,"它们之间的关系只能是一种外部的关系,所以必须有第三者在它们之上,并把它们联系起来。现在这个第三者就是精神,它在世界历史中给自己以现实性,并且是凌驾于国家之上的绝对裁判官"②。只有在绝对精神中,无限自由的理念才完满地实现出来。因为在这种精神形式中根本不包含异己的、其他的、处于对立面的内容,精神终于认识到自己是精神,正如自由终于实现了自己的使命。但是,这种无限自由的绝

---

① [德]黑格尔:《法哲学原理》,范扬、张企泰译,人民出版社,1961 年,第 260 页。

② [德]黑格尔:《法哲学原理》,范扬、张企泰译,人民出版社,1961 年,第 259 ~ 260 页。

对精神只有在历史的行程中才能展现出来,因此,这种在最具体的国家形态中的自由,也只有在历史哲学中才能获得彻底的理解。

（作者单位:吉林大学哲学基础理论研究中心暨哲学社会学院）

Quanqiuhua Beijing Xia
De
Xiandaixing Wenti

第二专题

马克思学说与现代性社会理论

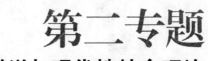

Quanqiuhua Beijing Xia
De
Xiandaixing Wenti

论马克思对现代性的双重批判

吴晓明

现代性(modernity),就我们讨论的范围而言,意味着现代世界(现代社会或现代文明)的实质、基础、核心,意味着全部现代世界围绕着旋转的那个枢轴,一句话,意味着作为这个世界之本质的根据。作为这样的本质—根据,作为现代世界由以成立、由以持存并不断地再生产自身的本质—根据,它可以被概括为两个基本支柱,即**资本和现代形而上学**。在这样的主题上,马克思的学说,无非就是对现代性的批判;换言之,这一学说正是在对现代性的两大支柱——资本和现代形而上学——的批判中被课题化的。我们在这里所要讨论的是:马克思对现代性所实施的双重批判,以及这种批判所达到的原则高度和由此而开启出来的整个问题领域。如果说"现代性问题"仍然是困扰着当代人的基本主题,那么不言而喻的是,马克思主义学说在今天的意义就取决于这种双重批判的原则高度,取决于借此而获得规定的那个问题领域的深度和广度。

一

资本是现代世界的本质—根据之一,在这个意义上可以说,现代世界乃是以资本为原则的世界。所谓现代文明,初始地说来并且本质重要地说来,是由资本为其奠定基础并为其制订方向的。马克思曾以"资本来到世间"这个短语,揭示了现代文明之具有世界历史意义的决定性开启。虽说在其发展进程中,占主导地位的资本样式实际上在不断变迁(如商业资本、产业资本、金融资本等等,以及依照别种尺度而加以区分的资本样式),但资本作为现代性基本支柱的地位却并没有发生根本的改变。马克思曾以这样一种方式指证了资本对于现代世界的历史性奠基:"只有当生产资料和生活资料的所有者在市场上找到出卖自己劳动力的自由工人的时候,资本才产生;而单是这一历史条件就包含着一部世界史。因此,资本一出现,就标志着社会生产过程的一个新时代。"①

伴随着这一具有世界历史意义的奠基,资本乃成为现代经济—社会的**总纲、原则、支配一切**的普遍力量。用马克思的话来说,资本乃成为一种"普照的光",一种"特殊的以太";它掩盖了一切其他的色彩,改变着它们的特点,并且决定着它里面显露出来的一切存在的比重。当资本处于这种统摄地位时,不懂地租完全可以懂资本,但不懂资本却不能懂地租。为什么事情会是这样呢?因为资本已是现代社会中"支配一切的经济权力",它必须既成为起点又成为终点②。不唯如此,资本的权力还依其本性、依其内在逻辑把自身的原则贯彻到整个世界之最遥远的边缘,并从而确立其对于现代世界的普遍统治:它迫使一切民族(如果它们不想灭亡的话)采用新的生产方式,它迫使这些民族在自己那里推行以资本为原则的现代文明,"一句话,它按照自己的面貌为自己创造出一个世界"③。

因此,毋庸置疑的是,资本乃构成现代世界的主导原则,亦即构成现代性之最基本的支柱之一。然而,同样毋庸置疑的是,马克思的学说在这一方面乃构成对资本这一现代性原则的本质重要的**批判**,而以《资本论》为代表的马克思的作品便是这种批判的天才杰作。或许在

① 《马克思恩格斯全集》第 1 版,第 23 卷,人民出版社,1972 年,第 193 页。
② 《马克思恩格斯选集》第 2 版,第 2 卷,人民出版社,第 24~25 页。
③ 《马克思恩格斯选集》第 2 版,第 1 卷,人民出版社,第 276 页。

这里有必要简单地提及所谓批判的初始含义,因为已经出现并且还时常出现对于"批判"的狭隘理解几乎总是必错无疑。**批判**,在理论上首先意味着**澄清前提和划定界限**。如果说在马克思那里,批判还从根本上关涉到历史的和实践的向度,那么,这也就意味着澄清前提和划定界限一事不只是一个理论上的任务,而且还必然从本质上成为一个历史—实践的任务。照此看来,"批判"对于马克思来说什么时候意味过抽象的否定或无谓的攻讦呢?事实上,大概没有一个以抨击现代性原则而闻名的思想家曾经像马克思那样,对于"资本的文明一面",对于资本的伟大的历史意义和"革命的作用"给予过如此高度的肯定和如此积极的评价:资本在它不到一百年的统治中所创造的生产力,超过以往一切世代的总和;资产阶级"创造了完全不同于埃及金字塔、罗马水道和哥特式教堂的奇迹;它完成了完全不同于民族大迁徙和十字军征讨的远征"①。

然而,马克思的学说并不因此对于资本的原则就是无批判的;恰恰相反,在马克思那里,正像这一现代性原则的统治力量根植于现代世界由以开展的历史 – 实践一样,它的**前提**和**界限**也必将在同样的历史 – 实践中绽露出来并因而被积极地扬弃。马克思的学说与**完全无批判的实证主义**的根本区别就在于:前者牢牢地把握住了资本这一现代性原则的**历史前提**和**历史界限**,依循此种前提和界限构成对资本原则之内在本质的决定性批判;而后者则只是无批判的虚构这样的一种**神话学**,在这种神话学境域中,正像资本原则乃是一种完全非历史(至多只有一种虚假的逻辑的历史)的自然法则一样,以资本为原则的世界或文明乃是无前提的或不需要前提的,并因而是**无限制的**和**永恒的**。海德格尔曾指出,马克思深入到**历史之本质性**的那一度中去了,所以其历史学就要优越于诸多 20 世纪的大哲,例如胡塞尔的现象学和萨特的存在主义;而只有达到历史之本质性的那一度,方才有资格与马克思主义对话②。在另一处,海德格尔写道,现今的"哲学"只是满足于跟在知性科

---

① 《马克思恩格斯选集》第 2 版,第 1 卷,人民出版社,第 275 页。
② 《海德格尔选集》(上卷)第 383 页。

学后面亦步亦趋,却根本不理解(或只是误解)我们这个时代的"两重独特现实"——经济发展与这种发展所需要的架构;然而马克思主义却"懂得"这双重的现实①。确实,要能够**理解**或懂得我们这个时代的**独特现实**,就必须深入到存在之历史的那一度中去;而深入到那一度中去,就意味着对现代世界——其核心或中枢就是现代性本身——构成本质重要的并因而是真正的历史批判。

然而,借助于所谓历史,难道不是应该证明马克思已经远离了我们的时代么?难道历史这只老田鼠至今尚未将一个半世纪以前的"现实"吞噬殆尽么?也许是这样,但它的前提必定是:现代世界已然终结,现代性的基本支柱已然崩溃。换言之(就我们的主题而言),资本已然消逝了它对于当今世界的支配权和统治权,或者,作为原则的资本已然丧失了它最本己的特性并因而不再是作为现代资本这样一种统治权力了。事情是这样的吗?在《资本论》第三卷中,马克思如此这般地概括了以资本为原则的生产方式一开始就具有的两个根本特征:(1)它所进行的是高度发展的商品生产;(2)它的全部目的服从于资本的增殖过程。就前者而言,"它生产的产品是商品。使它和其他生产方式相区别的,不在于生产商品,而在于,成为商品是它的产品的占统治地位的、决定的性质"。就后者而言,"资本本质上是生产资本的,但只有生产剩余价值,它才生产资本"②。这样两个本质特征如今又怎样了呢?如果能够证明,当今时代的生产确实已经完全疏远甚或脱离了商品之"占统治地位的、决定的性质",如果还能够证明,这种生产的"直接目的和决定动机"本质上不再依循资本的定向,或者,资本就其本质而言不再取决于并诉诸于自身的增殖过程(这个说法本身就是自相矛盾的),那么,马克思对资本这一现代性支柱行使批判的意义确实也就消失了,因为这种批判所由把握到的时代的双重现实已经完全迁移或者完全改变了。

但是,现代世界的真正开端恰恰是由资本为其奠定世俗基础并为

---

① 费迪耶等:《晚期海德格尔的三天讨论班纪要》,丁耘译,《哲学译丛》2001 年第三期,第 52～59 页。

② 《马克思恩格斯全集》第 1 版,第 25 卷,人民出版社,1974 年,第 994～996 页。

其制订根本方向的。尽管占主导地位的资本样式确实随着时代的变迁而发生转移，从而其权力贯彻的方式也随之而发生相应的变化，但资本本身对于现代生活的统治却并未从根本上改变；毋宁说，上述形式上的变迁倒是服从于并且适应于资本这一现代性原则的统治目的，从而使这种统治能够持存并不断地普遍化和深化。货币主义和重商主义乃是**商业资本**(产业资本发展起来之前的那个商业资本)的意识形态，它在对于货币和流通的独特领悟中确立了自己的原理，而这样的原理不过引证了现代世界的初始发生，即通过发达的流通和广泛的市场确立以交换价值为核心的**一般财富**或**抽象财富**。进而言之，当"启蒙的国民经济学"(斯密被称为国民经济学的马丁·路德)经由重农主义而袭击重商主义的体系时，新原理的基准或尺度乃转变为抽象劳动，即**财富的主体本质**；而这一转变的真实内核不过意味着**产业资本**地位的历史性外迁，意味着它取代商业资本而获得了领导权。然而，马克思未曾亲眼目睹的经济学的再度变革——我们想说的是 19 世纪末的所谓"马歇尔革命"或"边际革命"——真正说来又具有怎样的意义呢？它是否意味着资本这一现代性原则正在逐渐失效并因而正在与现代脱离呢？不，恰好相反。如果说经济学的这一变革再度反映着经济现实的重大变动趋势，从而预告了**消费主义**时代的来临，那么，它不过意味着整个经济生活——无论是商业还是产业——开始整个地围绕着**需求**或**欲望**(无论它们以何种方式被激起)这一枢轴而旋转，意味着资本增殖过程之重心的转移，就像历史上曾经发生过的由商业资本向产业资本的重心转移一样。在这里真正起作用的仍然是资本原则，是这一原则以其变换了的形式而开展出来的进一步贯彻。全部问题继续汇聚于资本本身的增殖过程，只不过它现在更为根本也更为广泛地取决于社会的需求—欲望体系的变动趋势罢了。

正因为如此，所以马克思依资本而对现代的命名更深刻地意味着把资本原则领会为现代性的基本支柱之一；也正因为如此，所以只要现代性的统治未曾瓦解，资本原则就必然继续构成这个时代之独特现实的本质－根据。关于这个本质—根据，马克思写道："如果说以资本为基础的生产，一方面创造出普遍的产业劳动，即剩余劳动，创造价值的劳动,那么另一方面也创造出一个普遍利用自然属性和人的属性的体系,创造出一个普遍有用性的体系,甚至科学也同一切物质的和精神的属性一样,表现为这个普遍有用性体系的体现者,而在这个社会生产和交换的范围之外,再也没有什么东西表现为自在的更高的东西,表现为自为的合理的东西。"①不消说,这里所谓的"普遍的产业劳动"和"普遍有用性的体系"正就是现代世界之"普照的光",是现代经济在其中开展所必需的基本架构;同样不消说,只要这种作为普照之光的基本架构依然是全部现实的主导方面,那么这里的现实从根本上来说就必然是由资本来支配并依循资本的原则来制订方向的。

二

我们在前面说过,马克思对现代性的批判,不仅是对现代资本的批判,而且是对现代形而上学的批判。之所以如此,是因为这二者共同构成了现代性的基本支柱。真正说来,资本和现代形而上学是彼此支撑、彼此拱卫的,正像前者构成后者的世俗基础和强大动力一样,后者乃成为前者的观念领域,成为它的理论纲领、它的"唯灵论的荣誉问题",以及它获得慰藉和辩护的总根据。一句话,在现代性由以开展出来的世界中,资本和现代形而上学有着最关本质的**内在联系**,或者毋宁说,有着最关本质的**"共谋"关系**。

我们在这里之所以要特别地指明这一点,不仅是因为马克思对现代形而上学的本质重要的批判往往被严重地忽略或误解,而且是因为对于资本(甚或货币)的批判事实上不得不取决于它对于现代形而上学的依赖程度,取决于这一批判是在形而上学的范围之内还是之外来开展——这一点乃从根本上规定着对资本实施批判所由立足的那个**原则高度**。重农主义的先驱者难道不是对货币及其社会后果进行过最激进的批评么?卡莱尔、卢梭、西斯蒙第和蒲鲁东,以及所有的空想主义者难道不也对资本进行过最猛烈的攻击么?如果说这样一些非难毕竟

　① 《马克思恩格斯全集》第2版,第30卷,人民出版社,第389~390页。

与马克思对资本的批判大相径庭,如果说后者毕竟占据着一个相当不同的原则高度,那么,这个高度恰恰应当经由它对现代形而上学的批判立场而被标识出来。其所以如此,是因为现代性本身的二重结构,因为在此种结构中资本与现代形而上学的内在关联。在这个意义上,正像对形而上学的批判高度制约着对资本批判的原则高度一样,对资本批判的高度同样制约着对现代形而上学批判的原则高度。

资本与现代形而上学的共谋关系如今(尤其是在经历了 20 世纪哲学的发展之后)是变得更为清晰了。特别专注于形而上学之历史的海德格尔晚年曾不断地指证古希腊思想与现代形而上学之间的本质差别。按照他的见解,一种具有新的基本意义的理论后来是在开普勒、伽利略和牛顿的著作中开始显露的;并且正是由于这种新的理论,所以亚里士多德那里首先被加以课题化的例如运动概念的规定,对于笛卡儿和帕斯卡尔来说就成为一个笑柄。海德格尔问道,为何要有这种新奇的构想呢? 回答是:因为自然应当是可以计算的;那么为何自然应当是可以计算的呢? 因为"这一可计算性本身被设定为**统治自然**的原理"。虽说在玻尔、海森堡、普朗克等人那里物理学的内部构造发生了某种变化,但其关于存在之论题的目标却依然是:最终"有助于对作为对象的存在者进行**控制**和**统治**"——这个原理甚至已出现在早于笛卡儿《方法谈》的伽利略的思想中①。然而,海德格尔并没有进一步追问:为什么要发明一种统治自然的原理呢? 现代形而上学的最终目标为何要有助于对作为对象的存在者进行控制和统治呢? 对这个问题的回答最为内在地牵扯到资本的本质:一旦资本来到世间,它的最本己的规定和决定性的存在方式就是增殖过程;而唯独能够对作为对象的存在者进行控制和统治,植根于资本之本性的那种增殖过程才是现实地可能的、稳定的和内在巩固的(正因为如此,所以唯独以资本为原则的生产才决定性地——依其内在本质——开始成为知性科学的生产性应用)。

同样,当海德格尔对意识的内在性及其形而上学的后果进行批判

---

① 费迪耶等:《晚期海德格尔的三天讨论班纪要》,丁耘译,《哲学译丛》2001 年第 3 期,第 52 ~ 59 页。

时,他试图将统治当今现实的根本原理揭示为"**进步强制**"(Progrssionszwang)。正是这种进步强制引起了"生产强制"和"需求强制",从而使"对象"瓦解于并且消逝于"消费品"之中,使人从对象性的时代进入到可订造性(Bestellbarkeit)的时代①。如果说现代形而上学的基本建制确实内在地并且本质重要地开启出这种作为诸强制之共同性的"支架"(Ge–stell),那么,这种强制的世俗基础同样取决于资本,取决于资本的本性,取决于它不可遏制的并且是性命攸关的**增殖过程**。在这里,如果说资本和现代形而上学再度内在地表现其根本上的一致与共谋,那么,资本的形而上学本质(反过来说也一样)也就更加昭彰显著了。马克思正是在这样的意义上阐明了那个起源于资本之增殖强制的现代性特征或状况:"资产阶级除非对生产工具,从而对生产关系,从而对全部社会关系不断地进行革命,否则就不能生存下去。……生产的不断变革,一切社会状况不停的动荡,永远的不安定和变动,这就是资产阶级时代不同于过去一切时代的地方。一切固定的僵化的关系以及与之相适应的素被尊崇的观念和见解都被消除了,一切新形成的关系等不到固定下来就陈旧了。一切等级的和固定的东西都烟消云散了,一切神圣的东西都被亵渎了。"②

如果以为上述说法仅只是一种单纯现象的描述或表象特征的概括,那将会是一个错误。因为问题的实质正在于现代性的原理不仅依赖于资本的扩张本性(它的不知餍足的贪欲或饕餮),而且依赖于这种扩张本性借以实现自身的谋取方式,即现代形而上学依其基本建制而开展出来的对存在者的控制方案和统治形式。正是这种双重的经纬方始成为一种现实性的力量:就像这种力量一方面来自于资本之无止境的推动一样,它也来自于现代形而上学之无止境的谋划;而这二者之共同的抽象化和形式化的本质使之能够成为夷平一切差别、剪灭各种内容和质的力量,并从而成为一种世界性的、普遍进取—扩张的力量。只是在这样的意义上,现代世界才**从本质上显现为"进步强制"**(坚固的

---

① 费迪耶等:《晚期海德格尔的三天讨论班纪要》,丁耘译,《哲学译丛》2001年第3期,第52~59页。

② 《马克思恩格斯选集》第2版,第1卷,人民出版社,第275页。

东西之瓦解），并且也显现为"**祛魅过程**"（神圣的东西之消除）。如是，则普希金把《浮士德》称为现代世界的《伊利亚特》就是完全正确的，因为所谓"浮士德精神"，不仅以一种文学形象体现出现代性质的无限进取心和扩张姿态，而且其本质来历也已体现为一种现代形式的主体性了。

正是由于把握住了资本与现代形而上学之间内在的本质勾连，所以在马克思那里，对资本的具有原则高度的批判必定同时也是对现代形而上学的批判，就像对现代形而上学的决定性批判最终也必须要深入到对资本的批判中去一样——以马克思的名字命名的学说只是在这样的境域中方始真正开展出来，从而其当代意义也唯赖此一境域方始能够得到充分的理解。如果以为对现代形而上学的批判可以整个地**还原为**对资本的批判，如果进而又以为对资本的批判根本**无关乎**现代形而上学的本质，那么，这种批判无论多么激进，也无论充溢着多少愤怒，都势必已经先行分有了为现代形而上学的基本建制所规定的某种**哲学基地**，并因而总已经先行丧失了马克思的现代性批判立足其上的那个**原则高度**。早在《黑格尔法哲学批判导言》中，马克思就曾尖锐地指证了当时德国的实践政治派和理论政治派的根本缺陷：正像前者的狭隘性在于没有把哲学归入德国的现实范围一样，后者的错误在于"它没有想到**迄今为止的哲学**本身就属于这个世界，而且是这个世界的**补充**，虽然只是观念的补充"①。如果说现代形而上学本身就属于现代世界，并且是这个世界的"观念的补充"，那么它就不能不是现代性的一个基本支柱，虽然只是其观念的支柱。因此之故，《共产党宣言》声称，那个同传统的所有制关系实行最彻底决裂的革命，势必在自己的发展进程中要同"传统的观念"实行最彻底的决裂②。

由此我们就不难理解，为什么马克思对资本的批判一开始就是并且始终是**政治经济学批判**，为什么马克思发端于1844年的政治经济学批判一开始就同对黑格尔哲学（**作为现代形而上学的完成形式**）的批

---

①　《马克思恩格斯选集》第2版，第1卷，人民出版社，第8页。
②　《马克思恩格斯选集》第2版，第1卷，人民出版社，第293页。

判结合在一起,并且在往后也始终伴随着对现代形而上学的继续不断的清算。可以肯定地说,从《巴黎手稿》直至《哥达纲领批判》,马克思对现代性之前提的澄清与界限的划定,不能不是既对资本原则同时又对现代形而上学建制的双重批判,因为这二者乃是内在地同构的。因此,在这样的意义上,马克思之进入到政治经济学领域一事,决不意味着承诺抑或构造一种**作为知性科学的**政治经济学,而始终意味着对它的具有原则高度的**批判**:正像这一批判的内容乃是绽露资本主导下的经济现实以及这种现实由以立足和开展的架构一样,这一批判的原则高度通过揭示政治经济学的现代形而上学本质(以及由此种性质而造成的对于整个现实的遮蔽,特别是对其历史前提和历史界限的遮蔽)而得以显现。不难看出,这两个方面从根本上来说是**互为前提的**。那种以为知性科学天生具有优越性的观点,那种以为马克思是全然放弃哲学高度的批判而归附于经济学立场(并从而完成其思想变革)的观点,不仅完全误解和错估了马克思学说的基本性质,而且实际上已经先行服从于现代形而上学的基础定向———一般说来,已经先行皈依于某种完全无批判的实证主义了。

三

正是由于资本原则与现代形而上学建制的内在勾连,所以对资本批判的原则高度实际上就应当(而且能够)依循对现代形而上学批判的深度和广度来标识;反过来说也一样。如果像伽达默尔所说的那样,20世纪对现代形而上学的批判是以尼采为后盾的,并且由此而取得了对现代性予以进一步反思的积极进展[①],那么,只要这种批判未曾本质重要地关联于对资本原则的批判,它就不能真正深入到"历史的本质性"的那一度中去。如果说马克思学说的当代意义正是在这一度中得以充分显现,那么这种意义当然同样不仅取决于一般说来对资本世界的批判,而且取决于这一批判由以开展出来的那个原则高度。

---

① 参见伽达默尔:《哲学解释学》,上海译文出版社,2004年,第115~118页。

　　然而,虽说马克思对资本的批判性分析早就广为人知,但这一批判的原则高度却往往被误解或低估了;而这种误解或低估恰恰在很大程度上源于对现代性意识形态的无批判的观点,源于将马克思哲学的**存在论基础**现成地置放在现代形而上学的范围之内。当第二国际的理论家实际上依循前康德的唯物主义立场来为马克思主义哲学的阐释制订方向时,当西方马克思主义的前驱者们为抵制"梅林－普列汉诺夫正统"而将其阐释定向**实际上**转移到黑格尔主义的基地上时,现代形而上学的立足点——特别是其基本建制——不仅未曾被批判地消除,相反却是被当做前提,当做基本的哲学出发点了。

　　然而,在马克思那里,对于资本及其世界的具有原则高度的批判从根本上来说就是同对现代形而上学的决定性批判**直接地**并且**内在地**联系在一起的。这种联系在《1844 年经济学哲学手稿》中得到十分明显的体现,而这种联系的内在必然性就在于:除非对现代世界的双重批判在本质上被提升到一个新的原则高度,否则,无论是对资本的批判还是对现代形而上学的批判都不可能有真正进一步的开展。如果说现代形而上学已经在黑格尔哲学中得到其最后的完成,如果说在此等形而上学范围内的资本批判也已实现在例如蒲鲁东的经济学形而上学中,那么非常明显的是,除非资本与形而上学的双重"魔法"能够同时被彻底解除,否则,其中的任何一种魔法都不可能被真正解除。对于马克思来说,这必然要成为一个双重任务,或者毋宁说,它根本上就是同一件事情,而不是彼此可以区分开来的两件事情。

　　因此,在《1844 年经济学哲学手稿》中,当马克思由国民经济学(古典政治经济学)的基本的二律背反开展出对资本世界的批判时,这一批判立即同时成为对**完成了的**现代形而上学(即黑格尔哲学)的再度批判。如果说马克思先前曾以为费尔巴哈已经最终摧毁了黑格尔哲学,那么当《手稿》对国民经济学范围的资本原则实施批判时,对黑格尔哲学以及"整个哲学"(一般形而上学)的批判几乎可以说是不由自主地——内在必然地——被重新唤起了。在国民经济学批判的那一方向上,马克思问道:国民经济学的出发点是什么呢? ——是**劳动**。然而国民经济学以之作为前提的那种劳动真正说来又是什么呢? ——是**抽**

143

象劳动(异化劳动)。所以,马克思进一步追问的那个主导性问题是:"把人类的最大部分归结为抽象劳动,这在人类发展中具有什么意义?"①

正是通过对抽象—异化劳动的诸规定的批判性分析,马克思得出了这样的结论:作为知性科学的国民经济学立足其上的原理无非是异化劳动的原理,所以由此而获得科学表述的规律无非是"异化劳动的规律";而国民经济学表面上所陷入的种种理论矛盾,真正说来乃是"异化劳动同自身的矛盾"。因此,正是国民经济学以之作为前提的劳动——**抽象的、异化的劳动**,即自相矛盾的劳动,生产出现代的劳动与资本的关系②。如果说,私有财产真正说来乃是这种劳动的产物、结果和必然后果的话,那么,现代的、以资本为原则的世界架构就是由这种抽象劳动获得决定性奠基的、"发展到矛盾状态的"私有财产③。

然而,国民经济学以之作为前提的那种劳动的抽象性质或异化性质难道不正是它本己的形而上学性质吗? 如果不借助于现代形而上学的积极规定,初始的私有财产难道能够自发地实现为"高度紧张的"私有财产,并从而内在巩固地构成现代世界的主导原则吗? 无论如何可以肯定的是,正像国民经济学的原理不得不依循现代形而上学的基本定向一样,现代形而上学本身也将最终使国民经济学的原理获得其观念形态上的、具有哲学高度的原则表达。

因此,一方面,马克思指证了抽象劳动的现代形而上学本质,他把以劳动为原则的国民经济学(亚当·斯密)称之为"启蒙国民经济学",这种国民经济学不仅促进并赞美了现代工业的能量和发展,而且"使之变成**意识**的力量"。而这种学说的形而上学秘密可以这样来表述:"私有财产的**主体本质**,作为自为地存在着的活动、作为**主体**、作为**个人**的**私有财产**,就是**劳动**。"④

另一方面,马克思又以一种决定性的方式重开了对黑格尔哲学和

---

① 参看《马克思恩格斯全集》第 2 版,第 3 卷,人民出版社,第 232 页。
② 《马克思恩格斯全集》第 2 版,第 3 卷,人民出版社,第 277～278 页。
③ 《马克思恩格斯全集》第 2 版,第 3 卷,人民出版社,第 277、294 页。
④ 参看《马克思恩格斯全集》第 2 版,第 3 卷,人民出版社,第 289 页。

整个现代形而上学的批判。这一批判的决定性意义就在于:它坚决地指证出黑格尔哲学的秘密——从而整个现代形而上学的秘密——无非就是劳动,即以资本为原则的现代世界立足其上的抽象劳动(或外化的、异化的劳动)。在费尔巴哈把思辨的辩证法(否定之否定)仅仅理解为哲学同自身相矛盾的地方,马克思把它批判地领会为历史运动之"抽象的、逻辑的、思辨的表达",即"逻辑的思辨的思维的生产史";而这种生产史的真相就正是现代抽象劳动本身的形而上学本质。"因此,黑格尔的《现象学》及其最后成果——辩证法,作为推动原则和创造原则的否定性——的伟大之处首先在于,黑格尔把人的自我产生看作一个过程,把对象化看做非对象化,看做外化和这种外化的扬弃;可见,他抓住了**劳动**的本质,把对象性的人、现实的因而是真正的人理解为他自身的劳动的结果。"①很显然,在现代形而上学的完成形式中得到原则表述的那个"劳动的本质",正就是作为现代资本世界之核心原理的抽象劳动本身。在这个意义上,"黑格尔站在现代国民经济学家的立场上";至于说"黑格尔唯一知道并承认的劳动是**抽象的精神的劳动**"②,那么这仅仅是因为作为现代资本世界之主导原理的劳动本身是抽象的,并且其本质是在现代形而上学中得到映现的。大约一百年之后,海德格尔在其关于人道主义的书信中道出了与马克思所说几乎是相同的洞见:"劳动的新时代的形而上学的本质在黑格尔的《精神现象学》中已预先被思为无条件的制造之自己安排自己的过程,这就是通过作为主观性来体会的人把现实的东西对象化的过程。"③

在"劳动的新时代的形而上学的本质"一语中,再度挑明了曾为马克思所揭示的现代性之双重规定的内在贯通。抽象的劳动或劳动的抽象化、外化的劳动或劳动的外化,不仅是资本之展开并统治现代世界的原则,而且是现代形而上学之隐幽的本质或根本的原理。如果说笛卡儿肇始的现代哲学通过"自我意识"在存在论上的主体性使现代观念获得了其基本的形而上学建制,那么,可以说,黑格尔通过"自我活动"

---

① 参看《马克思恩格斯全集》第 2 版,第 3 卷,人民出版社,第 319~320 页。
② 参看《马克思恩格斯全集》第 2 版,第 3 卷,人民出版社,第 320 页。
③ 《海德格尔选集》上卷,383~384 页。

的主体性所设定的外化以及这种外化的扬弃(过程)则完成了这种形而上学。如果说商品的**拜物教性质**只是在以资本为原则的世界中才得以充分地实现和贯彻,那么同样可以说,这种性质归根到底正是在劳动的抽象化过程中不断被深化和巩固起来的劳动的**形而上学本质**。因此之故,对于现代性的真正批判不能不是双重批判,而对于资本世界的原则高度的批判不能不是对于现代形而上学的原则高度的批判。这种内在关联可以清楚地说明马克思何以不遗余力地同工联主义、蒲鲁东主义、拉萨尔主义乃至于德国党的纲领进行不断的斗争——其缘由当然不是因为它们未曾对以资本为原则的世界作出过激进的批判,而是因为这样一些批判始终缺乏原则的高度。

由于我们前面已经陈述过的理由,这一批判的原则高度当由对于现代形而上学的批判高度来标识,而检审这个高度的核心之点乃在于现代形而上学之基本建制的**持存**或**瓦解**。海德格尔曾很正确地把这一基本建制把握为"**意识的内在性**";但他却完全误解了马克思所实施的哲学变革,以致最终把马克思的思想再度嵌入到黑格尔哲学的形而上学之中(单纯"颠倒"过来的形而上学仍然是一种形而上学;而且由于这种单纯颠倒,"马克思达到了虚无主义的极致")①。然而,正是在马克思 1844 年对黑格尔辩证法和整个哲学的批判中,"意识的内在性"这一基本建制不仅遭遇到了沉重的打击,而且这一建制连同其现代形而上学的完成形态一起遭遇到了决定性的摧毁。在这一摧毁过程中,"对象性的(gegenständliche)活动"发挥着本质重要的作用;马克思的这一原理不仅意味着意识之内在性的彻底贯穿与瓦解,而且为 1845 年开始得到充分阐述与发挥的"实践"原则铺平了道路②:"对象性的存在物进行对象性活动,如果它的本质规定中不包含对象性的东西,它就不进行对象性活动。……因此,并不是它在设定这一行动中从自己的'纯粹的活动'转而**创造对象**,而是它的**对象性**的产物仅仅证实了它的

---

① 费迪耶等:《晚期海德格尔的三天讨论班纪要》,丁耘译,《哲学译丛》2001 年第三期,第 52～59 页。

② 吴晓明:《内在性之瓦解与马克思哲学的当代境域》,载吴晓明、王德峰:《马克思的哲学革命及其当代意义》,人民出版社,2005 年,第 51～70 页。

对象性活动,证实了它的活动是对象性的自然存在物的活动。"①在这里,"对象性的活动"难道不是意味着作为"纯粹活动"或"自我活动"的意识之内在性的贯穿吗?难道不是意味着现代形而上学之基本建制的瓦解吗?难道不是还意味着一个与"我思"根本不同的出发点开始获得其决定性的奠基吗?

　　显然,我们在这里不可能就此讨论得更多了,毋宁说这种讨论倒是一个有待进一步开展的根本性任务。之所以说这是一个根本性的任务,是因为它本质重要地牵扯到现代性批判的**原则高度**。事实上,在马克思主义哲学的研究中,对现代形而上学及其基本建制的切近检审和彻底批判,特别是对其存在论(ontology)根基的深入追究,已经被耽搁得太久了。那种把马克思对现实的关注当做口实而试图避开或远离这一根本性任务的观点,尽管可以将上述哲学根基上的追问当成玄学思辨而加以排除,但却既不能由此就触到并把握住"现实"(因为现实并不是现成地被给予我们的东西),又不能阻止其观点本身无批判地跌落到现代形而上学的(此一或彼一)立足点上。而这种跌落,正像实际上只是依赖于某种"偶然遇到的"哲学一样,不得不屈从于以现代形而上学为主干的现代性意识形态本身。在这种情形下,虽说对资本世界乃至于对现代性的某种批判仍然是可能的,但这种批判却只能是没有真正原则高度的;而归根到底,缺失原则高度的现代性批判只能是虚假的、辩护性的和自相矛盾的。因为它只能是站在现代形而上学的立场上反对资本原则(或反之),亦即它在攻击现代性的某一方面时已经先行地屈服于现代性的总体了。

　　或许有人会问:具有原则高度的现代性批判又有什么实际意义呢?回答是:在当今世界的时代状况中,唯有这样的批判方始有助于人类向着未来开展其历史—实践的真正筹划;在这个意义上,德里达说得对:"没有马克思的遗产,也就没有将来。"②更加重要的是,在当今中国作为民族复兴事业的现代化进程中,唯有这样的批判——在原则高度上

---

① 《马克思恩格斯全集》第2版,第3卷,人民出版社,第324页。
② 德里达:《马克思的幽灵》,中国人民大学出版社,1999年,第21页。

对现代性前提的澄清与界限的划定——方始有可能真正创造性地开启出我们自身发展的独特道路来。

（作者单位：复旦大学哲学学院）

资本与现代性

——马克思的回答

孙承叔

　　现代性问题是当代学界的核心话题,因为人类已经步入现代社会,人们不仅看到了生产力的巨大飞跃,看到了科学技术的高速发展,看到了物质财富的极大涌流,人们还同时感到了现代社会的深刻危机:两极分化、霸权主义、恐怖袭击、环境污染、人性异化、精神缺失,这是每一个有良知的学者必然要思考的问题。

　　现代性,即现代社会的根本特性,它既是现代社会的根本标志,又是导致现代社会的根本原因。关于现代性,学界有两种基本的理论,一种是理性现代性理论,另一种是资本现代性理论。理性现代性理论以黑格尔为代表,他集启蒙精神之大成,认为现代社会的进步本质上是理性的进步,是法律、道德、制度、文化、国家为代表的理性的进步,由于人的自由是以法律、道德、制度、文化、国家等理性的进步为前提的,因而理性的进步本质上也是自由的进步,理性的本质是自由,黑格尔的思想曾经鼓舞人们为理性而奋斗,他对现代社会的政治、文化建构起了奠基作用,然而理性主义传统并没有使人类摆脱苦难,相反分歧加剧了,当社会两极分化和异化不是缩小而是进一步扩大的时候,一场反叛理性主义的思潮在全世界掀起,人们把造成今天现实的根源归罪于启蒙精神和理性主义,归罪于本质主义和宏大叙事,归罪于规律和必然性的思维方法。

一、西方良知的思考

出于对人类命运的关切,西方有良知的学者首先发现了技术对人的统治。

人类社会的生产力,是随着科学技术的发展而突飞猛进的,这本来是人们梦寐以求的,然而科技的发展,尤其是机器大工业的发展,使人变成从属于机器的助手;在以财富为根本目的的社会里,除了生产还是生产,人被完全边缘化了,正像雅斯贝尔斯所说:"技术已给人类环境中的日常存在造成了根本的转变,它迫使人类的工作方式和人类社会走上了全新的道路,即大生产的道路,把人类的全部存在变质为技术完美机器中的一部分,整个地球变成了一个大工厂。在此过程中,人类已经并正在丧失其一切根基,人类成了地球上无家可归的人,他正在丧失传统的连续性。精神已被贬低到只是为实用功能而认识事实和进行训练。"①

人随科技的发展而被异化了,失去了自我,失去了传统,失去了内在的精神。霍克海默也认为资本通过技术对人的统治导致了人自身的异化。"人类已经被科学抛弃了,……反过来人类为科学服务,并且作为外在于科学的某物从属于科学。"②马尔库塞则在《单面人》中直接指出这一异化现象的工具理性性质:"技术的解放力量——事物的工具化——成为解放的桎梏,这就是人的工具化。"③哈贝马斯在《交往与社会进化》一书中也认为"人类行为变成了一种工具理性行为。"④不难发现,西方有良知的学者都把目光转向了科学技术的非人化,转向了对人

---

① 雅斯贝尔斯:《历史的起源与目标》,华夏出版社,1989年,第114页。
② 霍克海默:《工具理性批判》,上海人民出版社,第23页。
③ 马尔库塞:《单面人》,湖南人民出版社,1988年,第136页。
④ 哈贝马斯:《交往与社会进化》,重庆出版社,1989年,第168页。

的生存状态和意义的思考。

　　为什么会发生这一现象呢？胡塞尔在《欧洲科学危机和超验现象学》中对这一事件进行了总结，他认为黑格尔以后，"在十九世纪后半叶，现代人让自己的整个世界观受实证科学的支配，并迷惑于实证科学所造就的'繁荣'。这种独特现象意味着，现代人漫不经心地抹去了那些对于真正的人来说至关重要的问题。只见事实的科学造成了只见事实的人。……实证科学正是在原则上排斥了一个在我们的不幸的时代中，人面对命运攸关的根本变革所必须立即作出回答的问题：探问整个人生有无意义。"①正是这一思考，引起了 20 世纪哲学的根本转向：由追寻理性转向对人的生存意义的思考，这是西方现代性的一次真正的反思，它再一次把人的问题推向了哲学的前台。

　　马尔库塞曾结合当代的现实，对人性的被压抑作了有深度的剖析："这种压抑，完全不同于作为我们社会从前不那么发达阶段的特征的压抑，它不再是由于自然和技术的不成熟性而起作用，倒是为着强化的目的，当代社会（精神和物质）的能力比从前任何时候都强到不可估量——这意味着社会对个人的统治范围也比以前大到不可估量。在压倒的高效率和日益增长着的生活标准的双重基础上，我们社会用技术而不是用恐怖征服了社会离心力量，从而使自己卓越超群。"②

　　不难发现，随着科学技术的发展，随着物质财富的极大涌流，在一个以金钱为唯一价值标准的国度里，人反而失去了自我，受到了压抑，变得完全工具化了。

　　（一）西方学者发现了人本身的精神异化

　　不仅工具化，而且是异化，人的精神的异化，正像施特劳斯所说："现代性的危机表现或者说存在于这样一宗事实中：现代西方人再也不知道他想要什么——他再也不相信自己能够知道什么是好的，什么是坏的；什么是对的，什么是错的。"③人生失去了意义和方向，人变得

---

　　①　胡塞尔：《欧洲科学危机和超验现象学》，上海译文出版社，1988 年，第 5～6 页。
　　②　马尔库塞：《单面人》，湖南人民出版社，1988 年，第 2 页。
　　③　贺照田主编：《西方现代性的曲折与展开》，第 6 辑，吉林人民出版社，2002 年，第 86 页。

不认识自己了。弗罗姆认为在马克思时代,异化是工人阶级的命运,而现在异化则成了大多数人的命运,那时"马克思相信,工人阶级是最异化的阶级",但是"马克思的确没有预见到异化已经变成为大多数人的命运,特别是那部分人数越来越多的居民的命运,这部分人主要不是与机器打交道,而是与符号和人打交道。说起来,职员、商人和行政官吏在今天的异化程度,甚至超过熟练的手工劳动者的程度。"①为此,他写了《逃避自由》一书,认为在资本主义社会,人越自由,人也就越孤独,越异化,成为一种被抛弃的存在。对于一个人而言,"他自由了,但这也意味着:他是孤独的,他被隔离了,他受到了来自各方面的威胁,他没有文艺复兴时代资本家所拥有的财富和权力,也已失去了与人及宇宙的统一感,于是他被一种个人无可救药、一无所有的感觉所笼罩。天堂永远地失去了,个人孤苦伶仃地活着,孤零零面对这个世界,就像一个陌生人被抛入漫无边际和危险的世界一样。新的自由不可避免地带来了深深的不安全、无力量、怀疑、孤独和忧虑感"②。社会化的人,变成了孤立的人,人被异化了。

(二)人们还发现了原因在整个现代社会的非理性。

由于人的孤立化,由于人的工具化,由于人们不知道自己究竟需要什么,由于人们失去了最终的生活意义,一个更大的悲剧产生了,整个社会处于一种非理性状态。正像霍克海默、阿多尔诺所说,启蒙走向了反面,"人类不是进入到真正合乎人性的状况,而是堕落到一种新的野蛮状态。"③20世纪是人类生产力发展最快的世纪,20世纪也是人类两极分化最厉害的世纪,不但如此,20世纪还发生了与人类文明最不相称的大屠杀,鲍曼专门写了一本书《现代性与大屠杀》,深刻地指出:"大屠杀在现代理性社会、在人类文明的高度发展阶段和人类文化成就的最高峰中酝酿和执行,从这个意义上来说,大屠杀是这一文明和文

---

① 弗罗姆:《西方学者论〈1844年经济学—哲学手稿〉》,复旦出版社,1983年,第67~68页。

② 弗罗姆:《逃避自由》,陈学明译,工人出版社,1987年,第87页。

③ 霍克海默、阿多尔诺:《启蒙辩证法》,重庆出版社,1990年,第1页。

化的一个问题。"①"大屠杀可能远不仅仅是一次失常,远不仅仅是人类进步坦途上的一次偏离,远不仅仅是文明社会健康肌体的一次癌变;简而言之,大屠杀并不是现代文明和它所代表的一切事物的一个对立面",而是"一个硬币的两面"②。一方面是对同类的大屠杀,另一方面则是对自然的大掠夺。霍克海默、阿多尔诺在《启蒙辩证法》中尖锐地指出:"无限地统治自然界,把宇宙变成为一个可以无限地猎取的领域,是数千年来人们的梦想。这就是男人社会中,人们思想上所追求的目标。这就是男人引以为自豪的理性的意义。"③

不难发现,西方有良知的思想家对人类的未来和命运发出了痛感天地的呼声,然而由于离开了马克思的视野而不能使良知升华。

(三)人们把当代社会危机归罪于理性形而上学

对于当代社会的危机,其根源在什么地方呢?西方学者一般不是把它归罪于资本的统治,而是把它归罪于科学技术的发展和理性形而上学。从尼采的权力意志开始,中经狄尔泰、席美尔的生命哲学,马克斯·韦伯的合理性理论,胡塞尔的先验现象学,马克斯·舍勒的哲学人类学,雅斯贝尔斯、海德格尔、马丁·布伯的存在主义,伽达默尔的释义学,斯宾格勒、汤因比的文化形态学,法兰克福学派,直到利奥塔、德里达等后现代主义,无不具有这种倾向。正像哈贝马斯所说:"技术理性的概念也许本身就是意识形态,不仅技术理性的应用,而且技术本身就是(对自然和人的)统治,就是方法的、科学的、策划好了的和正在策划着的统治。"④技术理性也就是工具理性,在这种理性的统治下,人被工具化了,人被当做自然科学的对象而任意处置,技术不仅在实践中支配人,而且在生活中、在思想中支配人,技术理性起到了意识形态的作用。海德格尔则认为技术理性与现代形而上学同谋,二者都在根本上使人物化,工具化,使人的活生生的存在被遗忘了,他认为"现代技术之本

---

① 鲍曼:《现代性与大屠杀》,译林出版社,2002年,第5页。
② 鲍曼:《现代性与大屠杀》,译林出版社,2002年,第10页。
③ 霍克海默、阿多尔诺:《启蒙辩证法》,重庆出版社,1990年,第235页。
④ 哈贝马斯:《作为"意识形态"的技术和科学》,学林出版社,1999年,第39页。

质是与现代形而上学之本质相同一的"①。正是这种同一,导致了现代社会的真正危机,导致了人的生存意义的消失,因而理性才是人类的真正敌人,唯有抛弃理性,人类才能新生。他断言"思想何时开始思想呢?唯当我们已经体会到,千百年来被人们颂扬不绝的理性乃是最冥顽的敌人,这时候,思想才能启程"②。不难发现,海德格尔是把理性和形而上学看做现代社会危机的根源的。胡塞尔也对此作了进一步的分析,他认为理性信仰的崩溃是理解现代人生存意义缺失的根源:"与这种对理性的信仰的崩溃相关联,对赋予世界以意义的'绝对'理性的信仰,对历史意义的信仰,对人的意义的信仰,对自由的信仰,即对为个别的和一般的人生存在(menschliches Dasein)赋予理性意义的人的能力的信仰,都统统失去了。"③

二、马克思的回答

与大部分西方思想家不同,马克思认为造成现代社会危机的根源是现代资本,正是资本使人成为一种失去生存意义的工具性存在。在现代性问题上,离开了对资本的批判,不仅是肤浅的,而且带有虚伪的本质,正像霍克海默所尖锐批评的:"掩盖目前危机的真正原因的方法之一,是把产生危机的责任归咎于那些致力于改善人类状况的力量,首当其冲的就是理性的、科学的思维。"④雅斯贝尔斯则更深刻地指出,当代人否定科学的根源是对科学的迷信:"当对科学的迷信变为失望时,其反应便是否定科学,转而诉诸感情、本能和冲动,那时一切祸患又都归咎于现代科学的发展。指望不可能实现的东西,这类迷信的必然后果就是幻灭。"⑤

不可否认,现代社会是随着科学的进步而发展起来的,但是科学自

---

① 海德格尔:《海德格尔选集》(下),上海三联书店,1996年,第885页。
② 海德格尔:《林中路》,孙周兴译,上海译文出版社,1997年,272页。
③ 胡塞尔:《胡塞尔选集》,上海三联书店,1997年,第989页。
④ 霍克海默:《科学及其危机札记》,曹卫东编选《霍克海默集》,上海远东出版社,1997年,第159页。
⑤ 雅斯贝尔斯:《历史的起源与目标》,华夏出版社,1989年,第109页。

身不可能成为社会的主导;相反,它只是资本创造财富的工具。也就是说,在现代社会,不是科学驾驭资本,而是资本驾驭科学,科学只有在被资本购买并为资本服务时,它才是生产的。因此,把现代社会的危机归罪于科学是肤浅的,其根源只有在资本中寻找。

如前所述,资本的本性是追求剩余价值,它是与构成它基础的那部分人口的利益相冲突的;并且,资本的每一步发展都必须以资本为前提,也就是说,保持必要的雇佣人口是资本存在与发展的前提。因此,只要资本存在,雇佣工人的贫困和异化将是不可避免的。在当代社会,在发达的资本主义国家,虽然工人的物质待遇要远远高于经济上的落后国家,但那是以第三世界人民的普遍贫困为前提的,因为世界已经连成一体。即便这样,发达国家的人民依然感到异化,正像弗罗姆所指出的,"职员、商人和行政官吏在今天的异化程度,甚至超过熟练的手工劳动者的程度","异化已经变成为大多数人的命运"。为什么在科学技术成为第一生产力的今天还会是这样呢?

一方面,是由于资本的本性,正像马克思所说:"资本在具有无限度地提高生产力趋势的同时,又在怎样程度上使主要生产力,即人本身片面化,……资本在怎样程度上具有限制生产力的趋势"①;另一方面,从资本的功能讲,它的追求的目标是财富,而不是人的全面发展。按照马克思的观点,人的生命的生产,或者说整个社会有机体的生产必须包括四方面的内容,即物质生产、精神生产、人的自身生产和社会关系再生产。资本的目标是财富,是经济领域,因而经济领域以外的生产或人的需要,资本是不管的。也就是说,资本决不会自觉地进行公共领域的生产(暂且我们把其他三种生产归为公共领域),也永远不会自觉地满足人的四个方面的需求,因为这是与资本的本性相违背的。

在《资本论》第一手稿中,马克思深刻地揭示了资本的有限性,指出它存在与发展的四种界限:"(1)必要劳动是活劳动能力的交换价值的界限;(2)剩余价值是剩余劳动和生产力发展的界限;(3)货币是生

---

① 《马克思恩格斯全集》第 46 卷上册,人民出版社,1979 年,第 410 页。

产的界限;(4)使用价值的生产受交换价值的限制。"①第一条是讲资本与雇佣劳动之间的关系,如果不能提供必要劳动(剩余劳动),资本决不与之相交换,因此,失去劳动能力的弱势群体不在资本的视野之内;第二条是讲资本的目的,也就是说,不能带来剩余价值,资本决不去组织和生产,因此,剩余劳动的组织和生产力的发展都以此为限;第三条是讲资本的直接目的,也就是货币,因此,资本决不会去关心不能带来剩余价值的公共福利和环境保护;第四条是讲资本实现的前提,如果不能交换,再好的使用价值也不能生产。

因此,与未来社会相比,"资本主义生产不是绝对的生产方式,而只是一种历史的、和物质生产条件的某个有限的发展时期相适应的生产方式。"②"资本既不是生产力发展的绝对形式,也不是与生产力发展绝对一致的财富形式。"把资本主义神话为一种永恒的生产方式是错误的,它只是一种在历史上产生,也必然在历史上消亡的生产方式,四种有限性说明"资本主义生产方式在这里陷入了新的矛盾。它的历史使命是无所顾虑地按照几何级数推动人类劳动的生产率的发展。如果它像这里所说的那样,阻碍生产率的发展,它就背叛了这个使命。它由此只是再一次证明,它正在衰老,越来越过时了。"③

由于资本主义国家本质上是资本主义的代言人,因此当资本主义上层建筑成为资本的工具的时候,西方社会的呐喊就成为必然的了:物质财富的发展与公共领域需求的严重缺失,造成了西方当代人的异化,在这里,政治上层建筑起了资本期望的推波助澜的作用。关于这一点,马尔库塞在《单向度的人》中作了深刻的分析:"政治意图已经渗透进处于不断进步中的技术,技术的逻各斯被转变成奴役状态的逻各斯。"④在这里,"统治的特殊目的和利益并不是'随后'再强加于技术的;它进入了技术机构的本身。"⑤"如今,统治不仅通过技术而且作为

---

① 《马克思恩格斯全集》第46卷上册,人民出版社,1979年,第400页。
② 《马克思恩格斯全集》第25卷,人民出版社,1979年,第289页。
③ 《马克思恩格斯全集》第25卷,人民出版社,1979年,第292页。
④ 马尔库塞:《单向度的人》,刘继译,上海译文出版社,1989年,第143页。
⑤ 马尔库塞:《单向度的人》,刘继译,上海译文出版社,1989年,第142页。

技术来自我巩固和扩大;而作为技术就为扩展统治权力提供了足够的合法性,这一合法性同化了所有文化层次。"①这样,"政治权力的运用突出地表现为它对机器生产程序和国家机构技术组织的操纵。……机器在物质上的威力超过个人的以及任何特定群众的体力这一无情的事实,使得机器成为任何以机器生产程序为基本结构的社会的最有效的政治工具。"②现代社会"在压倒的高效率和日益增长着的生活标准的双重基础上,我们用技术而不是用恐怖征服了社会离心力量,从而使自己卓越超群。"③资本主义的一切都被资本同化了,整个国家成了生产产品和消费产品的机器,人的需求不仅严重缺失,而且失去了生存的方向。

这种倾向不仅存在于发达国家,而且更严重地表现于国际社会,因为在国际上,在一切重大的事务中,起根本作用的依然是资本,是资本的霸权,也就是说,当今世界,依然是以资本为原则的世界,许多第三世界国家发出了反国际资本的呼声,其原因也在这里。因此,离开了资本的霸权,你根本不可能理解现代社会,从这方面讲,西方现代哲学、西方马克思主义、西方后现代主义所揭示的林林总总社会异化现象,其根源亦在于资本,离开了对资本的批判,总有隔靴搔痒的感觉,不少西方学者之所以在解决社会问题上苍白无力,其原因也在这里。马克思理论的深刻性正在于一开始就切入到这最本质的方面,并以此展开对社会生活各方面的批判。因此,《资本论》从根本上讲,就是一部现代性批判理论,马克思"千年伟人"思想地位的确立,与他的资本现代性批判理论是分不开的,正是在这一点上,他超越了前时代与同时代的许多思想家,并为后人所景仰。有些学者不适当地把马克思归结为经济主义和还原主义,如吉登斯、鲍德里亚、福柯;有的学者则从根本上否定马克思的历史唯物主义研究方法,如波普尔、哈耶克、福山;即便是哈贝马斯、海德格尔,他们也往往把马克思归到生产主义的宏大叙事,而遮蔽马克思的资本批判理论,是非常错误的。

---

① 马尔库塞:《单向度的人》,刘继译,重庆出版社,1989年,第142页。
② 马尔库塞:《单向度的人》,刘继译,重庆出版社,1988年,第5页。
③ 马尔库塞:《单向度的人》,刘继译,重庆出版社,1988年,第2页。

三、资本现代性与当代中国

中国是一个发展中国家,当中国毅然走上了市场经济发展道路,中国应对资本采取什么态度呢?

从当今世界经济发展过程来说,资本是最有效的经济发展方式。它以雇佣劳动为基础,使人摆脱政治的、地域的、宗教的人身束缚,激发起所有人的积极性;通过交换而不是强制的方式,把一切人力、物力组合进社会化机器大生产;通过发展科学和组织社会生产力的方式积累相对剩余价值;通过发展交通、信贷、通讯、网络、传媒的方式加速剩余价值的实现;激励教育、科学为直接的生产过程服务;通过竞争,瓦解着一切传统的生产方式和生活方式,激发起一切人的致富欲望,并把市场交换推向全世界。自资本诞生以来,资本创造了无数人间奇迹。

但是资本又是与构成它基础的那部分人口的利益根本冲突的,"生产剩余价值或赚钱,是这个生产方式的绝对规律"①。资本决不会放弃对剩余价值的追求,因而也决不会放弃对工人的剥削,这是资本保持自身增值的必要条件,也是保持原有雇佣关系的必要条件。那么,作为中国这样的社会主义国家该如何对待资本呢? 这里首先必须对资本和资本的霸权作进一步的哲学思考。

权力永远不能超越它所处的时代和它所依存的经济结构。当一个经济文化落后的国家或民族选择市场经济作为自己振兴的发展道路时,它首先迫于的是经济的压力,因为舍此不能走向现代化,这是马克思揭示的人类共同的发展规律。从这方面讲,承认资本并肯定资本的历史地位和作用是发展市场经济的必要前提。历史发展至今,还没有一种生产方式能在经济上达到资本这样的规模和效应。资本主张剥削,但是成熟的资本主张用文明的方式达到剥削,"资本调动科学和自然界一切力量,同样也调动社会结合和社会交往的力量,以便使财富的

---

① 《马克思恩格斯选集》第2版,第2卷,人民出版社,1995年,第267页。

创造不取决于(相对地)耗费在这种创造上的劳动时间"①。整个现代社会正是由此而发展起来,推进生产力和社会的发展不是资本的本意。但是,"发展社会劳动生产力,是资本的历史任务和存在理由。资本正是以此不自觉地为一个更高级的生产形式创造物质条件。"②因此,马克思讲:"只有资本主义的商品生产,才成为一个划时代的剥削方式,这种剥削方式在它的历史发展中,由于劳动过程的组织和技术的巨大成就,使社会的整个经济结构发生变革,并且不可比拟地超越了以往的一切时期。"③

因此,与以往一切生产方式相比,资本是成功的,没有一种生产方式能达到资本这样的经济效率和经济成就。但是从社会效益、从人类生活目的和生活质量上讲,资本又是不成功的,它伤害了构成它基础的最主要生产力——劳动者,并使他们变成服从于机器的工具,就这点而言,马克思认为,"资本主义生产比其他任何一种生产方式都更浪费人和活动,它不仅浪费人的血和肉,而且浪费人的智慧和神经。"④由于资本主义生产不以人的全面发展为目的,日益扩大的两极分化使之成为人世间一切"匮乏和穷困、愚昧和罪恶的真正根源"⑤。从原始积累到英国工人阶级状况,从殖民战争到反殖民战争,从经济危机到世界无产阶级革命,从第一次世界大战到第二次世界大战,从现代人的异化到环境污染,历史无不记载着资本的成功和罪恶,记载着人民的痛苦和反抗。历史一再地告诫人类,资本不能解决社会问题,不能解决人的全面发展问题。

由此必须把社会生活分成二个方面,即经济的方面和非经济的方面,经济的方面以发展货币财富为主。非经济的方面以发展人自身为主。按照西方习惯的叫法,前者可称为经济领域,后者可称为公共领域,解决前者问题主要靠资本,而解决后者问题主要靠国家。人的生活

---

① 《马克思恩格斯全集》第46卷下,人民出版社,1979年,第219页。
② 《马克思恩格斯全集》第25卷,人民出版社,1979年,第289~292页。
③ 《马克思恩格斯全集》第24卷,人民出版社,1979年,第44页。
④ 《马克思恩格斯全集》第47卷,人民出版社,1979年,第190页。
⑤ 《马克思恩格斯全集》第2卷,人民出版社,1979年,第625页。

是全面的,整个社会有机体的生产也应该是全面的,即不仅要进行物质生产,而且还必须进行人的自身再生产,精神生产和社会关系再生产,四种生产之间必须协调,社会才能和谐。而资本主要关心的领域是在物质生产,它是不顾其他三种生产的,因此,为了整个社会的和谐和人的全面发展,我们在现阶段,必须承认资本,发展资本,同时还必须限制资本(限制资本霸权,限制资本向政治、文化领域的渗透和控制),驾驭资本,使资本为人类的发展服务。

资本的本性是自私的,并且为了获得剩余价值是不择手段的,它的疯狂、它的残忍,都与剩余价值有密切的关系。对此马克思有深刻的揭示:"一旦有适当的利润,资本就胆大起来,如果有10%的利润,它就保证到处被使用;有20%的利润,它就活跃起来;有50%的利润,它就铤而走险;为了100%的利润,它就敢践踏一切人间法律;有300%的利润,他就敢犯任何罪行,甚至冒绞首架的危险。""如果动乱和纷争能带来利润,它就会鼓励动乱和纷争。"①作为资本主义形成史的资本原始积累、资本主义工场手工业时期对工人绝对剩余价值的榨取、定期发生的资本主义危机、资本主义争夺殖民地的战争,无不淋漓尽致地展现出资本的贪婪本性一面。二战以后,随着世界各社会主义国家的建立,发达资本主义国家也改变了发展策略,尤其是凯恩斯主义的兴起,加强了国家对经济的干预作用,并推进了社会福利的发展,有的国家甚至采取了福利资本主义的发展战略,使资本主义的危机得到缓解。美国的门户开放政策也逐渐被资本主义国家所普遍接受,人们逐渐抛弃了政治的、军事的对外发展战略,而改为资本输出的发展战略,并通过关贸总协定、世界贸易组织发展起全球性的经济文化交往,半个世纪资本主义国家的和平发展,表明了人们对自由资本主义发展战略的修正,更多地发挥国家在经济发展中的作用,并注意和加强了整个社会内部的平衡发展,注意了四种生产之间的平衡发展。也就是说,资本的权力不是无限的,它必须通过国家的调节,加以适当的修正,通过国家对累进税的调节,通过对社会福利的加强,以保证国家的稳定和经济的发展。

---

　　① 《马克思恩格斯选集》第2卷,人民出版社,1995年,第266页。

在现代社会中,唯一能与资本抗衡的力量是国家。因此,要发展市场经济,巩固和发展国家的实力,尤其发挥它在发展其他三种生产,协调四种生产之间的平衡,推进社会和谐和人的全面发展的作用是非常重要的,舍此不能实现以人为本的发展战略,前提是国家必须代表人民利益。也就是说,国家的职能不能简化为物质生产一种,而是要推进整个社会的全面生产,它必须通过税收来保证其他三种生产,通过发展公共领域来协调四种生产之间的平衡,以保证以人为本的社会主义方向。

社会主义虽然追求人的全面发展,并把绝大多数人的幸福作为自己的追求目标,但是在实际操作过程中,由于生产力的实际基数非常低,因此无法实现绝大多数人的共同富裕,平均主义是不可取的,放任资本的发展也是不可取的,唯一正确的思路是承认市场经济,承认资本是组织社会化大生产的最好方式,并想法进一步激发资本的活力,让一部分人先富起来,在此基础之上,逐步通过国家调节,分步实现全民族的共同富裕。第一步,与资本主义一样,首先满足所有人的生存需要,使他们能活下来,避免暴力冲突,实现社会的初步稳定;第二步,也与资本主义一样,初步满足社会化大生产对生产者的基本要求,使他们具备必要的文化和技能,包括劳动者本人和他们的子女;第三步,使劳动者获得与生产力同步的发展,这是社会主义的真正特点,也是社会主义的真正优势,由于它以绝大多数劳动者的发展为自己的目标,因而必然会创造出高于资本主义的生产力。资本主义可以做到前二条,但是不能做到第三条,因为这是与资本的原则相违背的。

承认资本,是因为资本是社会化大生产的最有效组织者,这种承认是从经济上的承认,舍此不能实现现代化。制约资本权力,是从社会有机体全面生产的角度,是从以人为本的角度对资本原则的制约,这种制约既是为了经济的更好发展,同时也是为了保证社会有机体的和谐、稳定发展。也就是说,在社会主义,资本不是唯一最高的原则,它必须服务于人的生存和发展,但是这种制约必须分步进行。在上面的三步战略中,第一步是基础,稳定的基础,没有第一步,就不可能有第二步,包括第三步的健康发展;第二步也是基础,是发展的基础,如果劳动者不能达到生产的要求,生产必将受到限制。只有在第一、第二步的基础上,才能求得第三步的理想状态,这是社会高速发展的最佳状态,也是社会主义必然战胜资本主义的根据,但是如果跨越第一、第二步,勉强地追求第三步,其结果依然会因空想而阻碍经济的发展,因为它会导致新一轮的平均主义和新一轮的贫困。因此,这种调整必须是逐步的,有节奏的,在开始,承认资本、保护资本是发展的基本条件。

随着股份制的诞生,传统意义的资本结构发生了根本的变化,这是一种更适应社会化大生产的资本形式,因为资本不再属于某一个资本家,股份制企业也不再因为某一资本家的退出而停止生产。股份制的产生,表明个别资本取得了社会资本的形式。"这是作为私人财产在资本的资本主义生产方式本身范围内的扬弃。""这是一种没有私人财产控制的私人生产。""在这里,一切尺度,一切在资本主义生产方式内多少还可以站得住脚的辩护理由都消失了。"①传统的资本家已经没有存在的必要了,社会找到了发展生产的最佳资本形式。因此,无论是个体资本、独资资本,还是股份资本、合资资本、集体资本、国家资本,它们在当前都是发展经济并与市场相适应的资本形式,只要社会上还存在着失业、贫困、饥饿,我们就必须承认资本、发展资本,并在此基础上,通过国家调节,以限制资本盲目扩张的权力,保持社会的整体和谐。在现阶段,我们需要资本,但必须限制资本的霸权,发展资本同时又驾驭资本,这就是我们的基本原则和基本结论。

(作者单位:复旦大学哲学学院)

---

① 《马克思恩格斯全集》第 25 卷,人民出版社,1979 年,第 493、496 页。

现代性困境与自由主义超越

——从黑格尔到马克思的内在思想轨迹

汪行福

一

黑格尔与马克思理论活动有着共同前提,这就是以思想把握时代。黑格尔说:"就个人来说,每个人都是他那时代的产儿。哲学也是这样,它是把被握在思想中的它的时代。妄想一种哲学可以超出它那个时代与妄想个人可以跳出他的时代,跳出罗陀斯岛,是同样愚蠢的。"① 每一种哲学都是时代的哲学,都必须要满足时代自我理解的要求和兴趣,满足这种要求和兴趣是哲学家的责任。哲学必须把时代的本质从无意识的遮蔽状态带到"意识的光天化日之下"②,而不能像传统形而上学那样把超历史的本质和存在作为哲学的对象,在这个意义上,卢格认为黑格尔是最后一位哲学家:"黑格尔哲学已经明确表现出与以往体系本质不同的特征,这一哲学,它自称哲学不过是它时代的思想,也

---

① [德]黑格尔:《法哲学原理》,商务印书馆,2007年,第12页。
② [德]黑格尔:《哲学史讲演录》第4卷,商务印书馆,1978年,第379页。

是第一个承认自己哲学是这一时代的思想的哲学。"①因此,可以说在哲学那里已经生发出一种全新的哲学意识。

马克思继承和发展了黑格尔的立场。他也像黑格尔一样认为,"任何真正的哲学都是自己时代精神的精华,所以必然会出现这样的时代:那时哲学不仅从内部即就其内容来说,而且从外部即就其表现来说,都要和自己时代的现实世界接触并相互作用。"②但是,马克思又超越了黑格尔,他意识到时代在哲学中的理性化并不等于世界本身的理性化。因为"哲学家们只是用不同的方式**解释**世界,而问题在于**改变**世界"③。黑格尔把哲学引向对时代的理论关照,马克思又进一步把哲学引向对时代的实践改造。"在这个意义上,马克思对黑格尔的批判是黑格尔自己对康德和费希特的批判的直接继续和发展。"④

在界定马克思与黑格尔哲学性质以后,我们有必要进一步追问,在黑格尔和马克思时代,哲学面临的根本性时代问题是什么。笔者认为,这就是自由主义意识形态及其制度化的性质及其内在限制问题。哈贝马斯说:"黑格尔开创了现代性话语。他引入了现代性自我批判的确认这一主题。"⑤对黑格尔来说,现代性自我批判的任务在哲学上体现为对康德式的主观唯心主义的批判。现代性的主体自由原则在主观唯心主义的哲学表现形式中被误解为与现实对置的主观意愿和抽象道德的"应然",而"哲学的最后的目的和兴趣在于使思想、概念与现实得到和解。"⑥要得到这种和解,理性必须沉浸在现实的生活和文化形式之中,把握精神的丰富性和实在性。为了实现哲学这一担当,黑格尔认为,我们不能仅仅把理性理解为主体,而且要把它理解为实体。按照黑格尔的逻辑,现代性原则以主观唯心主义为起点,但是,它的完成只能依靠客观唯心主义,因为只有客观唯心主义才能把握理性和自由的客

---

① Arnold Ruge: Deutsche Jahrbücher, cited from Habermas: *The Philosophic Discourse of Modernity*, MIT Press, 1987, p51.

② 《马克思恩格斯全集》第 1 卷,第 121 页。

③ 《马克思恩格斯选集》第 1 卷,第 19 页。

④ 卢卡奇:《历史与阶级意识》,商务印书馆,2004 年,第 67 页。

⑤ Habermas: *The Philosophic Discourse of Modernity*, MIT Press,1987, p51.

⑥ [德]黑格尔:《哲学史讲演录》第 4 卷,商务印书馆,1978 年,第 372 页。

观性和具体性。

现代性的自我批判除了哲学维度外,还有一个更重要的维度,即社会政治维度。黑格尔认为,现代性的本质在于使主观自由的客观化,它的基本原则是在启蒙运动和法国大革命时期确立的。经过启蒙和法国大革命,自由精神从信仰领域进入到政治领域,不仅成了信仰和哲学自身的合法性原则,而且成为政治制度的合法性原则。黑格尔说:"我们时代的伟大在于承认了自由"①,个人自由不仅是普遍的绝对的权利,而且是评判一切制度的合法性原则。在《历史哲学》中他热情洋溢地写道:"亚拿萨哥拉斯第一个说,理性统治世界;但是直到现在,人类才进而认识到这个原则,知道'思想'应该统治精神的现实。"②但是,主观自由原则的确立并不等于客观自由的实现。因为"'客观自由'——真正的'自由'的各种法则——要求征服那偶然的'意志'"③但是,在启蒙和现代性中,自由是以片面的主观形式出现的,这种自由不可避免地存在着自我否定倾向,因此,克服现代性困境必须扬弃自由的主观性,扬弃对主观性和自由的片面形式,即自由主义。西方一位学者指出:黑格尔"他知道自由主义的立场,甚至与此立场有些共鸣",可他"几乎在自由主义成为公认且完整的政治、社会和经济学说之前,其思考就已开始超越自由主义"④。黑格尔是第一个提出现代性辩证法的思想家。他意识到主观自由已经构成现代性的核心原则,但是,这种自由的对象化形式,即自由资本主义包含着它的反面。哲学必须批判地拯救主观的自由,并把它扬弃在更高的具有客观合理性的伦理实体之中。然而,黑格尔并未完成自己设定的任务,他用以扬弃自由片面的是比自由主义宪法国家更落后的普鲁士君主立宪制。不仅如此,他还错误地认为现代性的一切矛盾和冲突在他的哲学中已经得到理论的彻底解决,而且在普鲁士国家中得到政治的彻底解决,这种理论的寂静主义和政治的保守主义必然堵塞了现代性的自我更新和改造。

---

① [德]黑格尔:《哲学史讲演录》第4卷,商务印书馆,1978年,第254页。
② [德]黑格尔:《历史哲学》,上海书店出版社,1999年,第459页。
③ [德]黑格尔:《历史哲学》,上海书店出版社,1999年,第468页。
④ 约翰·麦克里兰:《西方政治思想史》,海南出版社,2003年,第577页。

　　马克思与黑格尔的关系一直是哲学史上争论不休的问题,然而这个问题的讨论经常陷入细枝末节而迷失方向。黑格尔与马克思之间最重要的联系就是他们都共生在一个时代,必须思考同样的问题。马克思分享了黑格尔关于自由是人类的本质以及自由只能在理性共同体中才能实现的观点。如果说黑格尔和德国古典哲学以观念形式展示了现代性的理想,马克思所做的工作就是赋予这套形式上的答案以现实的此岸内容。马克思与黑格尔之间的分歧不是在规范原则和社会理念上的分歧,而是理念实现道路上的分歧。马克思逐渐抛弃自己早期从黑格尔那里继承来的唯心主义及其相信理性和观念可以改变世界的观点,原创性地提出历史唯物主义,为人类自由和解放的目标提供了历史的现实的理解。

　　马克思主义与黑格尔的关系具有双重性,一方面,马克思分享了黑格尔对现实的批判冲动。麦克里兰说,"使马克思成为社会主义者的当然不是黑格尔,但使马克思成为后来那种社会主义思想家的,是黑格尔。"①黑格尔对现代性的批判使马克思有可能把社会主义把握为历史本身的内在运动,把握为历史的现实的选择;另一方面,马克思又指出,"思辨哲学,特别是黑格尔哲学认为:一切问题,要能够给予回答,就必须把它们从正常的人类理智的形式变为思辨理性的形式,并把现实问题转变为思辨的问题。"②黑格尔没有把握历史发展的真正基础,也没有把自己的历史化原则贯穿到底。最终不仅为自己的哲学而且为他生活的普鲁士国家制度保留一个超历史的批判禁地。

　　然而,黑格尔在现代性和自由主义批判的先驱者地位是确定无疑的。黑格尔不仅是第一个对现代性进行辩证批判的思想家,也是第一个对自由主义意识形态及其体制进行系统分析批判的思想家。如果说早期社会主义虽然在政治上与资产阶级对立,但在意识形态上仍然依附于它的对手,因为他们在对资本主义进行道德批判时,直接把资产阶级自由、平等意识形态作为自己的斗争武器,只有黑格尔才第一次在自

---

　　① 麦克里兰:《西方政治思想史》,海南出版社,2003年,第583页。
　　② 《马克思恩格斯全集》第2卷,人民出版社,1957年,第115页。

由主义意识形态中打开缺口，指出自由主义的原则和它的制度化本身包含着无法解决的矛盾。黑格尔没有选择社会主义作为超越资本主义现代性的方案，但是，他用来批判和分析自由资本主义的主题却进入到马克思的视野之中。正是借助于黑格尔的思考，马克思才超越了早期的空想社会主义，形成自己现代性理论和社会主义设想。马克思与黑格尔在现代性批判问题上有着共同的主题。他们都意识到自由平等原则在资本主义不可避免地带有意识形态性，都关心商品生产和交换中人的异化，关心财产和市场交换内在反社会性质，都意识到主观的个人自由与客观的伦理自由之间的冲突。可以说，黑格尔哲学是马克思现代性批判的起点和走向社会主义政治立场的重要中介。

在某种意义上说，我们与黑格尔、马克思生活在同一个时代，都面临着自由主义意识形态霸权统治和重新规定人类解放道德视域的任务。马克思与自由主义的批判关系在德里达的《马克思的幽灵》中得到充分体现。德里达认为，福山视为人类福音的自由主义资本主义秩序实际上充满着混乱、脱节和非正义。在这样的时代，我们不仅无权庆祝所谓"意识形态的终结"和历史的终结，相反，我们更应该正视自己时代的罪恶。在这里，所谓的进步是以无数人男人、女人和孩子受奴役、挨饿和被灭绝为代价的。德里达对马克思哲学时代意义的把握是深刻的，他对福山批判与马克思对亚当·斯密等自由主义的批判具有相似的意义。马克思的时代意义不在于他对历史的具体洞见，而在于对资本—现代性不屈不挠的批判意志。正如德里达所说："若是没有至少一种马克思主义的批判精神，没有对市场、对资本的多样逻辑和对连结国家、国际法和市场的东西的批判，问题就不能得到解决。"①

笔者认为德里达对马克思哲学意义的阐释在一定意义上也适用于黑格尔。虽然在福山的自由主义系谱学中，黑格尔和马克思都占据特殊重要的地位，但是，他已经对他们进行了无害化的处理。福山认为，黑格尔与马克思具有类似的历史观，这就是他们都不相信人类历史的进步是无止境的，都相信某种"历史终结论"。他们都相信当历史产生

---

① 雅克·德里达：《马克思的幽灵》，中国人民大学出版社，1999 年，第 132 页。

出满足人类最深刻的和最基本需要的社会形式之后,这一发展就会终结。对黑格尔来说,这个历史终点就是自由主义国家;而在马克思看来,则是共产主义社会。但是,在福山看来,不论是马克思的共产主义还是黑格尔所说的自由国家,归根到底就是实现人在法律上的普遍承认,而这一点在今天的西方民主自由国家已经得到实现。这样,福山把黑格尔和马克思都打扮成自由主义福音的预言家,使黑格尔到马克思的现代性批判回到自由主义的宏大叙事之中。本文的核心目的就是挑战这一观点。在笔者看来,只有深入到从黑格尔到马克思对自由主义批判的核心,才能找到我们时代哲学反思的新的历史基点。不论黑格尔主观上意愿如何,他的理论是马克思现代性批判和社会主义理论的重要前提。当社会主义在英法问世时,德国产生出了古典哲学,这绝不是偶然的,他们不过是用不同的语言讨论同样的问题。马克思的贡献在于把黑格尔对现代性的历史批判彻底化,并把它与当时时代最有前途的政治运动,即社会主义结合起来。这样,他就既超越了黑格尔,也超越了自由主义。

二

黑格尔生活在启蒙和法国大革命的时代。他承认启蒙和法国革命的意义,意识到它们已经成了对时代反思不可回避的前提。在黑格尔看来,启蒙已经改变了人类一切道德和政治合法性的基础。何谓启蒙,对黑格尔来说就是理性为世界立法,这里的世界既包括自然,也包括文化和社会。"认识到这些法则的合法性,我们叫做启蒙。"[1]理性的普遍性原则对观念世界的普遍统治就是启蒙的普遍原则。"这个原则的建立乃是一个很大的进步,即认识自由为人赖以旋转的枢纽,并认识自由为最高的顶点,再也不能强加任何东西在它上面。所以人不能承认任何违反他的自由的东西,他不能承认任何权威。"[2]启蒙是一种全新的

---

① [德]黑格尔:《历史哲学》,上海书店出版社,1999年,第453页。
② [德]黑格尔:《哲学史讲演录》第4卷,商务印书馆,1978年,第289页。

道德经验,它的根本就是"应当"与"是"的区别。一方面,个人不能仅仅依赖于内化共同体的现存制度和规范而成为自主的主体;另一方面规范和制度也不能因其历史给予性而获得合法性。启蒙在人的观念世界里掀起一场风暴,它确立了这样的道德和合法性意识:任何制度和社会习俗,如果损害了个人的自由和主观性都是无效的。

如果说启蒙表达了现代性的核心的道德意识,即意志自由和自主性是人的最高权利,那么,法国革命则是一场政治社会风暴,它直接塑造了自由资产阶级社会。黑格尔对法国大革命性质有着清醒的判断。他认为法国大革命是一场资产阶级革命,"也就是以洛克式自然权利之名发动的革命,也就是以自由主义、自由社会之名产生的革命。"①这一革命有着内在合理性,法兰西大军所到之处,"各种封建义务被废除,财产和生命自由的原则被认为是基本原则,各国各种公职开放给一切人民"②,一个新的国家和社会分立,以法治国家和市民社会为特征的新社会形态已经初露端倪。

黑格尔不否定现代性的成就,但是,他认为启蒙和法国革命确立起来的自由原则是抽象的、形式的,缺少实质内容和客观实在性。首先,黑格尔意识到启蒙时代的政治意识已经陷入道德与政治二元论,马基雅维利和霍布斯对政治持彻底的非规范化立场,把它还原为利益的权衡或权力的斗争,康德则切断了政治与伦理活生生的联系,把政治合法性完全建立在道德的抽象原则之上。这样,人类的实践意识必然陷入二元对立。而黑格尔认为,个人信念与政治制度是相互依赖和互为中介的。一方面,离开了一个社会和政治共同体的生活背景和对善的生活的理解,抽象的规范和道德是无效的,这是古希腊实践哲学的基本教义;同时,离开个人自由和普遍权利的现代性原则,任何习俗和社会制度都没有合法性,这是现代性的基本成就。虽然黑格尔说:"主体的特殊性获得自我满足的这种法,或者这样说也一样,主观自由的法,是划分古代和近代的标志。"③然而,这种主观自由的法只有在客观的伦理

① [德]麦克里兰:《西方政治思想史》,海南出版社,2003年,第578页。
② [德]黑格尔:《历史哲学》,上海书店出版社,1999年,第467页。
③ [德]黑格尔:《法哲学原理》,商务印书馆,1995年,第124节。

的法之中,才能消除自由的不确定性。政治哲学只有调和主观自由的普遍性和古代自由的实质性两个原则,才能超越抽象的理想主义,又超越无批判的现实主义。正如韦尔黙所指出的,"在把康德的普遍主义伦理学结合到政治哲学的尝试中,黑格尔表明了两点:一是主体间关系所构成的理性的伦理生活是理性的、伦理上正确的意志形成的前提和先决条件;二是'伦理观念的现实性'(reality of the ethical idea)只能设想为理性的利益和感性的幸福的和解,理解为特殊和普遍的和解。"①

黑格尔是一个追求"和解"(conciliation)的哲学家,因为在他看来,现代性本质上是自我分裂(diremptions)的,而克服这种分裂正是我们时代哲学和政治的责任:"哲学的最后的目的和兴趣就在于使思想、概念与现实得到和解。"②伽达默尔认为,黑格尔虽然不是第一个坚持和解要求的哲学家,却是第一个把和解置于自己思想中心的哲学家,"和解是黑格尔辩证法的奥秘"③。策动黑格尔去建立自己绝对唯物主义体系的根本动机就是克服现代性的内在分裂和相互敌视。黑格尔承认现代性的成就,但是,从作为和解的理性要求看,不论是主观主义还是自由主义国家并没有实现这一要求。黑格尔对自由主义的批判集中在两个方面,即市民社会和自由国家,对前者的批判,他提出一个福利资本主义的设想,对后者的批判,他提出了君主立宪制国家的理想。虽然这两个方案本身是有问题的,但是他在为自己的方案提供论证中提出了许多有价值的思想,这些思想直到今天仍然有启发性。

黑格尔对市民社会的解读有两条线索,一条线索是从英国古典经济学出发,肯定市民社会的积极意义。按照这条线索,他指出,市民社会处在家庭和国家之间,代表的是客观精神发展的差别性阶段,确立的是个人的差别性和特殊性的权利,而这种权利正是个人主观自由的基础:"在市民社会中,每个人都以自身为目的……其他人便成了特殊人达到目的的手段。但是特殊目的通过同他人的关系取得了普遍性的形

---

① Albrecht Wellmer, *Endgames: The Irreconcilable Nature of Modernity*, MIT Press, 1998, p.81.

② [德]黑格尔:《哲学史讲演录》第4卷,商务印书馆,1978年,第372页。

③ H. G. Gadamer, *Reason in the Age of Science*, MIT Press, 1986, p.35.

式,并且满足他人福利的同时,满足自己。由于特殊性必然以普遍性为其条件,所以整个市民社会是中介的基地;在这一基地上,一切癖性、一切禀赋、一切有关出生和幸运的都自由地活跃着;又在这一基地上一切激情的巨浪,汹涌澎湃,它们仅仅受到向它放射光芒的理性的节制。受到普遍性限制的特殊性是衡量一切特殊性是否促进它的福利的唯一尺度。"①这段话包含着丰富的内容:(1)市民社会是个人利益实现的场所,是特殊性权利的解放,而这种"特殊性的原则"(principle of particular)当它不仅仅满足个人私利,而且是实现普遍的福利的手段时,它就具有真理性和积极实现的权利;(2)市民社会不是理性力量支配的世界,而是一个受个人的感性偶然性和命运的偶然性支配的世界,不仅受人的禀赋和偏好,而且还受类似于罗尔斯所说的"出生摸彩"(birth lottery)这样的偶然性影响;(3)判断市民社会的合理性标准是它能否促进公共福利的提高。黑格尔这里抓住了自由主义意识形态的核心。自由主义对市民社会,即资本主义市场经济的辩护基本上基于生产和消费者的自由选择和市场有助于公共福利的这两大理据。黑格尔从这里入手讨论市民社会采取的方法显然是一种内在批判方法。

就市民社会作为组织社会生产和消费的需要体系来说,黑格尔部分接受了亚当·斯密等自由主义经济学家的观点,认为市民社会的自由交换具有自发地实现共同利益的作用。斯密用著名的"看不见的手"来比喻市场中个人互动具有自发的秩序建构功能,也包含着把个人私利引向共同社会福利的作用。在《法哲学原理》中,黑格尔也持类似观点:"在劳动和满足需要的上述依赖性和相互关系之中,主观的利己心转化为对其他一切人的需要得到满足是有帮助的东西……这是一种辩证的运动。其结果,每个人在为自己取得、生产和享受的同时,也正为了其他一切人的享受而生产和取得。在一切人相互依赖全面交织中所包含的必然性,现在对每个人来说,就是普遍和持久的财富。这种财富对他说来包含着一种可能性,使他通过教育和技能分享到其中的一份,以保证他的生活;另一方面他的劳动所得又保持和增加了普遍的

---

① [德]黑格尔:《法哲学原理》,商务印书馆,1995年,第182节,第197~198页。

财富。"①也就是说,在自由资本主义社会个人劳动可以自发地转化成社会劳动,并成为社会劳动能力普遍提高的条件。

到此为止,黑格尔对市民社会和市场经济做了有史以来最有力的辩护。但是,这并不是他的思想的全部。从个人的主观自由和物质利益的相互依赖的内在视野对市民社会的积极评价需要被更高的社会伦理视野或客观自由所中介和补充。因此,他的思想中还有另一条线索,即霍布斯的线索,它把市民社会视为个人利益相互冲突的场所,从这里他为我们描述了一幅远为忧郁的市民社会图景:"市民社会是个人私利的战场,是一切人反对一切人的战争,同样,市民社会也是私人利益与特殊的公共事务冲突的舞台,并且是它们两者共同跟国家的最高观点和制度冲突的舞台。"②黑格尔对市场的批判充分包含在他的第二个市民社会分析模型中,在这里,市民社会不仅具有负面的伦理影响,而且包含着不可解决的社会矛盾。

从《法哲学原理》中,我们可以看到黑格尔对市民社会的批判是细致和具体的:

第一,他认为,虽然劳动分工和技术发展是财富的积累和需要满足的手段,"另一方面,特殊劳动的细分和局限性,从而束缚于这种劳动的依赖性和匮乏,也愈益增长。"资本主义生产不可避免地会导致劳动的异化。

第二,由于市民社会中人的命运受到偶然性的影响,不可避免地会损害社会的公平感和摧毁它自身发展所需要的德性力量。在市民社会中,人的生活水平是不平等的,一部分人由于主观和客观的原因生活水平会跌到维持自尊条件之下,这时就会产生一个贱民阶层。贱民的出现不仅意味着自由资本主义缺乏社会包容性,而且会对人的心灵产生毒害。一些人会由于命运的反复无常而失去劳动自立的愿望变得游手好闲和轻佻放浪。"怎样解决贫困,是推动现代社会并使它感到苦恼的一个重要问题。"

---

① [德]黑格尔:《法哲学原理》,商务印书馆,1995 年,第 199 节,第 210~211 页。
② [德]黑格尔:《法哲学原理》,商务印书馆,1995 年,第 289 节,第 309 页。

第三,在社会政策上,市民社会也存在着两难,实行社会救济不可避免地会违背资本主义原则,放任自流又会导致生产和消费力之间冲突。黑格尔已经部分地意识到资本主义社会存在着阶级性,一部分人的财富和享受正是建立在另一部分人的贫困和悲苦之上的。

如果我们将黑格尔对市民社会的两种表面上对立实质上互补的观点综合起来,大致可以得到他心目中的市民社会辩证法。市民社会是个人的解放,它承认个人具有按照自己的偏好选择自己生活方式的权利,这种特殊性原则有其真理性和必然性。因此,市民社会作为人类走向普遍和绝对自由不可逾越的阶段,也是绝对国家的一个重要组成部分。但是,在市民社会中个人自由仍然是一种任性的、知性的自由,这种自由不可能真正实现理性要求的普遍和特殊的和解,相反,它更多地是把普遍性交给特殊的个人的自发的行为去支配。虽然在一定范围个人私利是可以与公共福利调和,但总体上两者是冲突的。劳动异化、经济不平等以及贱民、暴民的出现就是这种矛盾的表现形式。黑格尔暗示,市场本质上是道德和伦理上盲目的,它无法解决自身产生的问题。国家,只有国家才能使社会摆脱市民社会的内在冲突,恢复真正意义上的伦理共同体。因此,黑格尔把国家理论作为它的实践哲学的最后归宿。

如果说黑格尔对现代性的社会诊断集中体现在他对市民社会的批判,他对现代性的政治诊断则集中在他对自由法治国家的批判上。如同他的社会哲学一样,黑格尔的政治哲学也是辩证的。黑格尔强调说:"现代世界是以主观性的自由为原则的,……从这一观点出发,我们只应该说,一切国家制度的形式,如果其不能在自身中容忍自由主观性原则,也不知道去适应成长着的理性,都是片面的。"①也就是说,任何无视和取消个人自由合法性原则的政治制度都是无效的,这就意味着自由主义国家是通向客观自由的不可逾越的阶段或制度因素。但是,资产阶级自由主义宪政制度是片面的,因为它没有融入国家应有的伦理实在性,因而是需要超越的。

---

① [德]黑格尔:《法哲学原理》,商务印书馆,1995 年,第 274 节,第 291 页。

黑格尔对自由主义国家理论做了系统的批判。他批判作为自由主义哲学基础的自然法理论。按照资产阶级自然法和契约论传统，一切政治问题都必须从自然人假设出发并依据人与人的相互交换关系来理解。每个人天生都是自利和理性的主体，如果没有外在偶然性的干扰，自利的个人可以通过互利的交换形成一个自我调节的社会领域。国家不是社会的目的；相反，社会是国家的目的。国家的产生完全是为了服务于保护前国家的自然状态中人们已有的自由和个人的利益。因此，对政治现代性的理解要求我们把市民社会视为国家的前提，而不是相反。黑格尔反对这种解释。他认为，自然人和天赋人权概念是理论的虚构，它把人从现实的法律、政治、宗教、文化和社会关系中剥离出来，使之成为一个单个主体。但把人理解为工具理性意义上的利益最大化追求者，只适用于解释纯粹私人交换领域中的人的行为，不能解释伦理和政治关系中的人。在他看来，不是天赋权利是国家的基础；相反，所谓的天赋权利，即个人的自由和私有财产权等恰恰产生于现代国家。黑格尔并不把国家的原子式自由主义解释视为简单的错误，而是把它视为市民社会必然产生的幻想。因为在自由资本主义社会需要的是国家服务于个人，而不是个人服务于国家。因此，自由主义国家概念部分地反映了"实存世界"的真相。

　　黑格尔反对把国家理解为市民社会的工具。自然法和社会契约论只把握了个人的消极自由，没能把握伦理实体性意义上的政治自由，正是这一缺陷，使它把国家误解为市民社会。他说："如果把国家同市民社会混淆起来，而把它的使命规定为保证和保护所有权和个人自由，那末单个人本身的利益就成了这些人结合的最后目的。由此产生的结果是，成为国家成员是任意的事。但是，国家对个人的关系，完全不是这样。由于国家是客观精神，所以个人本身只有成为国家成员才具有客观性、真理性和伦理性。"①黑格尔认为，自由主义国家还只是知性国家、外部国家，而不是理性国家、绝对国家，只能是社会的外在秩序，而不是内在的客观精神。绝对国家对黑格尔来说是自在自为的伦理整

　　① [德]黑格尔：《法哲学原理》，第258节，第253～254页。

体,自由真正的现实化。这样的"国家高高地站在自然生命之上,正好比精神高高站在自然界之上一样。"①在这个意义上,黑格尔认为国家是客观精神的顶点,是行走在地上的神物。

到此为止,我们可以对黑格尔自由主义国家理论做一简单的总结。他通过对自由主义国家理论的前提性反思,揭露其自我理解的片面性。自然法和社会契约论依赖的市民社会和自利的个人不是先于国家产生的,而是现代国家创造的,自由主义国家概念不过是原子式市民生活结构和特征的无意识反映。自由主义国家的意义在于实现了人的普遍承认:"人的所以为人,正是因为是人的缘故,而并不是因为他是犹太人、天主教徒、基督教徒、德国人、意大利人等等不一。重视思想的这种意识是无限重要的。"②然而,国家不仅需要满足人对自由的平等期待,而且还要为人提供超越个人功利动机和人格的集体认同和精神归宿;国家不是人为地制造出来的,而是世代特定群体活动的结果,"一个民族的国家制度必须体现这一民族对自己权利和地位的感情,否则国家只能是外部存在着,而没有任何价值和意义。"③因此,黑格尔要求把一个民族伦理上的特殊要求纳入自己的国家之中,实现普遍性与特殊性和解。

黑格尔不仅批判洛克式的自由主义,也同样批判卢梭式的民主主义,这种批判既渗透着德国资产阶级对法国革命的疑虑,也包含着对现代民主政治困境的深刻理解。黑格尔把卢梭的激进民主主义作为批判的目标。

第一,他批判民主主义的社会契约论基础。众所周知,卢梭最先以公共意志为基础证明民主共和原则的必然性,然而在传统文化解体、伦理共识不复存在的条件下,这种意志必然是主观的,任意的。黑格尔认为,卢梭"他所理解的意志仅仅是个人任性的单个意志(后来费希特亦同),而他所理解的普遍意志也不是意志中绝对合乎理性的东西,而是共同的东西,即从作为自觉意志的这个单个人意志中产生出来。这样一来,这些单个人的结合成了一种契约,而契约乃是以单个人的任性、

① ［德］黑格尔:《法哲学原理》,第 272 节,第 258 页。
② ［德］黑格尔:《法哲学原理》,第 209 节,第 217 页。
③ ［德］黑格尔:《法哲学原理》,第 274 节,第 291～292 页。

意见和随心表达的同意为基础的。"①虽然偶然意志自律是现代道德的基础,是自由的政治意志的环节,但是,在它没有得到理性的提炼和纯化时,它像洛克所说的个人利益一样,都无法成为国家的真正基础。

第二,民主作为一种政治体制,试图使集中起来的公共意志成为合法权威的来源,并行使社会的管理职能。但是,在现代性条件下,社会已经分化出一个不受政治控制的行为领域,即自发调节的市场,这就意味着民主不能无中介地行使社会管理的职能。民主在这个意义上只能是一个乌托邦,在实现中只能成为恐怖和混乱的根源。

第三,黑格尔接受了孟德斯鸠的观点,德性是民主的原则,当社会成员自发地关注集体的事业并根据它的要求调整自己的目标时,民主就已作为习俗和生活方式存在了。但是,"在一个比较发达和社会状态中和特殊性的权力已经发展而成为自由的情况下,以国家为首的德是不够的。"②在缺乏必要的德性约束下实行民主制只会让那些野心勃勃的人把国家变成自己的战利品。从上述论述中可以看出,黑格尔已经意识到资本主义与民主之间存在着内在张力。黑格尔不仅批评人民主权观念,也拒绝民主的多数表决原则。他认为,人民并不构成国家的条件;相反,只有在君主和相应的政治权威存在的条件下,一群无定形的人才成为人民。"作为单个人的多数人(人们往往喜欢称之为人民)的确是一种总体,但只是一种群体,只是一群无定形的东西。因此,他们的行动完全是自发的、无理性的、恐怖的。"③人民从来不会行使权力,它最多通过公共舆论表达自己的意见,但是从意见中获得真理从来不是人民的事情。"公共舆论有一切种类的错误和真理,找出其中的真理乃是伟大人物的事。谁道出了他那个时代的意志,把它告诉他那个时代并使之实现,他就是那个时代的伟大人物。"④

总之,在黑格尔看来,他那个时代流行自由法治国家和民主共和国这两个现代性版本,都存在不可解决的困难。前者虽然符合市民社会

① [德]黑格尔:《法哲学原理》,商务印书馆,1995 年,第 258 节,第 254～255 页。
② [德]黑格尔:《法哲学原理》,商务印书馆,1995 年,第 273 节,第 289 页。
③ [德]黑格尔:《法哲学原理》,商务印书馆,1995 年,第 303 节,第 323 页。
④ [德]黑格尔:《法哲学原理》,商务印书馆,1995 年,第 318 节,第 334 页。

的经验特征,但缺乏伦理和精神统一性的力量;后者满足现代社会对政治普遍参与的规范要求,部分地克服了自由主义对政治的工具主义和个人主义理解的片面性,但它依赖的公共德性这一前提已经不复存在,因而是不现实的。黑格尔自己提出的方案是通过君主立宪制满足自由主义与共和主义的合理要求,同时又避免它们的片面性。

黑格尔对君主立宪制的理解非常复杂,既包含保守主义的动机,又融入了对现代性的深刻理解和同情。表面上他对君主立宪制的理解与自由主义有相似之处,把国家区分为王权、行政权和立法权三个部分,但在具体解释上既包含着自由主义的因素,也融合了共同体主义的要求。世袭君王作为王权的代表,是社会良心和社会精神统一性形式上的保证和外在的象征。国家作为一个伦理共同体,必须有其外在标志,这种外在标志不能是偶然、定期选举出来的个人,必须是世袭的君主这样的个人。君主虽然不具有实质的权力,但具有象征意义,他意味着国家匿名制度的统治,而且以活的灵魂为最高形式的;行政权在黑格尔看来是普遍性向特殊性的转移,它代表国王具体管理社会事务。黑格尔强调,行政权必须通过德才兼备的官吏来行使。黑格尔赋予国家官吏以特殊的地位,官吏组成了社会的普遍等级,"全体民众的高度智慧和法律意识集中在这一等级"①。因此,它充当着君主和人民沟通的中介。立法权就是等级议会,它由社会各个行业和利益团体的代表组成,既起到政府和人民之间信息沟通的作用,也是起到不同群体利益的协调作用。上述三种力量相互作用使国家成为一个有着内在区分和复杂中介的整体,这样,君主立宪制国家就既超越了自由主义对国家机械主义理解,也超越无中介的人民直接行使统治的浪漫主义民主主义模式。

黑格尔的国家理论特别强调社会中介的作用。在他看来,国家既不能理解为孤立的个人集合,也不能理解为无中介的整体。这两种国家概念都是抽象的,"具体的国家是分为各种特殊集团的整体"②。正是社会等级和各种特殊集团的存在,公共自由才是可能的。黑格尔特

①　[德]黑格尔:《法哲学原理》,第 297 节。
②　[德]黑格尔:《法哲学原理》,第 308 节。

别重视社会等级在调节政府和人民关系中的中介作用。他认为,在消极自由意义上,"由于这种中介作用,王权不至于成为孤立的极端,因而不至于成为独断专行的赤裸裸的暴政;另一方面,自治团体、同业公会和个人特殊利益不至于孤立起来,个人也不至于结合成群众和群氓,从而提出无机的见解和希求并成为一种反对有机国家的赤裸裸的群众力量。"①在积极自由意义上,"国家通过它们进入人民的主观意识,而人民也开始参与国事。"②也就是说,参与社会等级本身就是一种政治实践,因而是政治自由的实现形式。

黑格尔的政治哲学显然可以从不同立场来评价,既可以把它理解为对政治自由的现实主义思考,也可以理解为法国革命之后德国古典哲学的保守主义转向。无论怎么评价,他对现代性政治问题思考的深刻性是毋庸置疑的。哈贝马斯认为,自 17 世纪以来,西方政治哲学一直是围绕着什么样的政体才是最好的政体这一问题展开的,而黑格尔恰恰抓住了这个问题。在黑格尔看来,现代世界是以主观自由为起点的,一切国家制度既要容忍自由主观性的原则,同时也必须适应成长着的理性③。这一意识即使在今天也是正确的,关键是如何看待黑格尔所说的成长着的理性,这也是马克思的任务。

三

黑格尔与自由主义的关系非常复杂。弗兰肯认为,黑格尔虽然对自由主义观念和制度进行了多方面批判,但是康德和启蒙运动的理性自由原则仍然是他政治哲学的基础④。霍耐特也认为,黑格尔不是要否定自由原则,而是要通过内在批判赋予自由和权利以具体的制度背

---

① [德]黑格尔:《法哲学原理》,第 302 节。
② [德]黑格尔:《法哲学原理》,第 301 节。
③ [德]黑格尔:《法哲学原理》,第 293 节。
④ Paul Franco, *Hegel and Liberalism*, *The Review of Politics*, vol. 59, No. 4, 1997, p. 831.

景和现实基础,以克服主观自由不确定性和任意性①。从马克思立场看,黑格尔作为资产阶级思想家,虽然对自由主义做了最大可能的批判,但肯定没有超越它的限制。主要原因不在于他的具体观点,而在于他仍然把市民社会作为理性国家的制度前提,仍然承认私有财产和市场经济作为理性国家不可缺少的一部分。黑格尔相信自由资本主义社会不可能被消灭,只能被限制。经济上的自由主义需要政治上的共同体主义进行补充,即以伦理化的国家消除消极自由和抽象道德的内在不确定性,克服个人利益和意志的相互冲突。相信市民社会的矛盾在国家中能够得到调解,就意味着资本主义可以在新的基础上继续。而马克思质疑的正是这种相信能够不触动资本主义社会的基础却能解决现代性问题的思路。在马克思那里,对黑格尔哲学唯心主义的批判必然也意味着对他的国家主义的批判。虽然马克思继承了黑格尔现代性内在批判的辩证立场,但是,在他那里,理性的成长要求的不是受限制的自由主义国家,而是超越市民社会的共产主义理想。

马克思对现代性批判受惠于黑格尔的提问方式。他从黑格尔那里接受了社会所有成员非强制的相互承认的规范、特殊性和普遍性和解的实践要求。同样,马克思也接受了黑格尔辩证的现代性解释模式,即把现代性理解为充满矛盾和内在张力的过程。马克思对时代的判断与黑格尔是相似的:(1)我们生活在一个不断变化的时代。"生产的不断变革,一切社会关系的不停的动荡,永远的不安定和变动,这就是资产阶级时代不同于过去一切时代的地方。"②(2)传统的社会解体既是人类的解放,也是社会的非伦理化过程:"资产阶级在它已经取得统治的地方把一切封建的、宗法的和田园诗般的关系破坏了。它无情地斩断了把人们束缚于天然首长的形形色色的封建羁绊,它使人与人之间除了赤裸裸的利害关系,除了冷酷无情的现金交易,就再也没有联系了。"③(3)我们的时代是一个充满矛盾的时代。马克思说:"在我们这

---

① Axel Honneth, *Suffering from Indeterminacy: An Attempt at a Reactualization of Hegel's Philosophy of Right*, Van Gorcum Publishers: Netherlands, 2000.

② 《马克思恩格斯选集》第1卷,人民出版社,1972年,第254页。

③ 《马克思恩格斯选集》第1卷,人民出版社,1972年,第253页。

个时代,每一种事物好像都包含有自己的反面。我们看到,机器具有减少人类劳动和使劳动更有成效的神奇力量,然而却引起了饥饿和过度疲劳;新发现的财富的源泉,由于奇怪的、不可思议的魔力而变成贫困的根源。技术的胜利是以道德为代价换来的。……我们的一切发现和进步,似乎结果是使物质力量具有理智生命,而人的生命则化为愚钝的物质力量。"①然而,马克思并未接受黑格尔的结论。如果说自由主义受制市场中立性的意识形态神话,马克思在黑格尔那里同样看到了另一神话,即对国家中立性神话。因为黑格尔相信,集民族智慧和道德于一身的政府和官吏能够超越市民社会的利益冲突,成为利益的仲裁者和普遍利益的化身。自由主义对市场的迷信这一次转移到国家身上,因此,黑格尔把国家称为地上的神物,历史行进中的绝对精神。

黑格尔之所以陷入国家崇拜,根本原因在于他对市民社会批判不彻底。他只看到资本主义市场经济的原子化,没有看到它内在的阶级化,因而他可以幻想国家作为伦理共同体的化身,控制市民社会,又无需取消市民社会。马克思与黑格尔的最大区别在于,他不仅在市民社会看到社会的非伦理化和原子化,而且看到了由于剥削和压迫产生的阶级分化和阶级斗争。马克思对自由主义的批判所走的道路是重新从国家折返回到市民社会,重新把握资本主义的限制和超越的可能性。

现代性批判的焦点一是国家,二是资本,虽然这两个主题分开来说,历史上不乏先哲,但马克思是第一个自觉地把两者结合起来的思想家。正如他早期政治哲学著作《论犹太人》就有两个主题,一是对政治国家的批判,二是对金钱的批判。马克思对现代性的批判是从国家出发的,走向资本,最后又从资本返回到国家和资本主义整个世界体系。

马克思说:"人就是人的世界,就是国家,社会。"②当德国完成资产阶级启蒙,即完成了宗教批判任务后,接下来就是对法与国家的批判:"于是对天国的批判应就变成对尘世的批判,对宗教的批判就变成了对法的批判,对神学的批判就变成了对政治的批判。"③因此,法与国家

---

① 《马克思恩格斯全集》第 12 卷,人民出版社,1962 年,第 4 页。
② 《马克思恩格斯选集》第 1 卷,人民出版社 1972 年,第 1 页。
③ 《马克思恩格斯选集》第 1 卷,人民出版社 1972 年,第 2 页。

的批判是马克思理论活动的起点。但是,马克思拒绝了黑格尔的国家中立性神话。黑格尔认为国家与市民社会是相对分离的;马克思认为国家是阶级斗争在更高层面上的延续。黑格尔认为社会等级之间的关系是可以调和的,它们更多是伦理多样性的冲突;而马克思认为,社会阶级矛盾是不可调和的,本质上是根本利益的冲突。从马克思立场看,黑格尔理性国家没有挑战资本主义秩序本身,只不过是把资本主义社会阶级关系的制度化和神圣化而已。

为了解构黑格尔的国家主义神圣化,马克思首先在哲学根本立场上进行变革。黑格尔的政治哲学本质上属法权唯心主义哲学,它认为一个社会的本质因素都集中于法与国家身上。马克思的历史观与黑格尔的历史观有本质的区别,"这种历史观就在于:从直接生活的物质生产出发来考察现实的生产过程,并把与该生产方式相联系的、它所产生的交往形式,即各个不同阶段上的市民社会,理解为整个历史的基础;然后必须在国家生活的范围内描述市民社会的活动,同时从市民社会出发阐明各种不同的理论产物和意识形式,如宗教、哲学、道德等等,……这种历史观……不是从观念出发解释实践,而是从实践出发来解释观念的东西。"[1]国家作为社会的上层建筑,它的本质和作用需要回溯到它的市民社会根源。如果国家不是市民社会的自我扬弃,而是它的延伸,不仅资产阶级市民社会是特殊性原则的胜利,资产阶级国家也只能是特殊阶级的国家。这样,"实际上和对实践的唯物主义者,即共产主义者来说,全部问题都在于使现存世界革命化,实际上是改变和反对事物的现状。"[2]马克思新的世界观具有全新的革命意义,正如卢卡奇所说:"由于马克思和恩格斯认识到'历史过程中的决定性因素是现实生活的生产和再生产',他们才获得清除一切神话的可能性和立足点。黑格尔的绝对精神是这些辉煌的神话形式中最后一个。"[3]

马克思对自由主义国家的批判存在着一个从道德批判到历史批判的发展过程。1843 年他从人的类本质出发批判资产阶级国家,1844 年

---

① 《马克思恩格斯全集》第 3 卷,人民出版社 1960 年,第 48 页。
② 《马克思恩格斯全集》第 3 卷,人民出版社 1960 年,第 48 页。
③ 卢卡奇:《历史与阶级意识》,商务印书馆,2004 年,第 69 页。

批判的重心转向资本,但是,它们共同的规范基础是一致的,这就是把自由作为人的类本质,并强调它的真正实现只有通过与他人的自由联合。从这一规范立场出发,他拒绝把资产阶级的政治解放和宪法自由国家理解为人类自由实现的最终方案。实际上马克思在完成哲学世界观根本转变之前已经就完成了政治思想上的转变。正如1843年他在《论犹太人问题》中对鲍威尔的批判所表明的,现代性的核心政治问题不是宗教的狭隘性与政治解放之间的矛盾,而是政治解放与社会解放的关系问题。政治解放在新黑格尔主义那里不过是自由主义的激进化形式,它的根本目的就是建立现代意义上的自由国家,消除一切法律和政治不平等。马克思承认政治解放具有重大意义,在《论犹太人问题》中,马克思明确说:"政治解放当然是一大进步,尽管它不是一般人类解放的最后形式,但在迄今为止的世界制度的范围内,它是人类解放的最后形式。"①然而,"政治解放的限度首先表现在:即使人还没有真正摆脱某种限制,国家也可以摆脱这种限制,既使人还不是自由人,国家也可以成为共和国(Freistaat,也可称为自由国家)。"②为什么在人并未实现自由的条件下,却可以有自由国家,这是由自由主义国家的结构原则决定的。

自由主义国家依赖的是形式平等,而不是实质平等:"当国家宣布出身、等级、文化程度和职业为非政治的差别的时候,当国家宣布不管这些差别而宣布每个人都是人民主权的平等参与者的时候,国家就按自己的方式废除了出身、等级、文化程度、职业的差别。尽管如此,国家还是任凭私有财产、文化程度、职业来表现其特殊的本质。国家远远没有废除所有这些差别,相反地,只有在这些差别存在的条件下,它才能存在,只有同它这些因素处于对立的状态,它才感到自己是政治国家,才会实现自己的普遍性。"③也就是说,自由主义国家理论上把现实生活的不平等解释为政治上是不重要,却在实践上依赖这些不平等。资产阶级国家并没有取消市民社会,不过是把老的传统等级制的市民社

---

①　《马克思恩格斯全集》第1卷,人民出版社,1956年,第424页。
②　《马克思恩格斯全集》第1卷,人民出版社,1956年,第426页。
③　《马克思恩格斯全集》第1卷,人民出版社,1956年,第427页。

会,改造成资产阶级市民社会。马克思认为,政治革命是市民社会的革命,政治国家的建立与传统社会分解为独立的个人是同一过程的两个方面。政治国家"它把市民社会,也就是把需要、劳动、私人利益和私人权利看作自己存在的基础,看作不需要进一步阐述的当然前提",在这样的国家中,"只有利己主义的个人才是现实的人,只有抽象的citoyen(公民)才是真正的人。"但是,在马克思看来,政治国家不可能真正实现人的本质,因为它一方面在市民社会中把人改造成利己的、独立的个人,另一方面在国家中把人变成公民和抽象的法人,人仍然处在与自己的类本质相分裂的状态。而马克思认为:"只有当现实的个人同时也是抽象的公民,并且作为个人,在自己的经验生活、自己的劳动、自己的个人关系中间,成为类存在物的时候,只有当人认识到自己的'原有力量'并把这种力量组成社会力量因而不再把社会力量当做政治力量跟自己分开的时候,只有到那个时候,人类解放才能完成。"①从这个意义上说,不仅鲍威尔而且黑格尔,都没有超越自由主义。他们要求的政治解放和自由国家仍然是人的异化存在形式。

《论犹太人问题》的第二部分,马克思以类似的方式对待金钱,因为金钱像国家一样,也是一种"世界历史力量"。正如鲍威尔在犹太人政治解放问题上混淆了政治解放与社会解放一样,鲍威尔在犹太人宗教解放问题上混淆了犹太教与资本主义本质。马克思说:"买卖是一种异化的实践。正如人,只要处在宗教的束缚中就不能对象化他的本质,而只能转向异在的幻想的本质,同样,在利己主义需要的统治下,人只有使自己的产品和活动处在受异在的本质的支配下,并给予它们一种异在的本质所具有的意义——金钱——的时候,他们才能进行实际的活动,实际地创造出物品来。"②

犹太人之所以被金钱异化,根本原因在于资本主义社会人被商品所异化。"钱是以色列人的妒忌之神;在他面前,一切神都要退位。钱蔑视人崇拜的一切神并把一切神都变成商品。钱是一切事物的普遍价

---

① 《马克思恩格斯全集》第 1 卷,1956 年,第 443 页。
② *Karl Marx, Early Writings, ed.* L. Colletti, Harmondsworth:Penguin, 1975, 241.

值,是一种独立的东西。因此它剥夺了整个世界——人的世界和自然界——本身的价值。钱是从人异化出来的人的劳动和存在的本质;这个外在本质却统治了人,人却向它膜拜。"①犹太人是资本主义秘密,它的存在不是违反历史,而是顺应历史的。因此,对马克思来说,犹太人的解放不能通过消灭犹太教,而要消灭市民社会,因为即使不存在犹太教,市民社会也不断地产生出类似犹太人的生存方式。马克思说:"基督徒的灵魂是利己主义,通过自己完成了的实践,必然要变成犹太的肉体的利己主义,天国的需要必然要变成尘世的需要,主观主义必然要变成利己主义。"②马克思与黑格尔的重要差别在于他不是从特殊性原则的解放和消极自由实现的意义上理解市民社会,而是从它的反社会的本质上来看待市民社会的。"既然是这样,那么从做生意和金钱中获得解放——因而也是从实际的、现实的犹太中获得解放——也就是现代的自我解放。"③马克思强调,人的解放是人的类本质的解放,也就是"人把自身当做现有的、有生命的类来对待,因为人把自身当做**普遍**的因而也是自由的存在物来对待。"④要实现这一目标,不仅要超越自由主义国家,而且要超越资本。

马克思现代性批判焦点是法治国家和市民社会,他要破除的不仅是自由主义者对市民社会公平性的"超验幻觉",而且包括黑格尔对国家伦理同一性的"超验幻觉"。在政治经济学批判的透视之下,两者都暴露出内在的阶级性和对抗性。在这个意义上,我们可以把马克思理论理解为黑格尔思想批判的继续。黑格尔批判了自由主义对自然法的政治神化,即相信社会可以依靠市场自由交换来自发调节,国家只是服务于市民社会的工具。马克思进一步批判古典经济学对自然法的经济神话,即资本主义是自发形成的自由交换体系。这样,自然法不能作为理解现代性政治生活的基础,也不能作为理解现代性经济生活的基础,在上述两个领域它们都是虚假的意识形态。因此,现代性出路就不仅

---

① 《马克思恩格斯全集》第 1 卷,人民出版社,1956 年,第 448 页。
② 《马克思恩格斯全集》第 1 卷,人民出版社,1956 年,第 451 页。
③ 《马克思恩格斯全集》第 1 卷,人民出版社,1956 年,第 446 页。
④ 马克思:《1844 年经济学—哲学手稿》,人民出版社,2000 年,第 56 页。

是要以国家超越市民社会,而是要消灭市民社会本身。而这就是马克思所说的社会革命的意义。

四

马克思之所以毕生致力于政治经济学批判在于他看到,黑格尔绝对唯心主义的伦理国家与英国古典经济学家的市场国家之间有着隐秘的联系,这就是相信自由、平等和私有财产之间不仅可以相互共存,而且互为条件。而马克思批判的正是这样一种意识形态幻想。德国哲学家韦尔默指出:"马克思对平等交换的意识形态的批判也可以被看做是对自以为是对自由、平等和私有财产之间联系把握的自然法理论的合法作用的批判。"①通过对资本主义生产方式的彻底历史化,马克思既揭露了资本主义生产方式自由的假象,也揭示了与它相关联的正义的假象。从一定意义上说,马克思只有找到政治经济学批判这一特殊工具后,才完全摆脱黑格尔的束缚,形成自己独特的现代性话语。

在马克思看来,资本主义现代性的根本特征在于,它以形式上公正的匿名规则掩盖实质上的暴力和不平等。具体来说,马克思认为:(1)以私有制为基础的商品交换关系的自由和平等必然以资本对劳动的剥削为前提;(2)原始积累是不能理解为个人以和平地利用自然资源和交换劳动产品的活动,而应理解为超经济的剥削和强制;(3)资本主义生产方式的发展按其内在逻辑不是个人利益与社会福利的自动和谐,而是日益对立的无产阶级和资产阶级对立;(4)最后,资本主义生产方式的形成是以对人的活生生的伦理关系的抽离化为前提的,因而具有反伦理性和外在的强制性。在资产阶级的商品生产和交换关系中,凡是超出交换需要的方面都被抹杀了,不仅商品的自然属性,而且生产者的伦理本性都被抹杀了,市民社会就如一张普罗克拉斯提斯床(Procrustean bed),只有具有交换价值的物和人的属性才能进入到它的视野。表面上,商品交换系统是非强制的、自愿的,人可以选择自己的

---

① *Albrecht Wellmer, Endgames*, MIT Press, 1998, p119.

职业和生活方式,但是,在金钱成为"世界势力"后,所谓生活方式的自我选择是虚假的。在发达的市场经济中,货币体系不仅是交换价值系统,而且就是资本主义自由和平等的形式本身。

虽然黑格尔和马克思都批判资产阶级市民社会自由平等的假象,但是,批判的重点不同。黑格尔认为,这种自由和平等是孤立个体的自利的、排他性的自由和平等,是知性的普遍性,而马克思则认为,资本主义自由平等的假象掩盖了暴力和冲突,因而根本不是和平的。黑格尔把市民社会理解为反政治的,而马克思则认为,市民社会本质上是政治的,摆脱权力关系影响的平等交换关系在现实社会根本不存在。黑格尔批判市民社会内在的非伦理性,马克思还批判了它内在的权力性。黑格尔认为,市民社会是作为特殊性原则支配的社会,是处于假象阶段。马克思同样把市民社会作为假象,但是,不是作为伦理关系的假象,而是作为资本对劳动统治的假象。资本主义社会并没有沿着古典经济学所说的方向发展,而是在它的动力中不断地释放出资本集中、危机和大众贫困。市民社会不仅违背康德设定的自由公平原则,也损害了黑格尔所说的相互团结伦理原则。

在西方马克思主义传统中,马克思经常被解释为狭隘的功能主义者,因此,他对资本主义的批判也被理解为经济意义上的功能批判。但是,如果全面地理解马克思,就可看到他对资本主义着眼的不仅是它的功能失调和经济危机趋势,更重要的是它损害了个人全面发展和人类非强制生活的规范。哈贝马斯正确地指出:"马克思借助分析商品的双重性质获得了价值理论的基本思想,这些思想认为,资本主义的发展过程,同时可以根据观察者的视角从经济上把它理解为资本自我贬值的危机过程,也可以根据参与者(或可能参与者)的视角表述为社会阶级之间充满冲突的内部活动。通过价值理论表明,劳动与资本的交换既是资本主义生产方式的基本关系,这一关系在劳动契约已经得到制度化,也可以解释为一种反思关系,这种反思关系可以暴露整个积累过程是一种物化的、隐蔽的剥削过程。"①因此,资本主义危机同时表现为物质再生产的危机和社会关系再生产的危机。作为自我调节的再生产过程,资本主义充满危机和冲突,它表现为资本积累的自动崩溃过程。作为社会关系的再生产过程,资本主义的生产是以剥削、压迫和社会关系物化为特征的异化过程。

如何理解资本主义社会的物化和异化现象,马克思没有简单地从剥削和压迫现象入手,从道德上进行谴责,而是从资本主义生产方式基本特征入手,揭示它的内在机制。资本主义的生产本质上是商品生产,而商品生产的一个基本前提就是劳动的抽象化,即生产商品的所有劳动无论其具体形态如何,都是用抽象劳动的付出来衡量的。劳动的抽象化以及与此相关的一般等价物的金钱的出现,既是资本主义经济系统合理化的条件,也是社会关系物化和异化的根源。当金钱不仅是经济交换的媒介,而且也充当社会融合机制时,资本主义社会就必然陷入社会关系的物化和异化。"马克思借助社会融合的行为关系物化,解释了现实的抽象化(real abstraction)这个过程,如果人际关系不再通过规范或价值或者通过理解过程,而是通过交换媒体协调,那么,社会融合的行为关系的物化就会出现。"②马克思对资本主义社会的批判显然不能还原为结构和功能主义批判,而是"生活世界批判"。

"现实的抽象化"是指人与自然、人与人关系脱离了人们相互理解的伦理和文化背景,成为抽象的工具理性行为系统。这一抽象化是现代市场经济与行政官僚体系形成的文化条件。一旦抽象的交换媒体取代了生活世界中相互理解的语言成为社会融合的机制,社会成为脱离人与人相互理解的关系,成了超主体的功能系统。当这一过程达到一定的程度,就是人的社会关系的物化和异化,对这一物化的批判是马克思商品拜物教理论的核心。马克思的物化批判理论蕴涵着重要的批判和革命潜能。从这一现代性诊断中,"马克思所看到的是一种未来的

---

① Habermas, *The Theory of Communicative Action*, vol 2, Polity in Basil Blackwell, 1987, p. 334.

② Habermas, *The Theory of Communicative Action*, vol 2, Polity in Basil Blackwell, 1987, p. 339.

状态,在这种未来状态中,资本的客观假象消逝了,受价值规律命令控制的生活世界,回到它的自发性。"①在这里,"代替那存在着阶级和阶级对立的资产阶级旧社会的,将是这样一个联合体,在那里,每个人的自由发展是一切人发展的条件。"②在马克思设想的未来社会中,不仅阶级的对抗消失了,而且在"现实的抽象化"过程中失去的具体的伦理关系也恢复了。马克思与现代性的自由主义批判者的区别在于,他相信资本主义社会人的异化和物化不是源于它的具体形式,而是源于其制度模式和基本原则。医治现代性的创伤不仅需要消灭资本主义剥削制度,而且要消灭不断产生物化和异化的商品生产和交换形式本身。现在的问题是,这一观点今天是否有效。

哈贝马斯认为,马克思没有区分作为市场经济和它的特殊资本主义形态,他在市场交换中看到的是阶级关系的神秘化形式,没有看到以金钱为媒体的经济系统和以抽象法律为媒体的国家行政系统出现,既是现实的抽象化,也是经济系统和行政系统的合理化。现实的抽象化内在地具有异化和物化的倾向,但作为社会功能系统的合理性,它又具有独立于阶级结构和特定社会形态的功能上自主性和必要性。哈贝马斯认为,"马克思没有看出,国家和经济的分化也是系统区分的一种更高方面,这种更高方面同时也提供了新的控制能力,并且迫使旧的封建阶级关系解体。"③经济和国家系统之间的分化是现代性的成就,系统上相互独立的市场与国家是现代社会正常运行的基本构件。"马克思由于忽视现代工业生产本身的组织形式和资本主义以利润为中心生产方式的区别,导致他对现代大工业条件下如何实现人类自由这一问题缺乏必要的敏感性。"④作为现代物质生产的组织形式的市场对维持现代性的物质基础来说是必要的制度条件。

① Habermas, *The Theory of Communicative Action*, Polity Press in Association with Basil Blackwell, 1987, p. 340.

② 《马克思恩格斯选集》第 1 卷,人民出版社,1972 年,第 273 页。

③ Habermas, *The Theory of Communicative Action*, Polity Press in Association with Basil Blackwell, 1987, p. 339.

④ Habermas, *The Theory of Communicative Action*, Polity Press in Association with Basil Blackwell, 1987, p. 340.

韦默尔部分地回到黑格尔立场对马克思的观点提出了批评。他认为,市场经济与资产阶级法治国家一样,是否定自由和消极自由的制度化,马克思对资本主义市场经济的批判没有充分考虑它保护个人自由的积极意义。市场经济不仅是资源配置的形式,而且是否定自由实现的制度空间。没有市场和最低限度的私有财产就没有个人的选择和行为自由。社会主义作为现代性的出路不在于它是否与市场完全决裂,而在于民主的政治意志能否驯服市场的任性。哈贝马斯和韦默尔的观点是值得重视的。我们今天正在从事市场经济的改革,也面临着黑格尔和马克思讨论的市民社会问题。历史的经验已经证明,苏联东欧社会主义的计划经济和集权社会既损害个人自由也损害了经济的效率。但另一方面,我们同样要认识到马克思对自由主义彻底批判提出的私有制、自由和平等之间不可能完全相容的命题,至今并未被历史所否定。正如已有的社会主义没有提供一个一劳永逸的历史结论一样,现行的资本主义也没有提供历史的终极答案。马克思对自由主义的批判仍然是活的命题。

现在我们再转向马克思现代性理论的另一方面,即对资产阶级法与国家的意识形态批判。在马克思看来,传统社会向现代社会转变,一方面是传统社会转化为市民社会,另一方面表现为社会等级转化为社会阶级。马克思之所以超越了黑格尔,不仅摆脱市民社会的"超验幻象",而且也摆脱了绝对国家的幻象,在于他借助历史唯物主义不仅在市民社会中看到社会原子化,而且还看到市民社会中的阶级分化和冲突。市民社会的出现是现代转型的枢纽。一旦经济活动脱离封建伦理关系的束缚而变成赤裸裸的商品交换关系,"前革命的政治等级(estates)已经消融到市民社会的单纯的社会阶级之中"①。一旦商品生产和交换活动脱离传统社会的政治母体成为独立的领域,国家也就成为相对独立于市民社会的上层建筑。用哲学语言说,马克思把这一过程表达为"国家的唯心主义的完成,也就是市民社会的唯物主义的完

---

①　Habermas, *The Structural Transformation of Public Sphere*, MIT Press,1989,p. 122.　*189*

成"①。因此,对国家的批判首先要对市民社会进行批判。在马克思那里,历史唯物主义实际上是与他的资本主义社会理论一起成熟的。

马克思对自己时代的性质是十分清楚的。在人类历史发展的大尺度上,它处在"以物的信赖关系为基础的人的独立性"的阶段②,从政治上说是后资产阶级革命时代。在这一时代,个人已经分裂为财产占有者的私人和抽象的公民。资产阶级政治革命已经把传统社会转变成市民社会,却没有对市民社会本身进行革命。虽然个人从封建关系中解放出来却又重新陷入资本主义市场经济的无名强制之中。马克思认为,资产阶级革命是把所有的人都变成私人,没有同时使他们成为真正意义上的公民。在资本主义社会,市民社会的私人身份凌驾于公民身份之上,公民权,即公共领域的政治权利坍塌进市民社会之中,在资本主义社会,现实的人只能以私我的形式出现,而公民不过是私人的抽象的影子。人的身份的私人化在其政治结构中有其对应物。在资本主义社会,国家的合法性是以市民社会的自由来辩护的,一切政治结合的目的都是为了维护人的自然权利。然而,资本主义市民社会并非是政治中立,它本身就是一个阶级对抗的场所。黑格尔相信,市民社会内在的对抗性可以通过社会等级的伦理中介,被堵在国家之外。马克思相信,市民社会的阶级斗争必然被带进国家之中,因此,国家不可能成为中立的普遍利益的代表。在私有制和商品交换社会,国家不可能成为社会利益的伦理化身和个人利益的中立保护者。不论是自由主义的民主国家理论,还是黑格尔的伦理国家理论都是虚假的意识形态。

马克思对资产阶级阶级法与国家的意识形态批判很快就转化为积极的革命的政治方案。"马克思用来批判黑格尔国家学说所揭示的'政治社会'的困境几年后在生产资料社会化中找到自己的解决方案。"③一旦取消了生产资料私有制,公共权力就失去了政治性,直接变为社会管理的权力。"只有在没有阶级和阶级对抗的情况下,社会进

---

① 《马克思恩格斯全集》第 1 卷,人民出版社,1965 年,第 442 页。
② 《马克思恩格斯选集》第 46 卷(上),人民出版社 1979 年,第 104 页。
③ Habermas, *The Structural Transformation of Public Sphere*, MIT Press,1989,p. 127.

化将不再是政治革命。"①马克思没有像黑格尔那样设想通过国家来限制市民社会,而是直接取消市民社会,取消作为私人的个人与作为公民的大写的人之间的分裂,使受市场无意识强制的个人回到无强制的自由人联合体之中。马克思提出了一种社会组织的反模式,通过非政治的公共管理的权力扩张到私人领域,通过对生产资料的社会化取消了市民社会的冲突。按照这种模式,自律不再是以私有财产为基础,它在原则上可以不以私人领域为基础,而是在公共权力本身找到自己的基础。在取消了私有制和市场经济之后,自由和平等的个人无需以任何强制性的制度为中介实现了人与人之间的相互和解。马克思说:"共产主义是私有财产即人的自我异化的积极扬弃,因而也是通过人并且为了人而对人的本质的真正占有;因此,它是人向社会的人即合乎人的本性的人的自身的复归,这种复归是彻底的、自觉的、保守了以往发展的全部丰富成果的。这种共产主义,作为完成了的自然主义,等于人本主义,而作为完成了的人本主义,等于自然主义;它是人与自然界之间、人与人之间的矛盾的真正解决,是存在和本质、对象化与自我确立、自由与必然、个体与类之间的抗争的真正解决。"②马克思的共产主义理想实际上是把康德虚构的自我立法共同体理想转变为社会理论化。在这里,社会共同体不仅实现了公共政治自律,而且使每一个人的生活社会条件受到联合起来的个人支配。马克思消除了黑格尔政治哲学中残留的自由主义因素,从全新的立场上提出了一个现代性理想。

　　无可否认,马克思哲学在今天面临着许多难题,解决这些问题是我们时代马克思主义哲学创新的重要任务。笔者认为,在这些问题中最核心的是两个问题:(1)如何把握现代性问题。马克思是现代性重要的批判者和诊断者,他看到了市场经济和自由主义制度框架存在的问题,对资本的批判必须结合对自由主义的批判。(2)马克思主义的规范基础问题,即马克思从什么规范立场来批判和超越资本主义现代性。这个问题涉及到如何在现代性的道德和规范视域内评价社会主义和共

---

① 《马克思恩格斯选集》第 1 卷,人民出版社,1972 年,第 161 页。
② 马克思:《1844 年经济学—哲学手稿》,人民出版社,1979 年,第 73 页。

产主义理想。这两个问题不仅事关马克思主义的命运,也事关社会主义的命运。如果这两个问题不能获得合理的解答,马克思主义就无法重新进入到当代社会理论和政治哲学话语的中心。本文提出这一问题,希望中国的马克思主义者能运用自己的智慧和实践给人类提供一个可行的答案。

(作者单位:复旦大学哲学学院、当代国外马克思主义研究中心)

马克思实践哲学的现代性质

邹诗鹏

通过西方实践哲学传统来考察马克思实践哲学,这是值得肯定的学术方向。不过,这并不意味着一定要把马克思实践哲学还原为传统实践哲学之一种。现时代的哲学因受到一种既定的现代性及其变革潮流的影响,因而呈现出了与传统哲学的过渡性,这种过渡性在很大程度上正被时下的思潮强化为某种断裂,现代性社会及文化的物化处境,也正在激起各种德性伦理学及古典主义传统的复兴——把马克思实践哲学回置于西方实践哲学传统的努力,也受到了这一回复趋势的影响。但是,本质地讲来,马克思的实践哲学仍然存在着一种基本的现代性质,这一性质奠基于马克思对现代性生存实践活动的肯定与理解,既体现在对传统西方实践哲学的批判超越及其思想异质性,又体现在与当代西方实践哲学路向的对话分殊及其对现时代精神应有的批判及治疗意义。

一

我们知道,在亚里士多德哲学中,实践成了重要概念,亚氏并没有对实践给予明确界定,但他在伦理学领域对实践问题的专题探讨,却确定了后世西方实践哲学的基本方向。亚里士多德对伦理学所做的学科判定就是:"这门科学的目的不是知识,而是实践。"①在此,实践显然是指一种与知识及理论区分开来的人的行为。实践并非某一个概念,而是对人的活动的总体描述。在明确区分"理智"(phronesis)之非活动性时,亚氏就讲:"理智自身不能使任何事物运动,只有有所为的思考才是实践性的。它也是创制活动的开始,一切创制活动都是为了某种目的的活动。"②由此看来,亚里士多德所谓创制活动、实践活动与理论活动的三分并不是绝对的,一方面存在着从创制到实践再到理论的层次性,另一方面"理智",即"实践智慧"既与创制有关,也与理论有关。实践智慧并不直接对象化,但是自成目的的实践智慧本身就具有实践性。这意味着理论本身仍然是向实践活动开放的,而实践智慧向道德伦理领域以及政治生活领域的开放,由此获得某种理性的保障机制。实际上,自亚里士多德以来,尤其是在基督教传统中,一种纯粹沉思的理论活动也被看成是实践并且是最高级的实践活动。

当亚里士多德将实践与人的活动关联起来时,实际上敞开了一个哲学人类学的视界。哲学人类学并不是康德以来的哲学主题,而是自哲学产生以来就存在的主题。在苏格拉底那里是如此,在智者派那里也是如此。兰德曼就断言:"苏格拉底在伦理学的背景上发现了人,而智者派则在文化哲学的背景上看到了人。"③亚里士多德则将政治生活,即公共性的社会生活看成是人的本质性活动。通过强化人的活动的自成目的性,由此展开为伦理学与政治学,这是亚里士多德实践哲学的题中应有之义。这样一种"实践",并不是指人对周围世界的外向性的和工具性的活动,而是指人所具有的控制和调节自身行为活动的能力,具有非对象性的性质,因此特别适用于道德伦理范围,与中国哲学强调的"践履"对应,康德对实践的定位也是如此。康德是在自由与自

① 亚里士多德:《尼各马可伦理学》,苗力田译,中国社会科学出版社,1990年,第3页。

② 亚里士多德:《尼各马可伦理学》,苗力田译,中国社会科学出版社,1990年,第115～116页。

③ 兰德曼:《哲学人类学》,上海译文出版社,1988年,第36页。

然相区分的意义上把握实践的,自由与自然由此区分为两种类型的实践:"技术上实践的"与"道德上实践的",而其实践哲学的领域则被明确地确定为自由领域亦即后一种"实践":"那些完全建立在自由概念之上,同时完全排除意志自由自然而来的规定根据的道德上实践的规范,则构成了规范的一种完全特殊的方式:它们也像自然所服从的那些规则一样,不折不扣地叫做规律,但不是像后者那样基于感性的条件,而是基于某种超感性的原则,并且和哲学的理论部分并列而完全独立地为自己要求一个另外的部分,名叫实践哲学。"①康德实际上是用"道德上实践的"排开了"技术上实践的"。如果说"技术上实践的"强调的恰恰是对象性或对象化活动,那么"道德上实践的"所强调的恰恰是非对象性或非对象化,这种非对象性或非对象化,是受实践理性支配下的能动的自由,本质上是精神及思维的内省活动。正如黑格尔所言:"康德所谓实践理性是指一种能思维的意志,亦即指依据普遍原则自己决定自己的意志。"②康德对实践理性的判定,其实仍然是在传统形式主义的框架内对"善"的普遍规定,康德当然承认善本身可以在人们的实践行为中表现出来,但是,人们之所以表现出"善行",本质上源于善的内在规定性。康德在实践哲学中进一步巩固了亚里士多德以来的德性伦理学传统。

西方传统的实践强调的是人的内在的道德践履活动,具有非对象性的性质。这是从马克思的实践观反观的结果,也是西方传统实践概念的真实语境。这样说法自有人的生存实践活动的背景,直到近代工业革命以前,人并没有形成一种征服和改造自然世界的实践能力,相应地也没有形成一种现代性的实践观念。然而尽管如此,比如康德的"技术上实践的"思想仍然为某种具有现代性启蒙意义的科学技术观留下了阐释空间,正如其纯粹理性已为科学向技术与工业的开放提供了理论上的可能性。黑格尔则直观到,现代人的实践活动,已不可能把技术及生产等对象化活动排除在外,黑格尔显然已把技术、工业这样的

---

① 康德:《判断力批判》,邓晓芒译,人民出版社,2002年,第7页。
② [德]黑格尔:《小逻辑》,贺麟译,商务印书馆,1980年,第142页。

对象性活动赋予实践的理解,在黑格尔那里,在主观精神阶段,作为"意志的、实践的精神",实践是在外在自然世界中实现其目的的。在此,实践直接体现为工业、技术等对象性活动,但这种实践还不是行为或活动,仍然还是外化的形式。在客观精神阶段,实践表现为活动与行为从而显现为实践的精神,由此信念得以生成。但尽管如此,在黑格尔看来,"实践理念所还缺少的东西,就是原来意识本身的环节,即外在之有的规定在自为的概念中所达到的现实性的环节……实践的理念还缺少理论的理念的环节。"①在黑格尔看来,"理论的理念是已给定的、真有的东西,是不依赖主观建立而呈现的现实。"②但实践的理念则是达到这样一种理论的理念的限制:"对于实践理念来说,……这个作为不可克服的限制与它对立着的现实,同时又作为自在自为的虚无的东西,这个虚无的东西要通过善的目的才取得它自己真的规定和唯一的价值。"③至于实践的理念如何达到理论的理念,黑格尔则是把"善"直接确定为"真",并通过理论本身加以完成的。黑格尔实际上是把实践问题完全看成了理论问题,而如何将实践从理念及理性(二者在黑格尔那里被看成了一个东西)的束缚中解放出来,将实践哲学真正确定为主体性实践的批判活动,就成为马克思实践哲学的思想起点。

二

马克思的实践哲学是对西方传统实践哲学的根本变革,因而提出了一种新的哲学观即实践观。在马克思那里,实践通过自身的力量实现了对理论的统一化及其总体性力量,从而全面开创了一种现代性的哲学(话语)。马克思的实践观变革,并不只是对"实践"这一概念及观念的变革,因而不能停留于本体论与认识论层面进行把握。从根本上说,实践观变革是对以存在论与认识论为主的传统哲学范式的革命。马克思提出批判甚至"消灭"传统哲学,其出路就是要把哲学的"理论"

---

① [德]黑格尔:《逻辑学》(下),杨一之译,商务印书馆,1991年,第525页。
② [德]黑格尔:《逻辑学》(下),杨一之译,商务印书馆,1991年,第525~526页。

③ [德]黑格尔:《逻辑学》(下),杨一之译,商务印书馆,1991年,第526页。

转变为哲学的实践活动。马克思并没有停留于对实践概念的细致分析,因此,要进入马克思的实践哲学,就不用沿用和套用传统的实践概念。对马克思而言,更重要的是要批判传统实践哲学的本质内涵、理论前提及其理论构成机制。

马克思所理解的实践,从一般意义上讲,就是指人的对象性活动。在《1844年经济学—哲学手稿》中,马克思从自然存在、社会存在、类存在、历史存在以及感性个体存在等各个层面证明了人是对象性的存在。人作为对象性存在要摆脱活动的受动性,必然是以积极的实践活动体现出来的。积极的实践活动首先呈现的是人们一眼就能看到的感性丰富性,但马克思要求给予对象性的实践活动以社会历史性的本质规定性。"只有当对象对人说来成为属人的对象,或者说成为对象化了的人,人才不致在自己的对象里面丧失自身。而只有当对象对人说来成为社会的对象,人本身对自己说来成为社会的存在物,而社会对人说来成为这个对象的本质,这种情况才是可能的。"①在这一前提下,才能实现人的对象性活动与人固有的本质力量的统一乃至同一,进而实现人的感性丰富性。"每一种本质力量的独特性,恰恰是这种本质力量的独特的本质,因而也是它的对象化之独特方式,它的对象性的、现实的、活生生的存在的方式。因此,人不仅在思维中,而且以全部感觉在对象世界中肯定自己。"②

通过对人的实践活动之社会化性质的肯定("社会的人的感觉不同于非社会的人的感觉"),马克思明确反对以非对象化规定人的感性。在马克思看来,"那些能感受人的快乐和确证自己是属人的本质力量的感觉",都是"由于相应的对象的存在,由于存在着人化了的自然界,才产生出来的"③。因此,"一方面为了使人之感觉变成人的感觉,而另一方面为了创造与人的本质和自然本质的全部丰富性相适应

---

① 马克思:《1844年经济学—哲学手稿》,刘丕坤译,人民出版社,1979年,第78页。

② 马克思:《1844年经济学—哲学手稿》,刘丕坤译,人民出版社,1979年,第79页。

③ 马克思:《1844年经济学—哲学手稿》,刘丕坤译,人民出版社,1979年,第79页。

的人的感觉,无论从理论方面来说还是从实践方面来说,人的本质的对象化都是必要的。"①

实践的实质即人本质的对象化活动。但这种活动如何历史地呈现出来？马克思直接诉诸于工业与技术。马克思把技术与工业看成是现代最伟大的实践活动,并且经常把实践与工业并置使用。"工业的历史和工业的已经产生的对象性的存在,是人的本质力量的打开了的书本,是感性地摆在我们面前的、人的心理学。"②然而,在马克思看来,"人们从来没有联系着人的本质,而总是仅仅从表面的有用性的角度,来理解这部心理学",其结果,一方面,"抽象普遍形式的历史"(即意识形态)被看做"人的本质力量的现实的人的类的活动",而"物质的工业"则被看成是"感性的、外在的、有用的对象的形式,以异化的形式摆在我们面前的、人的对象化了的本质力量"③。

马克思对"心理学"的批评,其实是对传统人文社会学科的总的批评,而且最主要的还是对"哲学"的批评。"**理论的**对立本身的解决,**只有通过实践的途径**,只有借助于人的实践的力量,才是可能的。因此,对立的解决决不仅仅是认识的任务,而是一个**现实的**、生活的任务,而正是因为**哲学**把这一任务**仅仅**看作理论的任务,所以**哲学**未能解决它。"④这一任务,其实就是在马克思整个理论工作中占有基础地位的意识形态批判。意识形态批判揭示了传统哲学理论与相应的思想立场在构成机制上的同一性,并且通过将实践从理论中解放出来,从而敞开了人的感性活动,"感觉通过自己的实践直接变成了理论家"⑤。在此,马克思强调的正是"革命的""实践批判的"的意义,"批判的武器"一

---

① 马克思:《1844年经济学—哲学手稿》,刘坯坤译,人民出版社,1979年,第80页。

② 马克思:《1844年经济学—哲学手稿》,刘坯坤译,人民出版社,1979年,第80页。

③ 马克思:《1844年经济学—哲学手稿》,刘坯坤译,人民出版社,1979年,第80~81页。

④ 马克思:《1844年经济学—哲学手稿》,刘坯坤译,人民出版社,1979年,第80页。

⑤ 马克思:《1844年经济学—哲学手稿》,刘坯坤译,人民出版社,1979年,第78页。

定要被"武器的批判"所替代。马克思把无产阶级看成是"哲学的头脑",把"实践的唯物主义者"与"共产主义者"等同起来,所表达的也正是这样的意思。

毋庸怀疑马克思实践哲学对革命与阶级意识的明确表述,不过,这并不意味着要把马克思的实践哲学直接看成是无政府主义的行动理论。马克思对科技及工业的重视,对劳动的辩证法把握,表明他对实践哲学之于未来世界的建设性是有充分意识的。与对"哲学"的批判态度相比较,马克思更为看重自然科学及其物化力量。"自然科学通过工业日益在实践上进入人的生活,改造人的生活,并为人的解放做好准备,尽管它不得不直接地完成[人的关系的]非人化"①。"工业是自然界、因而也是自然科学跟人之间的现实的、历史的关系。"②马克思进而肯定地判定自然科学已以一种"异化的形式"成为"现实的、人的生活基础"③。这种"异化的形式"所指的正是实践的异化形式——劳动。正如自然科学也会被黑格尔看成是外化了的精神活动,而劳动在黑格尔那里也只是"抽象的精神的劳动"④。在这个意义上,马克思高度赞扬黑格尔的《精神现象学》在把握劳动时的创见:"黑格尔把人的自我创造看成一个过程,把对象化看做非对象化,看做外化和这种外化的扬弃;因而,他抓住了劳动的本质,把对象性的人、真正的因而是现实的人理解为他自己的劳动的结果。"⑤但这都是在默许异化或者说异化劳动存在的前提下才是成立的。而马克思通过对异化劳动的分析要敞开的其实是其关于世界历史时代的本质看法:"全部所谓世界史不外是人通过人的劳动的诞生,是自然界对人说来的生成,所以,在他那里有着

---

① 马克思:《1844 年经济学—哲学手稿》,刘丕坤译,人民出版社,1979 年,第 81 页。

② 马克思:《1844 年经济学—哲学手稿》,刘丕坤译,人民出版社,1979 年,第 81 页。

③ 马克思:《1844 年经济学—哲学手稿》,刘丕坤译,人民出版社,1979 年,第 81 页。

④ 马克思:《1844 年经济学—哲学手稿》,刘丕坤译,人民出版社,1979 年,第 117 页。

⑤ 马克思:《1844 年经济学—哲学手稿》,刘丕坤译,人民出版社,1979 年,第 116 页。

关于自己依靠自己本身的诞生、关于自己的产生过程的显而易见的、无可辩驳的证明。"①马克思是在一种历史的共产主义运动中看待劳动的异化及普遍化,进而把握人的实践活动的。在此,我们看到,作为人的实践的对象化活动,必然表现为一定的物化,这种物化一方面通过科学技术以及特别是工业,从而表现出人的本质力量;另一方面,当人与相应的财产关系及其私有制度固定在一起时,必然表现为人的异化特别是劳动异化。由此,马克思实践哲学的总体性就表现在:通过肯定科技与工业的现代性意义进而展开的实践批判活动,具体地讲即对资本主义异化关系的批判,诸如意识形态批判、异化劳动批判、法哲学批判、政治经济学批判、资本批判,都是实践批判与资本主义异化关系批判的具体化;而且,这一工作其建设性的"前景",从其直接的社会建设意义上讲,是实现社会化的人或人类社会,即实现人的关系的全面生产,从人与社会发展的未来设想看,则是全面展开由其唯物史观统摄下的世界历史时代理论及其人类解放论。

三

马克思实践哲学显然继承了唯物主义的基本原则,这就是坚决主张把存在把握为物质世界并且坚持这一世界的可知性。由此,马克思实践哲学同样也肯定并且继承了特别是在法国唯物主义那样表现出来的积极的无神论。但不能反过来把马克思实践哲学限定于启蒙理性所厘定的反神学唯心主义论阈内,进而如海德格尔那样,把马克思哲学还原为"近代哲学之一种"。1841～1843年间,马克思逐渐与青年黑格尔派分道扬镳,与此同时开始告别黑格尔的唯心主义辩证法,摆脱理性主义的启蒙无神论,并向费尔巴哈哲学人类学意义上的无神论靠拢。在马克思恩格斯看来,费尔巴哈的《基督教的本质》对于把神的本质把握为人的本质的思想具有重要意义。晚年恩格斯甚至明确地讲"这部书

---

① 马克思:《1844年经济学—哲学手稿》,刘坯坤译,人民出版社,1979年,第84页。

（指《基督教的本质》——引者注）的解放作用，只有亲身体验过的人才能想象得到。那时大家都很兴奋：我们一时都成为费尔巴哈派了"①。在恩格斯看来，他与马克思的第一部合著《神圣家族》，正是通过费尔巴哈主义展开对鲍威尔兄弟亦即青年黑格尔学派批判的典范文本。但是，不能把马克思的哲学使命局限于对神学的批判，正如不能只是把马克思的哲学变革看成费尔巴哈哲学的一般延伸。费尔巴哈的哲学主题就是神学，正如他自己所言："我所有的著作——只有一个目的，一个意志和思想，一个主题。这个主题正是宗教和神学，以及与之有关的一切东西。"②马克思也只是在反叛神学的意义上肯定了费尔巴哈，他自己更为关注的领域是社会政治领域；而且，从神学批判到社会政治领域的转变，在更早的《〈黑格尔法哲学批判〉导言》中就已经十分明确了。这部著作的开篇就讲："就德国来说，对宗教的批判基本上已经结束；而对宗教的批判是其他一切批判的前提。"③

依据一个特别的 MAGA 版，即《马克思恩格斯全集》（历史考证版）强化的说法：如果说《关于费尔巴哈的提纲》在历史上只是以费尔巴哈直观唯物主义为主旨的《神圣家族》的准备稿，而不是后来被恩格斯视为《德意志意识形态》的准备稿，甚至于《德意识意识形态》也只是一部保留着他人手稿的论文集，那么，马克思在超越费尔巴哈直观唯物主义基础上提出其实践的唯物主义的说法就受到了质疑，《关于费尔巴哈的提纲》与《德意志意识形态》是否是马克思哲学世界观亦即实践的唯物主义哲学的成熟文本也受到了质疑，甚至于连马克思实践观的稳定性本身也受到了质疑。在我们看来，问题的关键在于，如果 MAGA 版完全不同于并且优越于普通著作版，那就应当以之替代普通著作版。然而，听起来像是具有较普通著作版更富于学术思想价值的 MAGA 版及 MAGA2 版，不过只是在编排学与版本学方面所做的努力，不管动机如何，MAGA 版目前的努力都没有对普通著作版之思想稳定性构成质疑。普通著作版（包括中文官方译本）依然是马克思哲学研究的可靠

---

① 《马克思恩格斯选集》第 4 卷，人民出版社，1995 年，第 222 页。
② 《费尔巴哈哲学著作选》（下卷），商务印书馆，1979 年，第 507 页。
③ 《马克思恩格斯选集》第 1 卷，人民出版社，1995 年，第 1 页。

文本。因而,认为通过对著作在形式方面的重新编排以及材料甄别就可以解构马克思主义哲学,是过于轻率的想法。在此,重要的依然还是把握马克思哲学在现代思想史上的地位。《德意志意识形态》显然不能因为属于一种手稿性的著作就否定其在马克思思想中的重要地位,正如《巴黎手稿》事实上没有因其手稿形式而影响其重要性一样。研究已经表明,马克思的著作常常表现出思想的贯通性,而不是某种剧烈的思想跳跃乃至于断裂。在人们看来成熟马克思的很多思想,实际上已经包含在其早年的手稿型、纲要型以及笔记体型的著作中——正如前述,马克思关于对象性实践活动的哲学阐述,就尤其表现在《巴黎手稿》中。恩格斯在《费尔巴哈论》中把《关于费尔巴哈的提纲》看成是《德意志意识形态》的准备稿自有其考虑,但即使把《提纲》看成是《神圣家族》的准备稿,也并没有动摇《提纲》的主题。这里的问题也在于对《神圣家族》一书的再评价。同样是在《费尔巴哈论》中,恩格斯就讲过:“人们应该以关于现实的人及其历史发展的科学来代替对抽象的人的崇拜,代替费尔巴哈新宗教的核心。超出费尔巴哈哲学的范围,进一步发展费尔巴哈的观点,这一工作是由马克思于 1845 年在《神圣家族》一书中开始的。”这表明《神圣家族》一书并没有停留于费尔巴哈的直观唯物主义。

哲学家思想的形成一般都有一个过程,但贯穿这一进程的则是哲学家思想的总体性,这是把握哲学家思想的枢纽。马克思哲学的总体性就是其实践观,其经典表述我们可以确定为《关于费尔巴哈的提纲》与《德意志意识形态》,但这并不意味着这两部著作与其他著述、尤其是早期著述是完全区分开来的。换句话说,马克思对社会政治生活的积极关注,并不是彻底抛开对神学的批判,而是其一以贯之的哲学与生命关怀。与旧唯物主义的主题依然是启蒙理性意义上的反神学不同,马克思实践哲学则从神学转向了社会政治领域,并开启了实践哲学的现代性视域。从神学领域到社会政治领域的转变一方面是研究领域的转化,但同时也显示出两大领域的高度互渗:对神学的有力批判必然要求实现对相应社会政治关系的批判,而社会政治关系的批判也必须要引入神学批判。因此,马克思在《〈黑格尔法哲学批判〉导言》中展开神学批判,《论犹太人问题》中,宗教问题被把握为政治解放问题进而转化为人的解放问题,而在《巴黎手稿》中,则引入对工资、资本、货币、地租、私有财产、异化劳动、生产、分工的分析批判,由此阐发出来的类生命活动、对象化、社会化以及共产主义的具体讨论,正是实践观的具体化。

作为具有现代性气质的哲学,除了对科技与工业作为人的本质活动的基本规定(如前所述)外,马克思实践观的一个重要思想使命,就在于实现对现代性社会生活基础的基本而正确的把握。其实,马克思之所以能够超越于旧哲学,就在于对现代社会生活基础的高度的理论自觉。因此,在对黑格尔哲学的批判中,切入点正是突显物质生活资料生产对人的全部生活活动的基础意义,由此才发现市民社会决定国家这一唯物史观的基本命题。而通过对旧唯物主义以及国家经济学的批判,马克思明确地敞开了其实践观的社会生活基础,"国民经济学家眼里的社会是市民社会。"①"旧唯物主义的立足点是'市民'社会,而新唯物主义的立足点则是人类社会或社会化的人类。"②马克思的实践哲学根植于他对现代社会生活方式及其发展目标的高度的理论自觉,这是判定马克思实践哲学之现代性质及其现代性立场的基本依据。

四

现代性包含三个层面。第一个层面是物质层面,这就是工业以及科学技术;第二个层面是制度,这就是依托于并且巩固上述物质层的资本主义及其市场经济。这两个层面构成了现代性的物化结构。第三个层面是现代性的观念系统,这就是哲学及文化上对现代性物化结构的解析、辩护及论证,尤其表现为理性化。

从上述三个层面,可以较好地把握马克思实践哲学及其现代性质,并展开与现代性思想的对话与批判活动。马克思的实践哲学是通过肯

①　马克思:《1844年经济学—哲学手稿》,刘丕坤译,人民出版社,1979年,第97页。

②　《马克思恩格斯选集》第1卷,人民出版社,1995年,第61页。

定工业与技术的实践意义,将工业与技术把握为整个历史唯物主义体系中起最终决定作用的生产力活动,并由此与资本主义生产关系及社会制度区分开来,而其实践批判,更主要的是表现为政治经济学批判(资本批判是具体形式)。这一批判表明,正是资本主义私有占有制的固有矛盾加剧了人的异化,包括劳动异化、技术异化等等。在此,现代性观念系统受制于现代性物化结构,是这一结构的表象形式。因而,理性化不是作为不证自明的前提、而恰恰是作为问题而存在的,而哲学并不只是作为价值中立的抽象形式,而必然有其意识形态基础,因而实践批判以及政治经济学批判必然要包含并且表现为意识形态批判。

为马克思所批判的那些观念论哲学家,实际上只是在物质与观念两个层面把握现代性,而制度层面作为现代性实践的最为重要的方面,无论是在批判的意义上还是在建构的意义上都被忽视了。这样一来,比如,涉及到公共问题的政治以及市民社会的讨论,都会自然而然地归之于亚里士多德式的德性伦理学传统。在康德的自然领域与自由领域的区分中,制度层面的现代性看起来是不在场的,但在内涵上,在其自由的、道德的领域,也即真正实践的领域,已经特许了资产阶级社会制度的先验性。这也是启蒙理性传统有关政治理念的基本设想,因为在启蒙理性传统中,资本主义及其合法性正是作为社会存在的不证自明的先验前提而确定下来的,而理性化也必然表现为资本主义及其合法化过程。这同样牵涉到对技术与工业的理解。我们知道,在康德那里,"道德上实践的"作为肯定性的实践,恰恰是通过排斥"技术上实践的"而完成的,这意味着康德并没有将技术与工业看成是肯定性的实践形式。在这种情况下,作为自然科学的或知性的范畴对象,技术与工业也被看成是一种外在于社会文化的自然对象,进而成为哲学批判活动的外在对象。德国浪漫主义及其狂飙突进运动也从一个侧面强化了这种外在化的"技术与工业观"。其实,正是因为撇开了技术与工业的实践意义,并且把实践问题变成一个纯粹的理论问题,才最终成就和完成了德国的"哲学";而且,20世纪哲学中具有重要地位的技术批判思想,诸如海德格尔的技术异化思想、哈贝马斯的技术意识形态思想以及后现

代主义的消极技术观,都仍然还是在进一步延伸和强化这种外在化的

"技术与工业观"。这些思想过多强化技术与人的实践活动的对立,并且把技术的异化的和消极的方面看成是技术的本质,通过彰显技术悲观主义进而加重了现代社会文化的悲观主义与虚无主义困境。

从形式上看,康德与马克思都把技术看成是实践(理性)可以控制的因素,但在康德那种非对象性的实践理性中,技术就成了一个外在的对象。马克思的实践因为其本质的对象性活动,因而把技术看成是内在的人的活动。事实上,马克思的技术观也是对亚里士多德创制观的颠倒。亚里士多德的创制仍然还是一个制作的或机械学的概念,并不具有社会化的意义,而马克思则通过将生产力概念哲学化,从而将对技术的理解引向了对社会关系的理解。在这里,问题的关键并不在于技术为什么一定要被理解为人的内在的实践活动,而在于究竟在什么样的历史信念下把握实践。我们知道,康德的非对象性的实践理性观依赖于他对历史理性的启蒙性的解释,这种解释其现实的精神方式,乃德国精神的历史进程。这样一种理解所包含的外在化的技术理解,在世俗化的意义上,也会表现为历史悲观主义。因此,康德的实践理性所根植的德性伦理学传统,其实也蕴含着特定的技术观念并衍生为某种当代思想的宿命形式。海德格尔所谓"技术是人的天命",其实正是指向于他关于技术异化的虚无主义的价值预设的。然而,当他把马克思的唯物史观确定为虚无主义之极致时,他所理解的马克思仍然是近代式的。实际上,在当代哲学中,西方马克思主义特别是法兰克福学派从一个片面并且最后导向非理性主义的方向上承继了马克思实践哲学,大多数的当代西方哲学思想,诸如新康德主义、现象学、解释学以及各种话语实践理论,仍然只是在某种非对象性活动以及道德—政治的论阈上把握实践。从总体上看,当代西方的实践哲学,正是德性伦理学复兴的具体表现。在这一意义上,马克思实践哲学的一些基本理想(如共产主义及人类解放论)也会成为德性伦理学的思想资源。比如在海德格尔、萨特、德里达以及麦金泰尔那里,情况就是这样。然而,这种理解却是以牺牲掉马克思实践哲学与之同构的唯物史观为前提的。

关于马克思的实践哲学与唯物史观在本质上何以相通?这一问题本质上并不只是学理的问题(尽管这一问题迄今为止在学理上并没有

得到很好把握），而是取决于人类社会自身的社会化程度，取决于人对自身实践能力的深度与前景的信念，而在最直接的意义上，则是取决于对资本主义的不懈的历史批判。在马克思看来，技术（与工业）不仅是现代性及资本主义的基础，更是人的本质性的实践活动。由此，技术与工业需要从资本主义制度框架中分离出来。一方面，技术与工业直接体现了人的本质，也体现了哲学人类学的本质；并且，在应然的意义上，技术与工业并不必然与资本主义制度粘连在一起——马克思对现代性在理论上的把握是与资本主义价值体系区分开的。另一方面，马克思对技术与工业之本质的呈现，必然要诉诸于对资本主义结构及其历史过程的批判性分析——马克思对现代性问题的批评诊断又是通过对资本主义的批判分析实现的。

马克思显然是要肯定和强调技术与工业的实践意义，由此揭示道德与政治同构的资本主义社会制度以及意识形态结构。因此，马克思并不否定技术异化，他也不把导致技术异化现象的原因归于技术本身。这种将技术与人的本质关联在一起的思想，显然不属于某种盲目的技术乐观主义，马克思对资本主义结构及其历史过程的本质批判所指向的，乃是一个向世界历史时代以及未来人类社会开放的历史进步方向。因而当各种现代相对主义与虚无主义不得不祭起复古主义大旗时，对马克思主义而言，真正的历史尚未开启。从现代性向后现代性的移挪，见证了这一时代历史感的稀薄，后现代性中潜存的反现代因素，更是显现出后现代主义的悲观主义。在这个意义上，马克思的实践哲学，因为它同时蕴含的历史进步意识及其历史乐观主义精神，实际上蕴含着一种超越当下现代性与后现代性的历史理性品质。可以说，就目前各种缺乏未来历史意义的现代性或后现代性话语而言，马克思实践哲学代表了一种"超现代性"（trans－modernity）的哲学样式，这使得马克思实践哲学在当代已经发生并且还将发生持续性的影响。

值得注意的是，确立马克思实践哲学的现代性质，对于确认和思考马克思主义中国化实践，无论是在建构还是在分析的意义上，都具有重大意义，也是本课题的题中应有之义。马克思主义中国化，同时也意味着用马克思现代性的实践哲学批判和改造中国文化传统，特别是改变因缺乏制度规范,因而过分依赖而又常常无效的道德内省方式的实践传统,进而促进中国社会的现代转型,生成当代中国的实践哲学。马克思实践哲学的现代性质,正是今日中国文化传统藉以复兴的基本的哲学理据与凭据,也是当代中国文化的"事情本身"。而在全球化的今天,马克思实践哲学对各种趋向于后现代主义的西方思潮的批判性对话,并不只是关涉于西方,同样也是当代中国哲学与文化本身的事情。换句话讲,作为马克思实践哲学的历史成果,中国化的马克思主义应当有理由以自身的方式推进与当代思想的积极对话,巩固马克思实践哲学的现代性,丰富马克思主义的世界历史意义。

(作者单位:复旦大学哲学学院)

马克思的市民社会批判理论及其当代意义

蒋 红

唯物史观构成了马克思思想体系中最富于价值和活力的组成部分,大多数现代西方社会理论家认为,在唯物史观最重要的观点中包含着"卓有见地的思想"①。马克思为发现新世界而加以批判的旧世界,是作为"全部历史的真正发源地和舞台"的市民社会;唯物史观视野中的人,是对市民社会及其异化状态的人进行辩证否定的"人类社会"或"社会化的人"。就思想发展的内在逻辑关联来看,马克思的市民社会批判理论从属于唯物史观的宏观建制,对唯物史观的正式阐发具有前提性的思想奠基与理论先导作用。今天的学界要求对马克思唯物史观的科学内涵进行更为完整和准确的把握,就有必要把对马克思市民社会批判理论的研究在现有基础上进一步导向深入。

马克思对市民社会的批判是一个"先破后立""以破求立"的理论整体,"破"即对资本主义社会的历史否定;"立"即对共产主义社会理

---

① [英]吉登斯:《资本主义与现代社会理论》,郭忠华、潘华凌译,上海译文出版社,2007年,第229页。

想的制订和唯物史观之创建,以及以此为基础阐发的、但目前尚未得到充分开掘与认识的社会建设思想。正是基于这一整体性的理论特征,本文致力于对马克思市民社会批判理论的发展脉络、价值地位及其当代意义进行分析和探讨。

一、对资本主义的历史否定:马克思市民社会批判理论的基本维度

毫无疑问,马克思是带着对资本主义进行历史否定的鲜明价值取向展开其市民社会研究的,因此,"破"构成了马克思市民社会批判理论的最基本的维度。

马克思最早在《黑格尔法哲学批判》中涉及市民社会问题,这部著作由此而被西方学者认为是"孕育历史唯物主义概念的处女之作"[1],这也在相当程度上印证了马克思的市民社会批判理论与唯物史观的内在关联性。此时的马克思基于《莱茵报》时期的政治斗争经验,日益发现黑格尔的理性主义国家观与现实的物质利益之间存在着尖锐对立,从而以批判的态度开始进行对黑格尔市民社会理论的研究。以费尔巴哈哲学的基本立场为批判武器,马克思指证黑格尔"政治国家决定市民社会"的观点犯了主谓颠倒的错误,认为体现为"普遍性权利"的国家具有和宗教同等性质的虚幻性,"政治制度到现在为止一直是宗教的领域,是人民生活的宗教,是同人民生活的现实性的人间存在相对立的人民生活普遍性的上天"[2],而真实的情况是,现实的政治生活不过是市民社会中个人私利的衍生物,"政治国家是从市民社会中得出的抽象"[3],因此,不是政治国家决定市民社会,而是市民社会决定政治国家。

"市民社会决定政治国家"构成了马克思市民社会批判理论的具有哲学原则高度的思想出发点,以此为基础,马克思展开了对市民社会

---

①　[英]吉登斯:《资本主义与现代社会理论》,郭忠华、潘华凌译,上海译文出版社,2007年,第7页。

②　Loyd D. Easton and Kurt H. Guddat: *Writings of the Young Marx on Philosophy and society*, New York,1967, P.176.

③　《马克思恩格斯全集》第3卷,人民出版社,2002年,第82页。

的社会—政治批判,这一批判以揭示市民社会与政治国家之间、以及市民社会内在的矛盾和冲突为要义,要求对资本主义社会进行历史的否定。

　　首先,马克思深入研究了市民社会与政治国家的对立,指出这种对立具有社会历史意义上的必然性,因而具有进步的成分:由于封建社会的解体和资产阶级的壮大,使市民社会得以逐步摆脱政治国家的强权控制,"私人领域"脱离"政治领域"而获得了相对独立性和合法性的承认,有利于社会分工和生产力的发展。但是,市民社会与政治国家之间的这种对立状态又意味着分裂和冲突,即同一个人作为"国家的公民"与作为"市民社会的成员"的双重身份是分裂和冲突的,以个体性为原则的市民生活和以公共性为原则的公民生活存在着不可调和的矛盾,要克服这种矛盾,就应当对市民社会进行法国革命意义上的改造。进一步地,马克思通过明确区分政治解放和宗教解放,把对市民社会的社会—政治批判进一步推向深入。马克思认为,无论政治解放还是宗教解放都是"世俗问题",宗教产生的世俗根源是政治国家与市民社会的二元对立,而政治解放即"市民社会从政治中获得解放",其实质就是这种二元对立的完成了的形式。因此,政治解放意味着宗教束缚的加深而非减弱,政治解放既不可能以宗教解放为前提,也无法包括宗教解放,政治解放与宗教解放的关系,应当在市民社会中世俗地被还原为政治解放和人的解放之关系。政治解放一方面使"实际需要、利己主义"成为了"市民社会的原则",人"自己的产品和自己的活动处于异己本质的支配下",另一方面则使普遍的政治参与成为现实,使单子式的个人存在于政治领域幻化为具有公共属性的政治存在,其结果就是以一种虚幻共同体的形式加剧了市民社会与政治国家的二元对立:"政治解放一方面把人归结为市民社会的成员,归结为利己的、独立的个体;另一方面把人归结为公民,归结为法人"①。这种不断加剧的对立深刻制造了人的二重化(异化):"人不仅在思想中,在意识中,而且在现实中,在生活中,都过着双重的生活——天国的生活和尘世的生活。前一

---

　　① 《马克思恩格斯全集》第 1 卷,人民出版社,1956 年,第 443 页。

种是政治共同体的生活,在这个共同体中,人们把自己看做社会存在物;后一种是市民社会中的生活,在这个社会中,人作为私人进行活动,把别人看做工具,把自己也降为工具,成为外力随意摆布的玩物……他被剥夺了现实的个人生活,却充满了非现实的普遍性"①。这样,通过对市民社会矛盾和冲突的双重揭示,马克思对市民社会的社会—政治批判走向了深化。

在写作《〈黑格尔法哲学批判〉导言》期间,由于受到法国社会主义运动的直接影响,马克思对市民社会的政治-社会批判在现实性、实践性上得到了显著增强。与早期市民社会批判思想中较为浓烈的思辨色彩相区别,《〈黑格尔法哲学批判〉导言》更多地致力于形成一种现实性的批判原则。为此,马克思首次诉诸于对市民社会现实的阶级结构的分析,通过这一分析,在无产阶级身上找到了"普遍性品质"(universal character),从而把社会解放的历史使命明确赋予了这个虽然被锁链彻底束缚,但却代表着历史发展趋向的阶级:"无产阶级宣告**现存世界制度的解体**,只不过是揭示**自己本身存在的秘密**,因为它就是这个世界制度的**实际解体**……哲学把无产阶级当做自己的**物质**武器,同样地,无产阶级也把哲学当做自己的**精神**武器。"②虽然这一阐述此时还更多地具有抽象的意味,但却明确预示了马克思对市民社会的批判即将深入到物质的层面,即市民社会以经济活动为基本内容的现实生活层面,正是在这个层面上,通过诉诸于对市民社会的政治经济学解剖,马克思对资本主义社会的历史性否定获得了最为关键的突破和进展。

在《1844 年经济学—哲学手稿》中,马克思通过经济事实进一步深入揭示和批判了市民社会的分裂与对立状况。于该书的序言部分,马克思就指出,"我的结论是通过完全经验的、以对国民经济学进行认真的批判研究为基础的分析得出的"③。《1844 年经济学—哲学手稿》中对市民社会所进行的批判,最核心的内容就是基于对资本主义社会经济事实的深入分析而提出的异化劳动理论。马克思认为,市民社会普

---

① 《马克思恩格斯全集》第 3 卷,人民出版社,2002 年,第 173 页。
② 《马克思恩格斯选集》第 1 卷,人民出版社,1972 年,第 14～15 页。
③ 马克思:《1844 年经济学—哲学手稿》,人民出版社,2000 年,序言第 1 页。

遍存在着四种类型的异化现象:(1)在市民社会中,"物的世界的增殖同人的世界的贬值成正比","工人生产得越多,他能够消费的越少;他创造价值越多,他自己越没有价值、越低贱;工人的产品越完美,工人自己越畸形;工人创造的对象越文明,工人自己越野蛮;劳动越有力量,工人越无力;劳动越机巧,工人越愚笨,越成为自然界的奴隶"[①]。这一市民社会的普遍经济—社会现实表明,劳动者同它的劳动产品相异化。(2)对于劳动者来说,他自身与他的劳动过程处于紧张和敌对的状态,"他的劳动不是自愿的劳动,而是被迫的劳动,因此,这种劳动不是满足一种需要,而只是满足劳动以外的那种需要的一种手段"[②],这是劳动活动的异化。(3)进一步地,从前面两个规定中可以推导出第三个规定:人与自己类本质相异化,即"类生活和个人生活异化","异化劳动从人那里夺去了他的生产的对象,也就是从人那里夺去了他的类生活"[③]。(4)人与人之间相互关系的异化:"工人对劳动的关系,生产出资本家——或者不管人们给劳动的主人起个什么别的名字——对这个劳动的关系。"[④]在马克思看来,市民社会(资本主义社会)的经济事实和经济活动中普遍存在、并且日趋激化的分裂和对立状态表明,资本主义社会是一种结构不稳固的、酝酿和积累着革命因素的社会制度,尤其是市民社会中人与人之间关系的异化,导致了阶级对立的产生和加剧,构成了资本主义社会自身所无法克服的"本质的矛盾",要破解这一本质的矛盾,就必须历史地否定资本主义制度本身。

通过对市民社会进行社会－政治批判和政治经济学解剖,马克思对资本主义社会的历史否定从概念领域逐步深入到最为基础的现实的物质生活层面,并由此而成为了具有逻辑必然性和历史必然性的科学论断。以对资本主义社会永存性的破除为基础,马克思对市民社会的批判进入到了以建构共产主义的理想社会形态和唯物史观为主体的新的发展阶段。

---

① 马克思:《1844 年经济学—哲学手稿》,人民出版社,2000 年,第51、第53 页。
② 马克思:《1844 年经济学—哲学手稿》,人民出版社,2000 年,第53 页。
③ 马克思:《1844 年经济学—哲学手稿》,人民出版社,2000 年,第53 页。
④ 马克思:《1844 年经济学—哲学手稿》,人民出版社,2000 年,第61 页。

二、共产主义理想和唯物史观：马克思市民社会批判理论的目标取向

正是在对市民社会展开批判的过程中，马克思关于共产主义的科学构想日益获得了清晰化。随着对市民社会的社会—政治批判的深入展开，马克思在实现人的本质的复归意义上初步探讨了人类解放问题，认为，"只有当现实的个人把抽象的公民复归于自身……只有当人认识到自身的'固有力量'是社会力量，并把这种力量组织起来因而不再把社会力量以政治力量的形式同自身分离的时候……人类解放才能完成。"①在实现人类解放的意义上，马克思把共产主义社会初步理解为经由政治解放和社会解放而达到的，社会与国家的高度统一。

正是经由对市民社会的社会—政治批判和政治经济学解剖，马克思的共产主义理想获得了实质性和科学性的内容。马克思主张，共产主义以人的全面发展为最高目标，通过对私有财产的积极扬弃来获得实现，这种扬弃首先意味着肯定"私有财产的积极的本质"。在这样的意义上，共产主义"是向作为社会的人即合乎人的本性的人的自身的复归，这种复归是彻底的、自觉的、保存了以往发展的全部丰富成果的。这种共产主义……是人和自然界之间、人和人之间的矛盾的**真正解决**，是存在和本质、对象化和自我确立、自由和必然、个体和类之间的斗争的真正解决。它是历史之谜的解答，而且知道自己就是解答"②，这种共产主义"是人同自然界的完成了的本质的统一，是自然界的真正复活，是人的实现了的自然主义和自然界的实现了的人道主义"③。上述论断表明：(1)共产主义社会不是现实社会发展进程的突兀的中断，而是以实现人的本性的复归为目标的、通过"彻底的、自觉的、保存了以往发展的全部丰富成果的"社会建设过程来加以实现的理想社会形态；(2)共产主义社会是人与自然界之间、人与人之间矛盾的真正解

---

① 《马克思恩格斯全集》第3卷，人民出版社，2002年，第189页。
② 《马克思恩格斯选集》第1卷，人民出版社，1972年，第61页。
③ 《马克思恩格斯选集》第1卷，人民出版社，1972年，第83页。

决,它是通过人与自然的和谐统一、人与人之间的和谐一致的发展来实现的,正是在这样的意义上,"这种共产主义,作为完成了的自然主义=人道主义,而作为完成了的人道主义=自然主义"[①];(3)是共产主义理想实现的长期化。对私有财产的积极扬弃、对人的本质的真正占有必须要建立在"完全的、自觉的而且保存了以往发展的全部财富的"基础之上,通过工业的高度发达、人的个性和天赋与能力的充分发展而得到实现,因此不可能在短时期内一蹴而就,必然要经历一个艰巨而漫长的发展过程。

在《德意志意识形态》中,马克思把对市民社会的政治经济学解剖作为对一切社会形态进行解剖的钥匙,从中概括出了社会存在决定社会意识的历史唯物主义基本规律,打通了由市民社会批判理论到唯物史观的思想发展道路,并就二者的内在逻辑关联进行了明确表述:"这种历史观就在于:从直接生活的物质生产出发来考察现实的生产过程,并把与该生产方式相联系的、它所产生的交往形式,即各个不同阶段上的市民社会,理解为整个历史的基础;然后必须在国家生活的范围内描述市民社会的活动,同时从市民社会出发来阐明各种不同的理论产物和意识形式,如宗教、哲学、道德等等,并在这个基础上追溯它们产生的过程[②]。"这已然能够说明,马克思的市民社会批判理论构成了唯物史观的思想前提与根基,在对市民社会进行深入批判的过程中,马克思把市民社会的物质生产实践作为全部历史之基础,从而使哲学思辨终止于现实生活面前,实现了作为"历史"科学的唯物史观之创建。

三、马克思市民社会批判理论的当代意义

今天,马克思唯物史观中的社会建设思想作为一个尚待开垦的新领域,正日益受到国内学界高度的关注与重视。马克思虽然没有直接提出"社会建设"的表述,但事实上在马克思对唯物史观的具体阐发中

---

① 《马克思恩格斯选集》第 1 卷,人民出版社,1972 年,第 81 页。
② 《马克思恩格斯选集》第 1 卷,人民出版社,1972 年,第 180 页。

包含了诸如扬弃分工、加速工业化、促进劳动的产业化、推进城乡共同发展、高度重视卫生和教育事业等在内的丰富的社会建设思想。当代西方学术界已经把马克思的学说看成是经典社会学理论,并进而看成是社会批判理论的规范基础,实际上已经从学术层面确认并高度肯定了马克思的社会建设思想。其实,在唯物史观的宏观建制之内,马克思的社会建设思想正是以"破"求"立"的市民社会批判理论的内在逻辑延伸——基于对资本主义社会的彻底批判和历史否定,马克思以实现人的全面发展为最高目标,对经由社会主义实现共产主义的社会建设道路进行了富于创造性和历史洞见的构想,从而构建了唯物史观的完整理论体系。社会建设思想是马克思唯物史观中不容忽视的一个重要内容,然而,要深入揭示马克思社会建设思想的价值、对唯物史观进行更为全面和准确的理解,就必须以进一步探索马克思市民社会批判理论的内涵和意义为前提,尤其是在曾经长时间内对马克思的市民社会批判理论存在着忽视、误读、误解的情况下就更为如此。在此前国内学界对马克思市民社会批判理论的研究中,存在着这样几种有代表性的倾向是值得重新加以慎重审视的:(1)把马克思对市民社会的批判视为早期思想发展的一个不成熟的片段,将其和所谓"成熟马克思"生硬地割裂开来并简单化地加以舍弃;(2)将马克思的市民社会批判理论等同于无产阶级社会革命理论,忽略其中包含的建构性和建设性的内容,并据此认为马克思对市民社会的批判已无当代价值;(3)把马克思所使用的"市民社会"概念和"社会"概念简单加以混用,缺乏对二者区别的谨严分析与论证,并由此导致对马克思社会理论的不同程度上的误读。

此外,从马克思的市民社会批判理论对现代社会理论所产生的千丝万缕的影响来看,马克思的这一理论亦有着不容忽视的当代意义。

20世纪90年代以来,"市民社会"问题经过了长时间的沉寂后重新走入人们的视野,并且迅速成为学界和政界热议的焦点问题。在现代社会理论对市民社会问题的探讨中,自由主义主张曾一度代表了强势的话语权,这种主张承袭了黑格尔和马克思关于政治国家与市民社会相分离的观点,但又根据时代的状况赋予了市民社会以新的内涵,倾向于将其理解为主要功能为阻止政治专制主义的、以多元化为特征的社会组织的共同体,与黑格尔对市民社会所做的暂时性、否定性理解以及马克思对市民社会的批判相区别,新自由主义更多地赋予了"市民社会"一词以肯定的、甚至是理想化的意味,认为市民社会的兴起和持久存在正是阻止政治专制主义的希望之所在,主张通过政治民主运动培育发达的现代市民社会,实现市民社会与国家的共同强大,从而在发展经济的同时充分实现和保障公民的自由与尊严。

近几年来,与自由主义立场相区别的西方左翼思想家的观点日益受到重视。20世纪初期,西方左翼学者曾经对马克思的市民社会批判理论进行过较为集中的探讨,其中最具代表性的是葛兰西的观点。葛兰西承认市民社会对政治国家具有基础和决定作用,这是和马克思相一致的地方,但与马克思的"国家—社会"二分的观点显著区别,葛兰西提出了"国家—社会—经济"三分的观点,主张把"市民社会"理解为庇护统治阶级不受经济危机剧烈冲击的现代福利制度体系[①],这种三分的观点后来深刻影响了西方左翼学者的市民社会思想。此外,葛兰西亦不赞同马克思关于暴力革命的主张,认为无产阶级应当通过建立一个"共产主义式的市民社会",展开充分的意识形态批判和文化批判、最终动摇资本主义国家和阶级权力的基础而取得政权。从20世纪60年代开始,以哈贝马斯为代表的新葛兰西理论继承了葛兰西"国家—社会—经济"三分的观点,认为在非国家领域中,还存在着"经济"与"市民社会"的界分,并且对市民社会的范围和作用加以进一步的限定。哈贝马斯认为,市民社会只是公共领域中的一个并不显眼的组成部分,由社会运动、公民倡议、公民论坛、政治联盟和其他社团所构成,其核心是一些非政府的、非经济的联系与自愿联合,它的主要作用是使公共领域的交往结构扎根于生活世界的社会成分之中。哈贝马斯既不赞同对以黑格尔为代表的、对市民社会的自由主义理解,也不赞同马克思所赋予市民社会的、对政治上层建筑产生决定性作用的"经济基础"

---

① [美]约翰·基恩:《市民社会:旧形象、新观察》,王令愉、魏国琳译,上海远东出版社,2006年,第12页。

地位,认为,虽然市民社会的各种组织对政治问题具有高度的敏感性,但市民社会对政治的影响是间接和微弱的,并不能够导致马克思所主张的社会革命。此外,哈贝马斯还在批判现代性的意义上对市民社会问题进行了探讨,认为现代性使生活世界的私人领域遭到侵蚀和破坏,而一种富有活力的市民社会只能形成于一种自由的政治文化和社会化模式的背景之下,是"合理化的生活世界"的产物①。约翰·基恩力图在整合近代以来对市民社会的各种理解基础上建构其市民社会理论,在这个整合中,马克思和哈贝马斯都发挥了重要的影响。基恩肯定市民社会的非政府性,但认为哈贝马斯对市民社会过于狭窄的限制剥夺了市民社会应有的权利和自由,主张把市民社会理解为一种"理想的、典型的社会形式"和"受到合法保护的、既复杂又生机勃勃的非政府机构",具有与政治极权相对立的"非暴力、自治、自省"的特点②。基恩借鉴马克思的思想,对市民社会的经济属性进行了肯定,第一次提出并论述了"社会主义的市民社会"观点,认为,"一种社会主义市民社会的理论……必须更多地考虑它在生产、交换和消费方面的组织原则",民主应当体现为"国家和市民社会之间的制度性分立"③,在这种分立中,国家应对受商品经济支配的市民社会负责。基恩强调了国家对市民社会进行管理的作用,但更加注重市民社会对于实现政治民主的基础性作用,认为,"一个开放的、多元化的、受值得公众信赖的国家机器保护并培植的市民社会,是民主的一个合乎逻辑的先决条件"④。基恩还试图在区分马克思的"市民社会"和"社会"概念的基础上,对晚年马克思对于国家与社会关系的论述进行深入的探讨。

　　现代社会理论从诸多角度探讨了市民社会问题,使市民社会成为

　　①　[德]哈贝马斯:《在事实与规范之间》,童世骏译,生活·读书·新知三联书店,2006年,第453~462页。

　　②　[美]约翰·基恩:《市民社会:旧形象、新观察》,王令愉·魏国琳译,上海远东出版社,2006年,第3页。

　　③　[美]约翰·基恩:《市民社会:旧形象、新观察》,王令愉·魏国琳译,上海远东出版社,2006年,序言第4页。

　　④　[美]约翰·基恩:《市民社会:旧形象、新观察》,王令愉·魏国琳译,上海远东出版社,2006年,第55页。

了一个内涵和外延都非常广泛和复杂化的概念，"市民社会"就如同一个多棱镜，折射出这个多元化的社会中人们对于民主、公正、进步、和谐、稳定、发展等美好社会前景的期望与诉求，其中也包含着诸多理论与实践上的疑难、困惑、矛盾和冲突。但是在这个过程中不难发现，几乎所有对市民社会的理解与阐发都要把马克思对市民社会的批判作为一个重要的立论前提，以自己的方式对马克思的市民社会批判理论做出回应，并且在不同程度上都无法否认马克思思想所具有的合理性与价值性，正如基恩所说，马克思对市民社会与现代国家的关系的历史性理解的确包含着"真知灼见"。这种状况也促使我们进一步反思：联系现代社会理论的发展，应当如何全面理解和深入开掘马克思市民社会批判理论的当代意义？如果再进一步联系我国和谐社会建设的现实需要就能够更加清楚地看到，这项工作不仅具有理论研究的意义，而且在实践领域上亦有着广阔的探索空间。

（作者单位：云南大学人文学院）

如何以现代性批判为视角
重构马克思思想阐释

罗　骞

　　马克思思想阐释与现代性批判的内在关系没有被本质性地揭示出来，甚至存在着双向背离，此种背离导致两个方面的基本后果：一方面，就现代性批判而言，当今的现代性批判话语往往在错误定性马克思思想的同时，远离和放弃了马克思的历史唯物主义批判路线，以生产方式范畴为基础的资本原则批判重新被置换为道德的、宗教的、审美的、哲学的观念论批判，在这种情况下，不少人往往非批判地、怀旧地重新拾回传统的原则来对抗现代性，或者离开现实的实践，将批判重塑为一种思想游戏和话语操作中的激进；另一方面，就马克思思想的阐释而言，没有从根本的意义上引进现代性批判这一本质重要的视角，马克思思想的主题、性质、特征及其意义等基本方面没有得到有效的阐释。在本文中，我们将就此一分离导致的第二方面进行探讨。就此探讨的内在要求而言，它大致包括了三个相互关联的方面：（1）在当今的语境中，现代性批判这一总体性阐释视角的缺失如何严重地影响了对马克思思想的基本把握；（2）以现代性批判作为阐释马克思思想的基本视角，我们将获得什么样的马克思思想肖像，亦即是说，这一阐释视角的切近引入对马克思思想的阐释将带来何种理论后果;(3)既然现代性批判这一视角对于马克思思想的阐释具有阅读范式转换的基本意义,我们将就如何以这一视角重构马克思思想提供大略的思路。当然,此处对这三个方面进行的阐释,都具有某种"抽象"性质,我们不可能和盘托出此种抽象后面的"具体",而只可看成一种勾勒和纲要。

一、目前马克思思想阐释中面临的问题

诚如伊格尔顿所说的那样,只要现代性还不死,人们还生活在现代性的矛盾之中,马克思的思想就会是相关的①。从现代性批判作为课题化的研究对象之日起,马克思的思想就不同程度地从现代性批判的视角得到阐释。然而我们发现,不论就现代性批判中马克思思想视角的引入,还是就马克思思想阐释中现代性批判视角的确立而言,研究都没有推进到规范基础的层面,可以说二者还处于相对分离之中②。单就马克思思想的阐释而言,由于缺乏现代性批判视角的本质性引入,在现代性批判已经在后现代语境中成为基本主题的情况下,马克思思想的核心主题、内在特征、基本性质、当代意义等等都变得模糊不清了,它不是被误判就是根本缺席。可以说,在当代语境中,马克思思想的阐释面临着一系列困难和被严重误解的趋势:

其一,马克思思想核心主题的模糊。马克思思想的核心主题和基本任务曾经十分的明确,这就是对现代资本主义社会的批判,将对现代意识形态的批判同对现代社会历史存在论基础的深刻剖析紧密结合起来,揭示资本主义的内在原则和历史限度,指明人类未来的发展方向,并且以革命的方式实际地参与到改造社会的历史运动之中。然而到了20世纪中期以后,面对现实的专制、暴力、恐怖、清洗、屠杀等等一系列灾难逐渐形成的现代性批判话语,逐渐将批判指向了启蒙理性和启蒙

---

① 特里·伊格尔顿:《历史中的政治、哲学、爱欲》,马海良译,中国社会科学出版社,1999年,第118～119页。
② 关于此点,我在博士论文《马克思的现代性批判及其当代意义》的《前言》中有较详细一些的梳理和评论(藏于复旦大学图书馆)。

精神,以生产方式为基础的社会形态理论遭到质疑,马克思在历史唯物主义基础上以资本为本质范畴对现代文明进行批判的路线被严重遮蔽和放弃了,从根本上说,现代性概念更多被塑造为一个意识形态范畴。按照詹姆逊的看法,现代性批判话语的兴起本来就执行着置换马克思资本主义批判的意识形态功能①。在这种语境中,不少人在辩护和捍卫的意义上将马克思思想的主题和任务看成是发动一场思想史内部的革命,主要是对思想的批判,而不再是对现代社会本身的批判和超越,不再是对现代性存在论状况深入的历史唯物主义揭示。

其二,马克思思想基本性质的误判。由于马克思思想的核心主题被模糊和弱化,人们较少从马克思批判现代社会的成败得失来判定马克思理论的基本性质和意义,而是从理论形态特征来进行这种判别,我们随处可见对马克思思想性质相互矛盾的指认。由于现代性被看成是现代的价值取向、思想范式理论风格和表述方式等等,而不再是马克思历史唯物主义意义上的社会存在论规定,不再是以资本为本质范畴的存在论状况及其内在规定,马克思思想往往被从形式特征上阐释为一种典型的现代性理论,在另一种情况下又被看成是批判现代性的具有后现代意蕴的思想体系。而在元哲学的解读路线上,马克思更多的被批判为一个形而上学思想家,其理论本身具有基础主义、还原主义、本质主义的特征,而在捍卫的意义上他又被阐释为一个后形而上学的具有当代性特征的思想家。不论是哪一种判定,马克思的思想不再是一种批判的思想,而是一种思想的批判,不再是一种革命的理论,而主要成了一种理论的革命,由此马克思思想的阐释走向了一种纯粹学院化道路。目前许多关于马克思的争论都具有这种性质,形而上学与反形而上学,人道主义与反人道主义,科学理论与意识形态等等相互矛盾的指认不断地陷入观念先行的文本收罗和材料编织。马克思思想的基本性质在这种积极的张罗和繁荣中不断地被误判。在这个意义上,我们同意雷蒙·阿隆的说法,如果没有成千上万的马克思主义者,马克思基

---

① 詹姆逊:《全球化与政治策略》,载《当代国外马克思主义评论》(第二辑),复旦大学出版社,2001年版,第285~286页。

本的指导思想是不难确定的①,而恰恰是众多偏离主题的阐释使得马克思思想的基本性质漂浮不定。

其三,马克思思想内在总体性的肢解。与这种性质误判及其分歧密切相关的是,马克思主义哲学、政治经济学、科学社会主义之间的内在关系没有被有效地揭示出来,它们之间至多被阐释为基础、运用和结论这样一种线性的因果关系,各个学科阐释之间实际上相互孤立而不是相互支持。受到现代学科建制和专业细化的影响,这种分裂被强化了。马克思的思想被各取所需地加以阐释,各个学科之间在马克思那里相互贯穿的内在总体性在阐释中被瓦解了,就像马克思当年指出黑格尔体系被瓦解时的情形一样,片断被夸大为总体②。这一现象有许多表现,比如说,哲学上将马克思思想宣布为一种具有原则高度的思想史革命,而离现实更近的政治经济学和科学社会主义的思想地位却广泛动摇,此种动摇决不只是,甚至主要不是发生在思想、学术的内部,而是从实践的基础上被撼动。在一些人那里,马克思的政治经济学批判被阐释为一种并不成功的实证经济学,对现实实践没有指导意义的教条,科学社会主义被看成是一种社会的乌托邦设想,在最好的情况下也不过如恩斯特·布洛赫所阐释的那样,是可以用来对抗现实的、执行意识形态的"希望原理"。导致这种阐释状况的根本原因就是马克思思想的内在总体性没有被有效地揭示。即使存在实现学科贯穿的某种努力,多数也不过是"批判性言论、经济学原理和关于未来社会的观念组成的色调极为复杂的混合"③,而没有真正揭示各个研究领域之间的内在联系。

其四,马克思思想意义的低估。由于马克思思想的意义被阐释为思想史内部的革命,而不是批判现代社会的本质力量,马克思思想的力量和意义被严重地低估了。人们甚至无视马克思对现代性的深入批判和此种批判所昭示的社会历史意义、人文主义传统,以及强烈的社会责任、历史担当意识和实践参与指向,反而通过现实实践将其指认为专制

---

① 雷蒙·阿隆:《社会学主要思潮》,葛智强等译,华夏出版社,2000年,第91页。
② 《马克思恩格斯选集》第1卷,人民出版社,1995年,第63页。
③ 《马克思恩格斯全集》第3卷,人民出版社,1960年,第59~60页。

主义、独裁主义,给人类带来了现实的灾难,从而要求理论从实践中"撤出"等等。从理论上说,由于"资本"概念没有在马克思历史唯物主义的思想视域中得到正确理解,没有被从根本的意义上阐释为现代性的存在论范畴,马克思对现代性的批判被理解为一种经济决定论、经济还原主义、生产范式和劳动范式批判等等,历史唯物主义思想视域对现代性存在论批判路线的奠基性意义被严重地忽视,现代性批判重新走向了观念论批判的道路①,放弃对历史本质和内在性的把握,将对社会现象的追踪和对社会存在观念论副本的批判看成是具有本质高度的理论批判。在资本全面铺张的当代语境中,马克思思想基本历史意义被淡化和遗忘的同时,人们失去了真实的历史意识,历史时间变成了一维的"当下",实际地表现为肯定主义和非实践的伪激进主义姿态到处蔓延。

我们认为,导致这些阐释困难和偏差的原因是多方面的,既有现实历史的,也有理论阐释方面的。其中,单纯从学科建制的方式切入马克思思想的阐释是重要原因之一,它导致了对有机思想总体的肢解和局部的深入细化,而很难以总体性的视角来贯穿对局部思想意义的把握。实际上,在马克思那里并没有孤立的学科,而是一个相互融合的总体性思想体系,甚至马克思对任何一个学科的研究都不是从学科建制的角度入手,而是服从和服务于对现代社会历史的批判,探索人类历史的未来走向和基本规律。马克思在历史唯物主义的视野中形成了独特的现代性概念和现代性批判理论,以马克思对现代性的批判为线索,重构马克思思想发展的历史和内在结构,就能够抓住马克思思想的实质,纠正马克思思想阐释中的如上一系列偏差,提供一种新的马克思思想肖像,辩证地揭示马克思思想的历史意义。

二、现代性批判视角对马克思思想阐释的重要意义

马克思思想出场的语境是现代性问题,现代性批判是马克思思想

---

① 对"观念论批判"较为详细的界定可见拙文《马克思现代性批判的当代实践意义》,载于《黑龙江社会科学》2006 年第 2 期。

的核心主题,这一主题在马克思思想的"历史"和"结构"中具有总体性的意义。以"现代性批判"为基本的阐释视角,马克思思想发展的历史进程和体系结构就会得到新的理解,其思想的论域、重心、性质、意义,其思想内部的要素、概念、结构,以及与他人思想之间的同一、差异、继承、断裂等等都会呈现出新的面貌。我们甚至可以认为,现代性批判这一视角对马克思思想的阐释具有一种阅读范式转换的基本意义,能够提供出一个新的马克思思想肖像,有利于结合当代的思想和实践辩证地揭示马克思理论的重要意义:

首先,明确马克思思想的核心主题是现代性批判,对马克思思想进程的划分就突破了两种标准,既不再单纯以专业哲学内部的性质变化来划界,也不再以马克思是否形成完善的经济学批判体系来划界。前一标准往往形成阐释马克思思想变革时的黑格尔和费尔巴哈"镜像",后者则形成意识形态和科学形态的早晚两个马克思争论。这两种标准都从思想史发展的内部来判定马克思思想的演进,没有明确马克思思想的现代性批判这一"总问题",并以此为标准划分马克思思想的发展。以马克思对待现代性的态度来看,马克思的思想转折发生在《黑格尔法哲学批判》和《德法年鉴》时期。《黑格尔法哲学批判》之前是对现代性的哲学论证和政治呼唤,表现为一种非批判的启蒙主义立场。而《黑格尔法哲学批判》中萌芽的现代性批判立场在《德法年鉴》的两篇文章中完全地得到了明确,从此开始,现代性批判贯穿了马克思思想的全部发展及其内容。受到现实历史的影响,马克思对待现代性的态度发生着或剧烈或微妙的变化,客观上我们也可以看到这些变化直接地决定并反映在马克思理论研究活动的形式和内容之中,因此可以以此重构马克思思想的发展史,突破学科解读进路的阶段划分。

其次,马克思重要著作的基本性质获得新的阐释,而不再从属于单纯学科领域内的学科还原论判断。比如说,关于对马克思博士论文的理解,我们就从物质本体论和精神本体论的解读框架中解脱出来,关注的中心移到了"自我意识"哲学与现代性的关系,着重揭示它如何以哲学的方式捍卫和呼唤启蒙精神,其沉默的深层旨趣是为落后的德国捍卫走向现代的基本取向。这样一来,所谓"自我意识"的"唯心主义"因素和"自然哲学"的"唯物主义"因素在博士论文中的搭配比例或对立关系就解除了。再比如说，《1844 年经济学—哲学手稿》被阐释为现代性批判的第一个"总体性"文本，在那里，"抽象劳动"成为马克思现代性批判赖以出发的核心范畴，并由此成为贯穿哲学批判、政治经济学批判和社会主义思潮批判的枢纽。这样，手稿的意义就不是被判定为纯哲学或纯经济学内部的思想革命或非革命。在哲学上将《1844 年经济学—哲学手稿》归为"费尔巴哈的类"或"黑格尔的类"，在经济学上将它归为"斯密的类"或"李嘉图的类"，基本没有正确地揭示出这一著作的重要意义，甚至会因为它的某些专业"毛病"和"漏洞"而判定它的"前马克思性质"。再比如说《德意志意识形态》，以现代性批判为总体的视角，我们就可以通透地阐释和理解马克思各个学科批判之间的内在关系，理解马克思的历史唯物主义如何在现代性批判过程中形成，反过来又指导马克思的具体研究。这样，就可以全面地把握《德意志意识形态》的理论贡献和文本结构以及它与其他前后著作之间的相互关联，它不再只是被看做在一种元哲学的意义上"突变般"地完成了历史唯物主义，在一般的意义上实现对历史唯心主义的颠倒；相反，其实践的革命指向，对"真正社会主义"的批判，对现代社会特征的深刻揭示都应该成为关注重心，否则，历史唯物主义就会成为没有实质内容的抽象教条，而不再是一个丰富的具体的思想总体。

再次，以现代性批判为"总问题"，我们能够更有效地揭示马克思各个学科领域研究之间的内在关系，而不是有意无意地把它看成各个组成部分之间的分化和并置。马克思思想的核心主题是现代性批判，资本主义理论、社会主义理论和与此密切相关的革命理论构成了现代性批判内在相关的基本内容，政治经济学批判、哲学批判以及社会政治思潮的批判只是他展开现代性批判的基本领域，这些学科研究本身又通过现代性批判这一根本问题贯穿起来，从根本上说，学科批判不是目的而只是手段和工具。开始时，以法哲学批判的方式揭示了现代解放的政治意义及其形式解放的实质，指明市民社会的物质关系相对于政治上层建筑和意识形态的基础性地位；接着，将批判的中心转移到对市民社会经济基础的批判，并在此基础上批判"哲学批判"的抽象性和观念论性质,整个批判的任务是揭示现代性的特征和困境,探索未来社会的实现道路并实际地参与创造历史的过程。这一批判得到了多个学科理论资源的支持,同时,各个学科的批判之间又批判性地相互克服,形成了以资本现代性批判为基本主题的总体性思想视域。单纯从分化的学科领域进入这一总体性思想的阐释,往往导致一种还原论的解读,以"现代性批判"这一总体性问题为视角阐释马克思的思想,可以克服单纯学科化解读带来的限度及其专业性的遮蔽。

最后,从现代性批判出发阐释马克思的思想,有利于有效地把握马克思思想的理论意义和作为革命理论的实践品性。从现代性批判的总体性出发,我认为,马克思思想的意义主要不在于在各个学科范围之内实现思想史内部的变革和超越,而在于为现代文明的批判和反思提供了"资本批判"这一基本范式,开辟了现代性批判的历史唯物主义路线。如果未来的人们能够有机会反思我们这一段历史,我相信,"资本"将成为我们这个时代最根本的名称,马克思将以对这一时代的资本命名和批判而成为这个时代真正的思想代表。不仅如此,此种批判的首要意义还在于它是实践的,要求参与历史并真正地参与了历史的现实构成,为理解历史和创造历史提供了一个开放的可能性空间。正是在这个意义上,我认为,马克思不是一个将哲学问题本身课题化的哲学家,他以哲学的方式批判现代性,而不是在专业哲学的范围之内超越现代性哲学或者成其为一种现代性哲学。固然,在马克思现代性批判的思想中蕴含着一种基本的、十分重要的哲学视域,但它显然不是马克思思想的本质和重心所在。马克思批判了单纯思想范围之内的超越和革命,并指明了此种超越的限度①,单纯将马克思阐释为在思想史范围之内实现了思想变革的思想家,决不是提高而是低估了马克思思想的意义。

---

　① 《马克思恩格斯选集》第1卷,人民出版社,1995年版,第92~93页。

三、如何以现代性批判为视角重构马克思思想的阐释

马克思思想的核心主题是现代性批判,现代性批判这一阅读视角的确立有利于解决马克思思想阐释中面临的一系列问题,提供出一种新的马克思思想肖像。我认为,以现代性批判来重构马克思思想阐释,应该坚持文本解读与逻辑勾勒相结合,经典阐释与当代对话相结合的原则。大体来说,可以从三个方面来展开这一阐释工作:

第一方面是思想发展的历史重构。以现代性批判为线索对马克思思想发展进行重构式的解读,探索和勾勒马克思思想发展的内在逻辑,对马克思思想发展进行新的划界,在对马克思现代性批判理论的再现中实现对马克思思想发展历史的重构。前面我们说过,可以以现代性批判态度的变化及其在理论研究中的表现来划分马克思思想的历程,因为这种态度的变化明显地表现为马克思理论活动及其特征的变化。马克思的现代性批判经历了博士论文和《莱茵报》的前批判时期,然后从法哲学领域内展开的现代性批判(1843~1844年较短的两年时间),到一种跨越学科领域的总体性批判(1844~1853年),再到专业的政治经济学批判这样一个逐步展开和逐步推进的过程,晚年兴趣又转移到了经济学范围之外,这就是对东方社会的探索和大量人类学笔记。各个阶段之间既是一种逐渐深入、不断推进的关系,同时又相互印证、相互介入,相互克服、相互扬弃。

《黑格尔法哲学批判》之前,马克思思想具有启蒙现代性的基本定向,即使在博士论文之后的《莱茵报》重要政治评论中,虽然面临“对物质问题发表意见的难事”①,总体上说,马克思还是以现代的自由、民主、平等立场批判落后的德国现实,专制德国与英法的对比成为其思想批判的历史背景,现代性的理性主义和人道主义原则是他基本的理论支持,追求现代自由和解放是基本目标。带着《莱茵报》时期的“困惑”,马克思重新回到书房,在《黑格尔法哲学批判》中确立了市民社会

---

① 《马克思恩格斯全集》第31卷,人民出版社,1998年,第411页。

是政治国家的基础这一基本理论原则。从方法论上来看,这意味着,马克思不再在哲学的内部来把握哲学,而把哲学看做现实历史存在的"副本"①,走出了抽象形而上学的思辨视野;从具体内容来看,马克思通过考察市民社会与政治国家的现代二元论分裂,开始触及和批判现代国家和现代政治的抽象特征,对现代性特征的把握已经在法哲学的视域中初步展现出来了。在接下来的《论犹太人问题》和《〈黑格尔法哲学批判〉导言》中,对"政治解放"和"人类解放"的原则性区分,"现代"被作为纯粹政治的抽象解放规定下来,初步地明确了一种形态学意义的现代概念,现代的基本原则和内在限度已经从法哲学批判的角度被历史地确定了。既然政治解放只是表达了市民社会抽象的利己主义和个人主义原则,对市民社会现实物质关系的批判就潜在地成为基本的理论导向。从现实的机缘来看,1844年移居巴黎,使得哲学批判与经济学和社会主义思潮真正本质性的接触得以进行。从此,现代性状况和现代性原则本身受到哲学式的总体性反思和批判,马克思将对哲学的批判、对政治经济学的批判和社会主义思潮的批判有意识地贯穿起来,汇聚于现代社会批判这一根本的主题。

自《1844年经济学—哲学手稿》以后,马克思一方面批判青年黑格尔派的理智形而上学本质,揭示他们的思辨哲学只是无意识地表达了现代社会的精神原则,另一方面,展开对现代社会历史的存在论分析,通过对私有制、社会分工、资本货币等等为中介的存在论分析,形成了现代性的历史唯物主义批判路线,揭示现代之为现代的基本原则,理论探索的目的在于指明历史之未来向度,并为革命提供理论基础。1848年发表的《共产党宣言》以阶级革命的视角简练地汇聚了所有这些主题,成为马克思现代性批判的纲领性文件。1848年开始的革命失败以后,通过对整个革命运动和历史趋势的短暂反思②,马克思冷静化解了

---

① 《〈黑格尔法哲学批判〉导言》,见《马克思恩格斯全集》第3卷,人民出版社,2002年版,第200页、204页、205页。马克思将对黑格尔法哲学的批判看成是对"副本"的批判,而不是对原本的批判,不是对"现代的政治社会现实本身"的批判,以黑格尔为代表的德国的法哲学和德国国家哲学是"当代现实"在观念上的呈现。

② 其成果是《1848年至1850年的法兰西阶级斗争》和《路易·波拿巴的雾月十八》,分别见《马克思恩格斯全集》第7、第8卷,人民出版社,1959年、1961年。

前一阶段激进的革命姿态和革命失败之后的低沉,理论的批判以更加专业化、科学化的政治经济学批判的方式展开。政治经济学的批判贯彻了法哲学批判时期形成的主题,并且推进法哲学时期对现代性抽象性、分裂性的诊断,但同时又彰显了法哲学批判的限度,克服其抽象性和思辨性的同时表明了经济学批判的基础重要性,整个政治经济学批判可以看成是现代性批判的基础存在论分析,它既是批判政治经济学,更是通过政治经济学对现代性展开的存在论分析和存在论批判。后期的经济学批判具有了"科学性"和"实证性"的特征,但却没有脱离前面确立的反思、批判和超越现代性这一基本视域。不能脱离价值立场、实践指向将马克思经济学研究阶段的理论活动看成是一种对现代性的经济还原主义批判。这种片面论断没有从马克思思想发展的内在逻辑来把握思想各个发展阶段的性质和意义。实际上,从马克思现代性批判这一基本主题出发,我们很容易理解为什么晚年马克思在没有完成《资本论》第 2 卷和第 3 卷编订工作的情况下,还将大量的精力用于对东方社会发展道路的探讨和对人类学等著作的阅读,基本指向仍然是超越现代性的途径和实践可能性。

第二方面是思想内容的体系重构。以现代性批判为视角对马克思思想体系进行一种新的逻辑勾勒,重新揭示马克思各个学科理论活动之间的内在关系,把握马克思思想内在的总体性。我们认为,历史唯物主义或者说唯物史观不是一种抽象的本体论哲学,而是一种具体的社会历史存在论分析,是同政治经济学批判和科学社会主义内在统一的思想视域。正是这一思想视域的确立,使得马克思将以黑格尔为代表的理性现代性批判范式重建在资本批判的基础之上,重建了现代批判的理论基础,现代性批判成为统摄了主体(意识形态的精神观念方面)和客体(社会存在的物质关系)两个方面的总体性批判,而不再是一种理性的观念论批判。在历史唯物主义的总体性思想视域中,范畴的使用往往不再只具有单纯学科的性质,而是批判性地改造了孤立学科建制中的基本概念,使它们在新的思想视域中得到定位并成为全新的理论工具。这样一来,各个学科领域的研究和思想批判就不再是根本目的,而是一个相互贯穿的思想总体。在这个意义上,历史唯物主义不再是一个学科部门，更不是哲学体系中的一块，它是"唯一的历史科学"。按照卢卡奇的说法，在马克思那里，政治、经济、文化内在地汇合起来，某一问题的历史实际上变成了诸问题的历史，归根结底就没有什么独立的法学、政治经济学、历史科学等等，而只有一门唯一的、统一的、历史的和辩证的——关于社会（作为总体）发展的科学①。当然，历史唯物主义作为一种思想视域，并不只是关于社会历史发展的科学，而是内在地包含在社会性和历史性中对自然以及所有存在事物的理解，在此意义上它是一种存在论。

我们应该在这种历史唯物主义的视域中揭示马克思主义基本范畴的内涵，并且通过揭示它们之间的内在关系来重构对马克思思想的总体性阐释，而不能仅仅从某一学科出发来理解这些范畴，在一种学科分化的解读中揭示马克思思想的基本意义和基本性质。比如说商品和资本范畴，在历史唯物主义的视域中是普遍的存在论中介，对商品资本的批判和分析实际上就是揭示现代性的存在论状况和存在论规定，而不仅只是一种实证的经济学研究，如果我们仅仅从现代经济学的角度来理解，它们就会失去历史唯物主义的批判维度。再比如说异化和自由范畴，如果仅仅从元哲学的角度来理解，而看不到它们在马克思那里同分工、所有制、劳动、商品、资本等等之间的相互关系，就往往会被阐释为一种抽象的形而上学概念，并由此误判马克思思想的基本性质，这种误判在青年马克思和晚年马克思的断裂说中表现得十分突出。实际上，这些范畴作为现代性的基本范畴和作为马克思现代性批判和历史唯物主义的基本范畴之间是一致的，它们本质地揭示了现代性的存在形式和存在规定，并不只具有学科建制中的哲学或经济学性质，我们应该在历史唯物主义的视域中阐释这些范畴及其相互关系，并用它们来表述马克思的现代性批判理论和历史唯物主义视域。

---

① 卢卡奇:《历史与阶级意识》，杜章智等译，商务印书馆，1992 年，第 85、第 77 页。需要说明的是，这是而且仅只是说马克思主义将社会历史作为总体来总体性地研究，形成了一个总体性的思想视域，而不是否定其他专门性学科的存在地位及其对马克思思想进行学科解读的意义，甚至以强制的方式来取消专门研究，宣布它们为伪科学，如此等等。

在这样的思想视域中,现代性被理解为现代之为现代的基本历史建制及其特征,它体现的是观念世界和对象化世界相互贯穿的总体性,而不仅指现代的意识形态,毋宁说现代的各种意识形态恰好是对现代性的不同反映形式。马克思以"资本"为核心范畴将现代概念化,通过对现代性特征的阐释,揭示了现代世界的异化本质和超越现代性的阶级革命维度。现代性的抽象性、流动性、矛盾性、世俗性等等,都与资本的推动和贯穿具有本质的关系,同时也就是现代社会异化的具体表现,它们既是现代性的存在论状况,也是现代性意识形态的特征,表明了现代社会中自由的获得和再度失落,人的自由和全面的发展本质上要求对现代性的根本超越,亦即是克服现代性的异化状况,从被资本中介的存在论规定解放出来,此种解放不是一种单纯主体的冲动,也不是纯客观的宿命论过程,而是主客体相互作用的历史辩证法。马克思将现代性意识形态的批判建立在以政治经济学批判展开的存在论分析基础之上,不是非历史地在"主体性"批判的名誉下批判现代的人道主义和理性主义原则,批判现代性的价值取向及其历史成就,而是将其置于现代历史的基本建制中进行批判,揭示其历史的存在论基础,揭示其内在的限度和悖论。将社会历史运动的主体和客体方面辩证地揭示出来,马克思的现代性批判获得了一种辩证的立场,此种辩证立场不仅指获得一种辩证看待历史的姿态,而且是指对历史辩证运动规律的把握。

这样一来,我们就抓住了马克思思想的内在总体性,根本不存在如何从物质存在过渡到社会存在的困难,也不存在如何从哲学过渡到经济学,再到科学社会主义的问题。而且,以马克思现代性批判基本范畴的阐释和对现代性特征的揭示为基础,很容易揭示出马克思现代性批判理论本身的基本特征。在我看来,马克思现代性批判理论具有方法论上的总体性,价值立场的阶级性,理论批判的实践性和批判态度的辩证性等基本特征,通过对这些特征的准确把握和有效阐释,本身又能推进对马克思思想体系的整体理解,也可以为申述马克思思想在当代的理论意义和实践意义奠定基础。

最后一方面是思想史的关系重构,也就是以现代性批判为视角,重新揭示马克思思想同其他思想体系之间的相互关系。这一重构应该以比较研究的视角在三个时间维度上展开,既探讨马克思与前辈思想家的关系(比如黑格尔),也探讨他与同时代人之间的关系(比如青年黑格尔派、实证主义学派等等),更要探讨马克思思想同当今现代性批判话语之间的关联和基本差异①。这些探讨要贯穿现代性批判这一总体性视角,避免一种学科还原论解读。

比如说,单纯从哲学本体论的角度来看,马克思与黑格尔之间的思想关系不是被看成形而上学内部的关系,就是形而上学与非形而上学之间的关系,不仅黑格尔和马克思对现代性的批判,而且他们思想与现代性状况本身的存在论关联都被遮蔽了,思想成了思想史内部的自我生成和自我繁殖。以现代性批判为视角来展开黑格尔和马克思思想关系的研究,不仅有利于重塑马克思的思想肖像,而且也有利于重新解读黑格尔,有利于探索现代性批判发展的思想谱系。我认为,马克思通过对黑格尔理性国家和市民社会关系的批判,在对市民社会物质关系的阐释中以资本而不是以理性命名现代,重建了现代性批判的理论范式②,其现代性批判是一种历史唯物主义的存在论批判,而不是观念论的意识形态批判,在当今现代性批判再度观念论化的思想语境中,此一批判路线具有本质的重要性。

由于现代性批判是在当今的语境中被课题化的,从现代性批判的角度出发与当代思想展开批判性的对话更是重构马克思思想阐释的重要课题。唯有如此,才能结合当今的时代准确把握马克思思想的历史限度,从而推进和发展马克思主义,也才能有效地评价当今现代性批判的基本成果。为此,我们需要对当今现代性批判有全面的了解,以必要的文本解读为基础,勾勒后现代语境中现代性批判的主题、谱系以及呈现出来的基本问题和思想倾向。由于现代性批判的广泛性和复杂性,不可能进行面面俱到的追踪,我认为可以将哈贝马斯、吉登斯、詹姆逊和鲍德理亚的现代性批判作为典型,尤其是他们从各自的角度对马克

---

① 这一探讨的基本方面可见拙文《"现代性"批判的两种不同定向——论马克思资本批判与"现代性哲学话语"的基本差异》,载于《教学与研究》2005 年第 7 期。
② 这一点在拙文《重建现代性批判的理论范式——从现代性批判的视角看马克思对黑格尔的批判及其意义》中有较详细的论述。见《天津社会科学》2006 年第 6 期。

思的批判和反思,基本上从不同的现代性批判进路(价值、制度、体验)和不同的思想立场(现代性、后现代性)反映了当今思想界对马克思进行反思的全面状况,同时也反映出现代性批判话语的大致谱系。通过对他们的现代性批判理论与马克思的现代性批判理论的对比考察,以及批判性地反思他们对马克思的批判,既揭示马克思现代性批判思想的奠基性意义及其限度,同时也可以在此基础上阐释我们对如何推进现代性批判的一些理解,重申马克思现代性批判在当代的意义。当然,此种研究细密而全面的展开就不是这里所能提供的了。

(作者单位:中国社科院马克思主义研究院)

第三专题

现代性与社会理论的当代视域

Quanqiuhua Beijing Xia
De
Xiandaixing Wenti

海德格尔的现代性批判及其启示

俞吾金

在现代性问题的探讨中,海德格尔并不是一个引人注目的人物。我们发现,在他留下的浩如烟海的著作和手稿中,并没有专门的文字来论述这个问题。但我们决不能就此得出结论说,完全可以撇开海德格尔来讨论现代性问题。事实上,海德格尔是绕不过去的,因为他通过对形而上学发展史,尤其是现代形而上学及其表现形式的反省,比其他任何人都更深刻地揭示了现代性的本质。充分地借鉴海德格尔这方面的思想资源,将使我们在对现代性问题的思索中站在思想的制高点上。

一、海德格尔对现代社会基本现象的诊断

尽管海德格尔在其论著和手稿中很少使用"现代性"(modernity)的概念,但是,诸如"现代"(modern times)、"现代人"(modern)这样的概念却十分频繁地出现在他的论著和手稿中。1938 年,海德格尔在弗莱堡作了题为《形而上学对现代世界图像的奠基》的学术报告。正是在这个报告中,他提出了现代社会中最值得注意的以下五个基本现象:(1) 科学;(2)机械技术;(3)艺术进入了美学的视界内;(4)人类活动

被当做文化来理解和贯彻;(5)弃神。① 并对这些现象逐一进行了阐释。

首先,海德格尔指出,他在这里谈论的"科学"并不是一般意义上的科学,而是指"现代科学"。他这样写道:"筹划(Entwurf)与严格性(Strenge),方法(Verfahren)与企业活动(Betrieb),它们相互需要,构成了现代科学的本质,使现代科学成为研究。"② 那么,海德格尔这里所说的"研究"(Forschung)又是什么意思呢? 在他看来,研究是一个还远远没有得到人们理解的现象,其实,它"标志着现代科学开始进入它的历史的决定性阶段。现在,现代科学才开始获得它自己的完满本质"③。从本质上看,研究意味着对研究对象的支配。事实上,当研究者能够预先计算出存在者的未来过程,或者能够事后计算过去的存在者时,研究就支配着存在者。具体地说来,在预先的计算中,自然成了被摆置的对象;而在历史学的事后的计算中,历史也成了被摆置的对象。这就启示我们,现代科学作为研究,其本质是对对象的筹划、支配和摆置。

其次,海德格尔强调,他谈论的机械技术也不是一般意义上的技术,而是作为"现代技术之本质的迄今为止最为显眼的后代余孽"④的机械技术。在他看来,不应该像人们通常所做的那样,把机械技术曲解为现代数学、自然科学的纯粹的实践应用,而应该把它理解为一种独立的实践变换,而正是这种变换才使数学、自然科学的应用成为可能。海德格尔告诉我们:"在现代技术中起支配作用的解蔽乃是一种促逼(Herausfordern),此种促逼向自然提出蛮横要求,要求自然提供能够被开采和贮藏的能量。"⑤ 他还进一步把这种"促逼"称之为"座架"(Gestell),而"座架意味着那种解蔽方式,此种解蔽方式在现代技术之本质中起着支配作用而其本身不是什么技术因素"⑥。海德格尔不无担忧地指出,在座架占统治地位之处,便存在着最高意义上的危险,因

---

① 《海德格尔选集》(下),孙周兴选编,三联书店,1996年,第885~886页。
② 《海德格尔选集》(下),孙周兴选编,三联书店,1996年,第895页。
③ 《海德格尔选集》(下),孙周兴选编,三联书店,1996年,第894页。
④ 《海德格尔选集》(下),孙周兴选编,三联书店,1996年,第885页。
⑤ 《海德格尔选集》(下),孙周兴选编,三联书店,1996年,第932页。
⑥ 《海德格尔选集》(下),孙周兴选编,三联书店,1996年,第938页。

为"在以技术方式组织起来的人的全球性帝国主义中,人的主观主义达到了它的登峰造极的地步,人由此降落到被组织的千篇一律状态的层面上,并在那里设立自身。这种千篇一律状态成为对地球的完全的(亦即技术的)统治的最可靠的工具。现代的主体性之自由完全消融于与主体性相对应的客体性之中了"①。乍看起来,机械技术体现出现代人对自然的控制,其实,现代人本身也受到蕴含在这种现代技术本质中的座架的控制,从而完全沦为工具性的存在物②。

再次,海德格尔所说的"艺术进入了美学的视界内"究竟是什么意思呢? 在《形而上学对现代世界图像》一文中,海德格尔只用下面这句话进行了解答:"这就是说,艺术成了体验(Erleben)的对象,艺术因此被视为人类生命的表达。"③在这一过于简洁的解答中,海德格尔试图表达什么观点呢? 我们无法加以猜度,只能从他的著作《尼采》的第一章《作为艺术的强力意志》中追寻他的思路。众所周知,"美学"这一概念是由德国哲学家鲍姆加登于 18 世纪提出来的,由此可以断定,海德格尔在这里说的"艺术"指的也是现代艺术。他告诉我们:"现在,对艺术之美的沉思明显地,甚至唯一地被置入与人类感情状态,即 αισθηγηις 的关联之中。毫不奇怪,在近代几个世纪当中,美学本身已经得到了奠基和有意识的推动。这也可以说明,为何到这个时候才出现'美学'这个名称,以表示一种早就被铺平了道路的考察方式。感性和感情领域里的'美学',被认为就如同思维领域里的逻辑学;所以,美学也被叫作'感性逻辑学'。"④在海德格尔看来,伟大的艺术品之所以伟大,因为存在者整体的真理,即无条件者或绝对者,通过它们而开启出来,然而,与美学的支配地位的形成以及对艺术的美学关系的形成相同步的,是伟大艺术在现代的沉沦。这种沉沦并不是风格上的卑微化

---

① 《海德格尔选集》(下),孙周兴选编,三联书店,1996 年,第 894 页。
② 海德格尔在《形而上学之克服》一文(1953 年)中曾经预言:"因为人是最重要的原料,所以就可以预期,基于今天的化学研究,人们终有一天将建造用于人力资源的人工繁殖的工厂。"参阅海德格尔:《演讲与论文集》,孙周兴译,三联书店,2005 年,第 98 页。不幸的是,这一预言在当代生活中已经被证实了。
③ 《海德格尔选集》(下),孙周兴选编,三联书店,1996 年,第 885～886 页。
④ 海德格尔:《尼采》(上卷),孙周兴译,商务印书馆,2002 年,第 90 页。

或质量上的降低,而是指艺术丧失了它的本质,即不再把开启并显现绝对者作为自己的基本任务。尼采甚至把美学理解为"一门应用生理学",这样一来,"艺术被移交给自然科学的说明,被逐入一个事实科学领域之中了。实际上,对艺术及其最后效果的美学追问在这里得到了彻底的思考。感情状态被归结为神经系统的激动,被归结为身体状态"①。海德格尔认为,正是在美学的这种审美观照中,现代艺术失去了自己的本质,沦落为事实科学的研究对象。

第四,海德格尔所说的"人类活动被当做文化来理解和贯彻"又是什么意思呢?在这里,关键是要弄明白他所说的"文化"究竟是什么意思。在《尼采》一书的第五章《欧洲虚无主义》中,海德格尔在批判历史学家们谈论的所谓中世纪的"文化价值"和古代的"精神价值"时指出:"但是,在中世纪是没有过诸如'文化'这样的东西的,在古代也没有过诸如'精神'和'文化'这样的东西。作为人类行为的蓄意被经验的基本方式,精神和文化只是在现代以来才出现的;而只是在最新时代,'价值'才被设定为人类行为的标尺。"②当然,海德格尔申辩说,他的意思并不是说早先的时代都是没文化的,都处于野蛮状态中,而是要表明,用"文化"、"精神"和"价值"这类概念并不能道出早先时代的历史本质。那么,在现代社会中,文化究竟具有正面价值还是负面价值呢?海德格尔答案是后者。他认为,在现代社会中,"文化本身被抬举为'目标',或者——这本质上是同一个意思——,文化可能被设置为人类对于地球的统治地位的手段和价值"③。他特别叙述了现代社会中基督教和文化之间的亲缘关系:"现代文化都是基督教的,即使在它变得无信仰的时候亦然。另一方面,基督教则想方设法努力保持其文化能力,力求成为一种文化基督教,而且恰恰就在信仰的基督教已经远离于原始基督教的地方。"④而在政治领域里,现代文化同样维护着基本价值,正如海德格尔所说的:"文化本质上必然为这种维护来照料自

---

① 海德格尔:《尼采》(上卷),孙周兴译,商务印书馆,2002年,第99页。
② 海德格尔:《尼采》(下卷),孙周兴译,商务印书馆,2002年,第687页。
③ 海德格尔:《尼采》(下卷),孙周兴译,商务印书馆,2002年,第1061页。
④ 海德格尔:《尼采》(下卷),孙周兴译,商务印书馆,2002年,第1064页。

身,并因此成为文化政治。"①

最后,海德格尔所说的"弃神"(Entgoetterung)又是什么意思呢?按照他自己的解释,"弃神"并不等于把神消除掉,并不等于主张粗暴的无神论。"弃神乃是一个双重的过程。一方面,世界图像基督教化了,因为世界根据被设定为无限、无条件、绝对的东西;另一方面,基督教把它的教义重新解释为一种世界观(基督教的世界观),从而使之符合于现代。弃神乃是上帝和诸神的无决断状态。基督教对这种无决断的状态的引发起了最大的作用。但弃神并没有消除宗教虔信,毋宁说,唯通过弃神,与诸神的关系才转化为宗教的体验。一旦达到了这个地步,则诸神也就逃遁了。由此而产生的空虚被历史学的心理学的神话研究所填补了。"②在这里,海德格尔把"弃神"理解为"上帝和诸神的无决断状态",所谓"无决断状态",等于说,上帝和诸神失去了自己的发言权和裁决权,这在尼采所说的"上帝死了"的名言中得到了充分的显现。海德格尔所说的"弃神"与韦伯所说的"去魅"(Entzauberung)实际上有着类似的含义。在《尼采的话"上帝死了"》一文中,虽然海德格尔没有使用"弃神"的概念,却对这一概念所指称的内容作了具体的说明:"上帝和教会圣职的权威消失了,代之而起的是良知的权威,突兀而起的是理性的权威。反抗这种权威而兴起社会的本能。向着超感性领域的遁世为历史的进步所取代。一种仿佛的幸福的彼岸目标转变为多数人的尘世的幸福。对宗教文化的维护被那种对于文化的创造或对于文明的扩张的热情所代替。创造在以前是圣经的上帝的事情,而现在则成了人类行为的特性。人类行为的创造最终转变为交易。"③一言以蔽之,在海德格尔那里,"弃神"表示超感性的理想世界的幻灭,而取而代之的则是世俗生活及对幸福的追求。

有趣的是,海德格尔没有直截了当地论述这五种基本现象之间的内在联系,他只是把它们列举出来、陈述出来。那么,他这样做的目的究竟是什么呢? 是让读者自己去探索这些现象之间的内在联系呢? 还

---

① 《海德格尔选集》(下),孙周兴选编,三联书店,1996年,第886页。
② 《海德格尔选集》(下),孙周兴选编,三联书店,1996年,第886页。
③ 《海德格尔选集》(下),孙周兴选编,三联书店,1996年,第774页。

是以某种不同寻常的方式来引导读者做深层思考呢？我们很快就会发现，海德格尔的意图是让读者先面对这些似乎是随意列举出来的现象，然后再把人们的思绪引向对蕴含在这些现象中的本质——现代性的探索。

二、海德格尔对现代性的批判

在《形而上学对现代世界图像的奠基》一文中，海德格尔这样写道："对于现代之本质具有决定性意义的两大进程——世界成为图像和人成为主体——的相互交叉，同时也照亮了初看起来近乎荒谬的现代历史的基本进程。这也就是说，对世界作为被征服的世界的支配越是广泛和深入，客体之显现越是客观，则主体也就越主观地，亦即越迫切地突现出来，世界观和世界学说也就越无保留地变成一种关于人的学说，变成人类学。毫不奇怪，唯有在世界成为图像之际才出现了人道主义。"[1]在这段极为重要的论述中，虽然海德格尔提到的是现代社会思想发展中的"两大进程"，但从发展的实际后果来看，显现出来的却是以下三种主要的倾向：（1）人成为主体；（2）世界成为图像；（3）哲学成为人类学。毋庸讳言，正是这三种主要倾向构成了现代思想之本质，也构成了现代性的核心理念，它们之间决不像乍看上去的那样毫不相关，而是相互渗透，相互促进，不可分离地贯通在一起的。我们甚至可以把它们称为现代性的"三棱镜"，即现代性显露出来的三个不同的侧面。下面，我们对这三种主要思想倾向逐一作出分析：

首先，我们要探究的是，在现代性的语境中，"人成为主体"究竟是什么意思。海德格尔告诉我们："决定性的事情并非人摆脱以往的束缚而成为自己，而是在人成为主体（Subjekt）之际人的本质发生了根本变化。但我们必须把'一般主体'（Subjectum）这个词理解为希腊词语'根据'（υποκειμενον）的翻译。这个希腊词语指的是眼前现成的东西，它作为基础把一切聚集到自身那里。主体概念的这一形而上学含

---

　　① 《海德格尔选集》（下），孙周兴选编，三联书店，1996年，第903页。

义最初并没有任何突出的与人的关系,尤其是,没有任何与自我的关系。但如果人成了第一性的和真正的一般主体,那就意味着:人成为那种存在者,一切存在者以其存在方式和真理方式把自身建立在这种存在者之上。人成为存在者本身的关系中心。"①按照海德格尔的说法,"主体"这个词语源自希腊文中的"根据",而根据作为基础把一切都聚集到自己那里。原来,"主体"和"人"之间并没有必然的联系,人这种存在者与其他存在者一样,常常是被一视同仁的。

直到现代,这种局面才被彻底改变。在现代性的语境中,人不再是一个与其他存在者一样的存在者,而是成了其他存在者的尺度和基础,并把其他存在者聚集到自己这里。正如海德格尔在《尼采》一书中所说的:"西方历史现在已经进入我们所谓现代这个时代的完成过程中。这个时代是由下面这样一个事实来规定的:人成为存在者的尺度和中心。人是一切存在者的基础,以现代说法,就是一切对象化和可表象性的基础,即 Subjectum(一般主体)。无论尼采多么鲜明地一再反对这现代形而上学奠定基础的笛卡尔哲学,他之所以反对,也只是因为笛卡尔还没有完全地、足够坚定地把人设定为 Subjectum(一般主体)。"②这段话非常明确地告诉我们:(1)笛卡尔是现代形而上学,从而也是现代性语境的奠基人;(2)正是在现代性语境中,人这个存在者才从其他存在者中脱颖而出,成了一般主体,而其他存在者只能奠基于人这种特殊的存在者;(3)笛卡尔主要是从"理性"和"我思"的角度来领悟"人成为主体"这种现象的,而作为现代形而上学的终结者的尼采则是从"理性"和"我思"奠基于其上的"强力意志"的角度出发去理解同一种现象的,因而尼采认为笛卡尔是肤浅的,只有自己才真正揭示出"人成为主体"的完整内涵。

正是在这个意义上,海德格尔指出:"对于形而上学的现代历史来说,只有当存在的表象特征不仅仅,甚至不是优先地得到思考,而倒是相反地,作为存在的基本特征的 appetitus(欲望)及其展开过程已经昭

---

① 《海德格尔选集》(下),孙周兴选编,三联书店,1996 年,第 897 页。
② 海德格尔:《尼采》(下卷),孙周兴译,商务印书馆,2002 年,第 699 页。

然若揭了,这时候主体性这个名称才表达出存在的全部本质。自从现代形而上学的完全开端以来,存在就是意志,即 exigentia essentiae(本质之强求)。'意志'蕴含着多重本质。它是理性的意志或者精神的意志,它是求爱的意志或者强力意志。"①这段话也启示我们,"人成为主体"这一蕴含在现代性语境中的最触目的思想倾向,在尼采的哲学,尤其是他的强力意志的学说中得到了全幅的展现。

其次,我们要探究的是,在现代性的语境中,"世界成为图像"究竟是什么意思。海德格尔认为,"世界之成为图像,与人在存在者范围内成为主体是同一个过程"②。那么,海德格尔所说的"世界成为图像"究竟是什么意思呢? 说到"图像"(Bild),人们自然而然地会联想到某物的画像,从而猜度,世界成为图像,也就是把存在者整体变成一幅图画了。海德格尔认为,他所说的"世界成为图像"包含着极为丰富的内涵:"我们用世界图像一词意指世界本身,即存在者整体,恰如它对我们来说是决定性的和约束性的那样。图像在这里并不是指某个摹本,而是指我们在'我们对某物了如指掌'这个习语中可以听出的东西。这个习语要说的是:事情本身就像它为我们所了解的情形那样站立在我们面前。"③在海德格尔看来,"世界成为图像"不仅意味着作为存在者整体的世界已经作为我们非常熟悉的对象摆放到我们面前,而且意味着,我们已经做好准备去做什么。"从本质上看,世界图像并非意指一幅关于世界的图像,而是指世界被把握为图像了。这时,存在者整体便以下述方式被看待,即:唯就存在者被具有表象和制造作用的人摆置而言,存在者才是存在着的。在出现世界图像的地方,实现着一种关于存在者整体的本质性的决断。存在者的存在是在存在者之被表象状态(Vorgestelltheit)中被寻求和发现的。"④按照海德格尔的看法,在现代性的语境中,作为存在者整体的世界失去了自己的自在性和神秘性,它们只是以人的意识的表象和有待于加工制作的对象而存在着。假如我们

---

① 海德格尔:《尼采》(下卷),孙周兴译,商务印书馆,2002 年,第 1096 页。
② 《海德格尔选集》(下),孙周兴选编,三联书店,1996 年,第 902 页。
③ 《海德格尔选集》(下),孙周兴选编,三联书店,1996 年,第 898 页。
④ 《海德格尔选集》(下),孙周兴选编,三联书店,1996 年,第 899 页。

进行比较的话,就会发现,在中世纪,存在者还被理解为上帝的创造物,而存在者的存在则被归结为造物系列的某个特定的等级,而在现代社会和现代性语境中,存在者只是一个被支配、被摆弄的对象。正如马克思所说:"只有在资本主义制度下自然界才不过是人的对象,不过是有用物;它不再被认为是自为的力量;而对自然界的独立规律的理论认识本身不过是表现为狡猾,其目的是使自然界(不管是作为消费品,还是作为生产资料)服从于人的需要。"①

海德格尔还认为,从 18 世纪末起,哲学界出现了"世界观"(Weltanschauung)的概念,并很快成了人们最频繁地加以使用的概念。事实上,这一概念的出现正是"世界成为图像"的一个结果。"一旦世界成为图像,人的地位就被把捉为一种世界观。"②由此可见,世界观概念的出现不过是"世界成为图像"的一个普遍性的确证。

最后,我们要探究的是,在现代性的语境中,"哲学成为人类学"究竟是什么意思。在《尼采》一书中,海德格尔写道:"在今天有一种思想是人人都熟悉的,那就是'人类学的'思想。这种思想要求:世界要根据人的形象来解释,形而上学要由'人类学'来取代。在这样一个要求中,人们已经对人与存在者的关系作出了一个特殊的决断。"③那么,海德格尔所说的"人类学"究竟是什么意思呢? 海德格尔不是从人们通常理解的角度出发去理解人类学的,他写道:"在这里,'人类学'(Anthoropologie)这个名称并不是指某种关于人的自然科学研究。它也不是指在基督教神学中被确定下来的关于受造的、堕落的和被拯救的人的学说。它标志着那种对人的哲学解释,这种哲学解释从人出发并且以人为归趋来说明和评估存在者整体。"④显然,当世界解释越来越植根于人类学的时候,哲学也在悄悄地蜕变为人类学或卢卡奇所说的"拟人化"。在海德格尔看来,人道主义不过是一种伦理学—美学意义上的人类学。他甚至认为,"任何民族主义从形而上学的意义看来

① 《马克思恩格斯全集》第 46 卷(上),人民出版社,1979 年版,第 393 页。
② 《海德格尔选集》(下),孙周兴选编,三联书店,1996 年,第 903 页。
③ 海德格尔:《尼采》(下卷),孙周兴译,商务印书馆,2002 年,第 762 页。
④ 海德格尔:《尼采》(下卷),孙周兴译,商务印书馆,2002 年,第 903 页。

都是一种人类主义而作为人类主义就都是主观主义。民族主义不是被单纯的国际主义克服了,而只是扩充了并被提高为体系了。……集体主义就是在整体状态中的人的主观性。集体主义完成了人的主观性的无条件的自己主张。……到处都是脱出了存在真理的人作为理性的生物围绕着自己本身转圈子"①。在海德格尔看来,在现代性的语境中,无论是人类学或人道主义,无论是民族主义、国际主义或集体主义,都维护着人类主义或人类中心主义。但这种维护却是以"脱出了存在真理的人"为前提的。

从海德格尔上面的论述可以看出,"人成为主体"、"世界成为图像"和"哲学成为人类学"这三种思想倾向,实际上是同一个现代性的三副不同的面孔或三个不同的侧面。它们既贯穿于现代社会的五大基本现象中,成为现代之本质,也构成了现代性的灵魂。

三、海德格尔现代性批判的启示

正如我们在前面已经指出过的那样,虽然海德格尔在其论著中很少使用"现代性"的概念,但他却是在现代性反思中最具思想深度的哲学家之一。海德格尔的现代性批判为我们提供了如下的启发:

一方面,海德格尔启示我们,任何一个时代的本质特征都是植根于相应的形而上学的土壤之中的。正如海德格尔在《形而上学对现代世界图像的奠基》一文中开宗明义地指出的:"形而上学建立了一个时代,因为形而上学通过某种存在者阐释和某种真理观点赋予这个时代以其本质形态的基础。这个基础完全支配着构成这个时代特色的所有现象。反过来,一种对这些现象的充分的沉思,可以在这些现象中认识形而上学的基础。"②同样地,现代社会的基本现象和作为现代之本质的现代性的主要思想倾向也是植根于现代形而上学的土壤之中的。在这个意义上可以说,不了解现代形而上学的人,是不可能真正破解现代

---

① 《海德格尔选集》(上),孙周兴选编,三联书店,1996年,第385页。
② 《海德格尔选集》(下),孙周兴选编,三联书店,1996年,第885页。

性之谜的。

在《尼采》一书中,海德格尔告诉我们:"对于现代形而上学的奠基工作来说,笛卡尔的形而上学乃是决定性的开端。它的使命是:为人的解放——使人进入新自由(作为自身确信的自身立法)之中的解放——奠定形而上学的基础。笛卡尔在一种真正的哲学意义上预先思考了这个基础。"①也就是说,现代形而上学把"人"这个存在者置于一切其他存在者的基础和核心的地位上。现代性的本质特征和倾向——"人成为主体"、"世界成为图像"和"哲学成为人类学"正是奠基于笛卡尔以来的现代形而上学的基础之上的。

另一方面,海德格尔启示我们,只要我们现在仍然无批判地使用如下的概念,如"主体"、"主体际性"、"世界观"、"人类学"、"文化"、"美学"、"现代科技"、"人道主义"、"集体主义"、"民族主义"、"国际主义"等等,也就是说,对这些概念与现代形而上学之间的内在联系不甚了了的话,那么,我们对现代性的反思就仅仅是外观上的,就像卡夫卡笔下的土地测量员,只是围着城堡转圈,而从来没有真正进入过城堡。

总之,我们应该充分借鉴海德格尔现代性批判中留下的思想遗产,以便把现代性批判引向深入。

(作者单位:复旦大学哲学学院、当代国外马克思主义研究中心)

---

① 海德格尔:《尼采》(下卷),孙周兴译,商务印书馆,2002年,第778页。

我们今天如何面对现代性
——"西方马克思主义"给予我们的启示

陈学明

当代中国的发展已到了一个关键时刻。自实施改革开放以来,中国就走上了一条执著而又快速地追求现代性的道路。尽管历时只不过30年,但中国人民一方面已充分享受到了现代性所带来的空前满足;另一方面,也遭受了由现代性所造成的种种磨难。当前,中国确实面临一个如何对待现代性的问题:是置现代化所带来的种种负面效应于不顾,继续沿着原先的路走下去,把西方的现代性理念和现代化的道路照搬过来,让中国这块古老的大地彻底经历一次西方式的现代性"洗礼",还是因为在现代化的道路上经受了某些痛苦,干脆放弃对现代性的追求,使中国成为一块置身于世界之外的"非现代化的圣地"? 我们知道,"西方马克思主义"曾经就现代性提出过系统的理论,他们中间的不少人是以批判和论述现代性著称于世的。在现代西方形形色色的现代性理论中,"西方马克思主义"的现代性理论有其独到之处。而"西方马克思主义"的现代性理论能为我们正确回答当前中国如何面对现代性这一至关重要的问题提供有益的启示。"西方马克思主义"在当代中国的意义可能主要体现在这里。

一

在"西方马克思主义"理论家中,直接强调要辩证地对待现代性,反对把现代性视为不可救药,从而提出现代性的"救治"方案的是哈贝马斯。哈贝马斯批判现代性、现代化运动、现代文明社会,但不认为现代性、现代化运动、现代文明社会已不可救药。他说,我们要像马克思对待黑格尔那样对待现代性,"务必小心翼翼,切莫将婴儿和洗澡水一起倒掉,然后再翱翔于非理性的天空"①。他认为,现代性是不能抛弃的,需要的是救助它。他向世人公开宣布自己"不放弃现代性计划","不屈尊于后现代主义和反现代主义"②。哈贝马斯认为,拯救现代化的唯一出路是由主体哲学转向语言哲学,由工具理性批判转向交往理性,"把研究的重点从认识的—工具的合理性转向交往的合理性"③。他把交往理性概念作为理解现代性的普遍范畴。在他看来,交往行为概念的提出,不但使人们真正了解了现代性出现危机的根源,即不是由现代性本身造成的,而是由在资本主义条件下,交往理性与工具理性之间的不平衡关系造成的,而且使人们找到了摆脱现代性危机的道路,即发展交往理性。他认为,到目前为止,现代性是以资本主义的社会结构为其实现形式的。而现代性之所以是"一个未完成的方案",根本原因在于资本主义的社会结构无法完全释放现代性的理性潜能。正是从这里他引出了改变资本主义社会结构的必要性。

作为"西方马克思主义"的最新形态的"生态学的马克思主义"在对待现代性的问题上,完全继承了哈贝马斯和一些其他"西方马克思主义"的观点,它不像后现代主义那样,对现代化运动持全盘否定的态度,从批判现代化的各种负面效应,特别是对生态环境的破坏开始,进而否定整个工业文明的发展观和价值观,主张反增长、反技术、反生产,而是把现代化运动中的负面效应与现代性本身区别开来,要求走向

---

① 哈贝马斯:《哈贝马斯访谈录》,上海人民出版社,1997年,第37页。
② 哈贝马斯:《哈贝马斯访谈录》,上海人民出版社,1997年,第56页。
③ J. Habermas, *Theorie des Kommunikativen Handelns*, Suhrkamp Verlag, 1988, p. 525.

"更现代主义的世界观"。它具有强烈的修复已经崩溃的现代性,继续追求文化、社会和经济领域的现代性可能性的动机。最负盛名的"生态学的马克思主义"者高兹在其著名的《经济理性批判》一书中提出要为现代化确定一个界限,认为现代性的问题不是出在自身,而是出在越出了自己的范围。他说道,"我们当今所经历的并不是现代性的危机。我们当今所面临的是需要对现代化的前提加以现代化","当前的危机并不意味着现代化的过程已经走到了尽头,而我们必须走回头路。倒不如说具有这样一层含义:需要对现代性本身加以现代化"①。他还指出:"'后现代主义者'所说的标志着现化性的终结的东西,以及所谓的理性的危机,实际上是那种选择性的、片面的合理化,即我们称之为工业主义的东西赖以确立的准宗教的非理性的内容的危机。"②高兹强调现代化的过程并没有完成,而业已确立的现代化的界限正被不断突破。危机的不是现代性本身,而是其准宗教的非理性的内容。高兹认为,如果坚持当前的危机就是现代性的危机的观点,那么我们就必然处于对过去的怀旧的伤感之中,而不能赋予那些引起我们过去的信仰崩溃的变革新的含义和方向,从而也就不能从危机中走出来。现在关键的是要改变对现代化的观念,即那种把现代化视为是没有界限的、可以漫无边际地加以突破的旧观念。他说,"我希望证明现代化具有本体论的和存在论的界限,证明这些界限只有伪合理化、非理性的手段才能加以突破,而正是这种伪合理化、非理性的手段,使合理化走向了反面","这里我的主要目的之一就是给我们能加以现代化的领域划定界限"③。所谓划定界限,就是确立在现代化过程中哪些是可以做的,哪些是不可以做的,而不像现在什么都可以做。

"西方马克思主义"的理论家在一些场合直接对现代性展开批判,但在更多的场合则是通过批判当代资本主义社会中某一社会现象间接地对现代性展开批判,如对物化与异化、启蒙精神、大众文化、工具理性、日常生活、消费主义、生态危机、科学主义等的批判,都可以视为是

① 高兹:《经济理性批判》,伦敦,1989年,第1页。
② 高兹:《经济理性批判》,伦敦,1989年,第2页。
③ 高兹:《经济理性批判》,伦敦,1989年,第2页。

从不同角度对现代性的批判。在一定意义上说,"西方马克思主义"的出现源自于对现代性的种种负面效应的愤然不满和激烈批判。正因为如此,当"西方马克思主义"传入我们国内后,我们也把注意力主要集中于他们所展开的批判上,"西方马克思主义",特别是其中的法兰克福学派也因而作为一种"批判理论"广为人知。

"西方马克思主义"的现代性批判理论与现代西方的其他现代性批判理论相比较,如与后现代主义的现代性批判理论相比较,有着许多区别点,而这些区别点主要不是指我们通常所说的所谓它的批判比后者更系统、激烈之类。我们对"西方马克思主义"现代性批判理论研究的失误就在于往往把目光只盯在它与其他人或思潮批判的那些共同点上,而很少去分析它的真正特点所在。

"西方马克思主义"的现代性批判理论的特点在于,它在激烈而愤怒地揭露在当代社会里现代性的负面效应时,并不全盘否认现代性对当代人的积极意义,并不把现代性的负面效应完全归结于现代性本身逻辑发展的必然结果,并不希望现代人放弃对现代性目标的追求,而是要人们对现代性加以"治疗"。它努力地把物对人的统治追溯到人对人的统治,而不是把人对与人的统治掩饰为物对人的统治。它深信,只要换一种社会制度,换一种社会组织方式,换一种价值观念,现代性理念以及作为这一理念具体实施的现代化运动完全有可能避免目前所出现的各种弊端。它强烈要求现代化运动不是与资本主义而是与社会主义结合在一起,提出了实现现代性的资本主义形式与社会主义形式之间的区别,这样它就对现代性以及现代化运动的负面效应的揭露和批判变成了对社会主义理想追求的必然性的论证。实际上,"西方马克思主义"的现代性批判理论的价值正是体现在这些与众不同的特点上,我们只有抓住这些特点深挖细找,才能为我们当前的社会主义现代化建设获取有益的启示。

二

现代性的出现离不开现代科学技术的发展,而现代性的核心则是理性主义和人道主义。"西方马克思主义"对现代科学技术、理性主义、人道主义的态度是与对现代性的态度相一致的。人们总把"西方马克思主义",特别是"西方马克思主义"中的法兰克福学派说成是反科学技术的。实际上,这也是个误解。确实,拿法兰克福学派来说,从1932年霍克海默发表《对科学的发觉及其危机》一文起,历时数十年,从来也没有停止过对科技理性的批判,而且他们往往把对科技理性的批判与对科学技术的消极的社会功能的揭示结合在一起。全部的关键在于,法兰克福学派对科学技术消极的社会功能的批判,是不是就是批判科学技术本身,换句话说,法兰克福学派有没有把科学技术在现今社会中所表现出来的种种负面效应,归结为是科学技术本身造成的,有没有赋予科学技术一种原罪的性质。对此,只要了解一下马尔库塞的"新科技观"就不难作出回答。在法兰克福学派的所有代表人物中,没有比马尔库塞对科学技术的批判更尖锐的了。但就是这个马尔库塞一再强调,科学技术执行意识形态职能、变成统治工具与科学技术本身没有必然的联系,科学技术完全有可能在新的历史条件下成为一种解放手段。他认为,当科学技术已变成统治或控制工具的时候,革命的理论家应当探讨使科学技术变为解放手段的必要性和可能性的问题。革命的理论必须承担一种新技术和新科学的纲领[1]。马尔库塞的"新科技观"清楚地表明,他并不认为科学技术产生的消极的社会作用是科学技术本身固有的属性。马尔库塞的这种观点在整个法兰克福学派中具有代表性,如作为这一学派的中坚与创始人的霍克海默早在马尔库塞之前就曾强调,不能离开运用科学技术的客观条件来谈论科学技术的正效应与负效应,科学技术之所以产生一系列的"副作用"主要在于运用科学技术的外在环境不当[2]。在整个"西方马克思主义"和法兰克福学派中,马尔库塞、霍克海默对科学技术的这种态度具有典型意义。

"西方马克思主义"的有些著作明显是直接推崇理性主义的,如卢卡奇的《历史与阶级意识》和马尔库塞的《理性与革命》等,"西方马克

---

① H. Marcuse, *One - Dimensional Man*, Boston, 1964, p. 166; pp. 204~205.
② 霍克海默:《批判理论》,重庆出版社,1989年,第2页。

思主义"因此而曾获得过"理性主义的马克思主义"的称号。但"西方马克思主义"有时却又被人与反理性主义联系在一起,应该说,这也不是完全没有理由。只要读一读霍克海默和阿多尔诺的名著《启蒙辩证法》,了解一下他们是如何揭示以理性和技术为核心的启蒙最终走向了反面,走向了理性的启蒙的自我毁灭的悲剧的,就会很自然地这样去做。但人们这样做的时候千万要记住,他们对启蒙理性的批判,实际上主要是对启蒙理性蜕变为工具理性、科技理性的批判,他们在对工具理性、科技理性批判时,从来是把价值理性、批判理性作为其对立面加以宏扬,而且在一定意义上,他们批判前者是为了让后者更好地支配这个世界。《启蒙辩证法》本身坚持着一种辩证的启蒙概念,至少可以说它对启蒙的态度是犹豫的。但是,由于创作环境的影响,作者突出的是启蒙负面的效果历史,并且将启蒙精神与工具理性本质地联系起来。尽管如此,我们仍然不能一般地说作者采取一种对启蒙精神或现代性彻底的否定立场。例如,作者在书中写道:"我们并不怀疑,社会中的自由与启蒙思想是密不可分的。但是,我们认为,我们同样也清楚地认识到,启蒙思想的概念本身已经包含着今天随处可见的倒退的萌芽。在这方面,启蒙思想与相关的历史形态和社会制度比较起来并不逊色。如果启蒙没有对这一倒退的环节进行反思,它就无法改变自身的命运了。"[1]这段话一方面告诉我们,作者不仅把启蒙与倒退联系在一起又把启蒙视为与自由密切不可分;另一方面又使我们知道,作者之所以要启蒙对"倒退的环节"进行反思,目的还在于"改变自身的命运",如果作者已把极权、神话和倒退看做是启蒙的必然宿命,那么也就不会产生这种"改变自身的命运"的奢望。下面的一些话则更清楚地表现了他们对改变启蒙的命运的期望:"其中对启蒙的批判,目的是想准备好一种实证的启蒙概念,以便把它从与盲目统治的纠结之中解放出来"[2],"只有在它摒弃了与敌人的最后一丝连带关系并敢于扬弃错误的绝对者,即盲目统治原则的时候,启蒙才能名副其实"[3]。由于对《启蒙的辩

---

① 霍克海默、阿多尔诺:《启蒙辩证法》,上海人民出版社,2003 年,第 3 页。
② 霍克海默、阿多尔诺:《启蒙辩证法》,上海人民出版社,2003 年,第 5 页。
③ 霍克海默、阿多尔诺:《启蒙辩证法》,上海人民出版社,2003 年,第 39 页。

证法》一书是不是完全否定启蒙这一点颇有争论，我们在这里再引一段原话："资产阶级用以攫取权力的工具，如能力的解放、普遍的自由、自决的权利，简言之，启蒙自身，一旦作为一种用于压迫的统治体系，就会反对资产阶级本身。……启蒙也并未向统治本身提供那些旧有的意识形态所认可的可靠手段。启蒙的反权威倾向，当然它只是一种地下形式，仍然在理性概念中与乌托邦思想有着千丝万缕的联系，它最后向敌视贵族那样敌视资产阶级，当然，这种资产阶级很快就会与贵族制结为同盟。"①这段话又告诉我们，霍克海默、阿多尔诺他们不仅把当今的启蒙与极权主义相提并论，而且还提出当今的启蒙具有"与乌托邦思想有着千丝万缕的联系"的"反权威倾向"，尽管"只是以地下的形式"。

对"西方马克思主义"的主流坚持主体性原则，坚持人道主义的观点这一点，大概很少会有人持异议。如果笼统地把"西方马克思主义"说成是反现代性的，那么这显然无法解释反现代性的"西方马克思主义"会维护作为现代性核心的主体性原则和人道主义。"西方马克思主义"的早期代表人物都反对主客体对立，反对与客体二元分立的主体。但这并不意味着他们也像后现代主义那样要彻底消解主体，他们只是要求把人看做是整体的人，而不是视为与客体对立的片面的人。他们要求重新认识人的存在及其活动的价值与意义。这就是说，人在他们那里，仍是一种确定的存在，他们的哲学具有一种实在性的主体的倾向。卢卡奇的主客体辩证法既是一种反对主客分离的辩证法，又是一种用主体去"包摄"客体的辩证法。他把主体构成并"包摄"客体作为主体和客体同一性的前提。卢卡奇的主客体辩证法说到底是为了从主体与客体的相互作用而展开全部历史，论证人在历史上的能动作用，即为了高扬人的主体性。葛兰西更是把自己的"实践哲学"称为"历史的绝对的人道主义"。他不但公开提出"人是什么"这是哲学所问的基本的和主要的问题，始终把人的问题放在自己整个研究的中心地位，而且竭力论证世界统一于人，统一于人的实践。他认为，所谓"客观"就

---

① 霍克海默、阿多尔诺：《启蒙辩证法》，上海人民出版社，2003 年，第 101～102 页。

是"从人的角度客观",是"历史地主观"①。他这样询问人们:离开了人,这个世界还有什么意义呢? 可见,无论是卢卡奇的主客体辩证法,还是葛兰西的"实践哲学",都在反对以主客体分离为特征的主体性的同时,又致力于建立以主客体同一为特征的新的主体性。对主体性的这种基本立场,后又被法兰克福学派所承继,而"生态学的马克思主义"反对后现代主义对主体性,对人类中心主义的消解的理论出发点,也正导源于这种基本立场。"生态学的马克思主义"者则不是一般地批判人类中心主义,而是批判人类中心主义的资本主义形式。佩珀就这样说道:"人并不是一种污染源,人并不是生来就是傲慢、贪婪、好斗、富有侵略性,也不是生来就具有其他的种种野蛮性。假如人沾染上这些的话,那也并不是不可改变的遗传因素造成的,也不是原罪所致,而是流行的社会经济制度使然。"②他们从绿色政治的营垒中分化出来,致力于建立以人类中心主义为宗旨的生态政治。在哲学上,他们要建立一种以"人为尺度"分析人与自然关系的现代自然观。佩珀明确地指出,"生态学的马克思主义就是人类中心主义和人道主义"③。

三

由于以前人们较多地注意"西方马克思主义"对现代性的批判和否定方面,从而这里我们着重论述了其对现代性的肯定与"治疗"方面。只有把两者结合在一起,才能比较完整地把握"西方马克思主义"的现代性理论,而只要完整地把握这一理论就不难看出,"西方马克思主义"理论家对现代性的态度从总的来说是一种辩证的态度。而正是这种对现代性的辩证的态度会给予正在追求现代性、从事社会主义现代化建设的中国人民莫大的启示。

其一,西方的现代化事业出现了问题,中国的现代化事业虽然历时

---

① A. Gramsci, *Selections from the Prison Notebooks*, London, 1971, p. 445、p. 446.

② D. Pepper, *Eco - Socialism: From Deep Ecology to Social Jutice*, London, 1993, pp. 232 ~ 233.

③ D. Pepper, *Eco - Socialism: From Deep Ecology to Social Jutice*, London, 1993, p. 232.

不长,但也存在着一些尚需解决的问题。我们必须像"西方马克思主义"理论家那样,敢于正视和充分认识现代化事业中所出现的问题,而不能熟视无睹。

现在流行一种说法,目前中国尚处于"前现代化"时期,尚处于实现现代性,向现代化的过渡之中,在这过程中,出现种种负效应,是实现现代性所必然要付出的代价。如果我们连现代化的门槛还未踏进,就急于去解决这些只能在实现了现代化后才能解决的问题,那其结果只能是干扰现代化的建设,会严重影响人们聚精会神去推进现代化进程。目前人们只能默默忍受在现代化过程中所出现的各种弊端。一切美丽的东西总要经历丑陋的阶段,蝴蝶是由毛毛虫嬗变的,中国要成为"蝴蝶"必定要经过"毛毛虫"这一阶段。这是一种十分糊涂而又非常有害的观点。"西方马克思主义"的理论家之所以如此尖锐地批判和揭露追求现代性的过程中所出现的种种负面效应,根本目的是要人们自觉地趋利避害,一方面充分享受现代性的硕果,另一方面把代价降低到最低限度。不错——蝴蝶是由毛毛虫嬗变的,但一切美丽的东西必先在某一阶段是毛毛虫吗?如果中国实现现代性必须要付出重大代价,很有可能现代性的成果我们尚未享受到,而代价已经把我们葬送掉了。我们一定要在实现现代性的同时,不失时机地促使人的全面发展,实现社会的全面进步,即做到"鱼和熊掌兼得"。

其二,现代性的进程中遇到了挫折和困难,关键是找到出现挫折和困难的根源。我们必须像"西方马克思主义"理论家那样,不把现代性进程中所出现的问题归罪于现代性本身,不把这些问题视为现代性合乎逻辑的必然归宿。

令人火烧火燎地担心的是,一方面,一些人根本无视中国的现代性进程中所出现的种种问题,无视老百姓面对这些问题所发出的长吁短叹,"一意孤行"地走下去;另一方面,一些人则即使看到了这些问题的存在,但与此同时又把这些问题说成是现代性内在逻辑的必然结果,似乎中国人的命要么被关在现代性的大门之外,无法享受现代性所赐予的满足与幸福,要么就是被现代性的内在逻辑所葬送。这里的关键在于,我们既不能无视中国的现代性事业所遇到的各种问题,更不能把这些问题说成是现代性本身造成的。在这种情况下，了解一下"西方马克思主义"批判现代性的负面效应，但不把这些负面效应直接与现代性联系在一起，批判科学技术消极的社会功能，但又不把这种消极的社会功能视为科学技术本身的原罪的观点和思路，是多么的重要！"西方马克思主义"的理论家尽管按照他们的生活经历，看到的是现代性正在走向自己的反面的历史事实，但并不因此而简单地得出结论这是现代性的必然归宿，这确实难能可贵。"西方马克思主义"的现代性理论昭示我们必须从实现现代性的社会组织方式、推进现代性的社会制度等方面来探索何以现代性的实际进程中出现了如此多的错误。

其三，必须正视现代性的进程中之所以出现种种问题，根本原因在于承受现代性进程的社会体制不完善这一点。我们必须像"西方马克思主义"理论家那样，把对现代性进程中负面效应的批判，变成对社会主义目标追求的必然性的论证，变成推进改革和完善社会主义体制的强大动力。

大多数"西方马克思主义"理论家持有这样一个强烈的观点：在现行资本主义制度下，现代性进程不可能充分展现其正面效应，反而越来越滋生和助长其负面效应。他们实际上把现代性的负面效应归结于现行的资本主义制度[①]。例如，生态危机、人与自然相互关系的失衡，这显然是现代性进程中出现的一个重大负面效应，"西方马克思主义"的理论家就不把这一负面效应的账直接记在现代性的头上，而强调是资本主义制度下的"追求利益最大化的利润动机"导致了这一负面效应，只要改变这一资本主义的生产逻辑，完全有可能避免这一负面效应。这样，他们就把对现代性进程中负面效应的批判与对资本主义制度的批判结合在一起。他们要求改变资本主义制度，变资本主义为社会主

---

① 有些学者因此而对"西方马克思主义"提出批评，认为这是把现代性与资本分离开来，在他们看来，资本、现行的资本主义制度也是现代性的一个不可分割的组成部分，现代性与资本与生俱来。这种观点不是完全没有道理，问题在于，不能由此得出结论，资本主义必然走向反面，现代性也必然走向反面。"西方马克思主义"理论家把现代性与资本主义制度剥离开来，说明现代性的负面效应不是由自身，而是由实现现代性的环境——现行的资本主义制度带来的，从而现代性只要脱离这样一种环境，完全有可能避免现在人们所经历的种种现代性磨难。

义,他们深信,在真正的社会主义制度下,现代性进程的种种负面效应会得到有效的遏止。了解了"西方马克思主义"理论家的这些观点,我们一定会倍加珍惜我们的社会主义制度。不要忘记中国的现代化是在代表极大多数人的利益的中国共产党领导下的社会主义现代化,在现代化前加上"社会主义"四个字表明我们是在与西方国家不同的社会制度下从事现代性事业,这不是我们的劣势,而是我们的优势。目前中国的领导人正在引导中国人民按照"科学发展观"的要求进行现代化的建设,这是对发挥社会主义的制度优势,使现代性进程趋利避害的最好的印证。

（作者单位：复旦大学哲学学院、当代国外马克思主义研究中心）

论霍克海默、阿多尔诺的
启蒙现代性批判

王凤才

《启蒙辩证法》的核心问题就是阐释：为什么在理性支配的世界中，"人们没有进入真正的人性状态，而是深深地陷入了野蛮状态"[①]？在这里，霍克海默、阿多尔诺（为了行文方便，以下简称为 HA）以人与自然关系为主线，以神话与启蒙关系为核心，揭示了"神话已经是启蒙，启蒙退化为神话"的辩证法，并对启蒙现代性进行了批判。本文拟对 HA 的启蒙现代性批判进行批判性分析。

一

文艺复兴、宗教改革、技术革命、启蒙运动促进了西方的现代化进程。这一过程在 M. 韦伯看来就是社会合理化过程，即工具理性不断膨胀、价值理性不断萎缩的过程，亦即启蒙现代性不断张扬的过程。依康

---

① Horkheimer, M./Adorno, T. W. *Dialektik der Aufklärung*, Frankfurt/M.: Fischer 1988, S. 1.

德看,所谓启蒙现代性,就是人类克服自己加之于自身的不成熟状态;而不成熟状态就是不经别人引导,就对运用自己的理智感到无能为力的状态①。反过来说,人类通过独立地运用自己的理性,克服自身的不成熟、不完善状态,就是启蒙现代性。与康德不同,HA 认为,启蒙现代性的纲领"就是使世界祛魅,它试图消除神话并用知识推翻幻想"②。因此,启蒙现代性并非专指西方文明中的理性精神。在最广泛的意义上,它是指"使人类从恐惧中摆脱出来,并将他确立为自然(和社会)主人的观念"③。

无疑,"现代性"是一个非常复杂的概念,它有各种不同的理解,如:特定的历史时期(凯尔纳、贝斯特);独特的社会生活和制度模式(吉登斯);特殊的叙事方式(利奥塔);未完成的启蒙设计(哈贝马斯)④。在笔者看来,启蒙现代性是一种以征服、支配自然为出发点,以科学知识万能、技术理性至上为特征,以人类中心主义为核心,以历史进步为目标的文明乐观主义。在人与自然关系上,它坚持人类中心主义;在人与社会关系上,它坚持个人主义;在人与神关系上,它宣扬人本主义;在感性与理性关系上,它坚信理性主义;在技术理性与人文理性关系上,它推崇技术理性;在历史与未来关系上,它坚持进步主义⑤。简言之,**启蒙现代性的核心价值,就是技术理性主义、个体中心主义、文明进步主义**。

本来,工具理性与价值理性、科学技术文化与人文文化共同支撑着西方文明的发展,但是,自文艺复兴尤其是启蒙运动以来,工具理性与价值理性之间的张力越来越大,以至于后来二者之间出现了分裂:科学

---

① 康德:《历史理性批判文集》,商务印书馆,1997 年,第 22 页(译文有较大改动)。

② Horkheimer, M./Adorno, T. W. *Dialektik der Aufklärung*, Frankfurt/M.: Fischer 1988, S. 10.

③ Horkheimer, M./Adorno, T. W. *Dialektik der Aufklärung*, Frankfurt/M.: Fischer 1988, S. 9.

④ 俞吾金等:《现代性现象学——与西方马克思主义者对话》,上海社会科学院出版社,2002 年,第 34~35 页。

⑤ 王凤才:《批判与重建——法兰克福学派文明论》,社会科学文献出版社,2004 年,第 11 页。

技术文化经过启蒙运动而独立,随着工业革命发展而膨胀,最终出现了工具理性霸权,价值理性却遭到了贬抑。这样,技术理性主义文化就得以形成并进一步膨胀。所谓**技术理性主义**,就是相信科学知识是万能的,技术理性是至上的,科学技术发展带来的社会问题依靠科学技术本身就能够解决。所谓**个体中心主义**,实际上是人类中心主义的延伸和极端形态。在西方,人类中心主义最早可以追溯到希腊神话中,至迟也可以追溯到普罗泰戈拉"人是万物的尺度",其完整表述出现在《圣经》"创世说"中。经过笛卡尔、康德等人的发扬光大,在现代出现了成熟形态。到当代,人类中心主义进一步膨胀为基于技术理性之上的人类征服、支配自然的理论和实践。所谓**文明进步主义**或文明进步论,就是文明乐观主义或曰乐观主义文明论,它认为人类文明是不断进步的,科学技术的进步即文明本身的进步。随着科学技术不断发展,生产工具越来越先进,生产力与经济发展越来越快,社会制度越来越合理,文化越来越发达,人们的生活质量越来越高。总之,人类文明会有一个美好的未来。

从广义来说,"进步"(progress)①观念在古代即已存在;但从狭义看,进步观念的形成与现代科学、哲学的兴起是密不可分的。自文艺复兴尤其是启蒙运动以来,文明乐观主义一直是西方文化的主流,培根、笛卡尔、冯特奈尔、伏尔泰、孔多塞、康德、黑格尔、达尔文、斯宾塞、泰勒、摩尔根、马克思、恩格斯等人都颂扬启蒙现代性,信奉文明进步论或文明进化论,有人甚至认为科学技术进步 = 生产力发展 = 人的自由解放。文明进步就是越来越好,这几乎成为不证自明的公理。这种确信文明进步是历史必然的思想,在黑格尔那里达到了顶峰。如柯林伍德所说,任何读过黑格尔《历史哲学》的人,都不能不认为它是一部深刻的独创性和革命性著作,在书中历史学第一次充分成熟地走向了哲学思想的舞台②。然而,当历史的车轮驶入 20 世纪,原来那种进步观念受

---

①　"进步"(progress)概念的初始含义就是"向前走",后来演化出两方面内容:一是指人的知识与智力的增长,人对自然的征服;二是指人性的完善,人的自由解放(参见姚军毅:《论进步观念》,中国社会科学出版社,2000 年,第 116~141 页)。

②　[英]柯林伍德:《历史的观念》,商务印书馆,1994 年,第 172 页。

到了质疑和批判。人们纷纷阐明技术进步并不等于文明进步,文明进步也并不意味着越来越好。R. 艾斯勒质疑道:如何解释"合理地"、高效地利用人的脂肪制造肥皂? 如何解释经过周密策划观察原子弹和原子辐射对活生生的而又完全无助的人的军事试验? 所有这一切高效的大规模毁灭怎么能被称为人性的进步呢?①到这时,始于卢梭等人的悲观主义的浪漫主义情绪蔓延开来,尤其是《西方的没落》发表以后,文明悲观主义就逐渐成为西方文化的主流。正是在这种文化背景下,HA对启蒙现代性进行了深刻反思和猛烈批判。

二

在 HA 看来,启蒙现代性可以追溯到古希腊神话,尤其是《荷马史诗》中。他们说,前苏格拉底宇宙论关于世界本原的探讨,体现了神话的理性化过程。柏拉图理念论把奥林匹斯众神也理解为逻各斯。晚期柏拉图把理念和数等同起来,这虽具有神话味道,但却体现了消除神话的渴望:数字,即量化原则成为启蒙现代性的准则。因而对启蒙现代性而言,不能被归结为数字的,或最终被归结为太一的,都是幻想。这样,凡是不能预见的、无用的东西都是应该被怀疑的。事实上,在《荷马史诗》中,宙斯是天神,阿波罗是太阳神,赫利俄斯和埃俄斯完全变成一种隐喻。从那时起,奥林匹斯众神就与质料区分开来,存在就被分成逻各斯和外物。此后,整个世界就为人类所主宰。HA 指出,尽管《荷马史诗》具有反神话的启蒙性质,但它与神话有不少共同点,譬如统治、剥削、欺骗等主题。所以说,"没有哪一部著作,能比《荷马史诗》这部欧洲文明的基础性文本,更能见证启蒙与神话之间的交织"②,或曰,《荷马史诗》比任何其他作品更能揭示启蒙与神话之间的密切联系。诚然,在《荷马史诗》不同层次的叙事中,神话均有所表现,但它对神话

---

① [美]R. 艾斯勒:《圣杯与剑——我们的历史,我们的未来》,社会科学文献出版社,1993 年,第 181 页。

② Horkheimer, M./Adorno, T. W. *Dialektik der Aufklärung*, Frankfurt/M. : Fischer 1988, S. 52.

的注释，以及用各种凌乱的故事拼凑起来的统一性，同样也是（人类）主体从神话中摆脱出来的描述。无疑，启蒙现代性把人是自然（和社会）的主人观念视为古老的普遍观念，但面对强大的自然力量，人永远显得软弱无力，而只有在神话中，人才能通过自我意识摆脱这种软弱无力的状态。如此看来，《荷马史诗》与神话一样，都具有启蒙现代性因素。这样，启蒙就能够在神话中得到自我确证。德国浪漫主义者已经强调了《荷马史诗》中的启蒙现代性因素，而尼采也早从启蒙与统治关系的角度给予了揭示。

　　所以说，就将人确立为自然（和社会）的主人而言，**神话已经是启蒙**。因为启蒙总是把神人同形同性论视为神话的基础，用主体假定来解释自然，认为超自然的东西如精灵鬼怪等，都是人们畏惧自然的反映。"根据启蒙观点，许多神话中的人物都具有共同的公分母，即被还原为（人类）主体。奥狄普斯对斯芬克斯之谜的回答：'这就是人！'——便被作为启蒙不变的原型，不管它看到的是一种客观意义，还是一种秩序轮廓；是对邪恶势力的恐惧，还是对拯救的希望。被启蒙首先承认的存在和事件，是通过整体才能被理解的东西；启蒙的理想就是要建立包罗万象的体系。在这里，理性主义和经验主义并没有什么差别。"[①]实际上，从巴门尼德到罗素，强调理性同一、消灭众神、摧毁质的口号是一致的。面对这种理性同一，神与人的区别就变得无关紧要了。因为管理万物的理性精神与创造万物的神相似，都是自然的主宰，即人和神一样都成为自然（和社会）的主人。于是，HA 断定，启蒙现代性对待万物，就像独裁者对待人。独裁者了解这些人，因此才能操纵他们；科学家熟悉万物，因此才能制造万物。这样，万物便顺从科学家的意志。事物的本质万变不离其宗，永远都是统治的基础。这种同一构成了自然的统一，便牺牲了质的多样性。于是，没有本质区别的自然物就陷入了纯粹分类的状态，万能的自我也陷入纯粹占有状态。这种统一就变成抽象的同一。

---

① Horkheimer, M./Adorno, T. W. *Dialektik der Aufklärung*, Frankfurt/M.: Fischer 1988, S. 13.

在 HA 看来,启蒙现代性的主旨就是培根提出的"知识就是力量"。培根使人们相信,知识与力量是统一的;而知识的本质就是技术,人们可以运用技术来支配和控制整个自然。这样,人类理性就可以战胜迷信、支配自然。然而,由于启蒙现代性消除了自我意识的一切痕迹,因此这种唯一能够打破神话的思想最终也把自己给毁掉了。事实上,培根以来的哲学曾经努力根据时代的变化,对诸如实体、质量、能动、受动等概念进行解释,但现代科学把这些范畴视为传统形而上学概念而抛弃;以致面对实证主义的胜利,培根的这个唯名论信条也可能被怀疑为一种形而上学偏见,或者像培根曾经说过的经院哲学那样,是无稽之谈。因为逻辑实证主义放弃了任何对意义的探求,甚至放弃了思维:用公式代替概念,用规则和概率代替原因和动机。但是,当思想被归结为数学公式时,世界就是用它自己的尺度被认可的。一切作为主体理性胜利所表现出来的东西,一切从属于逻辑公式而存在的东西,都是以理性顺从直接现实的形式表现出来的。简言之,主体理性的胜利就是以主体顺从理性和直接现实为代价的,即当人们用理性来评判一切时,人的思维也就受制于理性的逻辑。这种逻辑往往具有抽象性,而失去了对现实的否定性和超越性。

HA 认为,为启蒙所毁灭的神话本身,已经是启蒙的产物。"正如神话已经实现了启蒙,启蒙也一步步深深地卷入了神话。为了毁灭神话,启蒙吸取了神话的所有素材,甚至作为(神话的)审判者,(启蒙)也为神话所吸引。启蒙总是希望借助于自身来摆脱命运和因果报应的轮回。在神话中,正在发生的事件是对已经发生的事件的惩罚;在启蒙中也是如此:事实变得形同虚设,或者好像根本没有发生过。"① 本来,启蒙现代性是以知识代替幻想、以理性反对神话,并力图使人从蒙昧、野蛮中摆脱出来,成为自然(和社会)的主人,但在发展过程中却又制造出了理性神话。这样,随着神话的推进,启蒙就越来越深地与神话交织在一起。启蒙用以反对神秘想象力的原理,就是神话本身的原理。即

---

① Horkheimer, M./Adorno, T. W. *Dialektik der Aufklärung*, Frankfurt/M.: Fischer 1988, S. 18.

启蒙本身退化为神话。这至少有两个原因：(1)启蒙现代性推翻了的神话内在性原则，实际上就是神话本身的原则；(2)管理万物的理性精神与创造万物的神是相似的，都想成为自然的主宰。在消除神话的决定性因素过程中，人们假定唯有它无所不知时，它才能最终摆脱恐惧、成为自然(和社会)的主人，从而获得自由。然而，受人类支配的自然又反过来与思维主体发生对抗，主体除拥有与自我观念相伴随的那个永远同一的我思之外，便一无所有。这样，主体与客体都将变成虚无。

三

因此，在西方文明的重要转折关头，如果人们不加以坚决地抵制神话，那人们对充满威胁的自然，及其对象化结果的恐惧，就会沦为"泛灵论"(Animismus)。实际上，启蒙现代性是一种抉择：人们总是要在顺从与支配自然之间进行抉择，并且不可避免地选择对自然的支配。就是说，对内外自然的支配是人们生活的绝对目标，但是，每个粉碎自然奴役的尝试，最终都会更深地陷入到自然的束缚之中。因为随着支配自然力量的增大，社会制度支配人的力量也迅速增大。所以，人们为其权力的膨胀付出了他们在行使权力过程中不断异化的代价。"就人对自然的支配而言，不仅付出了人与其支配对象相异化的代价，而且随着精神的物化，人本身的关系，甚至个体自身的关系也被神化。个体萎缩为习惯作用与其实际期望的作用之间的连接点。泛灵论赋予事实以灵魂和生命，而工业主义则使人的灵魂物化。"①也就是说，启蒙现代性不仅使人奴役了自然，破坏了人与自然的关系；而且奴役了人本身，破坏了人与人之间的关系，使人的灵魂物化，把人变成了没有灵性和创造性的物；此外，它在消除旧的不平等与不公正的同时，又使这种不平等常驻永存。因而在整个自由主义时代，启蒙现代性与社会统治始终保持一致。这样，在完全启蒙的世界里，自由最终走向了奴役。

---

① Horkheimer, M./Adorno, T. W. *Dialektik der Aufklärung*, Frankfurt/M.: Fischer 1988, S. 34.

如此一来,启蒙现代性就变成了"彻底而又神秘的恐惧"①,因为它所造就的理性神话,本质上就是一种极权统治。这样,在完全受到启蒙的世界中,就充满着巨大的不幸。这是因为,理性变成了一种不可抗拒的力量,变成了制造其他一切工具的工具,成为经济结构的辅助手段,所以,在受到理性启蒙的世界里,神话完全被世俗化了。就是说,启蒙现代性使工业文明变成了神话,其最突出的表现就是,工业文明背景下商品拜物教普遍存在。商品拜物教的不良影响渗透到社会生活的各个层面,并成为统治者控制人们的工具。个人被设定为一个物,一种统计要素,或是一种成败,而其标准乃是否成功地适应职业要求以及相应的行为模式,其他一切事情都受到从班级到工会这些集体力量的监控。这样的话,人的个性就完全丧失了。因为随着商品经济发展,神话中朦胧的视线被计算理性的阳光照亮了。在这种光照下,新的野蛮种子就生根发芽、成长壮大。在强制统治下,已经摆脱了神话影响的人们的劳动,又不断地落入神话之中。海妖塞壬的故事充分说明,**"不可阻挡的进步的厄运就是不可阻挡的退步"**②。因而,对死亡和毁灭的恐惧,总是与威胁文明的幸福许诺紧密联系在一起。这条道路是通往顺从和劳作的道路,尽管在前方总是临照着烂漫之光,但那仅仅是一种假象、一种毫无生气的美景。所以说,尽管技术进步给人们带来了生活安逸,但同时也压抑了人的本能,并以更加老练的手段巩固了自己的统治地位。在机器转变为机器控制的地方,技术和社会发展趋势总是交织在一起,最后导致对人的总体控制。当然,这种状态也并非是不真实的;相反,对进步力量的适应既引起了进步,又带来退化。因而文明的进步必然伴随着退步,文明的历史就是绝望的历史,一部文明史同时也是一部野蛮史,因为天堂与地狱是连在一起的,善与恶的力量、拯救与灾难的力量也是无法完全分开的,每个幸福都是以不幸为代价的。可以说,在到目前为止的历史中,人道主义精神发展成了这种精神掩盖下的野蛮行

---

① Horkheimer, M./Adorno, T. W. *Dialektik der Aufklärung*, Frankfurt/M. : Fischer 1988,S. 22.

② Horkheimer, M./Adorno, T. W. *Dialektik der Aufklärung*, Frankfurt/M. : Fischer 1988,S. 42.

为,即从失败的文明制度中产生出野蛮制度,是文化的另一方面,文明最终走向了野蛮。

总之,**启蒙现代性的实现过程,就是进步与退步相交织、文明与野蛮相伴生的过程。最终,启蒙就走向了自我毁灭。**因为它既包含着从神话到科学、从野蛮到文明的进步过程,又包含着从文明再次进入野蛮的反向过程,这就是所谓"启蒙辩证法",即启蒙由于自身逻辑而走向了反面:本想消除神话,但却造就了新的理性神话;旨在正确认识并支配自然,但却歪曲了世界并受到自然惩罚;本想增强人的能力,结果使人变得软弱无力;旨在反对极权统治,自己却变成了极权统治;本想推动文明进步,实际上却退回到野蛮中①。因此,霍克海默强调,在一个发挥人的力量与争取个人解放的进步时期之后,在人对自然的控制有了巨大扩展之后,今天社会需要阻止将人类推向新的野蛮状态的继续发展②。

四

综上所述,HA 围绕着"神话已经是启蒙,启蒙退化为神话"这个核心,对启蒙现代性进行了深刻反思和猛烈批判。他们断言,启蒙是由神话发展而来的,它始终在神话中得到自我确证,甚至说神话本身就已经是启蒙。但是,启蒙在现实中又退化为神话,并且导致了恐惧。所以说,启蒙现代性的实现,是进步和退步相交织、文明与野蛮相伴生的过程。一方面,它推动了科学技术进步和工业文明发展,带来了人类支配、改造自然能力的提高,同时也导致了人类对自然的进一步奴役,使人类与自然关系破裂,这表明人类中心主义破产;另一方面,它又增强了某些人对另一些人的统治,带来了社会对个体的压抑,导致了人的异化,这表明工业文明理想的破灭。这样,追求自由的启蒙现代性最终变

① 俞吾金、陈学明:《国外马克思主义哲学流派新编:西方马克思主义卷》,复旦大学出版社,2002 年,第 146～150 页。

② [德]霍克海默:《批判理论》,重庆出版社,1993 年,第 216 页(译文有较大改动)。

成奴役人的桎梏,从而最终走向了自我毁灭。关于 HA 的启蒙现代性批判,这里有三点需要注意:

第一,HA 对启蒙现代性的批判,表面上是针对启蒙精神,实际上直指工业文明,甚至是整个人类文明史。他们对启蒙现代性与工业文明的批判,尤其是关于启蒙与神话、自由与奴役、文明与野蛮关系的论述,可以使人想起本雅明的名言:任何一部文明史,同时又是一部野蛮史①。这种看法,可以追溯到卢梭对科学技术和工业文明的浪漫主义批判,甚至可以联想到老庄对精神文明和制度文明的反叛,以及对技术文明的抨击。在这里,需要纠正学界存在着的一个误读,即卢梭、法兰克福学派等,否定科学技术、否定理性和文明本身。事实上,他们只是对科学技术滥用、工具理性膨胀、工业文明弊端进行批判和矫正。当然,在这个过程中,确实存在着矫枉过正的片面性。

第二,HA 对商品拜物教的批判,要求人们纠正学界长期以来存在着的一个较为普遍的看法,即:法兰克福学派只是致力于文化和意识形态批判,而不太注重经济分析。这与 P. 安德森这个观点——自 20 世纪 20 年代以来,西方马克思主义出现了主题转换,即从经济、政治问题转向文化和意识形态问题——有很大关系。诚然,早期法兰克福学派以文化和意识形态批判为核心,但在对启蒙现代性与工业文明的反思、批判过程中,他们并没有忽视、反而比较重视经济分析。如张一兵所说,《启蒙辩证法》第一次依循着马克思《1857—1858 年经济学手稿》,确认了社会历史进程中的资产阶级工业和市场交换也一定会同构地在社会生活中"摧毁神和质"②。但总体上看,学界对此重视得不够。这就要求人们,在研究法兰克福学派现代性理论时,对这一点给予充分关注。

第三,HA 对启蒙现代性的批判,核心就是对技术理性主义、人类中心主义、文明进步主义的批判。只有在这个框架中,才能理解他们对启蒙现代性批判的历史价值与当代意义。尽管 HA 的启蒙现代性批判

---

① 《本雅明文选》,中国社会科学出版社,1999 年,第 407 页(译文有改动)。
② 张一兵:《无调式的辩证想象》,北京三联书店,2001 年,第 23 页。

是一种片面的、带有浓郁悲观主义气息的文明批判,但这种悲观主义的文明批判,上承卢梭等人的浪漫主义、尼采等人的非理性主义、卢卡奇等人的早期西方马克思主义,下续福柯等人后现代主义、詹姆逊等人后现代马克思主义。因此,它在西方马克思主义和现代西方哲学中都占有重要地位。应该承认,HA 对启蒙现代性的反思与批判是发人深省的,它实际上是对工具理性过分张扬、价值理性屡遭贬抑的强烈抗议,这对于在今天的现代化建设中,克服技术理性的负面效应、重建人文理性具有重要启示意义。

（作者单位:复旦大学哲学学院、当代国外马克思主义研究中心）

后现代性的激进批判
——鲍德里亚的社会批判理论简论

孔明安

现代性与后现代性及其纷争仍是困扰着当代哲学和文化的一个重要的学术问题。综观这一问题的研究向度，不外乎如下三种向度：前现代性、现代性或后现代性。其中，尤以现代性和后现代性的争论最为激烈。其中的原因在于，当今的世界和现代化的中国正处于一个转型期。当今西方发达资本主义世界处于现代社会向后现代社会的转型阶段；而当今的中国，经过 30 年来的改革开放和社会主义的市场经济的实践，也正在进入一个现代化进程中的转型阶段。虽然我们还不能给其准确定位，但有一点是非常清楚的，即现代性与后现代性问题不是世外桃源式的理论纷争，而是有着深厚的现实性基础。有鉴于此，我们试就鲍德里亚有关现代性和后现代性的观点，做一个简单的案例分析，希望以此能对国内的现代性和后现代性研究有所裨益。在本文中，我们一反传统研究中流行的观点，即将鲍德里亚划归到后现代论者的行列，而是反其道而行之，将鲍德里亚视为一个激进的后现代社会的批判者。也就是说，在鲍德里亚与现代性与后现代性的关系上，他不但批判西方资本主义世界的现代性，更对西方的后现代社会持激进的批判态度。

因而针对现代性研究中的三个向度,我们将鲍德里亚的思想定位在前现代性的位置,即鲍德里亚是一个对现代性和后现代性进行激进批判,而走向以原始"象征交换"为目的的一位学者。

一、鲍德里亚与后现代的误解

迄今为止,综合国内外有关鲍德里亚研究的文献,我们看到的是,大部分学者都将鲍德里亚划入一个典型的后现代主义者之列①。这一状况既与国外对鲍德里亚研究的部分误解有关;也与国内学界20世纪90年代之后西方后现代主义思潮的涌入和国内消费社会的形成密切相关。但另一方面,鲍德里亚在一篇专访中,公开否认自己是一个后现代主义者……②如此,这一问题变得错综复杂。在此,我们并无意过多地涉及这一争论。但我们还是想强调的是,将鲍德里亚冠之以"后现代主义大师"的称号,的确是对其思想的某种误解。或者,至少在一定程度上,是一个不太准确的称谓。

对鲍德里亚的思想的误解,在我们看来,主要是由于其一生学术思想的复杂多变。人们只看到他对西方后现代社会现象进行分析的激进立场,就误将其划入后现代主义者的行列。其实,鲍德里亚一生的学术兴趣点众多,他自己也坦承这一事实。他在《冷酷的回忆》(Ⅱ)中也对其学术思想发展的轨迹做了如下的总结。他说:

> "20岁是玄学家(pataphysician)——30岁是情景主义者(situationist)——40岁是乌托邦主义者(utopian)——50岁横跨各领域(vtransversal)——60岁搞病毒和转喻(viral and

---

① 这一观点可参考美国学者 D. Kellner, *Jean Baudrillard: From Marxism to Postmodernism and Beyond*, Cambridge, Polity Press, 1989;仰海峰:《走向后马克思:从生产之境到符号之境》,中央编译出版社,2004年。

② M. Gane, *Baudrillard live: selected interviews*. London; New York: Routledge, 1993.

Metaleptic)。"①

这里,且不管鲍德里亚给自己的学术历程如何定位,但有一点是肯定的,那就是他一生学术兴趣众多,思想复杂多变。迄今为止,国内鲍德里亚的研究,大都还是局限在他与马克思主义的关系,以及他的"后现代主义"的思想特征等方面。但随着研究的深入,我们却愈来愈感到,鲍德里亚思想之多变复杂,远超出我们所知。他既不是一个纯哲学家,也不是一个纯社会学家,而是一个横跨多领域的研究者。

就目前我们所了解的情况看,鲍德里亚的思想及其发展至少涉及到如下几个领域:

· 鲍德里亚与马克思的政治经济学和唯物史观的关系;

· 鲍德里亚的社会学思想,特别是有关消费社会的研究;

· 鲍德里亚的哲学思想研究,特别是后期形而上学思想的研究;

· 鲍德里亚的美学思想研究,特别是有关技术与审美关系的探讨;

· 鲍德里亚的政治哲学思想研究;

· 鲍德里亚的文化哲学或文化人类学的思想研究;

· 鲍德里亚有关现代性和后现代性问题的研究;

· 鲍德里亚与早期法兰克福学派的关系问题;

· 鲍德里亚与西方马克思主义或后马克思主义的关系问题;

· 鲍德里亚的技术哲学思想,特别是鲍德里亚有关大众媒体的研究。

以上诸方面可能并不能完全覆盖鲍德里亚研究的方方面面。但至少可以说明其思想的复杂性和多变性,这是导致其思想误解的原因之一。

另外,从鲍德里亚思想的发展脉络看,据有关资料,鲍德里亚的成名作并不是他那本奠基性的博士论文著作《物体系》(1968)一书,也不

---

① J. Baudrillard, *Cool Memories* Ⅱ (1987 ~ 1990), Duke University Press, 1996, p. 83.

是随后而至的《消费社会》(1970)和《符号政治经济学批判》(1973)这两本书,而是缘自他于1973年出版的,并于1975年被翻译为英文本的《生产之境》。在此之前,可以说,鲍德里亚基本上并不为西方学界所了解和关注。此后,伴随着西方后现代主义思潮的流行,鲍德里亚才以其独特而怪异的风格及其言说方式,逐渐引起西方学界的注意,并迅速走红于欧美各国。如此说来,至少我们可以说,鲍德里亚是到了20世纪70年代中期之后,特别是到了80年代之后,才逐渐引起人们关注的,并被冠之以"后现代主义大师"的称号的。众所周知,从20世纪60年代开始,法国学术界流行的是结构主义思潮,其代表人物是人类学和社会学领域的列维－斯特劳斯,马克思主义哲学领域结构主义的代表人物,是我们熟知的路易·阿尔都塞的结构主义的马克思主义,以及结构主义的各种变种。第二次世界大战后,法国学术界一度被人道主义的思潮所占领,最为典型的当属萨特的存在主义思潮,以及由之引发的存在主义的马克思主义,包括萨特、梅洛·庞蒂等存在主义等人。然而,到了50年代末与60年代初,法国结构主义思潮异军突起,开始对以萨特为代表的存在主义思潮进行反击。结构主义在各个领域开始占据有力位置,形成了自己的门派体系,并从60年代的结构主义一直发展到后结构主义思潮,如我们所熟知的M.福柯、罗兰·巴特、利奥塔和德里达等后结构主义大师。显然,在这些后结构主义的大师之中,并没有鲍德里亚的学术位置,其思想既不能归属于以萨特为代表的人道主义系列,也难以划入结构主义和后结构主义思潮之中。

然而,我们知道,后现代主义思潮的兴起及其发展,是与法国后结构主义的兴起和发展有着密切的关系。诸如M.福柯、利奥塔和德里达等后结构主义大师,对后现代主义的兴起及其传播都功不可没。尤其是利奥塔对后现代状况的分析,以及德里达的解构主义思想,都与法国的后现代主义的盛行密切地联系在一起。在此情形下,作为与此两派学者并没有密切关联的鲍德里亚,在60年代末至70年代初,他仍是默默无闻。他虽然秉承了西方马克思主义的批判视野,特别是他在其早期著作《物体系》中有关物的分析的方法,但他仍没有得到学界的认可。因而随着后现代主义思潮在西方的日渐盛行,鲍德里亚最终还是

以其对资本主义后工业社会及其制度的批判分析,而被人们误划入到
"后现代主义者"的行列之中,并迅速走红于西方世界。

这里,我们想强调的是,虽然鲍德里亚思想横跨各个领域,但其核
心思想仍归属于西方社会批判理论。只是这一批判理论不属德国法兰
克福学派的社会批判思想,也不再属于50年代之后列斐弗尔的日常生
活理论的大众批判,而是在西方马克思主义诸多学者所进行的资本主
义工业文明批判的基础上,对**资本主义的后工业文明(技术)**,或曰西
方发达资本主义的后现代性及其社会现象,所进行的深度的社会批判。

二、符号价值与现代性的批判

在鲍德里亚思想发展的早期阶段,由于鲍德里亚师从列斐弗尔这
位日常生活研究的西方马克思主义学者,因而我们依然遵从传统看法,
认为鲍德里亚此期间的思想立场仍然是西方马克思主义的观点,也就
是说,在这一时期,鲍德里亚从事的仍然是对现代资本主义社会的批判
分析。这一点可以从其早期著作《物体系》《消费社会》和《符号政治经
济学批判》中窥其端倪。在《物体系》中,鲍德里亚从具体到物逐步进
入到"符号"领域,突出了符号的地位和价值,这一观点逐渐延伸至之
后的《消费社会》《符号政治经济学批判》等著作中。鲍德里亚这一时
期对资本主义工业化及其异化,特别是随着消费社会的到来所导致的
人的异化的批判分析,是在西方马克思主义的基础上所进行的现代性
批判分析的继续和深入。当然,需要指出的是,这一批判分析,已经不
再局限于西方马克思主义学者所关注的资本主义工业文明的批判,而
是进入到了消费社会,特别是符号的分析批判,它包括从物到符号的分
析,消费行为及其所导致的消费神话的分析,以及符号政治经济学的分
析。

在《物体系》中,鲍德里亚就从日常的物一下子进入到了"人的行
为及人际关系系统"。也就是说,他通过研究物来透视其中所包含的
人及其行为关系。当然,鲍德里亚并没有仅仅停留于此,他是试图从物
与人的行为的关系的分析,进一步深入到其中所包含的特殊意义,即从

物的价值到符号价值的分析,其目的是为后来的消费社会的分析奠定基础。可以说,符号价值的提出,为其第二本著作《消费社会》对资本主义消费社会及其异化的批判做好了理论准备。所以,鲍德里亚认为,消费不等于需要的满足,他说:

> "可以将消费设想为一个我们的工业文明特有的作用模式,但条件是……把它作为一种满足需要的程序,释放出来。消费并不是这种和主动生产相对的被动的吸收和占有……消费是一种(建立)关系的主动模式(而且这不只是人和物品之间的关系,也是人和集体与世界之间的关系),它是一种系统性活动的模式,也是一种全面性的回应,在它之上,建立了我们文化体系的整体。"①

同时他接着指出:

> "要成为消费的对象,物品必须成为符号,也就是外在于一个它只作意义指涉的关系——因此它和这个具体关系之间,存有的是一种任意偶然的和不一致的关系,而它的合理一致性,也就是它的意义,来自于它和所有其他的符号——物之间,抽象而系统性的关系。这时,它便进行'个性化',或是进入系列之中,等等:它被消费——但(被消费的)不是它的物质性,而是它的差异(difference)。""被消费的东西,永远不是物品,而是关系本身——它既被指涉又是缺席,既被包括又被排除——在物品构成的系列中,自我消费的是关系的理念,而系列便是在呈现它。"②

我们看到,消费的前提是物必须成为符号。鲍德里亚所提到的符

---

① 鲍德里亚:《物体系》,上海世纪出版集团,2001年,第222页。
② 鲍德里亚:《物体系》,上海世纪出版集团,2001年,第224页。

号,是一个包含了多重意义的概念。按照《物体系》的译者林志明在"译序"中的理解,它包括了如下三个不同的领域:符号学意义下的符号(sign)、心理分析意义下的征兆(symptom)和社会地位中的信号(signal)。这三个符号概念在物的分析中相互缠绕,并对应着鲍德里亚在《物体系》中的三个理论框架,即符号学、心理分析和差别社会学。

消费导致了对资本主义的伦理道德的冲击,产生了一种"新人文主义"。鲍德里亚认为,消费虽是对符号的操纵,但它毕竟是对如 M. 韦伯所谓的近代以来就存在的资本主义社会里所奉行的崇尚节俭,努力工作的清教伦理的巨大冲击。因此,消费社会的先行消费提出了一项新伦理。几千年来,在人们的观念里,消费总是被置于生产和积累之后。人们总是依赖自己的辛勤工作,并在积蓄达到一定程度后,才去消费,才能达到自己所需要的理想的物品。但在当今消费社会里,情况却完全不同。人们虽然还没有赚到所购买的物品的足够的金钱,但依赖消费贷款,就能拥有自己的理想的物品。基于此,"它们的消费比它们的生产先行"[1]。这样,本来的道德秩序就颠倒了。从传统的道德观看来,消费从来不会先行于生产,工作永远先前于工作的果实,所有这些属于消费社会之前的传统美德,然而在今天看来,这却是不合时宜了。由于生产力的提高而导致的产品的绝对过剩,由于消费贷款和信用制度的实施,由于整个社会从机制和观念上都鼓励消费,因此,在消费社会里就产生了一个新的道德观:"消费先行于累积之前",不断地向前逃逸、强迫的投资、加速的消费、周期性的通货膨胀(而节约反而变得荒谬),这就是在消费社会所产生的新道德观对传统旧道德观的冲击。

注意,这里鲍德里亚从物的功能性的分析到符号价值的提出,进而提出由消费社会所导致的一种"新人文主义"的产生,既是鲍德里亚对现代消费社会的批判分析,也昭示了其对现代消费社会这一现代消费现象的批判性态度。这一态度在其后随后而至的《消费社会》中,表现得愈发明显。

在《消费社会》中,我们不仅看到鲍德里亚对西方消费社会中各种

---

① 鲍德里亚:《物体系》,上海世纪出版集团,2001 年,第 182 页。

现象的细致入微的分析,而且看到了他对这一异化现象的批判性立场。特别是鲍德里亚在《消费社会》中有关"布拉格的大学生"一节的论述,仍然体现出他受制于"异化论"的影响,当然,这一"异化"是由于科学发展和技术进步而导致的人的异化。鲍德里亚说:

> "但消费世纪既然是资本符号下整个加速了的生产力进程的历史结果,那么他也是彻底异化的世纪。……消费并不是普罗米修斯式的,而是享乐主义的、逆退的。它的过程不再是劳动和超越的过程,而是吸收符号及被符号吸收的过程。……在消费的几何场所,在那里个体不再反思自己,而是沉浸到对不断增多的物品/符号的凝视中去,沉浸到社会地位能指秩序中去,等等。在那里他不再反思自己,他沉浸于其中并在其中被取消。消费的主体,是符号的秩序。"①

由此可以看出,鲍德里亚这里谈论的仍然是个体在现代资本主义社会的"异化"现象,但这一"异化"不再是马克思在 19 世纪所谈的资本统治下的异化,不是早期西方马克思主义学者所论的"物化"而导致的"异化",也不是法兰克福学派的所谈的资本主义工业化和商品化和技术化导致的人的异化,而是直接进入到鲍德里亚自己的"符号"王国所统治的个体的"异化",也即他所谓的消费社会时代的"个体不再反思自己、而是沉浸到对不断增多的物品/符号的凝视中去,沉浸到社会地位能指秩序中去,等等"。这里的个体因沉浸于符号消费而深陷于其中而不能自拔,并在符号消费中丧失自我,也即他所谓的个体"在其中被取消"。当然,诚如鲍德里亚所言,他这里所谓的"符号消费"下的异化,的确已不是被"商品逻辑支配着的工业和社会生活的普遍化的模式",但无论如何,我们还是从《消费社会》中窥见鲍德里亚"异化论"的影子,无论其受制于资本—商品逻辑,还是在物品—符号逻辑。而《符号政治经济学批判》一书则是鲍德里亚对现代社会符号统治进行

---

① 鲍德里亚:《消费社会》,南京大学出版社,2000 年,第 224~226 页。

批判的具体化,是他运用现代符号学的理论对马克思主义政治经济学理论的批判和摈弃。正如马克思在 1857 年《政治经济学批判导言》中,试图对资本主义的商品社会进行科学的分析批判一样,鲍德里亚在《符号政治经济学批判》中,也试图在另一个新的基点上,也即"符号或符号价值"的基础上,对资本主义的现代性进行总批判。当然,这一批判是否成立,其效果如何存在着巨大的争议,我们姑且存而不论,但有一点可以肯定,即鲍德里亚在《符号政治经济学批判》中的批判武器,已经不再是马克思时代的商品、商品的使用价值、交换价值和剩余价值等概念,而是转换成了符号、符号价值、象征价值和价值的结构规律等概念。因而,鲍德里亚必然要与马克思分道扬镳,并于 1973 年完成了《生产之境》,开始对马克思的政治经济学和为唯物史观进行系统的批判,从而进入了其后现代性的批判里程。

三、完美的罪行、游戏与后现代性的批判

鲍德里亚对后现代性的批判突出表现于 1976 年发表的《象征交换与死亡》,以及此后的一系列著作,包括《仿真与仿像》《致命策略》《透明的恶》和《完美的罪行》,等等。我们认为,从 70 年代中期开始,特别是从《象征交换与死亡》开始,鲍德里亚对资本主义的批判深入到了后现代的领域。他在西方后工业社会,特别是由于新技术革命而引发的一系列后现代现象进行了细致的描述和深刻的批判。当然,他所采取的方式不是直接的话语批判,而是反讽式的、隐喻的、黑色幽默式的写作方式。这里,我们试举一例:

在《象征交换与死亡》中,鲍德里亚用隐喻和类比的方式来论述后现代社会因为高科技发展而导致的后果,他说:

> "任何系统接近了完美的操作性,也就接近了自身的死亡。……追求总体完美是追求总体背叛,追求绝对可靠就是追求无可挽回的衰退:一切相关的能量都在走向自身的死亡。因此,唯一的策略是灾难性的,而不是辩证法的。必须把这些

事务推向极限，它们在那里会自然地相互转化并崩溃。因为我们正是在价值的顶点才最接近双重性，因为我们正是在一致性的顶点才最接近那道转向的深渊，……我们必须在仿真中走得比系统更远。必须用死亡来反对死亡——这是彻底的重言式。把系统特有的逻辑变成绝对的武器。"①

从上述引文，我们足以看出鲍德里亚语言的晦涩和思想的独特、深邃和怪异。初读起来，鲍德里亚的论述似乎具有某种思辨式的辩证风格，但仔细研读则发现，鲍德里亚有关系统完美性、终结、崩溃、极限、灾难和死亡的话语，以及诸如"正是在价值的顶点才最接近双重性，因为我们正是在一致性的顶点才最接近那道转向的深渊"等类比式的言说方式，无疑增加读者理解的难度，导致了对其思想的误解。初读鲍德里亚的这些语言论述，人们简直如坠云中雾里，不知其所云为何。其实，不只是在《象征交换与死亡》中如此，此后，鲍德里亚的行文风格，及其批判的尖刻性，随处可见。他就是以此种论述的方式，从批判的视野出发，针对现代资本主义的后工业社会的高科技所导致的"罪恶"现象进行不遗余力的抨击和批判。在《完美的罪行》中，他说：

"如没有表面现象，万物就会是一桩完美的罪行，既无罪犯、无受害者，也无动机的罪行。其实情会永远地隐退，且由于无痕迹，其秘密也永远不会被发现。然而，恰恰此罪从来就不是完美的。因为万物由其表象露出了马脚，这些表象是其不存在的痕迹，也是虚无延续的痕迹，因为虚无本身、虚无的延续都留下了痕迹。因此，万物暴露了自己的秘密，尽管它躲在表象之后，还是让人看出其真面目。"②

这里，鲍德里亚论述的并不是法律意义上的罪行问题，而是从形而

---

① 鲍德里亚：《象征交换与死亡》前言，车槿山译，译林出版社，2006年。
② 鲍德里亚：《完美的罪行》，王为民译，商务印书馆，2002年，第6页。

上学的角度,从虚拟实在、虚物和实在界的关系问题,进而引申出形而上学有关实在的真实性和虚假性问题,从而展开对西方后现代社会的批判。这里的虚无、表象与实在的关系的变化,皆是由于"完美的罪行"使然,但恰恰是由于"此罪从来就不是完美的",所以导致了"虚无的延续留下了痕迹……万物暴露了自己的秘密……让人看出了其真面目"。

这里,鲍德里亚的语言的晦涩达到了极致。透过这些晦涩的语言,鲍德里亚试图从虚无和实在的关系这一哲学形而上学高度,激烈地抨击因后工业社会的高科技所导致的"虚无的蔓延、延续",及其对原始的"实在的谋杀"。要知道,从心底里讲,鲍德里亚不但对现代社会的大量的虚无现象深恶痛绝,大加抨击,而且其内心真正追求的是一种本真的、原始的、朴素的"实在"。而这一对"实在"的追求,**与德里达的结构主义的去中心化方法,利奥塔的反宏大叙述的方式,不仅大相径庭,而且背道而驰。**因此,我们就很难将鲍德里亚与他们直接画等号。

当然,鲍德里亚西方现代技术社会的批判不仅仅是其后期的形而上学的视角。从20世纪70年代中期开始,他就开始致力于对媒体技术的批判,包括广播、电视,直至后来兴起的计算机和网络世界。这些批判思想散见于其中期的系列著作中,如《仿真》《仿真与仿像》《沉默大众中的阴影》《交流的迷狂》。他对大众技术媒体的研究,被人们视为"法国的麦克卢汉",可见其影响力之广。概括起来,鲍德里亚的大众媒体思想可以分为前后两个时期。其前期思想主要与他的象征交换理论密切相关,他主要考虑的是媒体的单向性这一特征。这一点最早在其《消费社会》中就显露了他对大众媒体的关注,如他在该书中专辟一章来讨论消费社会中大众媒体。70年代中期之前,他对大众媒体的批判也是建立在媒体播放过程中的单向性这一基础之上,如广播、电视的单向发射和制作,而没有大众的反馈和回应。这一单向性造成了现代传媒技术的"垄断"统治,形成了自己的相应的权利系统,并与他《象征交换与死亡》中所提出的"象征交换的互惠原则"所冲突。因此,媒体播放和制作过程中的这一单向性必然导致其传播过程中的意义的丧失,并引发"内爆",引起大众的"抗议"和反对,从而导致整个系统的崩溃和终结。他认为,如果人们把大众传媒不是仅仅限定为信息的简单的发射/接受,那么大众传媒就没有具体的指涉对象,并使交流难以进行。

> "现在技术媒体的当前的整个结构是建立在这一最后的定义上:它最终阻止回应,使任何交换的过程成为了不可能。而这就是大众传媒的抽象性。而社会控制和权威的体制正是建立在这一抽象性中。"①

但随着研究的深入,特别是随着互联网的普及,鲍德里亚对大众技术媒体的观点发生了某些变化。他不再坚持前期所谓的大众媒体的单向性所导致的系统的内爆,而是开始考虑到了媒体接受者的回应或反馈,开始转向命定策略中的主动策略,即大众面对媒体挑战形式中的主动回应。这一观点的转变具体是从其80年代之后的《致命策略》一书开始的。他认为,面对着技术媒体的垄断压抑,大众并不是像"沉默阴影中的大众"一样束手待毙,大众也可以进行适当的反抗。但这一反抗不是暴力的,而是采取调侃的,戏谑式的报复和对抗策略。他认为这一点"既不是媒体技术乐观论,也不是悲观论派,而是持一种调侃的、对抗的态度"②。这一点尤其体现在他对现代西方资本主义社会的选举过程中民意测验的分析中。

鲍德里亚认为,在西方的民意测验中,存在着两个不同的相互混杂的体系:一个体系围绕着传统的表征,真理和意义;另一个则是以他的仿真和仿像为核心所进行的运作。而这两个混杂体系的数据并不能相互转移、利用。要把以数字统计、信息为基础的仿真民意测验,嫁接到传统的价值的统计体系,嫁接到表征、意志和公众意见体系中,这只可能是一大杂烩,只会引起无穷的混乱和纷争。他认为,这里对这两种观

---

① Jean Baudrillard, *Jean Baudrillard*: *Selected Writings*: Cambridge, Polity Press, 1988, pp. 207~208.
② Jean Baudrillard, *Jean Baudrillard*: *Selected Writings*: Cambridge, Polity Press, 1988, p. 208.

点都是不能赞同的:一种是称赞民意测验中的媒体,认为它反映了民意;另一种则针锋相对,认为民意测验机构操纵了民意。民意调查机构即使试图左右、影响大众的观点和意愿,结果也难以如愿以偿。其原因就是由于它们并不是在民众的意见和思想这一传统的"意愿时空"价值意义体系内运作的,也就是说,大众有自己的观点、意见,并不会受民意测验等媒体的左右。同样,对于大众来说,他们也根本说不清楚个体和公众的意见和观点,因为由于现代技术媒体的发展,使得它们的活动空间不再处于原来的表征和传统的意义氛围中;它们是单独的个体,它们不是在一个公众的空间内运作的,也不活跃在政治舞台上,它们也左右不了民意调查及其结果。正是这两个体系之间不存在任何的联系,所以才使我们陷入了一种"麻木混沌"的状态。大众对于自己的欲望、选择,对于自己的观点,自己的意志完全不能确定。鲍德里亚认为,这就是整个民意调查的媒体氛围的明白无误的结果,是媒体从各个方面从大众那里"敲诈"的信息结果。搞不清楚媒体广告或民意测验是否影响了个体和大众的意见;但同样也说不清楚,如果没有这些广告或媒体的民意调查,又会产生什么结果。

鲍德里亚还认为,大众的"麻木",以及对自己意愿和欲望新的不确定性,不是由于信息缺乏;相反,是由于信息过多,信息泛滥所导致的结果。正是由于信息泛滥而造成的大众的"不确定性",导致了他们无所适从,不知道如何采取行动,变成了一个孤零零的个体。在强大的信息社会面前,大众不是更"乐观、自由和充满信心"了,而是更加感到某种孤立、无助和绝望。面对着强大的技术媒体所制造出来的信息轰炸,大众的态度只能是某种悲观"命定"式的调侃和嘲讽。具体的表现就是,大众在进行投票选举的过程中,采取的不是积极的参与,而是"无所谓"的观望态度,甚至表现出某种嘲讽式的沉默,或弃权,或随意投票等。这样,大众所表达的就是另类的反抗形式,即一种沉默式或戏谑式的反抗。正因为大众的调侃的,非意识的"游戏"式的不合作态度,所以才使得媒体的所谓的民意测验无从得到准确的数据,才使得它们的"调查"失误和不准确。而这就是鲍德里亚所谓的大众的"报复",是大众对"政治现实性的象征谋杀"①。这里,大众和媒体之间是一种不确定的游戏,是概率的真假问答的游戏。这一游戏的结构完全是"随机的"、不定的。媒体后面的大众成为不可琢磨的,不能再用传统的主体、客体的方法来分析媒体和大众之间的关系。

由此,我们看到,鲍德里亚这里的**分析是"后现代式的"**,他看到了**西方发达资本主义社会中出现的一系列的后现代现象,但其态度则是批判的**,是对西方资本主义进入后现代社会后所出现的诸多后现代现象的分析深刻的分析和激烈的批判。

四、结语:走向原始的象征交换

从物体系的分析,到符号与符号价值的批判的异化批判,再到媒体的游戏和完美的罪行的后现代性的批判,可以说,鲍德里亚将其社会批判的风格推至极致。无论从哪个角度看,鲍德里亚对资本主义社会的激进的批判态度是确定无疑的。那么,这一批判的目标又是什么呢?显然,对鲍德里亚来说,他已经在《象征交换与死亡》中系统地回答了这一问题,那就是在批判资本主义的现代性和后现代性的基础上,走向原始的象征交换。显然,鲍德里亚将从法国人类学家莫斯那里借用来的原始的象征礼物交换,当做替代资本主义现代性和后现代性体制压抑的精神替换品。虽然这一原始的象征交换早已从我们当今的人类生活中消失,但鲍德里亚却对其一往情深,并寄予了极大的厚望,因此,他在《象征交换与死亡》一书的序言中一开头就说道:在"现代社会构成的层面上,不再有象征交换,不再有作为组织形式的象征交换"②,但"象征作为色号构成自身的死亡仍在困扰着这些构成",因为象征是"唯一的大形式,在所有领域中都相同的形式,可逆性的、循环复归的、废除的形式……它既不是神秘的,也不是结构的:它是不可避免的"③。

---

① Jean Baudrillard, *Jean Baudrillard*: *Selected Writings*: Cambridge, Polity Press, 1988, pp. 212~213.

② 鲍德里亚:《象征交换与死亡》,车槿山译,译林出版社,2006年,前言。

③ 鲍德里亚:《象征交换与死亡》,车槿山译,译林出版社,2006年,前言。

所以,象征这一古老的原始的象征交换形式,就被鲍德里亚重新拣了起来,并被他当做一剂治疗现代资本主义社会的现代性和后现代性对人的压抑的灵丹妙药。这就是我们所看到的这位刚刚去世的法国文化名人的"怪诞和荒唐"的面目:既不乏深刻性和思想性,又颇为滑稽、讽刺和戏剧性。这就是我们所面对的鲍德里亚的现象。

最后,我们要指出的是,虽然鲍德里亚对资本主义的批判是深刻的,语言是犀利尖刻的,但其所给出的回答则是荒唐而软弱无力。虽然人类正在或已经部分地进入到了后现代的社会,虽然后现代的社会还是存在着更多的不公和制度性的压抑,但以鲍德里亚所谓的"象征交换"原则来解决现代后现代社会所面临的问题,无异于镜中月、水中花。因此,如何破解现代性和后现代性这一时代问题,仍然是我们当今所面临一个重要理论问题。

(作者单位:中国社会科学院哲学研究所)

政治经济学与象征：
两种死亡逻辑的对立
——鲍德里亚对现代性及其诸种死亡观的批判

夏　莹

　　虽然鲍德里亚的思想不断发生着断裂，但他对当下社会所持有的批判态度却始终不变。而且这种批判无论采取了怎样的视角，都会带领鲍德里亚回到对于启蒙与理性的批判当中。在鲍德里亚看来，启蒙与理性所带来的社会的合理化倾向以及由此形成的以政治经济学为核心的价值体系就是现代性的一种核心体现。那么对于现代性的批判就是要在理论和现实中找寻一种逃离这一合理化及其价值逻辑的途径。从这一意义上说，鲍德里亚的批判是彻底的。因为他不再寻求体系内部的修补，而是要求一种整体性的颠覆。这种颠覆最终导致了早期鲍德里亚思想中总是不断出现的二元化的分析模式：一方为合理化或者政治经济学体系所操控的某种现象，另一方则为超越这一体系的唯一途径：象征性或者交互性的存在方式。而由于后者的产生是基于莫斯所推崇的原始社会特有的交换方式——象征性交换，由此使得鲍德里亚对于现代性的批判总是带有着一种抹不去的浪漫主义色彩。

　　写于 1976 年的《象征交换与死亡》是鲍德里亚运用这种批判方式

对于当下社会诸多现象所进行的个案式的研究,其中涉及了身体与时尚、易位书写与死亡等诸多话题。其中死亡的问题作为一个颇具哲学内涵的话题在鲍德里亚的分析中具有举足轻重的地位。从对死亡的分析中,我们不仅可以清楚地体验到鲍德里亚所特有的二元化批判模式,同时还可以映射出鲍德里亚对于传统哲学中死亡问题的种种批判。

一

在鲍德里亚眼中,对死亡的排斥是现代合理性的逻辑进行歧视性分割所采取最初的行动,因此可以被视为是其他歧视性分割的基础所在。

歧视性的分割是鲍德里亚分析当下社会的一种视角。在他看来,现代合理性的逻辑习惯于将任何事物分割为二元对立的模式:人与非人,黑人与白人,优势与劣势,并且在这种分割中,总是一方占据主导,另一方不过是这一主导的派生性存在,因此这种分割是歧视性的。由此产生了种族主义,以及反对种族主义的人道主义等二元对立的理论。然而只要在这一合理性的逻辑体系内部,人们无法看到的一个事实是:任何一种人道主义在本质上都是一种种族主义。两者的逻辑基础都是合理性逻辑本身。因为在人道主义宣扬人之为人的本质的时候,当人们将"非人",如动物、植物也施以"人道主义"的时候,前者不过是正面凸显了人的价值,由此凸显了人与非人的对立,而后者则在对非人的人性化对待中从反面凸显了这种对立。于是,人道主义就是现代合理性逻辑的产物,因此,它对种族主义的批判从根本上说是不可能的。仅就此而言,鲍德里亚与海德格尔有相似之处。海德格尔也曾明确指出:"任何一种人道主义都是形而上学的。"[1]形而上学在海德格尔的视域中也是现代合理性的必然结果。然而同样基于对整个固有体系的颠覆,海德格尔用以颠覆形而上学的仍然是对人之本质的设定,将人设定

---

① 海德格尔:《路标》,孙周兴译,商务印书馆,2000年,第377页。

为"绽出之生存(Ek – sistenz)"①,也就是在更为纯粹的意义上将人从诸多存在者中凸显出来,由此,我们或可断定,海德格尔用以反人道主义(也即形而上学)的途径是一种更为纯正的人道主义。而鲍德里亚则在这一批判中比海德格尔更为彻底。任何一种试图凸显人的差异性的观念,甚至包括那些宣称人的无差异的概念都导致了种族主义,因为它们在前提上都已经是基于一种歧视性的分割。两者在对这一问题所显现的不同批判必然将直接影响到对待人之死亡这一问题的基本态度。

要彻底地颠覆这种歧视性的分割,鲍德里亚认为首要的就是要分析作为这种分割的源头,即对死亡的排斥是如何进行的? 在对这一问题的回答中,我们才可能找到超越这一分割的可能性路径。

在鲍德里亚看来:"从野蛮社会向现代社会的演变是不可逆转的:逐渐地,**死人停止了存在**。他们被抛到群体的象征循环之外。死人不再是完整的存在,不再是值得与之交换的伙伴。"②如果脱离了鲍德里亚所热衷的对原始社会的观照,我们几乎无法理解这一段话的基本内涵。按照鲍德里亚的理论惯性,原始社会总是他的乌托邦。对于死亡来说,原始社会中的秘传仪式就是其中最重要的一种显现。在秘传仪式中,已经死去的祖先"吞下那些申请接受秘传的年轻人",这些年轻人为了再生而"象征"地死去。这里的"象征"一方面有"表演"的意义,另一方面则意味着鲍德里亚所津津乐道的"交互性"。在这种死亡中,生者与死者之间进行了一次相互/对抗的交换,"它不是造成一种断裂,而是在合作者之间建立一种社会关系,建立一种馈赠与返馈赠的流通,……这是不断回应的游戏,死亡不再可能作为终结或作为体制在这里得到确立。"③这是原始社会中死亡的基本内涵,它富有"象征性"。正是这种"象征性"带来了交换的强制性。这一观念是鲍德里亚吸收莫斯的礼物交换的理论基础上形成的④。在"价值"的观念还未形成的

---

① 海德格尔:《路标》,孙周兴译,商务印书馆,2000 年,第 379 页。
② 鲍德里亚:《象征交换与死亡》,车槿山译,译林出版社,2006 年,第 195 页。
③ 鲍德里亚:《象征交换与死亡》,车槿山译,译林出版社,2006 年,第 204 页。
④ 马塞尔·莫斯:《礼物》,汲喆译,上海人民出版社,2002 年,第 21~23 页。

原始社会中,交换本身就是目的。象征性只有在馈赠与返馈赠中得到诠释。这是一个双向流通的过程。在这一过程中,形成了交换,或者更确切地说是一种交往,被鲍德里亚称之为象征性交换(交往)(symbolic exchange)。这是一种脱离价值逻辑的交往,它是反生产的,因为在这种交往中不再有剩余价值的产生。这是问题的关键所在。

在象征性交换中,不能有剩余。这正是原始人的观念。当拥有了一些不能被自身全部消耗掉的东西的时候,他们就以象征性交换的方式,例如夸富宴,或者向神明祭司的方式将所有的剩余都消耗掉,由此才能确证当下所得的合理性。而这显然与现代社会的价值逻辑相反。在政治经济学的视域下,资本的运作一定要产生剩余,价值的交换就是这一剩余价值实现的手段。就此而言,象征性交换的目的是消解剩余,而经济交换的目的则是产生剩余。因此,前者是反生产的,而后者则就是生产的一个必要环节。于是,当鲍德里亚将现代合理性的逻辑归结为价值的逻辑,也即政治经济学的逻辑,那么对这一逻辑的超越的唯一可能的途径只能是象征性交换。而对象征性交换来说,其交换的动力来自于"象征"。因为就象征本身而言,鲍德里亚认为,它"不是概念,不是体制或范畴,也不是'结构',而是一种交换行为和一种**社会关系**,它**终结真实**,它消解真实,同时也就消解了真实与想象的对立。"①

象征本身就是一种社会关系,它意味着一种交互性的产生。在这种交互性中没有哪一方是主导性的,它们相互作用,交互本身是其最终目的,而不是如在经济性交换中那样,任何一种交换都是为了证明其中一方的价值或者意义。象征所带来的社会关系必然是在相互作用的过程中互相依赖,相互确认。于是,象征性最终消解的就是任何一种歧视性的二元对立。再一次,象征性以这种消解的力量证明了自身是逃离现代合理性逻辑的唯一出路。

于是,在秘传仪式中所显现的原始人的死亡观就是一种"象征性死亡"。在这种死亡观中,死不是与生对立着的存在。一方面,死是生的一面,或者生是死的一面,它们通过仪式或者节日的形式相互交往

---

① 鲍德里亚:《象征交换与死亡》,车槿山译,译林出版社,2006年,第206页。

着,成为可以沟通的两种存在。"生者与死者没有区别。死者只不过是具有另一种身份罢了。"①另一方面,象征性死亡在某种意义上成为人社会化的一个必经环节。在秘传仪式中,只有经过了秘传的生/死象征事件,一个生物学意义上儿童才能被社会认可为真正的存在。于是,我们或可这样说,在原始社会中,人只有经历象征性的"死"才能真正的确认自身的"生"。

由此可见,对于象征性死亡来说,死不仅不是生的终结,而且还是生的确认,并且它作为生的一部分始终存在着,生正是在与死的交互性中延续着。在这样一种观点之下,没有所谓"不朽""复活",也没有所谓的"向死而生"所产生的意义。所有这些宗教的与哲学的死亡观在象征性死亡这里终结了。象征性死亡是包含生的死,死是生的一个延续,生也是死的一种显现,两者都具有可逆性。

二

然而,在现代合理性的逻辑之下,死亡成为了一种生命的终结点,遭到了生命的歧视。并被分割出生命的领域。在鲍德里亚看来,最先在宗教领域,随后在国家政治生活之中,死亡都是一个需要宗教团体以及国家利用各种手段来加以消解的对象。因为,在他们眼中,死亡是反生命。然而,这种生/死的对立本身显然是现代合理性逻辑的产物。

宗教和国家正是在对死的消解过程中建立了自身对生的管理权力。这种权力所发挥的作用主要集中在对一切象征性死亡的肃清。各种原始修会或者"异端邪说"都试图在与死亡的交互性中直接实现自我救赎,而教会则固守在天堂即死后生存与天国的分裂中建立一种"个体拯救的政治经济学",即通过一种善行和功德的积累,在死亡来临的时候进行一种结算,天国是这种结算的结果。于是,在这种个体拯救的政治经济学中,孤独的苦修就成为了必需的。积累的观念也随之

---

① 鲍德里亚:《象征交换与死亡》,车槿山译,译林出版社,2006 年,第 207 页,注解 1。

建立起来。而在鲍德里亚看来,这正是新教与资本主义精神之所以存在内在关联的关键所在。当宗教中修行的积累变成了世俗的资本的积累的时候,现代的合理性逻辑就已经渗透进人们现实的生活之中了。而这种逻辑的核心就是政治经济学意义上的价值逻辑。

价值逻辑在本质上意指一种线性的积累,受到价值逻辑操控的死亡由此失去了与生命的交互性,因为任何一种交互性都必然表现为一种可逆性。死亡在线性逻辑之下成为了生命向前发展的一个终结。然而,在鲍德里亚看来,这种终结并非意味着生与死之间没有交往,只是在价值逻辑下,生中不包含死,生与作为生之终结的死之间是一种纯粹的经济交换。死成为了生的等价物。生在与死的交换中体验到了一种焦虑。这种焦虑来自于对死亡的"恐惧"。生试图通过积累来消除死亡,结果却使死亡成为了一个更为凸显的事实,一个终结点而与生对立起来。鲍德里亚将这种对待死亡的困境称之为"政治经济学的绝对困境":"政治经济学想通过积累来消除死亡——但积累的时间本身正是死亡的时间。不能指望这个过程的终点有一场辩证革命,这是一种螺旋形上升。"[①]

死亡之所以在政治经济学中成为了一个不能被消除的存在,就是因为死亡作为一种终结彰显了生的有限性,在政治经济学的语境下这种有限性或者可以转换为生的稀缺性。由此生的积累只是从反面不断印证了这种稀缺性的存在,也就是印证了死亡的存在,这就是鲍德里亚将"积累的时间"等同于"死亡的时间"的原因所在。于是,死亡在政治经济学的语境下不再是一种革命的力量,它恰恰是政治经济学持续积累的内在动力所在。在这种情形下,"人们进入了一种把生命当做价值来积累的过程——但同时也就进入了死亡的**等价**生产领域。这种成为价值的生命不断受到等价死亡的**侵蚀**。"[②]

然而,对于任何一种价值交换来说,其最终目的都是为了实现积累,而积累的实现则在于剩余价值的产生。当鲍德里亚将死亡放入政

---

① 鲍德里亚:《象征交换与死亡》,车槿山译,译林出版社,2006年,第228页。
② 鲍德里亚:《象征交换与死亡》,车槿山译,译林出版社,2006年,第229页。

治经济学的价值逻辑之下的时候,问题就在于死亡所带来的剩余价值究竟是什么?

鲍德里亚在行文中虽然没有对这一问题给出明确的回答,但在其对现代合理性逻辑语境中存在的种种死亡观的批判,我们或者可以得出这样一个结论:生的意义就是死亡的剩余价值。所谓的生的积累在本质上是意义的积累,因为只有在这种积累之中才最终使死亡在经济计算中获得"死得其所"的确认。在鲍德里亚看来,在现代西方思想中,这种以生之意义的积累来确认死亡的观念始终贯穿其中。从基督教到马克思主义,再到存在主义,无一例外。

对于这些现代思想中的死亡观,在我看来,鲍德里亚将其分为两类来进行批判:

其一,逃避死亡。例如帕斯卡尔与费尔巴哈,鲍德里亚在对他们思想的引述中显现出死亡作为一种非存在而不应被人的理性所把握的论断。于是,他指出:"这是理性的表演,它从来不是对生命的过度放纵或对死亡的热情接受的结果:人文主义寻找的是死亡的自然理性,是一种以科学和启蒙思想为基础的智慧。"[①]而共产主义运动,则由于同样囿于政治经济学的语境而试图以理性的逻辑来消解死亡,死亡仍然是作为生命的否定而有待被克服。以上对于死亡的态度是完全否定性的,死在与生的对立中显现为一种消极的存在。

其二,直面死亡。如果不将死亡视为是一种消极的存在,死能成为一种象征性存在吗?在现代思想中仍然不可能。

在此,两种重要的思想家得到了鲍德里亚的关注:黑格尔与海德格尔。他们都有对死亡问题的分析,他们都不再将死亡仅仅看做是对生命的一种简单的否定,恰恰相反,死亡在他们那里都是产生生之意义的直接源泉。然而,两者显然又在死亡问题上存在着不同之处。我们或者可以按照鲍德里亚的批判将其再划分为两类:在黑格尔那里,死亡是一种积极的否定性。在黑格尔的辩证法中,否定性的存在正是为了最

---

①　鲍德里亚:《象征交换与死亡》,车槿山译,译林出版社,2006年,第231~232页,注解1。

终的肯定性确立的必经之过程。由此死亡作为这种辩证的否定性恰恰是进步、发展等诸观念的内在动力所在,因此鲍德里亚称黑格尔的死亡观为死亡的"辩证理性","这种漂亮的辩证法描绘出了政治经济学的上升运动"①。因此,这种积极的否定性,并没有脱离固有的理性逻辑;相反,它更为有效的推动了理性逻辑的运演,死亡作为这种中介环节,恰恰构成了理性的(生命的)逻辑的积极肯定。而在海德格尔那里,死亡或者应该被概括为消极的肯定性。在鲍德里亚看来,黑格尔精致的辩证理性在存在主义那里出现了问题。死亡不是一个可以被扬弃的否定性环节,而带有了"不可还原性、不可超越的紧迫性"②。于是,死亡成为了一种绝对的否定,这种否定是消极的,但其最终却没有导致消极的结果。因为按照鲍德里亚的看法,遭到挑战的辩证理性在本质上"仍然是意识主体的辩证法,意识主体在其中找到一种悖论式自由"③。这种自由带来一种荒诞与恐慌,并被海德格尔视为是人的一种真实的存在状态,而这种真实状态得以产生的根本就在于死亡的存在。也就是说,生正是有死的存在才是可能的。这确实是抓住了海德格尔的基本观点,但对这一著名的死亡观,鲍德里亚的批判也是异常犀利的:"死亡成为'真实性':相对于致命的系统本身,这是一种令人晕眩的抬价,有一种挑战,但它实际上是一种深层的服从。"④在此,鲍德里亚一方面指出了海德格尔的死亡对于理性体系所构成的批判,但同时更确切地指出,海德格尔的反叛是有限的,他在本质上仍是理性体系内的反叛,因为当海德格尔在以死作为设定生之存在意义的时候,在死亡与生命之间仍然坚持了一种政治经济学的交换原则。其中死亡作为生命的等价物,因为它的存在产生了作为意义的"剩余价值"。

---

① 鲍德里亚:《象征交换与死亡》,车槿山译,译林出版社,2006 年,第 232 页,注解 1。

② 鲍德里亚:《象征交换与死亡》,车槿山译,译林出版社,2006 年,第 232 页,注解 1。

③ 鲍德里亚:《象征交换与死亡》,车槿山译,译林出版社,2006 年,第 232 页,注解 1。

④ 鲍德里亚:《象征交换与死亡》,车槿山译,译林出版社,2006 年,第 232 页,注解 1。

综上所述,无论是逃避死亡,还是直面死亡,显然它们都在以死来为生寻找意义。在前者之中,生命通过对死亡的超越克服来实现自身的价值,而在后者,生命则通过与死亡的对照中映射出自身的意义。但不管怎样,两者都产生的政治经济学的价值逻辑操控下生/死交换的剩余价值:生之意义。

三

然而,鲍德里亚的批判是彻底的。即使某些理论已经不再以死亡作为生产生之意义的理论,鲍德里亚仍会不遗余力地挖掘其中囿于现代性的价值逻辑之内的种种相对隐蔽的观念、说法,从而彰显了其批判的彻底性以及其对现代性价值体系的颠覆性。

弗洛伊德与巴塔耶对于死亡问题的看法就是在已经试图逃离现代性的价值逻辑之后被鲍德里亚再次归于现代性藩篱之中的两种理论。

弗洛伊德的死亡冲动本身已经构成了与西方思想的决裂。因为在死亡冲动的话语体系之中,生与死的对立已经不再存在:因为死亡冲动分解、拆散有机的生本能,让一切重新回到无机性当中,这种分解与拆散在某种意义上消解了价值逻辑中的剩余价值,并打破了线性的发展模式。就此而言,显然超越了整个西方思想的理性机制。鲍德里亚虽然指出了这种死亡冲动不再可能落入任何辩证法,仍需继续追问的是这种死亡冲动"本身会不会是一种对死亡的合理化"[1]?

让鲍德里亚产生这样一种质疑的原因在于弗洛伊德为死亡冲动找寻生物学的合理性,即起源于人的生理或者心理机制,从而使死亡冲动很难逃离实证主义的藩篱。虽然已经有思想者对弗洛伊德的这种倾向表示遗憾(如维斯曼在《超越快乐原则》[2]),但鲍德里亚却并不仅仅停留于这种遗憾。他试图说明弗洛伊德的实证主义倾向不是一种理论的失误,而是一种理论的必然。因为在鲍德里亚看来,弗洛伊德的死亡冲

---

① 鲍德里亚:《象征交换与死亡》,车槿山译,译林出版社,2006年,第235页。
② 鲍德里亚:《象征交换与死亡》,车槿山译,译林出版社,2006年,第235页。

动就作为一种"冲动"而言已经暴露了其重陷现代性逻辑的特质。

"冲动"在鲍德里亚看来作为理性的对立,恰恰诠释了现代的合理性逻辑对理性与非理性的二元划分,这种划分,正如我们在本文的开始提到的那样是一种歧视性的区分。它作为与理性对立的一极是被理性想象出来的,因此是理性的派生物。那么由此以"冲动"来对抗现代的合理性逻辑本身就是一种体系内的反抗。因此,找寻死亡冲动的实证主义基础本身就是理性逻辑的必然要求,弗洛伊德的实证主义倾向是不可避免的。从这一意义上说,弗洛伊德的死亡冲动并没有逃离现代合理性逻辑对死亡的基本设定,它在本质上仍有其生物学的基础。即使死亡冲动被视为是拆解生本能使其重新回到无机性当中,也即回到非生物当中,这种非生物的存在也恰恰作为生物的对立面由理性的逻辑生产出来。因此,死亡冲动尽管表达了不同于西方死亡理论的种种内容,但就其形式而言,它仍是现代合理性逻辑的产物。

相对于精神分析,巴塔耶的死亡理论似乎应与鲍德里亚的象征死亡最为接近了。因为在巴塔耶那里,他旗帜鲜明地要求摒弃经济交换,并由此推崇奢侈、浪费、牺牲等无价值的优势。而死亡,在巴塔耶的视域中就是这些无价值的存在之一,并且代表着一种最大程度的奢侈,因为死亡是对生命的否定,如果这种否定逃离了价值逻辑,即成为了一种无价值的死亡,那么必然是一种最大程度的奢侈。巴塔耶正是看到了死亡所具有的这种特质使其认定死亡是逃离价值逻辑的唯一替代方法。

然而,当巴塔耶在强调自身所推崇的奢侈与浪费的时候,鲍德里亚抓住了他所特有的一个参照系,那就是"自然"。在巴塔耶看来,自然是慷慨的,并没有经济的计算与价值的逻辑,因此以死亡为其极端表现的奢侈与浪费本身比价值逻辑更符合"自然"。正是这一点,在鲍德里亚看来,显然是"受到自然主义的诱惑,甚至受到生物主义的诱惑"[①]。这种诱惑的直接后果则使巴塔耶将非自然的存在推演出来,例如人对生命的延续需要对这种更为自然的倾向(如无价值的死亡)加以禁忌,

---

　　① 鲍德里亚:《象征交换与死亡》,车槿山译,译林出版社,2006 年,第 245 页。

这一推演实际上使非自然的存在也自然化了,因为它是自然的产物。在鲍德里亚看来,巴塔耶的死亡最终并没有成为他所推崇的象征死亡,其根本原因在于巴塔耶的死亡最终建立在"关于消耗的自然定义"和"关于经济的本体论定义"的基础上,"建立了禁忌与违反的主体辩证法"①之中了。由此,一种符合理性逻辑的二元对立再次被建构了起来。只不过在这种对立中,作为消耗的,带有非理性色彩的一元派生了理性的、经济的一元,然而两者就对立的形式与对立的衍生关系而言,并没有逃离现代合理性所特有的歧视性二元对立的分割逻辑。因此,鲍德里亚以极为彻底的批判挖掘出了在巴塔耶哲学反经济性价值交换的外表之下所内在的现代合理性逻辑。这一逻辑与价值逻辑存在共谋关系。所以,鲍德里亚不无惋惜地说:在巴塔耶那里"死亡向经济组织发出的挑战被伟大的形而上学抉择替代了。"②这种形而上学对于鲍德里亚来说就是现代的合理性逻辑,就是价值逻辑,或者说就是一种政治经济学。

当鲍德里亚完成了对弗洛伊德和巴塔耶死亡观的批判之后,对价值逻辑的批判也达到了一种理论的彻底性。无论是囿于生与死的对立之中(如追求生之意义的死亡观),还是在表面上超越了它,但通过反理性的姿态重新落入理性的二元对立的逻辑之中(如弗洛伊德和巴塔耶),它们都没有可能为颠覆这个现代的合理性逻辑体系提供任何理论的或者实践的可能性,也因此而没有触及到死亡真正的革命性。然而,在鲍德里亚看来,对这一点的揭示应是当下对现代性批判最终需要解决的问题。

然而如何解决?按照鲍德里亚的一贯观点,当然是用象征死亡来替代政治经济学所操控的死亡,用交互性来替代线性的发展逻辑,也即要用象征性交换来替代经济交换。它们在本质上是一种策略的不同表达方式。然而在此需要指出的是,对于鲍德里亚来说,就死亡本性来说从来都应该是象征的,政治经济学所操控的死亡在本质上已经不是人

---

① 鲍德里亚:《象征交换与死亡》,车槿山译,译林出版社,2006年,第245页。
② 鲍德里亚:《象征交换与死亡》,车槿山译,译林出版社,2006年,第246页。

的一种死亡,而只能是人的一种生物性的终结而已。

于是,政治经济学的价值逻辑,即现代的合理性逻辑渗透到了所有的层面,甚至深入到对人的精神分析的心理层面,那么对这种价值的颠覆也只有依靠直接意味着一种象征的死亡。在这种死亡中,生与死在可逆性当中消解了生与死的对立,从而也就消解了两者之间可能存在的交换以及交换产生的剩余价值。在鲍德里亚看来,"既然政治经济学是为了终结死亡而进行的最严肃的尝试,那么很清楚,只有死亡才能终结政治经济学。"①也就是说,既然价值逻辑的最初设定起源于对死亡的歧视性分割,就只有恢复死亡的象征性内涵才能终结这一逻辑体系。

鲍德里亚的死亡观在本质上是象征交换在死亡问题上的一种运用,但同时由于死亡的特殊性,即现代性合理性逻辑得以确立就建立在对死亡的歧视性分割的基础之上,又使得死亡自身就能够担当起一种颠覆性的策略。从这一意义上说,象征性交换与死亡的关系,不是一种理论与理论的运用之间的关系,而是并列的关系,象征性最早也是最直接的显现就在原始人对死亡的理解当中。因此,就其对现代性的批判与颠覆而言,鲍德里亚的死亡有其理论的彻底性。

(作者单位:南开大学哲学系)

① 鲍德里亚:《象征交换与死亡》,车槿山译,译林出版社,2006年,第290页。

第四专题

现代性与社会理论的实践探讨

Quanqiuhua Beijing Xia
De
Xiandaixing Wenti

辩证法的命运与中国现代性的建构

贺　来

　　辩证法作为一个哲学术语进入汉语哲学界,仅有80多年的历史。据专家考证,"辩证法"一词是在20世纪20年代经日语翻译成汉语才开始为我们所知的①。但辩证法传入中国以后,它逐渐获得了一种不同寻常的地位。辩证法不仅成为一个重要的学术方向和独立学科,甚至在很多情况下成为"哲学"的代名词;更重要的是,它还渗透到中国人的现实生活与日常语言中,成为最为普及的哲学话语。综观世界大多数国家,辩证法一般仅仅作为某个哲学家,例如柏拉图、黑格尔等思想的某一方面;或者作为某一研究领域或研究方向,例如本体论、逻辑学等的一个侧面来予以探讨,更谈不上在普通民众中拥有如此广泛而深入的影响。这的确是一种颇为独特的理论现象。这一现象最为直接和根本的原因无疑是马克思哲学在现当代中国的特殊地位与重大作用。但从更深入的层次进行反思,我们认为,辩证法在现当代中国哲学与社会生活语境中的理论功能与思想内涵,始终是与中国现代性的建构这一近百年来最为重大的主题内在联系在一起的。从中国现代性的

---

① 李博:《汉语中的马克思主义术语的起源与作用》,中国社会科学出版社,2003年,第294页。

建构来透视与检讨辩证法在中国的思想轨迹与发展命运,将为阐发辩证法的理论内涵与思想效应并为理解中国现代性的特殊性质与道路提供一个意蕴丰富的全新视野与理论生长点。

一、辩证法①:现代性论证的人文解放叙事

如果按照人们耳熟能详的关于辩证法的知识,辩证法与现代性的建构,尤其与中国现代性的建构将是完全无关的两个话题。然而,如果我们把辩证法置于近代以来的思想脉络中,我们就可以发现它与"现代性方案"之间所具有的深层关联。

虽然对"现代性"的理解充满歧义,但许多学者承认,所谓"现代性",具有这样几个最为基本的特点:

第一,它代表着一种面向未来的"时间意识"与"历史意识","现代"总是通过与"传统"、"古代"、"过去"的对立关系凸显出来的,它"必然要贬低直接相关的前历史,并与之保持一段距离,以便自己为自己提供规范性基础"②。因此,与古代世界"倒退"的或"循环"的时间意识和历史意识有着重大不同,现代精神意味着它要超越传统,是彻底"面向未来的",重"未来"而轻"祖辈",这是现代性的重大特征之一。

第二,以这种面向未来的时间意识和历史意识为基础,它坚持一种进步主义的历史观,它相信,人与社会历史在总体上必然朝着完美目标的方向发展,并最终摆脱一切奴役与束缚,达至完全的自由解放的终极结局。正如伯瑞所说:"只有人们把握了人类的进步的观念,才能形成或阐述关于历史之于政治家和公民的事务之意义的正确观念。这是一种彻底转化观念且具有伟大意义的构想,从而使历史得以界定自己的覆盖视阈……世界尚未充分意识到关于历史的观念的彻底转化所具有

---

① 本文中"辩证法"所指主要是近代以来的辩证法,尤其指黑格尔以来的辩证法理论。

② 哈贝马斯:"现代性的概念",收入《后民族结构》,上海人民出版社,2002年,第178页。

的全部意义,而这种转化的形成则归因于有关发展的学说的提出。"①
这即是说,"进步"或"发展"具有为现代社会发展"定向"的意义,通过
这种"定向",现代性使自身获得了合法性的根据。

第三,现代性把对自由解放的进步主义信念根植于"理性",一切
都必然在"理性"面前申辩自身存在的资格,理性是唯一透明和自明的
权威,通过理性的力量,消除一切"非理性"因素的阻碍,最终实现"理
性对世界的统治",这是现代性方案自由解放理想最为根本的保证:
"现代性必须根据自己所剩下的唯一权威,即理性,来巩固自己的
地位"。

按照哈贝马斯的说法,黑格尔是第一个用哲学的方式来对上述
"现代性"现象自觉进行批判性反思的哲学家。黑格尔曾言:哲学是
"思想中表达的时代"。这里的"表达",包含着双重内涵:(1)它意味着
用哲学的方式来把握"现代性";(2)它意味着哲学的重大任务在于通
过哲学的方式来论证"人的解放",并通过这种论证为"现代性"重构合
法性根据和规范基础。如果说中古社会人们求助于上帝来证明人们生
活的意义和社会制度的正当性(神义论的证明),与之不同,在上帝已
经失去了这种论证力量与权威地位的现代社会,人们所求助的只能是
哲学社会科学的"宏大叙事"或"元叙事"(Meta－narrative);这即是说,
人们对社会历史的意义、社会制度的正当性的论证方式不再是"神义
论"式的,而已转换成"人义论"式的,而在这种"人义论"的论证中,哲
学居于重要的地位。正是在此意义上,黑格尔认为,现代性自我确证的
要求在根本上就是"哲学的要求"。而这种哲学,在黑格尔看来,只能
是"辩证法"。

之所以必须是"辩证法",这基于黑格尔对现代性内在矛盾的反思
和他对现代性价值理想及其实现途径的独特理解。黑格尔认为,自笛
卡尔以来,现代哲学所关注的中心问题是"主体性"及其自我意识,"主
体性"原则代替了中世纪的上帝,成为了现代性的基本原则,这种"主
体性"所"保障的是自明性和肯定性,由此出发,其余的一切都会受到

---

① 伯瑞:《进步的观念》引言,第7页。

怀疑和批判。同时,主体性还具有一种普遍主义和个体主义的意义,任何一个人都要受到所有的人同等尊重。与此同时,他又是判断所有人各自的幸福要求的源泉和终极权威①。在此意义上,"主体性"原则不仅具有理论意义,而且构成了现代人与现代社会的规范性基础与价值源泉。在黑格尔看来,主体性的原则在根本上是一种"知性"的原则,它把"主体性"原则绝对化,等于把一种"有限"的东西上升至无限的绝对的地位。"主体性"原则作为知性原则,集中体现在它所遵循的主客二元对立的"对象化"逻辑,贯彻这种逻辑,必然或者把他人作为"客体"来予以控制,或者把自然作为"对象"来予以压迫,在此意义上,"主体性"原则在根本上充满统治性和控制性的原则,由此必然导致人的社会生活共同体的分裂和瓦解。黑格尔认为,现代性的规范基础不能建立在这种知性化的"主体性"原则的基础上,而是必须超越主体性原则,以"理性"或"精神"作为中介和统一性力量,来实现现代性的自我确证。"理性"是一种超越知性所造成的分裂与矛盾,把它们内在统一起来,使之实现和解的力量;同时,这种对分裂和矛盾的克服和和解不是通过僵化和强制性的方式来实现,"理性"和"精神"具有一种自我创造和自我超越的能动性,这种能动性集中体现在它能够"承受矛盾"和"扬弃矛盾",并在此过程中实现自身的运动与发展。"理性"与"精神"这种在矛盾中不断自我否定和自我发展的运动,所体现的正是其"辩证"的本性。黑格尔说道:"辩证法是这一内在性的超越活动,在其中知性规定的片面性和局限性把自己表现为它们所是的东西,即表现为它们的否定。辩证法因此构成了前进过程的推动灵魂,并且是内在联系与必然性唯一由以进入科学内容的原则,恰如真正而非外在的对有限东西的飞越一般正取决于这一原则"。② 黑格尔相信,只有在"理性"或"精神"这种辩证的历史运动中,"主体性"这一知性原则所造成的分裂才能实现内在的和解,现代性的自由解放理想才能获得充分的

---

① 哈贝马斯:《后民族结构》,曹卫东译,上海人民出版社,2002年,第180~181页。

② [德]黑格尔:《哲学科学全书纲要》,薛华译,上海世纪出版集团,2002年,第17页。

根据和基础。

可以清楚地看到,就其基本意图与内在动机而言,辩证法是在作为"主体性"原则的批判者、超越者和取代者而在思想史上存在和产生的,其根本旨趣是为现代性提供更为深层和坚实的辩护与论证。利奥塔曾十分中肯地指出,现代性方案"明确地求助于诸如精神辩证法、意义阐释学、理性主体或劳动的解放、财富的增长等大叙事"[①]来证明自己的合法性,这些思辨叙事通过对"真理"和"正义"的阐释,来为现代社会及其发展提供合法性基础,而在所有这些元叙事中,"精神辩证法"位居首位。可以说,辩证法是作为现代性的"人文解放叙事"而获得其历史内涵与现实基础的。

概括而言,作为人文解放的元叙事,辩证法在为现代性提供辩护和论证时,体现出如下三个基本原则:

第一,它把实现一切矛盾和对立的"和解",达至绝对统一性的、"大团圆式"的完美结局,视为终级的追求目标。辩证法之区别于知性思维,最为根本之处就在于它抛弃了那种"关于一般有限定而又相互对立的知性规定有确然有效性的假定"[②],主体性原则所造成的人与自然、人与社会共同体等的分裂在精神的创造性活动中被彻底扬弃与克服。在此意义上,"精神"又被称为"绝对","绝对"即为"无对",它消解和克服了一切冲突与对立,完成自身为一个不依赖于任何前提和条件的自足"圆圈",而这一"圆圈"的完成即意味着"自由"事业的完成。对此,我们可以把它概括为辩证法的以创造性活动为中介的"终极统一性"原则。

第二,它同时相信,这一自由事业的达成又必然以矛盾和对立面的存在及其辩证的历史性的运动为条件,因而它不是抽象的、直接的同一性,它必须经历精神严肃、艰辛、痛苦与曲折的劳作,但所有这一切,都是通往终极目的和结局必不可少的环节,"环节的必然性"是实现"全体的自由性"必经阶段,因为与终极目标的内在关联,这些曲折与阵

---

① 利奥塔:《后现代状况》,车槿山译,三联书店,1997年,第2~3页。

② [德]黑格尔:《哲学科学全书纲要》,薛华译,上海世纪出版集团,2002年,第30页。

痛,悲剧和磨难都获得并体现了其意义和价值。对此,我们可以把它概括为辩证法的以自由解放为核心的"历史目的论原则"。

第三,它相信在历史运动背后,有一个深层的永恒在场的形而上学的普遍"实体"作为内在的支撑,这一"实体"既具有自足、自因、普遍性和客观性等形而上学实体的一切特质,同时它又具有在历史中能动地为自身的开辟道路的"辩证"创造本性,遵循着这一普遍的、客观的规律,按照辩证的环节和阶梯,通向消解一切分裂与矛盾的终极解放结局。哈耶克通过对孔德与黑格尔的比较研究指出:作为唯心主义和辩证法家的黑格尔和作为实证哲学家的孔德虽然在不少方面有着重大差别,但他们共同核心观念是完全一致的,那就是他们都相信:"一切社会研究的核心目标,必须是建立一种包括全人类的普遍历史学,它被理解为一幅遵循着可认识规律的人类必然发展规律过程的蓝图",这种规律孔德称为"自然规律",而在黑格尔看来是"形而上学原理"①。对此,我们可以把它概括为辩证法的"普遍主义"或"客观主义"原则。

"普遍主义"或"客观主义原则"、以自由解放为核心的"历史目的论原则"和"终极统一原则",三者三位一体,共同支撑着辩证法对现代性的论证与辩护,这是辩证法在西方近代以来思想史上所扮演的重要角色。阐明了这一点,为我们进一步考察辩证法在中国的命运提供了一个重要的思想背景。

二、辩证法与中国现代性课题的内在关联

综观辩证法在中国的研究,我们可以沿着其演变的历史轨迹,较为清晰地辨认出三种有代表性的对辩证法的解释模式,而这三种模式,都与中国现代性的建构有着一种十分深刻的内在关联。

这三种解释模式中,第一种无疑是由从苏联教科书引进的辩证法体系所代表的。它对辩证法的基本规定即是我们所熟悉的:"辩证法

---

① 哈耶克:《黑格尔与孔德》,见《科学的反革命》,冯克利译,译林出版社,2003年。

是关于自然界、人类社会与思维发展的一般规律的科学",其基本内容即是我们所熟悉的"两个观点""五对范畴"与"三大规律"。这种解释模式最为注重之点是辩证法所表达的原则和规律的"普遍性"与"客观性",它要传达的至高理念是:辩证法所表达的规律是世界自在的、本来就具有的、不以人的意志为转移的客观存在,辩证法不过是发现"存在在那里"(over there)的真理并运用"心灵之镜",如实地再现和表达之。我们可以把它概括为"发现论"的"科学主义"的解释模式。

第二种解释模式是以近代"意识哲学"作为基本解释框架的,它对辩证法的基本规定便是"辩证法就是认识论"。按照这一解释模式,辩证法的根本课题是如何通过发挥思维能动性,克服知性概念的僵化性与凝固性,从而实现对于存在的辩证把握,它的基本假定是"思维"与"存在"两个系列有着不同的性质和存在方式因而二者构成为一对基本矛盾:客观存在世界遵循着辩证运动的规律,具有辩证的本性,这即是"客观辩证法",它具有自在的"客观性";而思维世界则是一个运用概念来认识和把握客观存在的主观王国,"主观性"是其根本特性。围绕"主观"与"客观"、"思维"与"存在"这两个系列的异质性与矛盾,寻求实现其统一与和解的途径,成为辩证法的首要任务。要解决这一任务,最为关键之点是发挥思维的能动性与创造性,让僵化、凝固的概念流动起来,从而使主观的思维与客观的存在、"主观辩证法"与"客观辩证法"实现内在的统一与终极的和解。这种辩证法的解释模式,可以概括为"意识哲学"的解释模式。

第三种解释模式可以称为"实践人类学"的解释框架。在它看来,辩证法的理论性质与目标既不是"发现"无人身的自在世界的普适性的辩证发展规律,也不是对思维能动的辩证本性的揭示以及对思维与存在统一性的追求,而是关于人的实践活动的辩证本性以及在实践活动基础上人与社会历史辩证发展的自觉意识与理论表达。按照这一解释框架,实践活动是人基底性的生存方式,它要解决的是人与世界的矛盾,尤其是人与自然的矛盾,这一矛盾根源于实践活动,同时又在实践活动中不断得到克服与超越,正是在这种矛盾产生与超越的历史过程中,人与社会实现其自我超越和自我发展。在此意义上,辩证法所揭示的是人与社会历史区别于自然界的特殊存在本性与方式,它的最为基本的信念是,人的生存实践活动的本性就是"辩证"的,由实践活动所推动与创造的人与社会的存在与发展方式也因此具有辩证的本性,因此,辩证法的基础既不是抽象的自然界,也不是抽象的主观性,而是主观与客观、感性与理性、人与自然等诸多矛盾关系分裂与统一基础的人类实践活动。

以上三种解释模式在目前中国理论界都各自拥有其接受者。但从历时性角度看,其形成和发展呈现出清晰的历史特征,并与中国社会发展特定的语境有着一种十分深刻的内在关联。第一种解释模式在新中国成立以后长时间里占据着统治地位,第二种解释模式产生和兴起于20世纪80年代中期,第三种解释模式则产生于20世纪80年代末与90年代。

在我们看来,这三种解释模式在深层是对前述辩证法作为现代性元叙事的三个基本原则的分别表达。科学主义的解释模式所表达的是辩证法作为现代性元叙事的"普遍主义"和"客观主义"原则,"意识哲学"的解释模式所表达的辩证法作为现代性元叙事的以创造性活动为中介的"终极统一性"原则,实践人类学的解释模式所表达的是辩证法作为现代性元叙事的以自由解放为核心的"历史目的论"原则。正如前文所讨论的,在西方哲学史上,上述辩证法作为现代性元叙事的三个原则是作为一个整体,同时显示与得到表达的;然而在中国,三者却是在不同历史阶段里依次显示与得到表达的。这是一个十分耐人寻味的独特思想现象,其根源只能从中国现代性建构的特殊历史背景与环境才能得到理解。

"发现论"的"科学主义"解释模式所表达的中国现代性建构的普遍主义与客观主义诉求,与中国共产党人在特定历史条件下进行社会主义革命与建设、探索中国现代性建构的内在要求具有一种内在的亲和性。

众所周知,中国共产党第一代思想者与革命者们面临的根本任务是在一个半殖民地半封建的"前现代"国度里寻找到中国现代性建构的现实道路,在革命时期和社会主义建设初期,他们所面临的历史环境是极为复杂的,因而对他们来说,寻找并发现能够指导中国革命与建设的普遍和客观的"真理",乃是最为急迫的需要。正是这种环境和需要,为以一种发现论的科学主义解释模式来理解辩证法提供了充分的主观与客观条件。可以说,以一种科学主义的解释模式来理解辩证法,与第一代中国共产党人与思想者寻求中国现代性建构道路的主观需要和客观环境之间,存在着一种内在的勾连。这集中体现在:(1)辩证法所昭示的人与社会辩证发展的客观"科学"规律将为人们指明前进的方向与道路,"发现"这种真理,就等于为革命运动与实践确立了正确的目标与路径。很显然,在这种心态支撑之下,辩证法的"发现论"的科学主义解释模式是最容易被人们选择与接受的解释模式。(2)更重要的是,辩证法所昭示的人与社会历史辩证发展的科学规律能为革命者的实践活动提供充分的合法性,它将极大地帮助人们确立这样一种坚定信念:自己的行动乃是顺乎潮流,合乎趋势,因此不是主观的偶然的任意行动,而是具有充分的历史必然性。(3)与前两者内在相关,对人与社会历史发展的科学规律的掌握意味着可以把它转化为可以运用的策略、政策与方法,从而为现实实践服务,把对"规律"的认识转化为社会主义革命与建设的科学指导思想,把对"真理"的认识转化为探索与规划现代化蓝图的方略和指南,这对于摸索革命道路与刚着手社会主义现代化建设的共产党人来说,无疑是最为迫切的要求,在此要求支配之下,用"发现论"的"科学主义"解释模式来解读和接受辩证法,显然是十分自然的结果。

然而,辩证法科学主义解释模式在中国长时期的绝对统治地位,是以压抑辩证法作为现代性元叙事的其他维度为代价的,在其主导下,以创造性活动为中介的"终极统一性"维度与以"自由解放"为核心的"历史目的论"维度失去了伸张的空间。随着人们对于中国现代性建构的目标与道路思考的不断深入以及中国现代性实践的不断深化,辩证法作为现代性元叙事的其他两个向度逐渐获得了人们的关注与重视,并在许多学者那里,取代了辩证法的科学主义解释模式。

"意识哲学"的解释模式是在中国社会重新反思其历史方位,调整社会发展主题的历史转折时期产生的,在这种特定的时代气氛中,整个

307

社会与思想界所关注的根本性课题是如何重新寻求和确立中国社会发展和现代性建构的新的价值坐标与规范性基础？"意识哲学"的解释模式所表达的正是哲学界在对这一课题的思考，其深层诉求在于：必须把人从无人身的"客观性"的绝对统治中解放出来，为"主观性"正名，并从它出发，重新理解中国现代性建构的规范基础与价值源泉。

"意识哲学"的解释模式对于中国现代性建构的规范基础的重新理解，包含着如下最为基础的信念：(1)人的思维理性理应成为中国现代性建构的价值源泉，不是无人身的"客观"的、"普遍"的神秘权威，而是每个人主体的自我反思和批判能动、主体的理性能动性以及以此为基础的个人尊严应成为人与社会发展最重要的价值源泉与判定根据；(2)人的思维理性是推动中国现代性进程走向深入的根本动力，它要求不再让"思维"被动地服从于"存在"，而应让"思维"主动地把握"存在"，只有发挥人们的主观能动性与创造性，而不是消极地宿命般地听命于客观规律的摆布，中国社会才有可能实现从传统社会向现代社会的转型；(3)通过思维能动性的发挥，不断克服思维的僵化性与凝固性，去"熔化"与"燃烧"自在的客观世界，最终实现思维对存在、理性对世界的彻底把握，并在这种统一过程中，推动人的主体自我意识的提升与理性的解放，这是中国现代性建构的根本追求。

可见，"意识哲学"解释模式的根本点在于通过"主体性"（这里的"主体性"主要指思维的能力性）概念，来为中国现代性建构重新寻求基础。如果说在西方，笛卡尔和康德等曾以主体性为规范性基础，来为西方现代性作出哲学论证的话，那么，20世纪80年代，中国学者们则试图对辩证法研究贯注"主体性原则"。正如前文所指出，辩证法作为现代性元叙事，在西方思想史上，尤其在黑格尔那里，是作为近代"主体性"原则的批判者与扬弃者而存在；而在中国，辩证法却一度与"主体性"原则结成了紧密的联盟，这一特殊思想现象，同样只能从中西现代性建构不同的历史方位与时空背景中得到理解。

实践人类学解释模式是上述意识哲学解释模式的一种反思、延伸与深化。它所透露出来的基本思想关怀是：(1)如何以一种更深入的方式确立中国现代性建构的方向与目标？(2)如何更深入地理解中国现代性建构的动力与道路？

与意识哲学的解释模式相比,实践人类学的解释模式对现代性的论证呈现出许多新的特点。

首先,它对"意识哲学"范式中的"主体性"观念进行了批判性的反省,在它看来,意识哲学中的主体性只是思维的"主观性",它局限于"认识论"或"知识论"的框架,把"自我意识"视为"主体"根本规定,这种对"主体"的理解忽视和掩蔽了人存在的其他更为丰富多样的内容与向度,因而导致了人的生命存在的抽象化。在实践人类学的框架里,"主体"不再是"认识主体",而是"实践主体",它是感性与理性、知识与情感、自然性与超自然性等诸种矛盾的统一体,人与社会历史就是一个通过实践活动实现对这一系列矛盾的超越从而不断自我创造和自我发展的过程。通过这种对"人"的重新规定,实践人类学解释模式表达出对中国现代性规范基础进行调整、丰富与充实的深层意图。

其次,由于对人的理解的这种重大变化,因此,中国现代性的根本目标不能局限于"主体自我意识的觉醒"和"思维"对"存在"的统一,而应是生命潜能的全面发挥,人的自由与解放不仅体现在思维理性的能动性与创造性,更体现为人的整体提升与全面发展,"人的全面发展"而非某种单一因素的进步应该成为中国现代性建构根本的目标,这在实质上表达着对于中国现代性目标的重新确认。

第三,中国现代性建构的推动力量也不仅是单一的思维理性,而且是包含在人的实践活动中的整体性、丰富性的多方面潜能与素质及其发挥。

可见,围绕中国现代性建构的规范基础、价值目标与建构道路等问题,辩证法的三种解释模式呈现出视角与侧重面的转化。科学主义的解释模式侧重于强调中国现代性进程不以人的意志为转移的真理性与权威性;意识哲学的解释模式侧重于强调中国现代性进程中人理性能力的作用以及理性作为基本价值尺度的地位,它蕴涵着对科学主义解释模式无人身的"真理"和"权威"抗议、批判与超越的意向;实践人类学的解释模式侧重于强调中国现代性建构中实践活动的创造性以及人的全面发展的价值目标,它要求人们跳出"意识哲学"的框架,从实践哲学的层面来反思中国现代性建构的道路与规范性基础。这种视角与侧重面的变化,在深层所反映的是我们对于中国现代性探索的不断深化。三种解释模式及其所论证的现代性原则的三个侧面,在历史中渐次向人们展现出来,这一过程,本身就具有"辩证进展"的性质和意味。

三、反思辩证法与现代性的总体性逻辑:进一步的讨论

以上我们对辩证法在中国的演变与中国现代性建构之间的内在关系进行了探讨。这种内在关系长期以来一直没有得到人们的自觉意识和反思。事实上,一旦人们思考辩证法在马克思哲学中所拥有的作为理论基础的重要地位以及马克思哲学在现当代中国现代性建构中所发挥的特殊作用,就会很容易理解辩证法与中国现代性之间的这种内在关系。

面向未来,反思辩证法的未来发展以及与此相关的中国现代性课题,我们认为,虽然辩证法三种解释模式及其对现代性的论证在具体内容上各不相同,但是,在深层它们分享着共同的理论逻辑,即"总体性逻辑"。超越这种"总体性逻辑",既是推动辩证法研究走向深入的重要课题,也是深入理解与反思中国现代性课题的关键环节。

这里所谓"总体性逻辑",所指的是一种把一切部分、一切因素都纳入一个单一的整体或体系、认为只有这种整体化或体系化的总体才代表着最终的真理、具有最高的真实性这样一种思想逻辑,这种思想逻辑在哲学史上有着深刻的根源,这集中体现在哲学史长期占据统治地位的传统形而上学思维方式上。传统形而上学思维方式它把超感性的、永恒在场的先验实体作为其最高追求,并认为这一先验本体构成了一切"存在者"的最终根据和最高目的,一切"存在者"只有归结于这一终极存在,才能获得其存在的理由与意义。在哲学史上,辩证法代表着一种试图超越和克服这种形而上学的重大努力,它不再把实体理解为僵化的统一性,而是理解为一种在矛盾运动中不断自我否定和自我超越的历史性活动,它也不再把实体理解为抽象的同一性,而是把它理解为包含着矛盾性、差异性、多样性的"具体同一性"。就此而言,辩证法

是对传统形而上学思维方式的一种重大变革。但是,辩证法对形而上学的批判和克服,并不表明它彻底摆脱了形而上学的阴影,这集中表现在它仍然保留着对实体本体论思维方式的自我驯服,仍然执著于对一个总体性、整体性的先验的本体化结构的迷恋。以黑格尔为例,他虽然以"巨大的历史感"与强调精神矛盾运动与自我否定的辩证本性而著称,但在他看来,所有那些辩证运动的、多样性和差异性的环节在根本上都归属于"绝对"这一同一性、必然性的、永恒在场的圆圈式总体,正因为此,黑格尔明确承认其辩证法与形而上学乃是一回事:"思想,按照这样的规定,可以叫做客观的思想,甚至那些最初在普通形式逻辑里惯于只当做被意识了的思维形式,也可以算作客观的形式。因此逻辑便与形而上学合流了。形而上学是研究思想所把握住的事物的科学,而思想是能够表达事物的本质性的"①。因此,在哲学史上辩证法对形而上学的思维方式的变革,在实质上是形而上学内部的自我变革,它在根本上归属于形而上学这个大的家族②。

这一特性在我国辩证法的三种解释模式均得到了鲜明的体现。在科学主义解释模式现代性论证所诉诸的普遍主义与客观主义原则中,这种总体性逻辑是显而易见的,它把包括与人与社会在内的整个世界理解为一个按照某种必然性规律运动的过程,很显然,这一必然性规律即是总体性逻辑的产物;意识哲学解释模式虽然突出地强调"主观能动性"与"概念创造性"并由此凸显出理性的"自由本性",但正如前面指出的,"主观辩证法"的根本目的是为了实现与"客观辩证法"的统一,而"客观辩证法"所遵循的是如同科学主义解释模式一样的必然性运动规律,可见,在这一解释模式中,隐性的总体性逻辑仍然在起着支配作用;实践人类学的解释模式虽然强调感性实践活动的创造性与人的全面发展的价值目标,但是,在"实践"背后仍隐含着深深的总体主义情结,例如,一方面,矛盾被理解为内在于实践活动的根本环节;另一方面它旨在终结矛盾,通过实践活动,实现人与物、人与人、人与自身等

---

① ［德］黑格尔:《小逻辑》,贺麟译,商务印书馆,1980年,第79页。
② 对于辩证法与形而上学之间的复杂关系,请参看贺来《辩证法的生存论基础》(中国人民大学出版社,2004年5月)第二章的详细论述。

一切矛盾的统一。再如,一方面,发展被理解为通过实践活动所实现的人与社会的自我发展;但一方面它认为这种发展过程体现着某种客观的"规律"和"法则",这使得发展必然失去其自由与开放的创造性质。这些表明,虽然辩证法的三种解释模式在内容和指向上有着重大差别,但同时又程度不同地分享着共同的基本前提,那就是它们都没有彻底摆脱总体性逻辑的形而上学阴影。

辩证法所蕴涵的这种总体性逻辑必然影响它对现代性的论证并赋予现代性以整体主义的独断气质。这集中体现在:

第一,现代性进程被理解为朝向某种既定的终极目标发展的内在进程,而人与社会发展的每一个阶段被视为通向这一终极目标的必然环节,所有的矛盾与曲折,最终是为了某种终极的目标的实现,当人们说"道路是曲折的,前途是光明的"时,在深层所表达的正是这层信念。这种信念是辩证法总体性逻辑的题中必然之义。

第二,既然现代性是这样一个总体性的进程,那么,真正意义上的个人的自由及其权力在此过程中必然面临这种总体性逻辑的挤压而难以获得其应有的独立空间,这并非说在这种现代性的论证中缺乏"个人自由"的话语。事实上,在"主体性"和"实践人类学"的解释模式对现代性的论证中,人的地位和尊严得到了前所未有的重视,但是,在总体性逻辑支配之下,"人"实质上成为了完成某种历史目的而存在的"大写的人",在这种"大写的人"的阴影下,感性的、作为专名的"个体"被抽象成模糊不清、无足轻重的空幻存在,这是总体性逻辑的必然后果。

第三,在总体性逻辑的支配之下,现代性将失去自我批判的精神,失去容纳异质性因素与"他者"的空间,其结果现代性有可能成为一种绝对的权威话语而面临失去活力、陷入僵化和封闭的危险。总体性逻辑是拒绝对自身进行前提性的自我批判的,它关心的是由这一逻辑所支配的社会历史进程的实现与完成,而这一进程所可能存在的内在矛盾和缺失等等则处于其视野之外;同时,这一总体性逻辑既然是"总体性"的,就意味着它视自身具有"至大无外""至小无内"的完备性与自足性,在此逻辑支配之下,一切异质性与"他性"都必然被视为虚假之物而遭到排斥与清洗。这一点,现当代哲学家,如阿道尔诺、福柯、德里达、列维纳斯等曾从多方面作过深刻的批判。

　　限于篇幅,以上我们仅只是对辩证法所隐含的总体性逻辑及其对现代性论证的影响作了十分简要的讨论。回顾现当代中国的现代性进程,这种总体性逻辑曾经产生了深远的影响,对此进行反省,无论对于进一步推动辩证法的发展,还是深入反思中国现代性课题,都是十分重要的理想任务。在我们看来,这一思想任务的推动有赖于思想视域的转变,其核心是实现从"形而上学"向"后形而上学"思想视域的转变,对此,笔者曾在另文作过专门探讨①。

　　(作者单位:吉林大学哲学社会学院、吉林大学哲学基础理论研究中心)

---

　　① 请参见贺来、刘李:《后形而上学视域与辩证法的批判本性》,载《吉林大学社会科学学报》2007年第2期;贺来:《辩证法与现代性课题》,载《学习与探索》2007年第4期。

当代中国的社会转型
与公平正义的市民社会根基

王新生

当前,我国的分配不公正现象以及由此引发的公平正义问题,已经引起人们的极大关注。关于这一问题的讨论从经济学领域始发,逐渐转入政治学、社会学和政治哲学领域,正在形成一种以重新评价"效率优先、兼顾公平"原则为主旨的学术倾向。这一学术倾向的出现,不仅意味着以经济改革为先导的中国社会转型进入转折时期,而且意味着强势的经济学思维方式对社会生活的单向度刻画愈益暴露出其缺陷,从不同学术视角上把握当今中国社会转型的要求愈益强烈。为了能够将当前我国的社会公平正义问题置于更为深远的社会历史背景之下,本文将以当代中国社会转型过程中国家与市民社会关系的变化为基础,分析公平正义问题产生的社会基础、历史原因以及解决问题的出路。

一、社会结构转型凸现公平正义问题

在现代社会,公平正义问题已经超越了以人性和良心为基础的传统伦理学论域,成为一个密切关联于市场自发调节与国家外部干预之间矛盾的政治哲学问题。这就是为什么古希腊的苏格拉底等人将公平正义寄望于德性,而近代以来的思想家却大多将其落实于国家行动的基本原因。换言之,在古代社会,公平正义主要是一个通过人性善的发扬而获得实现的德性问题;在现代社会,公平正义则主要是一个通过国家干预分配而获得实现的政治问题。因此,对于一个处于现代化转型过程中的社会来说,公平正义问题之所以成为突出的政治问题并受到强烈关注,或许并不简单意味着这一社会比以往更缺乏公平正义,而是表明它正在从某种受道德理想支配的社会类型走向一种受市场制度支配的社会类型。

当前我国分配领域中出现的公平正义问题,就是根源于市场自发调节机制与国家干预机制之间协调的失衡。这一问题本身并没有什么特殊性,而是任何一个以市场制度为基础的现代社会都普遍具有的社会问题。问题的特殊之处在于,对处于转型期的中国社会来说,市场调节机制的扩张与国家调节机制的弱化和重新定位,使得国家与社会的原有关系发生了迅速的结构性改变,从而使社会公平正义问题在短时期内急剧凸现,呈现出一种非常规的临时状态。国家与社会关系的这种改变是一种急剧的结构错位,它不仅在短时期内改变了社会资源的分配模式,而且由此迅速改变了原有的社会分层和利益格局,改变了原有价值观念体系中的公平正义理念,从而难以避免地造成现实与观念的双重震荡。因此,对于理解当前中国的社会公平正义问题来说,深入地分析社会转型过程中国家与社会关系的这种结构性变迁具有极为重要的意义。

一般而言,任何一个社会都需要理想性价值的指引,但这并不是说所有的社会都是受理想性原则支配的社会。受理想性原则支配的社会,就是以理想性原则规范现实生活和进行制度设计,使制度实际体现理想性价值,即把理想性原则直接现实化,以理想性原则衡量现实,这同时也就意味着要将现实的东西贬抑为不合理的东西。正如坦嫩鲍姆等人所说的:"理想主义意味着崇高的理想或者我们称之为抽象原则的东西,例如正义、真理、美德和理性,被视为真实的实体(entities)。说这些东西是真实的,意思是它们比被认为具有较少价值的东西,例如财富、权力或者获得民众的支持更加重要,具有更大的优越性。"①我国先前的计划经济体制是依照某种理想性原则建构起来的。根据这种理想性原则,在彻底废除了私有制的未来共产主义社会,私人利益与公共利益之间以及不同的私人利益之间并不存在矛盾,因此也就不需要一个国家组织对它们之间的矛盾进行裁判和调节。和一切受理想性原则支配的社会一样,这种理想主义的设计排除了国家依据正义原则在私人利益和公共利益以及私人利益相互之间进行调节的必要性。休谟指出,理想主义的社会理论是建立在两个假定之上的:第一个假定是:"大自然把所有外在的便利条件如此慷慨丰足地赠予了人类,以致没有任何不确定的事件,也不需要我们的任何关怀和勤奋,每一个人都发现不论他最贪婪的嗜欲能够要求什么或最奢豪的想象力能够希望或欲求什么都会得到充分的满足。"简言之,就是物品的无限丰富。第二个假定是:"尽管人类的必需将如目前这样持续下去,而人类的心灵却被如此扩展并充满友谊和慷慨,以至人人都极端温情地对待每一个人,像关心自己的利益一样关心同胞的利益"。简言之,就是人人都大公无私。休谟说:"在那种情况下,正义就是完全无用的,它会成为一种虚设的礼仪,而绝不可能出现在德性的目录中。"②

但是,新中国成立后的各种社会条件与共产主义理想性原则之间显然有天壤的差距,为了调和理想与现实之间的矛盾,我国计划经济时代在观念上将社会定位于向未来理想社会的过渡时期。对应于这样一个过渡的时期,理想性原则的实现也就只能降格以求。不过,依照降格了的理想性原则,虽然仍然需要国家依照公平正义的原则对社会生活进行调节,但目标却在于最终消除这种调节的必要性。即是说,虽然私人利益不能被完全排除而只能暂时被容忍,但在基本消灭了私有制的社会主义社会中,国家的政治责任就是要逐步消除人们各方面的差别,消除人们的私人欲求,保障人们的平等。因此,这种依然服从于理想主

---

① 唐纳德·坦嫩鲍姆等:《观念的发明者:西方政治哲学导论》,北京大学出版社,2008年,第8页。

② 休谟:《道德原则研究》,商务印书馆,2001年,第35~36页。

义原则的制度设计所遵循的正义原则就是：（1）尽可能消除私人利益，使其服从于公共利益；（2）尽可能地消除个人之间的差异，从而达到社会平等。

为了在较低的物质生活水平和较为落后的文化教育水平上实现理想性正义原则，就必须充分发挥国家对社会生活的强制统合作用。因此，新中国成立以后就开始推行以计划经济为基础的社会发展战略，创造了一系列制度性机制，例如农村的"公社社员制"、城市的"单位管理制"等。靠这些机制，同一单位内个人之间的自然差异在形式上被削平，基本上保持了公平正义。由于国家对社会资源的分配和对社会生活空间的控制是按照平等主义的理想性原则进行的，虽然人们被区分为农民、工人、干部等不同的身份，但在理论上这些身份差异只是"分工的不同"而不同于传统社会中的等级差异，由此导致的分配差异也因而可以得到合理的解释。最为重要的是，由于整个社会结构中并不存在一个因拥有"资本要素"而得利的阶层，资本的积累就不可能进行，分配收入上的差异就不会过大，在经济领域中平等主义的公平正义理想总体上不会遭到破坏。在这个制度模式下，人们的公平正义体验主要集中于政治领域而不是经济领域。资本主义市场经济之不义主要在于它所导致的经济上的不平等，而以计划经济为基础的社会主义在成功地消除了资本主义公平正义问题的同时，也在无形中将其转移到政治生活领域，因为它以政治分层取代了经济分层。这也就是为什么我们过去的社会生活总是围绕着政治斗争旋转的根本原因。

无论从哪种角度分析和评估我国最近30年来的市场化改革，都不可否认一个事实：人们的经济收入正在日益拉大，稳定的经济分层已经初步形成。从社会转型的角度看，这实际上是一个社会结构从政治分层向经济分层转变的过程。在这一过程中，伴随着国家权力向社会的让渡，市民社会也渐现雏形。市民社会的出现意味着中国社会转型的初步完成，同时也意味着社会公平正义问题将以另一种方式呈现。在计划经济体制下，国家控制了几乎全部的社会资源，不仅提供经济计划而且规划全部社会生活，因而也就不需要再次在不同私人利益之间进行调节和平衡。但是，以市场化改革为基本内容的社会转型改变了国家与社会的关系,同时也改变了国家调节公平正义的方式。

二、当前我国最突出的两个公平正义问题及其产生的原因

当前我国社会生活中的公平正义问题具有多方面的表现,但分配不公平和国有资产的非法流失是最为突出、最为典型的两个问题。这两个问题密切关联而又各有其表现,前一个问题是一切市场经济社会都具有的普遍性问题,而后一个问题则是市场化转型社会所特有的。如果将当前我国的公平正义问题放置到社会的市场化转型过程中,并将中国式转型与苏联式转型进行比较,我们就可以更为清晰地看到:正是社会的市场化转型使得当前中国的公平正义问题在这两个方面相互纠结,构成一种极为复杂的两难处境。

一方面,我们应该认识到,资本集中是现代规模化大生产的必然要求,任何一个市场化转型社会都无可避免地要经历一个资本的原始积累过程,因此难以完全避免在社会转型期因资本原始积累而导致的社会公平正义问题。这是人们必须面对的资本的逻辑,只要一个社会转向以市场为基础、以资本为动力的经济制度,这种逻辑就一定会发生。在一定意义上甚至可以说,对于一个处于现代转型中的社会来说,只有当这一逻辑基本完成之后,由其引发的社会问题才能在一定程度上趋于缓解,社会才能在稳固的基础上向前发展,公平正义问题才能得到较好的解决。从历史上看,先发资本主义市场经济国家无一例外地在资本主义制度内重复了这一逻辑。在早期资本主义市场经济国家,这种资本的原始积累是掠夺式的,伴随着极大的不公平和非正义。与原发市场经济社会相比,当代后发市场经济国家在这一问题上面临着更大的压力,因为对它们来说能否尽快建构起以大资本为基础的经济体参与国际竞争,是一个涉及到生存的问题,因而是一种刚性的外部条件。在当代日益全球化的国际经济秩序下,资本的竞争越来越倾向于在大资本之间进行,除非采取闭关锁国的保护性政策,否则,分散、落后和小规模的企业很难与着几百年历史的老牌资本进行有效的竞争。这就诱使许多后发现代化国家以牺牲社会公平正义为代价,在效率和发展

的名义下鼓励快速的资本积累,致使社会利益分配在短时期内迅速拉大;这也正是苏联等社会主义国家为什么会采取急剧的私有化政策和掠夺式资本积累的一个重要动因。

另一方面,我们也必须清醒地意识到,从平等主义的社会类型向市场社会的转型蕴涵着巨大的风险,它可以将市场体制所导致的利益差异急剧放大并由此引发严重和持续的社会危机。与中国渐进式的改革相比,苏联等国家所采取的转型战略无疑是失败的,因为它快速私有化和资本积累的过程是通过少数人非法侵吞国有资产,而不是建立在市场机制和民营资本逐步发育的基础之上的。这是社会转型期所特有的而且是最为严重的不公平和非正义问题。丹麦政治学家奥勒·诺格德通过对苏东国家社会转型的比较研究,对私有化过程中国有资产流失问题作出了解释:"私有化优先的政策意味着稳定化政策的推迟,也为寻租行为打开了方便之门。政党和行政精英可以利用持续的通货膨胀控制对外贸易,或者最终通过半合法化的私有化手段侵吞国有资产。"①曾经担任过美国总统经济顾问委员会主席的约瑟夫·斯蒂格利茨在谈到这一情况时也说:"已有充分的证据表明,这样的自由化可能给一个国家带来巨大的风险,而且这些风险将会不成比例地落到穷人的身上。"②中国的温和渐进型改革在很大程度上避免了苏联式转型的风险,在一定意义上这要归功于渐进型改革的战略为民营资本的壮大和市场机制的逐步形成提供了一个适应期,从而使转型过程中难以避免的一些矛盾得到了消化。但是也应当看到,苏联式转型中出现的许多涉及公平正义的问题在中国市场化改革过程中也不同程度地存在,一些问题的发展虽然不像苏联式转型那样急速,但经过几十年的积累也已经达到了较为严重的地步。

作为转型期特有的公平正义问题,国有资产的非法流失是由转型社会所特有的旧体制与新体制之间的冲突和矛盾导致的。在社会转型

---

① 奥勒·诺格德:《经济制度与民主改革:原苏东国家的转型比较研究》,上海世纪出版集团,2007年,第149页。

② 卡尔·波兰尼著:《大转型:我们时代的政治与经济起源》一书约瑟夫·斯蒂格利茨的前言,浙江人民出版社,2007年,第3页。

过程中,旧体制的退出和新体制的建立都有一个过程,这就使转型社会在相当长的一个时期内处于规范和机制缺失的状态,为不公平和非正义现象的产生提供了土壤和机会。以往我们较多关注的是道德、法律规范的建构和政治体制改革对公平正义问题的影响,忽视因两种不同类型社会的差异和转型过程中新的社会机制的缺失而产生的问题。实际上,道德、法律规范和政治体制所发生的变化都是对社会机制变化的一种反应,虽然许多社会改革始发于政治政策和政治体制的某种改变,但这种政治改变不仅是反映了社会变革的要求,而且最终也要获得社会机制改变的支持。在从受理想原则支配的社会类型向市场社会的转型过程中,适应于市场社会的新的社会机制的建构和培育对于新的道德、法律规范和政治机制的形成具有至关重要的作用,因而极大地影响着社会的公平正义状态。在旧有的社会体制中,虽然国家全面支配着整个社会生活,但国家与民众之间实质上还是存在着某种沟通渠道,它们将政府决策与社会要求连接起来,使民众特别是弱势群体的要求能够反馈到国家决策中去,从而保证了社会公平正义的落实。但是,转型期两种机制衔接上的空白阻滞甚至切断了这种沟通渠道,不公平和非正义现象也因此无法及时被发现和纠正。奥勒·诺格德在谈到苏联的社会转型时说:“民主转型过程损害了这些政党/政府渠道,社会对经济紧缩的不满无法传递(到决策中心);而在先前共产党体制中,正是这种制度渠道能够保证弱势群体获得补偿。……因此,苏联的解体削弱了那些最易受到宏观经济稳定化政策冲击的社会阶层的地位:它切断了社会与政党/国家机构之间的联络渠道,而正是这些渠道成了个别阶层讨价还价的基础;同时,它又削弱了地方政府与民众之间的沟通,这种沟通对于发起集体政治行动来说是必不可少的。”①

对致力于市场化转型的社会来说,这种能够在政府与民众之间建立起联络的新渠道或新的社会机制,就是以新的社会关系为基础的市民社会。国家是否能够通过这一渠道获知不同阶层特别是弱势阶层的

---

① 卡尔·波兰尼:《大转型:我们时代的政治与经济起源》,浙江人民出版社,2007年,第3、第147页。

要求,是否能够在这一机制的基础上制定合理的政策,是否能够对这一机制反映出来的结构性问题进行有效的调节,都将成为衡量社会的市场化转型是否取得成功的标志,成为公平正义问题的解决是否建立在稳固的社会基础之上的重要标志。

三、国家在保障公平正义上的作用与限度

人们通常认为,在"国家与社会一体化"的计划经济时代,国家在分配社会资源的同时也充当着不同利益的调节者,但实际上由于国家是各种社会资源的唯一分配者,它作为利益调节者的角色是不成立的:(1)就作为分配者的国家与接受分配的各种社会群体之间的关系而言,国家对已分配物的调节仍然只是一种分配行为,而不是真正的调节行为。计划者对计划的调整本身就意味着计划失败,分配者对分配的调节本身就是对分配的否定。(2)就各种社会群体之间的关系而言,它们的利益差异是由国家分配造成的而不是相互博弈的结果,因此无须通过再分配获得平衡。也就是说,国家作为唯一的分配者所进行的分配只能是一次性的。在这种情况下,社会公平正义所要求的只能是国家对自己的行为进行矫正。然而,当市民社会从国家的控驭下分离出来,国家也便从计划和安排所有社会生活的重负中解脱出来,将这些职能归还给了社会,成为私人利益的调节者。在这一国家与社会关系的新格局中,公平正义问题的核心是:国家怎样对市民社会中自发形成的利益格局进行调节,使其符合公平正义的原则。也就是说,在这种情况下,公平正义要求的是国家对市场的行为进行矫正。

市场配置资源的明显优点是,通过经济主体的自由选择和他们之间的自由竞争,使各种资源达到合理的配置,从而使资源得到高效率的利用。但是,在完全不受干预的市场中,商品生产者之间不可能达到自由主义所设想的和谐,而是会不可避免地陷入种种冲突之中。就整个社会生活而言,一个放任的市场制度还必然导致两个严重的社会问题:一是公共利益和公共价值得不到保障;二是两极分化日益严重而社会公平难以实现。这表明,只有与其他的社会机制相配合并受到其他社

会机制的制约,市场机制才能产生良好的社会后果。

制约和调节市场机制的最显见力量是国家的干预。在市场的自我调节失效的地方,就是国家的外部干预起作用的地方。当今恐怕很少有人会再像早期自由主义那样认为离开了政治国家的干预市场也可以自行运转,国家只是一个"守夜人"的说法即使是在自由主义者那里也早已成为一个旧时的寓言了。市场经济的历史告诉人们,市场只能通过曲折的道路和许多浪费来促进商品供求平衡。虽然说将政治国家调控职能绝对化曾经导致了一系列的问题,但是否定国家的调控作用显然也是错误的。人们已经清楚地认识到,离开了国家对市场的干预,对妨害公共利益和公共价值的观念和行为的制裁,对两极分化的消除,对社会各领域之间的总体协调,对社会发展中长期目标的确立等等,都是无法设想的。

从另一方面看,国家对市场的干预是有其局限性的。市场经济是一种只关注效率、效益和功能的经济制度,因此它必然要求国家按照最有效率的官僚制的组织形式去建构,而当现代社会成为被官僚制的国家机构和其他官僚制机构全面控制的社会时,又会产生另一方面的负面后果。韦伯认为,官僚制国家在矫正市场之恶和为人们创造福利的同时,也将用现代管理体系编织的巨大"铁笼"统一人们的生活,同化人们的个性,限制自由的竞争,使市场制度失去它的活力。特别值得注意的是,对处于转型期的中国来说,在传统文化背景和计划经济体制下形成的平等主义传统并不是建立在对多元利益肯定基础之上的,而是带有很强的平均主义色彩。如果在当今转型过程中过多强调国家对社会公平正义的强制性调节作用,就很可能诱使人们从传统价值观念中寻找资源,激发原有的平均主义意识,从而将一切问题都归于市场化改革本身,进而否定市场化改革。对一个处于转型期的社会来说,借用传统的道德资源和强制性的手段对市场机制产生的不公平和非正义进行限制固然是有效的,但却必须谨慎地加以使用。爱德华·希尔斯在谈及这一问题时说:"传统性算是另一种限制,尽管它肯定无法保证和谐的实现。事实上,它更可能产生使不同意见更加僵持的副作用。此外,强制也可能起到限制作用,但它也可能会加剧紧张,导致更大的失序。"①

在一个良性发展的市场经济社会中,市民社会的存在是必不可少的,它在市场机制的自我调节失效和国家强制性的外部调节产生副作用的地方发挥着无可替代的作用。市民社会通过不同利益群体之间的相互商讨解决它们之间的观念分歧和利益冲突,而国家对社会生活的外部调节则总是倾向于动用强制性的手段。因此,在理想的情况下,只有当这种商讨无法进行下去时国家的外部干预才是必要的。在市场经济发展的历史上,政府调控与市场调节、国家干预与市民社会自主之间的矛盾和冲突是始终存在的,但它们之间的相互补充和有效协调却也早已成为市场经济社会自我挽救的成功经验。这些成功的经验并非仅仅是经验性的,在寻求对这些历史经验的理论阐释上,弗兰茨—克萨韦尔·考夫曼给出了有说服力的解释:"在社会理论方面,国家干预和社会自我调控能力可以同时得到提升的思想,在功能分化理论的基础上能得到最令人信服的说明:现代社会发展了以实现功能为目的的子系统,它们以其高效率的单一功能彼此互补并各司其职。"因此,对一个成功的市场经济社会来说,政治、经济、文化和社会各有其自己运行的逻辑,整个社会并不追求"遵循相同的逻辑","而是努力追求不同的——政治的、经济的、文化的和社会的——'逻辑'的综合"②。也就是说,当市场的自我调节出现问题时,我们需要的并不是政治治疗的单一药方,而是需要在政治的、经济的、文化的和社会的多药方组合中寻求治疗方案。

近代以来,许多重大的理论和实践都是围绕着消解国家与市民社会之间的矛盾和冲突这一主题进行的,从"计划经济体制"到"福利国家"的制度性实验,从"凯恩斯主义"到"东亚模式"的社会改造计划,无不体现着国家理性在遇到与市民社会的冲突时,试图通过整合甚至取

---

① 爱德华·希尔斯:《反思中国知识传统下的市民社会和市民风范》,参见《后发展中国家的现代性问题》,吉林人民出版社,2002年,第245页。

② 弗兰茨—克萨韦尔·考夫曼:《社会福利国家面临的挑战》,商务印书馆,2004年,第21~22页。

消市民社会而消除矛盾的内在冲动。在过去的几十年里,这种以国家的强制性逻辑统一不同社会生活领域的历史冲动一直支配着具有不同意识形态背景的国家的政治生活。但今天人们已经越来越意识到,以牺牲个人的独立与自由、市场的竞争活力以及社会生活的多样化为代价换来的共同福利并不是越多越好,为控制社会分化而达到的社会全整性程度并不是越高越好,它会带来另一面的问题。人们已经通过当代各种类型的国家主义实验看到,在消除市民社会冲突和提供公共福利的合理理由下,现代国家正日益成长为体系庞大、结构复杂、机构臃肿、人浮于事、效率低下、缺乏监督、日益脱离市民社会需要的官僚体制。在这种情况下,怎样发挥市民社会的自我救治功能并以社会力量监督和制约国家权力,就成为人们越来越关注的问题。

许多人将市民社会的观念看做一种反对干预自由市场的自由主义诉求,但这是一种误解,实际上市民社会的观念中包含着不同的价值诉求,可以为不同的价值主张提供社会生活的图解。根据查尔斯·泰勒的研究,在政治哲学史上存在着两种不同的市民社会模式,一种是洛克式的市民社会模式,另一种是孟德斯鸠和托克维尔式的市民社会模式。以洛克和孟德斯鸠为代表的两种不同的思想源流,开启了两种不同模式的市民社会理论。洛克所代表的市民社会理论模式与斯密"无形的手"的理论一脉相承,因此把市民社会理解为一个独立于政治结构的经济体,后来这一理论主要为自由主义思想家们所继承,对于保护个人自由和自由市场具有重要的意义。孟德斯鸠所代表的另一种市民社会理论模式,认为市民社会并非外于国家,反对将国家看做一个外在于市民社会的单一结构体,而是强调国家是一个多元的架构。这种模式强调国家是由不同的权力机构之间的相互制衡达成统一的,而这些分立的权力所代表的恰恰是市民社会中不同的社会力量。根据孟德斯鸠的市民社会理论模式,存在于政治领域和私人领域之间"两栖的""中间团体",就是分立的政治权力的社会基础,它们不仅为国家政治权力的分解提供了根据,而且为政治权力对不同社会诉求的调解提供了解释①。也就是说,国家政治权力对市场行为进行矫正的依据并不是外在于市民社会的,而是通过市民社会并根据于市民社会自身的要求进行的。这就为公平正义的实现提供了一种既超越平等主义理想、又超越自由主义理想的另一种可能选择。

四、保障公平正义所依赖的市民社会根基及其培育

所谓市民社会,就其本质而言并不是任何别的东西,而是指在国家直接控制之外私人自主的生活领域,它的存在向人们展示了不同于政治整合的另一种社会整合方式。克雷格·卡尔霍恩说:"市民社会这个概念被用来指称在国家直接的控制之外的各种资源,其对集体生活提供了不同于国家组织的另一种可能性选择。"②爱德华·希尔斯也说:"在最近的讨论中,'市民社会'这个词既指一个多元主义的社会,又指一个统一的社会。观点、利益和组织的多元化源于个体和群体在维持和平秩序的限制条件下追求自己目标的自由。而它的统一性则源于这种社会的一个特性,即社会成员都会共享一种集体性的自我意识(a collective self - consciousness)。"从构成上看,"市民社会由三个同等合法的部分组成:家庭、市场经济以及将政治和文化领域、政府包括在内的那一个部分。"③因此,市民社会不应仅仅被理解为独立于国家之外的市场交换体系,而是应该被理解为一个包含着公共文化批判空间在内的整个私人自主的社会生活领域。

与市场交换体系不同,作为公共文化批判空间存在的私人自主领域是一个由众多非经济社团所从事的文化批判活动构成的社会空间。这些非经济性社团代表着不同群体的利益但却不以经济利益的获得为

---

① 查尔斯·泰勒:《市民社会的模式》,邓正来等编译《国家与市民社会》,中央编译出版社,1999年。

② 克雷格·卡尔霍恩:《民族主义与市民社会:民主、多样性和自决》,邓正来等编译《国家与市民社会》,中央编译出版社,1999年,第334页。

③ 爱德华·希尔斯:《反思中国知识传统下的市民社会和市民风范》,参见《后发展中国家的现代性问题》,吉林人民出版社,2002年,第246页。

直接目的,其产品不属于用于交换和消费的物质商品,而是贡献于社会成员共享的集体意识和文化。查尔斯·泰勒说:作为"一个自治的社团网络,它独立于国家之外,在共同关心的事物中将市民联合起来,并通过他们的存在本身或行动,能对公共政策发生影响。"①也就是说,这是一个介乎于纯粹私人属地和政治公共领域之间的社会中间结构,它虽然由价值目标各异的社团构成,但它在社会总体结构中发挥的作用却既不同于以私人利益为基础的市场机制,也不同于以公共利益为目标的政治机制。

在市场经济条件下,这一社会中间结构具有重要的社会功能,如果说市民社会的纯粹私人属地为市场经济的发展提供了自由流动资源和自主活动空间的话,那么,社会中间结构就是将这些资源和空间与国家政治活动联结起来的重要纽带。私人自主的市场交往活动通过它而与公共性价值相关联,国家针对社会生活所进行的政治调节活动通过它而具有了现实基础。在这个私人自主的社会领域中,不同的社团代表着多元的利益和价值诉求,它们相互对峙也相互联合,相互斗争也相互妥协,并在意见的摩擦与斗争、沟通与融合中建构起价值共识。

在以市场经济为基础的社会生活中,这个社会中间结构以及在其中形成的价值共识对于建构社会公平正义具有至关重要的作用。这不仅是因为它为市民社会解决自身的矛盾提供了自我救治的基础和机制,而且也是因为它为国家对市民社会中利益和价值冲突的调节提供了基础和缓冲空间。

一方面,在市场经济社会里,国家政治活动的目的并不是依据于某种理想性的公平正义原则对社会生活进行计划和安排,而是依据于市民社会健康发展的要求对市场行为进行政治调节。因此,其调节的根据和合法性基础并非存在于某种理想性原则之中,而是存在于市民社会的自我要求之中。社会的历史发展具有理性不及的无限复杂性,市民社会的要求具有不可预知的丰富多样性,依据于某种理想性原则规

---

① 查尔斯·泰勒:《呼求市民社会》,参见汪晖等主编:《文化与公共性》,三联书店,1998年,第171页。

划社会生活的政治行动被历史证明是难以取得成功的。非经济性社团是在市民社会中自发形成的社会组织,它们最直接地、动态地反映着社会各阶层的利益要求和价值取向。离开了这些利益要求和价值取向,国家的调节活动就失去了基础和根据,即使从最善良的动机出发也难以达到好的社会效果。

另一方面,独立社团的要求是分散的个人利益和价值取向在集体自我意识中的凝聚和升华,是分散的个人要求较集中和深刻的反映,因而是国家可能面对和容易把握的。分散的个人要求是无限多样的,甚至可能是非理性的,因此它们往往成为社会盲动活动的基础和破坏性社会活动的根源。虽然严格的政治控制可以使盲动和非理性的社会力量暂时不能聚合为有组织的破坏性力量,但这只意味着它处于蛰伏状态而没有爆发,只要时机成熟它就有可能在强制性控制最薄弱的环节上破堤而出,对社会稳定造成危害。市民社会作为一种分散性意见的聚集地,将会在一定程度上将分散的个人要求规范化和理性化,使得国家政治调节的成本大大缩小。因此,这一社会中间结构及其所代表的社会自我调节机制越是健康发展,社会的理性化程度就越高,国家的政治调节活动也就越是有效。

市民社会是一个随着市场经济的发展而自我发育的过程,但同时它的发展也需要国家的积极培育,对于中国这样的转型社会和后发市场经济国家来说更是如此。就当前我国市民社会发展的情况而言,从建设和谐发展和公平正义的社会目标出发,着力处理好以下一些问题将具有深远的历史意义:

首先,应当确立和完善明晰的产权关系,培育社会新阶层。财产权关系是一切文明社会中最基本的社会关系,而私人之间明晰的财产权关系是市场经济得以存在和发展的基础,也是私人生活空间得以存在和社会新阶层得以形成的基础。当然,确立明晰的财产权关系绝不意味着彻底私有化,它的意义只在于:一方面,通过产权关系的界定将国家对市场的调节活动限定在应属的范围;另一方面,通过产权关系的明晰界定为诚实劳动积累财富建立合法的机制,从制度上消除因国有资产的非法流失造成的社会不公平和非正义现象的发生。

其次,应当支持非经济性社团的发展,培育作为社会中间结构的社会生活空间。国家所行使的公共权力的合法性来源于市民社会,而在非经济性生活领域中形成的社会共识就是政治活动合法性的最终来源。作为社会中间结构的社会领域是一个公共理性和公共精神不断从新的社会生活中产生出来的领域,因而是国家权力合法性不断更新的源头活水。这一领域的存在与健康发展对纠正市场机制的盲目自发性,对国家调节社会生活的能力的发展,具有重要的作用。

最后,应当构建完善的民主与法治制度,实现对国家权力的有效监督。国家机构只有在得到监督的情况下才能良好地运行。"依法治国"的基本内涵就是指国家权力机构不能越出法律所划定的界限实施社会所赋予它的权力。这个界限就是国家与市民社会之间的界限。属于政治法律范围内的事务归属于国家,而属于政治法律范围之外的事务则归属于市民社会。只有有了完善的民主与法治制度,国家对市场机制的调节活动才能被限定在合理的范围之内,市民社会的自我调节才能真正发挥其作用,整个社会才能在不同机制的相互协调补充中良好地运行。也只有这样,社会的公平正义才能建立在稳固的社会根基之上。

（作者单位:南开大学哲学系）

现代性语境下
公共性问题的哲学批判

晏　辉

对现代性语境下公共性问题进行哲学批判必须满足两个要求：（1）对公共性为何发生和如何发生进行前提考察和过程分析，这是我们立于公共性角度对现代性进行辩护的理论依据；（2）对现代性语境下作为问题出现的公共性作出价值判断并找出社会根据，这是我们对现代性语境下公共性问题进行哲学批判的现实基础，并就公共性的重建问题给出可能的解决方案。前者满足的是分析的要求，后者满足的是规范的要求，分析与规范的统一是我们对公共性问题进行哲学批判所必须坚持的原则。

一、作为人类问题一般的公共性

在人类的实际生活中并不存在公共性的有无问题，存在的只是公共性的多少和如何构成的问题，因此，如何生成一种同人的全面发展相匹配的公共性始终是人类的一个难题。

（一）人类为何要构造公共性

为一切生命物质所共同具有的特质是它的非自足性,在这个意义上说,包括人在内的一切有机物都是价值性的存在物。所谓价值性的存在物是指它必须把外界提供的而自身先天不具有的生活资料视为价值物,在某种意义上,这种价值物就是它们的生命本身。然而,人却不是简单的价值性的存在物,而成了创造价值的存在物。人通过生产整个世界才创造了自己的全部生活,通过创造对象而生产自身。而生产劳动在通常情况下都不是单个个体独自进行的,尤其是在社会分工高度发展的今天,合作与协作已经成了生产劳动得以进行的根本出路。每一个体因其需要的多样性与其生产满足其需要之生活资料的能力的有限性的矛盾,使得每一个体必须以类的形式存在,只有借助合作与互助,生活资料的总供给量才能最大化,人的生活世界的丰富性才有可能。在重复进行的博弈中游戏规则(风俗、惯例,道德、法律)得以达成,不同形态、不同层次的规则体系既承载了不同的价值又保证了价值的存在和实现,进而使生活世界成为可能。另一方面,在重复进行的主体间的交往中,主体间性的逐步确立,使得共同感得以生成,共同感在主体间的认同、确认、过渡中起着至关重要的作用,它使幸福的分享和痛苦的分担成为可能。主客体间与主体间的混合形态,使生产与交往交织在一起,创造了一个共同的世界,公共性是这个世界的根本特征。

（二）公共性的实质与样式

首先,从性质看,存有一组公共物品,从性质上或从归属上看,这组公共物品原则上不能为个人独占,要么为其所有者同时享用,要么先后享用。当然依此种理解方式,公共性就不仅仅指公共物品须共同分享这样一种性质,还指人们对这类物品就其性质而言的理念,因为在人类历史的任何阶段,类似的需共同分享的物品始终存在,但人们并未始终认为它们是必须向所有人开放的公共物品,如公共权力,可以说,真正的公共性概念是起始于近代的。

其次,具有公共性的实体和物品。公共性的实体形态就是各种组织。组织是人们为了有效地达到特定目标,在一定宗旨指导下,在一定制度规约下,所组成的共同活动的集体。就今天的生活而言,最为基本的组织是家庭,在传统的意义上,家庭具有生育、经济、教化、关怀功能。本质上,家庭是以两性关系和血缘关系为纽带而建立起来的生活共同体,家庭与其他营利性组织不同,尽管是以自利为目的而建立起来的,但却是由于特殊的社会关系(两性关系)和血缘关系而采取了明确的超功利的行为方式,黑格尔把家庭称之为个人之外的最为直接的伦理共同体。婚姻和家庭作为家庭主要成员的"合作剩余",其剩余价值是毋庸置疑的;唯其家庭成员之间是通过感情和共同意志来构造和维持家庭的,而不是通过公开运用理性完成的。因此,家庭的公共性和公共价值都是个体生活中的最为基础或基本的价值。除了家庭之外,另一类就是具有经济依赖性的组织,这些组织通常处在家庭与政府组织之间的广阔领域。这个广阔的领域就是所谓的市民社会。"市民社会是处在家庭和国家之间的差别的阶段……在市民社会中,每个人都以自身为目的,其他一切在他看来都是虚无。但是,如果他不同别人发生关系,他就不能达到他的全部目的。因此,其他人便成为特殊的人达到目的的手段。但是特殊目的通过他人的关系就取得了普遍性的形式,并且在满足他人福利的同时,满足自己。由于特殊性必然以普遍性为其条件,所以整个市民社会是中介的基地;在这一基地上,一切癖性、一切禀赋、一切有关出生和幸运的偶然性都自由地活跃着;又在这一基地上,一切激情的巨浪汹涌澎湃,它们仅仅受到向它们放射光芒的理性的节制。受到普遍性限制的特殊性是衡量一切特殊性是否促进它的福利的唯一尺度。"①显然,处在广阔领域的市民社会中的诸多组织,通常是竞争性、营利性组织,它们与家庭不同,是充满自利性的联合体,在一个合法界定的条件下,每个成员原则上是自愿进入和退出的,但其意愿必须获得普遍性的认可,但这种普遍性必须是公共性或公共价值的体现,人们是为着这些公共价值才意愿加入各种组织的。在现代社会,这些组织作为各个成员之共同利益的体现,必须考虑每个成员的意愿和意志。因此,它们本质上是通过充分、公开地运用理性而被建立起来的。

---

① [德]黑格尔:《法哲学原理》,范扬、张企泰译,商务印书馆,1979 年,第 197 ～ 198 页。

除了家庭和各种营利性组织之外,最大的组织是政府。由于政府提供着,同时也控制着最大的公共性资源——公共权力和潜在资源的分配规则,与每个公民密切相关。因此,政府具有最大的公共性,它应该向所有公民开放。"国家是伦理理念的现实——是作为显示出来的、自知的实体性意志的伦理精神,这种伦理精神思考自身和知道自身,并完成一切它所知道的,而且只是完成它所知道的。"①然而,国家作为伦理精神的实体形式,尽管知道其使命,但国家必须通过可操作的政府组织完成其使命。倘若政府不能知道伦理精神,即使知道却故意不去实现伦理精神,那么,公民就会或以个人形式或以组织形式要求政府实现伦理精神。

公共性的物品形式表现为有形与无形两种形态。

其一,与物质生活和精神生活相关的公共物品。根据供给者,我们把这类公共物品又分成两大类:(1)由企业供给的物质生活资料。这类公共物品本质上是借助市场通过交换而获得的,而且一经确定归属,原则上就不再是公共物品,因其进入个人消费领域而变成了私人物品,这些物品通常是一人一次消费的,而不能重复使用,即便重复使用也是在私人空间进行的。(2)由市政部门提供的公共物品,包括公共设施、交通、能源、绿地,等等。这些物品原则上是向所有市民开放的,不能为个人独占;有些是付费的,有些是免费的。与精神生活相关的公共产品通常是由精神生产者创造的,这类物品可以多人多次享用,它会产生递增而不是递减的效应。

其二,与规约人们的行为和分配未来资源密切相关的制度体系、与民族和国家的命运密切相关的精神。关于这种精神,黑格尔不无深刻地指出:在复多个别性中实现了的普遍性才是真正的伦理精神,"伦理实体,在这种规定下,是现实的实体,是在实际存在着的意识的复多性中实现了的绝对精神;这个规定下的绝对精神,是公共本质(或共体),它,在我们考察一般理性的实际形成时,对我们来说,是绝对的本质,而现在,在它的真理性中,对它自己来说,则已成为有意识的伦理的本质,

---

　　① [德]黑格尔:《法哲学原理》,范扬、张企泰译,商务印书馆,1979年,第253页。

而且对于我们现在所论述的这种意识来说,已出现而为(这种意义的)本质。这个共体或公共本质是这样一种精神,它是自为的,因为它保持其自身于作为其成员的那些个体的反思之中,它又是自在的,或者说它又是实体,因为它在本身内包含着这些个体。作为现实的实体,这种精神是一个民族,作为现实的意识,它是民族的公民。这种意识,其本质是在单纯的精神中,其自我确定性是在这种精神的现实中亦即在整个民族中;而且其真理性也直接就在这里,所以它的真理性不在某种没有现实性的东西里,而在一种实际存在着的和有效准的精神中。"①

不难看出,无论是以组织形态、物品形态,还是以精神形态,公共性作为必然性、普遍性要求,作为实际存在的和有效准的精神,乃是公共的善或共同的善,是可供分享的公共价值,它们是与人的理性、意识、需要和活动密切关联的存在物。作为一种可能性,公共性潜存于个体的现实的意识和活动中;作为一种现实性,公共性就是充分实现了的个体性和个别性。

(三)公共性的两种生成方式

公共性的发生方式主要有两种:机械的方式和有机的方式。公共性之机械的发生方式是指这样一种社会状态,具有公共性的组织,公共性之合理基础的论证,作为伦理实体的国家,通常都不是通过讨论、协商的方式而获得的,它们是由权威者集团(权力集团或精英集团)借助预先设定好的所谓权威解释而供给的。我们发现,有两种形式截然不同的社会团结:"前一种类型是意识的相似性和观念与情感的共同体所带来的结果。另一种类型则相反,是功能分化和分工的产物。可以说,前一种类型的结果,就是通过混同和相互关注把各个心灵结合起来,以组成一个聚集而成的人群,除了进行集体活动以外,不再有其他能力。在后一种类型中,专门功能相互依赖所造成的结果,是每个人都拥有自身的活动领域,即使当他与其他人分不开的时候也是如此。正因为后一种形式的团结让我们意识到了能够把高等动物的各个器官结

① [德]黑格尔:《精神现象学》(下卷),贺麟、王玖兴译,商务印书馆,1987年,第6~7页。

合起来的力,所以我们把它称为有机团结,而对前一种团结来说,我们则为其贴上了机械团结的标签。"①德国社会学家藤尼斯对共同体与社会的差异表达了似乎不同的看法。在涂尔干看来,像家庭这样的组织是一种机械团结的结果,而像企业这样的诸多的社会组织则是有机团结的产物;藤尼斯则认为,血缘共同体、地缘共同体和精神共同体是通过本质意志、记忆和心灵的一致性而建立起来的,有着牢靠的情感基础;而社会作为一种联合体则是以选择的意志为其基础,体现的是利益相关性,像经济联合体和政治联合体不过是因了根本利益的关系才结合成的联合体,因而是机械的,脆弱的②。我们虽然在大的类型上把公共性的构造方式分成机械的和有机的两种方式,但在实际社会活动中,要对这两种方式作出恰当的评价还是相当困难的,我们的基本看法是,两种方式都是一种悖论式的构造方式。社会究竟主要采取何种构造方式取决于具体的历史条件、人们构造的社会设置、人们的理性水平和需要结构。但构造方式的合理性程度决定于此种构造方式比他种方式更能提供公共性和公共价值,"合作剩余"的多少是确定其合理性程度的主要依据。

依照事物本身的客观性以及人的需要的本质,类似家庭这样的组织,主要应该采取藤尼斯所主张的"有机的"方式;而类似于经济联合体和政治联合体这样的公共性组织,主要应该采取涂尔干主张的"有机团结"的方式。

比较而言,家庭提供给人类的进一步发展的可能性空间是相当有限的,尽管两性关系和血缘关系是被嵌入在社会结构和社会行动之中的,但家庭因其具有为其他组织所不可替代的性质而保持着它的特殊性;相反,人类以社会的形式所能够做的事情却是相当广泛的。毫无疑问,以"有机团结"的方式构造经济联合体和政治联合体,是一种相对较好的方式。在一个无须充分利用理性的条件下,权威集团若能供给

---

① [法]爱弥尔·涂尔干著:《乱伦禁忌及其起源》,汲喆等译,上海人民出版社,2003年,第366页。
② 参见[德]菲迪南·藤尼斯著:《共同体与社会》,林荣远译,商务印书馆,1999年,第64~65页。

一套最大化的公共性和公共价值,就必须具备两个必要条件:(1)权威者知道它所知道的(伦理精神);(2)穷尽一切办法完成它所知道的。前者取决于权威者集团是否具有智慧,后者取决于权威者集团是否具有德性。而这是一个充满风险的渴望,事实证明,民众的渴望总是难以完全实现。相反,若使每个成员充分利用其理性,一方面可能扬弃他的主观性甚至任性,因为只有被公共性或普遍性检验的个别性和特殊性才是合理的;另一方面,正是借助个别性或特殊性,普遍性或公共性才被呈现出来,被证明为实际存在的、有效准的伦理精神。公共性是所有参与者创造出来的共同业绩,作为"合作剩余",共同业绩为所有的参与者所享用。这个共同业绩不但是自己的个别性的实现,也是其他所有个别性之共同性的实现,甚至只有首先实现其他个别性之共同性才能实现自己的个别性[①]。那么,是何种社会设置才能为产生出最大的公共性提供社会安排呢? 是市场社会。正是资本运行逻辑中的普遍交换和全面联系,才造成了马克思所说的"多方面的需求以及全面的能力的体系"。然而,现代性语境下的公共性却成为了一个问题,不过这个问题是双重的:在改变传统的公共性的同时又为创造更大的公共性提供了可能性空间。

二、现代性语境下公共性问题的哲学辩护

公共性概念既是被我们所描述的物品、规则、思想和理念,同时也是我们用以思考这些事项的思考方式。在前现代社会,人们很少思考公共性问题,正是公共交往和公共生活才要求着公共性,生成着公共

---

① 公共性不是个别性的机械相加,而是在现实的活动和关系中建立起来的有机统一:"结合本身是真实的内容和目的,而人是被规定着普遍生活的;他们进一步的特殊满足、活动和行动方式,都是以这个实体性的和普遍有效性的东西为其出发点和归宿。"包含并实现个别性的公共性与体现并实现公共性的有机统一构成了"合理性"这个概念。"抽象地说,合理性一般是普遍性和单一性相互渗透的统一。具体地说,这里合理性按其内容是客观自由(即普遍的实体性意志)与主观自由(即个人知识和他追求特殊目的的意志)两者的统一。因此,合理性按其形式就是根据被思考的即普遍的规律和原则而规定自己的行动。"([德]黑格尔:《法哲学原理》,范扬、张企泰译,商务印书馆,1979年,第254页。)

性,同时也造成着公共性问题。因此,只有在现代性语境下关注公共性问题才是有根基的,也才有针对性。关于现代性可能有各种各样的定义方式和描述方式,依照本文的要求,我们把现代性规定如下:现代性作为一个总体性概念,它所描述的是这样一种社会性状——由资本的运行逻辑所推动的、以追求效率、公平和自由为基本价值目标、以满足欲望从而追求快乐与幸福为终极价值的社会形态。这种社会形态有三个支点:欲望的神圣激发和最大满足,它解决的是动力问题;科学技术的快速发展和广泛运用,它提供的是手段;以市场为导向进行资源配置的社会安排,它解决的是社会环境问题。当这三个要素被并置在一起并构成一个不断自我更新的社会运动时,现代化运动或市场社会便开始了。同传统社会相比,市场社会为公共性建设提供着更大的空间和深厚的社会基础。

（一）经济形态的公共性

在今日社会条件下,公共性是一个"重叠式结构":经济形态——资本(商品与货币是资本的两个重要环节);政治形态——行政权力与制度;文化－精神形态——公共理性与公共精神。事物的全面性要求于我们的是:要基于经济形态之公共性的分析、中介政治形态之公共性的研究而达于文化－精神形态之公共性的预设。这同时也是现代社会发展的客观逻辑,如果说马克思所面对的主要是经济形态的公共性——资本、商品、货币、交换价值,政治公共性和文化－精神公共性还是尚未展开的历史逻辑的话,那么今天,公共性则以整体的形态向我们走来。经济形态的公共性为人们的生活创造了物质基础;政治形态的公共性为人们的生活提供了秩序保障;文化－精神形态的公共性为人们的生活提供了意义支撑。

市场社会从根本上改变了已有的交换模式,以消费品作为交换的出发点与归宿同以货币作为交换的出发点和归宿不同,它把生产、分配、交换、消费变成了相互关联的环节,正是借助这四个环节,陌生的、不相干的人走在一起了,或合作、或竞争、或交换,于是便在基于特殊的社会关系和血缘关系之外的领域建立起了功利性的社会关系;而且,社会分工愈是发展,人们就愈是片面,而愈是片面就愈是依赖。"交换和分工互为条件。因为每个人为自己劳动,而他的产品并不是为他自己使用,所以他自然要进行交换,这不仅是为了参加总的生产能力,而且是为了把自己的产品变成自己的生活资料。以交换价值和货币为媒介的交换,诚然以生产者互相间的全面依赖为前提,但同时又以生产者的私人利益完全隔离和社会分工为前提,而这种社会分工的统一和互相补充,仿佛是一种自然关系,存在于个人之外并且不以个人为转移。普遍的需求和供给互相产生的压力,促使毫不相干的人发生联系。"①人们在反复进行的生产与交换中,确立了一个可以公度一切的根据和尺度,这就是货币。在货币上,物的价值同物的实体分离了。货币本来是一切价值的代表,在实践中情况却颠倒过来,一切实在的产品和劳动竟成为货币的代表。

也许人们会问,"纸币"何以能够承担"一般等价物"的重任? 我倒是以为"纸币"是"难以承受之轻"。"纸币"不是一般的物,它不需要重量,也不需要体积,轻重对于纸币没有意义,它的重量在于确认和认同。作为一种符号,货币是被人们确认、认可了的力量,这个力量不是货币本身的,而是人赋予它的。一如马克思说的,金银天然不是货币,而货币天然是金银。换言之,拿什么作货币符号的象征并不重要,重要的是人类确实需要这样的符号。这个符号是"一",这个"一"是根据,是尺度,一切物都要在这个"一"面前得到衡量,然后被公度和让度。那么又是什么力量使得人们有这样的兴趣和能力不断地创设这个"一"、又不断变化这个"一"呢? 这倒是一个关乎人的根本的一个问题。说到极处,不是别的,正是人的意欲过上好生活的欲望和进行合作的愿望,才使得人们愿意去构造"一"并能够构造"一"。因此,货币作为符号,作为"一",是被深深地嵌入在人心灵深处的"共同感""共通感"之上的,货币、符号、"一"不过是人类基于"共同感""共通感"之上所能够找到的对象物而已。就"一"的可能形态说,有物质形态的,如货币;有规则形态的,如道德、法规、习惯、惯例、禁忌;有精神形态的,如宗教、信仰、精神境界,等等。就人类的本性说,它需要不同形态的

---

① 《马克思恩格斯全集》第 46 卷(上),人民出版社,1979 年,第 104 页。

"一"。但在具体的历史活动中,人们却很难创设并保持所有的"一",而只能以某种形态的"一"为主要形式,这是一种显性的"一",而其余的则为隐性的"一",甚至有些"一"尚处在萌芽状态。市场社会条件下,"一"以物的依赖关系以及用以表达这种关系的货币为重要形态,这是物的形态的"一"。

商品生产与交换的普遍化和经常化,在公共的意义上造成了两个后果:普遍联系和公共价值。资本的运行逻辑,把若干不相干的、有着各自目的的人联结在一起,其集体行动的逻辑不是起自于亲人间的自然情感、朋友间的友谊、思想上的共鸣,而是各自收益最大化的目的。这种以社会形式出现的集体行动,作为理性行为的产物,其公共性体现在三个方面:(1)确立了用以比较商品之交换价值的尺度——货币;(2)确立了用以保证交易行为之可预期性的游戏规则;(3)创造了可供多人享用的"公共物品"。

但基于经济依赖性之上的公共交往之能够原始发生且可持续地进行,必须有足够的社会秩序作保障,而作为"公共物品"的公共秩序通常是在经济联合体以外提供的,其提供者是拥有公共权力的政府;进一步地说,由资本的运行逻辑所造成的公共性必须以政治形态的公共性作保障。经济形态的公共性不但要求着而且促成着政治形态公共性的产生。

(二)政治形态的公共性

由资本的运行逻辑所导致的在政治上的一个后果就是,对政治形态之公共性的价值诉求。自由、平等、所有权和利己心既是资本运行逻辑的基本价值,也是它的基本特征。这些价值和特征必然要求同时也必然造成公平地分割政治权力并有效率地使用政治权力的后果。由于市场的开放性是有边界的,它要借助商品和货币以外的力量以保证和约束它的开放性,这种力量就是政治资本。政治资本是被嵌入在社会活动和社会关系结构中的资源投入,这种投入既给政治权力所及的公民、人群和组织带来收益,也给政治权力机关以及行使行政权力的官员带来收益。政治权力被视为是最大的、最有效力的"公共物品",但政治权力却有着与资本(经济权力)完全不同的运行逻辑,它是公民和社会之根本利益的构成与运行理念及其规范化形式,简约地说,政治是关于根本利益的理念和体制;政治还是对社会价值进行权威性分配的过程。但必须指出,将政治定义为有关根本利益的理念和体制也不完全是理性的、技术的要求,同时也是规范性的定义。求得政治权力的合法性依然是追求政治合理性的首要任务,最大化地体现和实现公民意志或意愿仍然是政治的首要价值。公共领域和公共舆论是这种价值得以显现和实现的两个重要领域。

1. 公共领域

关于"公共"问题我们在前面已经作了初步分析。"公共领域"中的"领域"既指一个由相对有效的边界构成的物理空间,更指由若干基于自然感情、特殊需求、经济依赖、精神通感的人构成的共同体,以及共同体成员之间的互动方式。在政治哲学的意义上,"公共领域"表达的是以公民身份表达其意志的社会空间。在各自表达其意志的"公共领域"中,每一个表达者一定是出于自己的意愿,即便是以公意的名义也一定是合于自己意愿的公意,因此起于心意以内的由己性是公民进入"公共领域"的直接动因。然而,当若干个"由己性"交织在一起的时候,势必发生矛盾、冲突,消解冲突的唯一途径不是逃避,而是于殊多性中构造出某个统一性来,这个"统一性"可称之为"公共性""公意",它是去掉不能相融的主观性之后的客观性,作为一种"剩余","统一性""公共性""公意""客观性"的表现形式就是"公共舆论"。

2. 公共舆论

公共舆论是置于私人领域与政治权力之间的社会空间以及通过这个空间呈现出来的公共性(公意、统一性、客观性)。公共舆论在两种意义上构造并体现了公共性:

其一,个别意见与绝对普遍的东西。公共舆论虽起于公民的个人意志、意愿,但决不是各种意见的杂拌;相反,它要在诸多意见、意志的冲突与博弈中见出真理来。这个真理是实体性的真正表达,只有实体性的东西才是具有历史必然性的东西,也才是合乎理性的东西。关于公共舆论的真正本质与价值,黑格尔精辟地说道:"公共舆论是人民表达他们意志和意见的无机的方式。无论哪个时代,公共舆论总是一支巨大的力量,尤其在我们时代是如此,因为主观自由这一原则已获得了这种重要性和意义。现时应使有效的东西,不再是通过权力,也很少是通过习惯和风尚,而确是通过判断和理由,才成为有效的。因此,公共舆论不仅包含着现实世界的真正需要和正确趋向,而且包含着永恒的实体性的正义原则,以及整个国家制度、立法和国家普遍情况的真实内容和结果。"①我们需要的是那种善于发现并表达具有历史必然性的、合乎理性的意志,而能够言说历史必然性的人才能够成为人民意志的代表。"公共舆论中有一切种类的错误和真理,找出其中的真理乃是伟大人物的事。谁道出了他那个时代的意志,把它告诉他那个时代并使之实现,他就是他那个时代的伟大人物。他所做的是时代的内心东西和本质,他使时代现实化。谁在这里和那里听到了公共舆论而不懂得去藐视它,这种人决做不出伟大的事业来。"②公共舆论又值得重视,又不值一顾的特点,决定了对公共舆论进行辩护和批判是必要的。以此观之,公共领域和公共舆论的形成只是形成政治形态之公共性的条件和环境,只有当公民既考虑自己的个人意志更考虑人民的普遍意志并表达这种普遍意志时,真正的政治公共性才会形成。

其二,公共舆论与政治权力之间的公共性。确认历史发展的必然性,或确认有一种实体性的正义原则,决不是一种简单的理论预设,而是人类在其演变中向自己交付的历史任务。我们将政治权力视为最大的公共物品,并非意味着它像一般的商品那样可以进入市场,供人们合理分配和分享;相反,政治权力的运行必须借助于一种组织化的形式,这就是国家。尽管从理论和原则上说,国家由于具有最大的公共性,因而必须向全体公民开放,但公民批判国家的形式要么是暴力的形式,要么是和平的方式。前者是国家与公共舆论相互协调失败之后的结果,而后者则是国家与公共舆论相互容许的一个范例。显然,在市场化的条件下,人们追求的是一种和平的、相互容许的方式。在此种意义下,国家的合理性程度在于它满足人民普遍意志,亦即体现历史合理性的

---

① [德]黑格尔:《法哲学原理》,范扬、张企泰译,商务印书馆,1979 年,第 332 页。
② [德]黑格尔:《法哲学原理》,范扬、张企泰译,商务印书馆,1979 年,第 334 页。

程度。尽管可以说,某个人、某个集团以及国家都力图借助公共舆论表达其自身的意志,也就是操控公共舆论,但只有符合历史合理性、满足人民普遍意志的治理才是有效的。与此相关的重要问题便是国家与政治的关系问题。

3. 国家与政治

尊重并体现公共舆论、设置平等分配权力、机会和收益的社会秩序,乃是政治形态之公共性的第一种要求,也就是国家的责任伦理问题。政治权力不再仅仅是一种能够排除各种抗拒以贯彻其意志而不问其基础为何的某种力量;相反,既合法又合理的政治权力才是合乎理性的,这是一种不但能够排除各种抗拒以贯彻其意志而且必问其基础为何的可能性。如此一来,在关于政治权力的这种陈述中已经蕴涵着对政治权力的规范性要求,这就有可能超越对政治权力的技术理性的狭隘理解。"一个政治系统如果仅靠赤裸裸的技术来保住权力,它甚至过不了一个时代就会崩溃。这种观念是政治领域的有机组成部分,因为没有权威,就没有政治,没有信念伦理,就没有权威。"[①]"权威"被看做是政治秩序之正当性的显现。

政治权力决非仅是通过技术理性而完成的责任伦理,它还有信念伦理的要求。信念伦理的核心在于,国家的首要价值在于对个体之尊严与人格的尊重与确认,其次才是技术理性支配之下的社会设置。这也是为什么黑格尔把国家视为"伦理理念"的现实的深刻原因。"国家是伦理理念的现实——是作为显示出来的、自知的实体性意志的伦理精神,这种伦理精神思考自身和知道自身,并完成它所知道的,而且只是完成它所知道的。"[②]国家所知道的东西就是历史的必然性和社会的合理性,这种必然性和合理性一定和每一个人的尊严、人格和权利密切相关,它们共同构成了权威得以存在的正当性基础。在技术理性的意义上,国家就是要造成一个公民表达其意见与意志的公共领域,通过反复的博弈过程,各种意见、意愿、意志就会借助公共舆论见出真理来。

---

① [德]卡尔·施米特著:《政治的概念》,刘宗坤等译,上海人民出版社,2005年,第58页。

② [德]黑格尔:《法哲学原理》,范扬、张企泰译,商务印书馆,1979年,第253页。

因此,责任伦理和信念伦理既是政治形态之公共性的表达形式,又是它们的实现方式。责任伦理只是国家在操作、技术上的要求,只有将这种操作伦理立于国家之伦理实体的基地之上,进言之,只有把人类生活中的根本性的、共通性的,也就是普遍性的东西发掘出来,并最大限度地实现出来,国家才尽到了它的责任,这是于责任伦理或操作伦理之前而存在的始基,于责任伦理或操作伦理之中而出现的真理,作为始基和真理也就是信念伦理。作为内容,信念伦理表达的是历史的必然性和人民的共同意志;作为形式,信念伦理是合法与合理之社会设置的设计;作为目的,信念伦理在于最大化地实现人民的普遍意志与意愿;作为愿望,信念伦理在于为人们的生活提供意义支撑。以此观之,政治形态的公共性就有两种形态:体现工具理性的社会设置和具体操作;体现价值理性的终极价值的设定,并且构成了精神形态之公共性的核心问题。

从人的需要结构以及需要发展的内在逻辑来看,经济形态的公共性和政治形态的公共性只构成使人能够快乐与幸福生活的基础与保障,但却并不构成真正幸福生活本身。若欲达到终极性的目标,精神活动(精神生产、仪式过程等等)是根本的途径与方式。通过精神产品的生产以及仪式过程,人们不但创造了用于满足精神需要的精神产品,还会产生用于满足终极关怀的价值来。精神形态的公共性对人而言更具终极性,也是最大的"价值剩余"。因此,建基于经济形态和政治形态的公共性之上的文化 – 精神形态的公共性要求,不但是政治发展的逻辑,也是人类需要发展的必然要求。然而,市场社会的发展并未促进公共性的全面提升,资本在世界范围内的胜利,科学技术在更广阔的时空内的发展,都未能像进步主义者所期许的那样,带给人们心志力量的提升和幸福生活的来临;相反,却引发了于公共性上的一些问题。

三、现代性语境下公共性问题的哲学批判

(一)关于意义总体问题

依凭直觉,人们都会承认,建立市场社会以来,人们的生产总值、生活资料的数量与质量、活动空间的广度和深度都无疑地超过了前市场

社会,因此理应过着一种追求更高的善的生活。然而,人们的幸福感指数并未随着财富的积累和物品的消费而提升到相应的程度。这着实令人费解。于是,我们必须站在更高的层次上,借用价值与意义概念,对公共性问题本身以及现代性语境下的公共性进行哲学批判。我们在公共性的基本样式中,从类型学的角度把公共性划分为物品、规则、价值观和精神四种形态。倘若把对公共性问题的思考贯彻到底,我们发现,这四种类型的公共性属于同一个系列,它们要么是为着创造价值的,要么就是价值本身。相对于人的生活而言,它们都具有工具、手段或环境的意义,而不构成终极价值。现代性带给人们的最大问题就是使人们产生了成问题的生活观:生活就是创造价值、占有价值和消费价值。事实上,生活本身是一种实践,一种活动,一种过程。幸福是合于德性的实现活动,假如德性不止一种,那就是合于最好的德性的实现活动。基于生活真义的考虑,必须在价值之上引入**意义**概念。公共性是包含价值与意义两个事项的。因此,只有首先厘定价值与意义的关系,才能规定价值形态的公共性和意义形态的公共性,前者属于价值总体概念,后者属于意义总体概念。

价值是价值物与需求者之间的构合以及由这种构合所产生的效用。这个效用是从两端来看的。从价值物方面看,价值便是价值物之效用的显现,其显现的结果是载体的消失和效用的转移,当然这只是就物质价值物而言的,与物质价值物经常是一人一次消费不同,精神价值物可以多人多次消费,且可以产生倍加的和扩展的效用。因此,比较而言,精神价值物要比物质价值物更有效率。从需求者方面看,价值是需求者享用价值物时所产生的快乐与幸福的体验,之所以会有此种体验,是由于价值物之效用的转移而解除了需求者的不足和匮乏,领悟到了生活的真谛,体会到了生活的意义,捕捉到了期盼和愿望所立于其上的根基。我们把由于不足和匮乏状态的解除而产生愉悦之感称之为"意义"。如果说价值是价值物与需求者之间的一种双向运动过程,那么意义就是这种运动过程在需求者方面的效用,意义是价值在需求者方面的实现,意义是在瞬间生成的。在现象学的意义上,意义就是价值的被给予性。一个物件、事实、现象、关系、规范等,之所以被称为价值物,被说出是有价值的,分明意味着,它的功能、效用被需求者给呈现出来,从遮蔽的状态进到澄明的状态中。由此可以说,关于价值的哲学研究可以是分析的,但价值的实现,其意义却是不可分析的,它是直观和直感,是经历、感受,总之是体验。而就意义的瞬间生成来说,其预备过程是相当艰难而漫长的,而它的产生却又那么快捷。任何人都无法长时间地停留于意义的瞬间生成之中,若是瞬间的就不是长久的。但这决不意味着,意义的生成是瞬间的,其存在是短暂的,但它的作用却是长久的。

由质料到价值再到意义是一个相当复杂的过程。在实际的生活中,价值的原始发生与意义的原始发生并非一一对应关系,进言之,它们不是函数关系。两个变量 x、y,对于某一范围内的 x 的每一个值,y 都有一个或几个值和它相应,y 就是 x 的函数。这种关系一般用 $y = f(x)$ 来表示,x 就是自变量,y 就是因变量。我们可以把附着在价值物之上的某种功能、效用称之为自变量,因为只要有某种价值存在就有可能产生某种意义,尽管不一定总是产生某种意义,但没有价值肯定不会产生某种意义。要而言之,意义不是价值的函数,对于某一范围内的价值的每一个值,意义不一定都有一个或几个值和它相应。这是由于,价值是单项事实,而意义则是两项或多项事实。然而,无论在理论推理和实践推理中,人们总是这样设想:创造价值的过程就是创造意义的过程,价值愈丰富,意义也就愈饱满,其实不尽然。作为功效、效用、功用之体现的价值只是产生某种意义的前提、条件,由价值进到意义须得主体的意义构造。意义的构造与意义的体悟是价值能否实现出来以及实现到何种程度的关键,意义的构造和体悟低于价值总量,就会产生意义小于价值甚至没有意义的后果,有价值没意义的现象并不少见;意义的构造与体悟大于价值总量,有可能从少量的价值中创造出饱满的意义来。在实际的生产、交往和生活实践中,人们常常忽略了意义的构造和体悟,而专注于价值的创造活动,而且在人们的日常意识中,创造价值就等于创造意义;积累财富就等于追求和获得幸福。这是一种很成问题的日常观念。

　　价值本质上是问题,而意义则是难题。问题可以靠着科学技术来解决,如价值物问题,而难题则关涉到人的全部智慧。问题表现为疑惑、疑问,是对某一领域的事情(包括价值物)不知或知之甚少,其旨趣在于明白某事或某物是什么怎么样和应当怎样,实质是某些知识的匮乏和技术的缺乏。而难题则同人的感觉和体悟能力有关,是人对某些矛盾、冲突、境域的困惑,在此意义上,问题就不再是疑惑、疑问,因为他对事物、事情是什么、怎么样是清楚明了的,而且因其价值理念和生活旨趣无法实现甚至严重缺失所得到的苦恼,是由于意义的迷失而产生的无意义感,是痛苦的体验。于是,问题不再是问题而是难题。难题是与人的情感、意志和意义直接相关的,因此难题是生活形态的,是人的生活的丰富性的对象化。一当人的生活丰富性的对象化的通道被堵塞或失去对象,难题和苦恼就在所难免。问题表现为疑问,难题呈现为追问,但难题常常又以知识的形态出现。"一个问题的产生是由于我们知道得太少而极欲知道得太多;一个难题的产生是由于我们知道得太多,而各种知识却相互矛盾冲突。问题是好奇心的产物,难题则反映了知识的困境。"①关于问题与难题的关系,美籍犹太哲学家赫舍尔进一步精辟地指出,提出一个问题(question)是一种理智的活动;而面对一个难题(problem)涉及整个人身的一种处境。一个问题是渴求知识的产物;而一个难题则反映了困惑甚至苦恼的状态。一个问题寻求的是答案;一个难题寻求的是解决方案。

从价值与意义的内在关联可以看出,就人的生活真谛而言,除了具有一组价值形态的公共性之外,一定还有一个意义形态的公共性,我们把后者称之为"意义总体"或"总体性的意义"。"意义总体"所描述的不是那些个别的、偶然的意义事项,如享用美食、欣赏衣装、研读作品、观赏自然等,它们都有可能造成意义的瞬间生成,从而带来某种愉悦和幸福,但它们均无法承担起支撑整个人生意义的重任。相反,"意义总体"所描述的是那些在一个共同体中经常而普遍进行的创设意义和体悟意义的集体行动,包括血缘共同体活动、宗教共同体活动和"政治共同体活动",创设意义和体悟意义构成了这种集体行动的逻辑。经济

---

① ［美］赫舍尔:《人是谁》,隗仁莲译,贵州人民出版社,1995 年,第 1 页。

合作和政治合作也是集体行动,但它们本质上不是创设意义和体悟意义,而是制造公共物品,包括物品、规则、价值观和精神等。就"意义总体"的原始发生看,它不是从占有或享用某个价值物中产生的,而是在相互交流、共同进行的仪式中产生的,本质上是行动和过程,是某种信仰、信念和信任。这种集体行动虽然不是时时进行的,但却产生时时而普遍的意义,这些意义构成了生活的根基和信仰的支点。这些意义仅靠个体是不能产生的,它们必须在集体行动中产生,但却必须通过个体的分享来实现。一个饱满的"意义总体"倘若没有任何个体进行分享,那它就没有了意义。依照人的生活本身的要求,价值形态的公共性与意义形态的公共性理应协调发展,然而现代化运动以来,二者却出现了分离,一方面是价值形态公共性的高度发展,另一方面却是意义形态公共性的迷失。

(二)"意义总体"的迷失与体悟能力的下降

自现代化以来,有这样一种颠倒的逻辑值得深入研究。依照人的生活逻辑,追求快乐与幸福是其全部活动的意识起点,同时也是其一切活动归之于它的终极目的。然而,这样一种生活逻辑若是缺少了那个能够给他带来快乐与幸福的创造活动,即生产生活资料的活动,便是难以为继的。正是在这个意义上马克思才说,生产生活资料的活动是人的全部活动中的首要活动。如此一来,生活实践的逻辑必须转换成生产实践的逻辑,否则,便无法实现其自身。而生活实践的逻辑与生产实践的逻辑则是刚好相反的两件事情:生活实践是以追求快乐和幸福为终极目标的,这是一个通过享用价值物而生成意义的过程;生产实践是以追求"庞大的商品堆积"为目的的。于是,以追求意义为根本目的的生活实践和以追求价值为直接目标的生产实践就会发生严重分离。其实,它们原本就是分离的,或者说,生活与生产原本就存在着发生分离的可能性。把这种可能变成现实的完全是那个并不出于人们的意愿然而却出于人们追求财富的目的的生产实践,以及把这种生产实践商品化的社会设置,这套设置完全是由资本的运行逻辑所直接造成的。

我们直观到的一个基本事实是:人又不仅仅是物质性的存在,除了物质力量之外,尚有心志力量;除了衣、食、住、行、用等物质需要之外,尚有信、知、情、意等精神需要。人的这种二元结构决定了人必须进行两种生产、交往和生活——物质的和精神的。人作为有限理性的存在物，其精力也同样是有限的。人类如何合理地分配有限的力量，在创造丰富的价值同时也创设出一个意义饱满的世界来，无疑是整个人类的事情，也是永恒式的难题。有这样一种历史现象值得注意，当人类与自然相比处于弱势情形之下时，人类似乎超乎寻常地发掘了自身的心志力量，进行了大量的精神活动，创造了大量的精神产品，诸如原始的宗教、巫术、绘画、舞蹈、祈祷、朝拜、祭奠等，即便是物质性的狩猎、采集、出征、生产，也要涂抹上浓郁的精神色彩。当人类把主要精力投放在对外界环境的改造上且卓有成效时，其用于发掘自身心志力量的精力必然减少。但人类很少去反思这样一个问题：忽略精神活动和精神生产究竟会产生何种后果，只有当这些后果明明白白地摆在人类面前的时候，他才会去考虑，如今这些问题似乎已经到来了。

精神活动是人的对象化活动的另一种方式。与物质性的对象化活动相比具有明显的特征：

第一，直接性。无论作为过程还是作为结果，精神活动或精神产品的生产者与享用者具有原始同一性，精神活动过程与精神产品在最为原初的意义上是为着自己的，而不是用来交换的，因此，只有首先被创造者理解和享用了的精神过程和精神产品，才有可能被他者理解和享用。正是精神活动和精神生产的原始同一性才保证了价值与意义的原始合一，创造精神价值的过程也就是理解、体悟意义的过程，一面是各种仪式，如祈祷，一面是心灵深处的激越、净化与愉悦。令人称奇的是，当精神过程和精神生产结束，意义的创造和体悟过程却并未终止，而是在人们的心理和精神上继续着。与物质生产过程不同，这是一个消耗和消费的过程，精神活动是一个净化和累积的过程。

第二，累积效应。物质产品的消费本质上是排他性的，一个具体的产品常常只能是一人一次消费，且不可重复使用，稀缺性是其本质特征。无论是生产物质产品所用的质料，还是物质产品本身都具有明显的稀缺性。与物质生产是对外界的开发不同，精神过程与精神产品是对人本身之精神力量的开发，人的精神力量以及人类开发精神力量的兴趣构成精神活动和精神生产的自变量,而精神过程和精神产品则是因变量。于是,在精神活动范围内,价值与意义构成了一个函数关系:$y = f(x)$。意义是价值的函数,在一定范围内,精神价值的任——一个值,都有一个或几个意义与之相对应。而且,价值与意义的原始合一不会因为某个人消费或享用而减少,或排除了他者的享用,也不会因为此次享用而排除了以后的享用,它们可以反复享用,只要你有能力和兴趣。

第三,给予性与被给予性。胡塞尔在现象学的意义上指明世界意义的被给予性,也许世界本身具有意义,也许根本就没有意义,但无论怎样,世界的意义都得通过人的活动得以生成和显现。这种结论尽管含有人类中心主义的危险,但也确实存在通达世界的桥梁。通过物质生产,通过改变物质的结构,通过分解与合成,创设人类所需的产品;通过附加,把人类自己的心性与理想刻画到外面世界中。于是,给予性便有两种可能:(1)通过最少的消耗创设饱满的意义;(2)通过极度的浪费产生较少的意义。近代以来的现代化过程恰恰把后者变成了现实。市场社会以来,似乎一切价值都要得到货币的衡量与评估,一切高尚的东西,一切乌托邦构想似乎都得通过激发人们原始的欲望才能被人问津。价值与意义的分离已经到了非解决不可的地步,重建公共性的任务已经相当迫切。

四、重建公共性的诸种谋划

对我们来说,重建公共性具有双重任务:价值形态公共性建设和意义形态公共性建设。从历史逻辑着眼,价值形态公共性建设具有优先性,因为一个经济上没效率、政治上没民主、文化上没自由的社会,无论如何不能算是一个相对为好的社会。但如果把价值形态公共性建设推至极端而完全忽视了意义形态公共性建设,其结果就是我们造就了一个生活资料极大丰富的世界,却没有带来意义饱满的世界。中国作为一个后发国家,起初就可以借鉴西方先发国家的经验和教训,将两种形态之公共性建设有机地统一在一起。树立科学发展观和构建和谐社会正是这种有机统一的一种努力。

（一）价值形态公共性建设

价值形态公共性建设包括物品生产、规则生成和精神养成三个方面，而这三个方面恰好对应经济形态的公共性、政治形态的公共性和精神形态的公共性。关于前两种形态我们在前面已经作了初步的分析，在此我们主要讨论精神形态的公共性。其实，现代性语境下诸种形态公共性的生成似乎都得益于被称之为"现代精神"的那种东西。我们可以从外部特征上描述这种精神：主体精神、理性精神、法律与伦理精神等。对这种精神的哲学沉思可称之为"精神哲学"。关于精神哲学的使用必须慎重对待，因为它极有可能把人们引向对黑格尔《精神哲学》的向往和体认上去。不过，黑格尔的《精神哲学》对我们理解人类的精神现象确实是重要的，尤其是理解现代性语境下的精神现象更是如此。我们在两个相对有别的意义上使用精神概念：（1）作为观念总体性的精神；（2）意义状态（关于这点，我们将在稍后的部分进行论述）。在关于精神的观念总体性的研究中，我们力争接近黑格尔关于精神的思想；在对精神之意义状态的考察中，我们将努力揭示人们在现代性语境下的生活状况。而把精神这两重含义密切关联在一起的则是现代性问题。我们试图以现代性为思考背景，从前提、过程和结果三个环节上考察作为观念总体性的精神和作为生活状况的精神。而这种考察必须从方法论的高度上借鉴黑格尔在精神哲学上的学术遗产。

在黑格尔那里，作为精神哲学之研究对象的"精神"有其特殊的内涵和边界。精神哲学作为一门真正的科学，既不是抽象地推论什么精神的本质，也不是对发现的精神的现象进行外在的描述，而是要在精神活生生的发展中去认识精神的本质或概念，以及精神自身从一个环节到另一个环节、从一个阶段到另一个阶段、从一种形态到另一种形态的必然性，也就是它成为一个自我实现、自我认识了的有机整体的必然进展。这是一个在人类对精神的认识史上从未有人提出过的空前艰巨的任务[1]。"关于精神的知识是最具体的，因而是最高和最难的。"[2]黑格

---

① 参见杨祖陶先生为［德］黑格尔《精神哲学》撰写的"译者导言"，《精神哲学》，杨祖陶译，人民出版社，2006年，第12页。

② ［德］黑格尔著：《精神哲学》，杨祖陶译，人民出版社，2006年，第1页。

尔在论"精神的概念"部分集中阐释了精神的本质:"精神是知自己本身的现实的理念。"①而理念借以成为精神的规定性就在于它既不同于逻辑理念,也不同于自然,"必须把观念性,就是说,理念的异在的扬弃、理念从它的他物向自身的回复和回复到了自身,称为精神概念的与众不同的规定性。"②精神作为观念性的东西,它不是一个类似于物那样的一个实体,"作为哲学的思维,精神由于认识到构成事物的共同原则的永恒理念在呈现自己的种种确定的方式中完成了对事物的观念化。"③理念由自在的逻辑理念外化为与自然的对立然后回复到自身,其一以贯之的内在性就是精神,精神使自身、自然观念化并切实地知道这种观念化;通过观念化,精神将自身以及与自己有别的自然包含于自身,精神与自然的区别不是自然力量的结果,而是精神自己设定自己为自然以作自己的他物。"属于精神概念的这种对外在性的扬弃,就是我们曾称之为精神的观念性的东西。精神的一切活动都无非是外在东西回复到内在性的各种不同的方式,而这种内在性就是精神本身,并且只有通过这种回复,通过这种外在东西的观念化或同化,精神才成为而且成为精神。——如果我们稍微更仔细地考察精神,那我们就发现精神的最初的和最简单的规定就是:精神是自我。自我完全是一个简单的东西、普遍的东西。当我们说自我时,我们想到的大致是一个个别的东西;但因为每个人都是自我,从而我们只是说出了某种完全普遍的东西。自我的普遍性使得它能够从一切事物、甚至从它的生命抽象出来。但是,精神不仅是这种同光一样的抽象简单的东西,精神是一个不顾其简单性而自身内有别的东西;因为自我把自己本身与自己对峙起来,使自己成为自己的对象,并从这个起初诚然是抽象的、还不具体的区别回复到与自身的统一。自我在其自相区别中的这种在自己本身中存在,就是自我的无限性或观念性。但这种观念性只有在自我与它面对的无限多样材料的关系中才得到证实。"④精神的本质规定是它的显示,"精

---

① [德]黑格尔著:《精神哲学》,杨祖陶译,人民出版社,2006年,第10页。
② [德]黑格尔著:《精神哲学》,杨祖陶译,人民出版社,2006年,第11页。
③ [德]黑格尔著:《精神哲学》,杨祖陶译,人民出版社,2006年,第15页。
④ [德]黑格尔著:《精神哲学》,杨祖陶译,人民出版社,2006年,第15页。

神的规定性因而是显示。精神并不是任何一个规定性或这样一种内容，其表现或外在性只会是与内容不同的形式；所以精神并不显示某个东西；相反地，它的规定性和内容就是这显示本身。因此，精神的可能性直接是无限的绝对的现实性。"①

通过黑格尔这些思辨的语言，我们能够体会到什么呢？实际上，黑格尔通过哲学的概念和语言呈现给我们的恰是现代性语境下的观念总体性，或称之为"现代精神"。现代社会是一个通过一套复杂的社会设置使"自我"成为一个不断显示着的本体。它从一个简单的单却是普遍的规定出发，将自己区别为与自己不同的他物——身外的物和若干与自己相似的他者，然后扬弃他者而回到自身。自我的这种不断流动，不断转换自己的样式，但却始终保持自己的内在性，这就是精神；自我不断地由主观性、经由客观性然后回到绝对性，这种不断流动的内在逻辑就是精神。更为要紧的是，自我不但客观地这样显示着，而且自觉到知道这种显示。作为个体，自我的精神表现为由简单的自我同一、到自我的分离再到自我统一；作为类，自我的精神表现为整个民族、国家乃至整个人类不断地超出自己而面向自然，然后回到自身。这种现代精神表现为个体的思维方式便是原子主义；表现为伦理实体就是功利主义；表现为终极目的就是欲望的神圣激发和欲望的极大满足。这种现代精神表现在社会形态上便是经济上的极大丰富、政治上的民主制度、文化上的自由与个性。现代精神作为观念的总体性或总体性的观念，如何从根本上改变了个人的思维方式、交往方式和生活方式，从而支撑了现代社会的发展，又如何变成了整个人类的思维方式和生活方式，这从当下的大量的、正在发生着的经验材料可以看得出来。两百多年后的今天，现代精神逐渐暴露出它的诸多缺陷，人们开始从全身心地拥抱现代性走向对现代性的怀疑、反思和批判，重构后现代性的诸种谋划都表明，人们开始从理论理性和实践理性的高度超越现代性的各种缺陷。然而，从《法哲学原理》和《精神哲学》中我们似乎看不出黑格尔对现代精神抱有某种批判性态度。但我们并不因此就断言，黑格尔的精神哲

---

① ［德］黑格尔著：《精神哲学》，杨祖陶译，人民出版社，2006年，第21页。

学就失去了思想的意义,相反,黑格尔在《精神现象学》和《精神哲学》中都讲到了自我在显示的道路上可能存在的三种方式:你死我活的方式、主奴关系的方式和相互包容的方式。一如马克思在《资本论》中说过的,资本主义的普遍交换关系恰好包含着超越资本主义片面性的要素,在现代精神中也同样蕴涵着超越其自身的要素,其中一个重要方面就是,在构建现代精神的同时,必须高度重视意义形态公共性建设。价值形态的公共性表现为相对固定的善,而意义形态的公共性则表现为流动的善。

(二)意义形态公共性建设

这种形态公共性建设包括共同体建设和集体行动的安排。

1. 共同体建设

意义的瞬间生成尽管表现为个体对意义总体的领会和体悟,但它必须植根于共同体之上和发生于集体的行动之中。经济合作与政治合作可以产生经济联合体和政治联合体,但它们与人的生活的关系是间接的,为生活提供物质基础和秩序安排,因此本质上是价值性的。而血缘共同体、信仰共同体和思想共同体则为人的生活提供意义支撑。血缘共同体表现为家庭以及家庭的扩展形式——家族、宗族。在一个缺少统一的宗教的国度里,家庭承担起了创造意义的重任,为每个家庭成员提供本体性安全,家庭尽管也承担了两种生产的任务,但更是一种精神家园。在家庭成员之间实行的各尽所能按劳分配的分配原则,这种利他主义的思维和行为,保证了各个家庭成员之间的认同感和归属感。信仰共同体是由具有共同信仰对象的信众所组成的共同体,主要有宗教信仰和社会信仰两种形态。在我们目前所进行的社会实践中,重建社会信仰是重建意义总体的重要道路。与宗教信仰不同,宗教信仰表现为信众所共同进行的宗教仪轨、祷告、诵经活动,而社会信仰则表现为由政党或政府所设计的对美好社会和美好生活的向往,以及在这种向往范导下所进行的广泛而持久的群众实践。思想共同体是由有社会良知的知识分子群体通过精神产品给出的精神实践活动,它指示给人们,什么是好生活,怎样才能过一种好生活。

2.集体行动的逻辑

促使人们采取集体行动的动机可能有经济的(金钱)、政治的(权力),这是现代性语境下人们采取集体行动的主要逻辑,但还有一种创生意义和体悟意义的集体行动,这就是精神产品的生产活动和精神活动。精神产品与精神活动不同,它是以物品的形式存储下来,但目的不是这些物本身,而是把物视为载体,使精神价值附着于物之上,以满足人们的知、情、意需要。有些精神产品的精神价值与物是浑然一体的,如教堂、陵园、庙宇等,它们后来成了文化遗存。而有些精神产品则要作为商品进到商品交换的行列,由于产品提供者的目的是增殖,因而存在着超越心理 – 精神健康的底线的风险,尤其是对未成年人的影响更是致命的,文化产业化必须有严格的精神健康标准。假冒伪劣的精神产品与假冒伪劣的物质产品不同,后者损害的是人的生理健康,它可以通过药物治愈而恢复,前者损害的是人的心理 – 精神结构,其后果可能造成认知、情感和意志(行动)之人格结构的分裂,这是用药物无法治愈的病患。因此,生产健康向上的精神产品是重建意义形态公共性的重要途径。精神活动是为着满足人的信仰、情感、意志、审美、伦理的需要而进行的活动,目的是造成心理 – 精神上的净化和愉悦。但无论是精神产品还是精神活动,其终极目的是满足心理 – 精神需要,获得终极关怀,产生理智感、审美感和道德感。终极关怀和诸种感觉会给人造成愉悦的心情,这是亚里士多德所说的超越物的满足之上的快乐与幸福。

人们借助于精神生产和精神活动所得到是心情的愉悦和幸福的体验,是人的心志力量的提高和心灵境界的提升。从外部看,是社会和他人对我的尊严、自由、个性和权利的尊重与确证;从内部看,是我对终极价值的执著追求、对理智感、审美感、道德感、愉悦和幸福的体验,这种体验使我感受到了生活意义的存在,它使我超越了生产的疲惫和物欲的牵累,这是一种心境、一种和谐。以此观之,意义总体就表现为精神产品和精神活动的丰富性、多样性,多种样式的精神产品和精神活动之间保持最大程度的相融性;是主体间的信任、确证、倾听、呵护、支撑关系;在行为方式上就是从容,从心所欲而不逾矩;在心态上是自信而不自傲、尊重而不献媚、享用而不媚俗。创设意义和体悟意义总体的集体行动表现为一个时代的精神气质,人类、组织和个人是这种精神气质的体现者和承担者。这种"精神气质"代表特定时代的文化类型,它有两个方向:以什么作为最高的价值对象,其他价值需得到最高价值的规定和确认,它构成了人们看待事物和对待事物之方式的文化原点;另一个方向是心态结构,它是人的内心世界的一种稳定结构,是模式化和和倾向化的认知模式、情感类型和意志品质,人的心态它必须通过人的体验结构来把握。在舍勒看来,心态是世界的价值秩序的主体方维。于是,在信仰世界(神话、上帝、真主、理想社会)、价值秩序和心态之间就形成了一种逻辑关系。

意义形态公共性的重建需落实在政府的作为和个体的努力之上。政府要通过政策设计和制度安排,引导人们在满足基本物质需要的基础上去从事精神产品的生活和集体精神活动的进行。个体要在重塑健康心态的基础上加强理智德性和道德德性的修为。可以说,重建意义形态公共性已经变成了整个人类的事情,中国将在自身的社会实践中提供世界经验。

(作者单位:北京师范大学哲学与社会学学院)

公共性：
后现代性之后的现代性主题

沈湘平

自 20 世纪 80 年代后现代主义（post – modernism）思潮传入中国以来，后现代的知识运动已经在中国的文学、艺术、哲学、教育，乃至人们的日常生活中产生了深远的影响，甚至有不少人指认，中国社会已然进入后现代状况。然而，十分吊诡的是，在进入 21 世纪以来，被后现代所"后"掉的现代性（modernity）却骤成学术热点，使得关于后现代性的讨论黯然失色。是现代性的回光返照，还是后现代性真的已经没落？无论是后现代性还是现代性的能指，目前中国乃至世界的现实主题如何在思想中得以把握？笔者认为，高度的现代性是在后现代性之后的，后现代理论在逻辑上已经终结；面对现代性和后现代性的双重后果，公共性已经成为了思想把握时代的主题。

一、后现代性的逻辑终结

在后现代主义看来，欲就现代而后之的"后"（post）并不是就时间而言的——尽管从经验上我们看到后现代是继现代而起的，而是具有

355

否定、超越之意。自从有了后现代主义思潮,现代性与后现代性之间的相互批判就没有停止过。延至今日,现代性与后现代性都多多少少改变了原来的模样,各自实现了自身的进化。甚至,今日再来考察二者关系,我们将发现,事情发生了十分有趣的倒转:不是后现代性在现代性之后,而是现代性在后现代性之后(post 甚或是 meta)——当然不是简单地指作为学术热点的现代性热继后现代性热而起。

首先,后现代性必然以现代性为他者,而现代性可以但不必然以后现代性为参照。

按照福柯关于知识与权力的关系理论(当然这也是历史的真实),任何一种知识的出场与权力化都必须以一种排挤机制建构出自己的他者。后现代主义旗帜鲜明地将现代性作为自己的批判对象,无论是后现代主义对现代性切中肯綮的批判,还是一些想象性的归谬,有一点是无法否认的,即人们对后现代性的理解必须建立在对现代性的理解的基础上。不幸的是,很多后现代论者并未给予人们一个清晰的现代性图景。诚如刘小枫先生所言:"'现代性'本身尚是一个未理清的题域,当欲不清楚的'现代性'而'后'之的'后现代'论述仍然要以'现代性'知识学来界定自身时,发现关于'现代性'的知识学尚在漂浮之中。"①后现代性的这一尴尬"出身"就决定了它自身的命运。当人们对后现代性进行前提性的理论清理时,几乎全部的理论触角都束集到了现代性的问题域。这大概是在后现代热之后兴起了现代性讨论热的重要原因吧。

现代性无疑是以前现代性作为自己的他者的。当后现代性兴起之后,现代性也不得不被动地把后现代性作为自己的参照。但是,毫无疑问的是,后现代性对现代性的依赖与现代性对后现代性的依赖是不对等的。在总体上,现代性并不必然需要后现代性作为他者——没有现代性就肯定没有后现代性,而没有后现代性依然可以有现代性。事实上,无论就理论还是现实而言,后现代性都表现为现代性的后果。同时,在现代性的建构中,现代性不仅以前现代性为他者,而且始终"凝

---

① 刘小枫:《现代性社会理论绪论》,上海三联书店,1998 年,第 2 页。

视"着东方世界那些"迟到的民族";相反,后现代性则过于专注于对"现代性"而"后"之,以至无暇将东方世界视为他者(后来后现代性把东方世界引为自己的共鸣则是另一回事情)。里查·A.福尔柯的说法不无道理:"孤立地构想后现代主义,在很大程度上是西方优越论思想的表现,它没有对非西方人民或被西方'遗弃者'的紧迫状况予以足够的关注。因此,它的主张具有地方色彩,并且很有可能会被当成一种无聊的游戏而遭到拒斥。"①

其次,现代性可以包容后现代性为其内在的向度,而后现代性却不可能包容现代性。

延至今日,后现代主义思想也发生了很大改变,内部也可谓众态纷呈。不过,它们至少有一个变中不变的共同的、基本的、也是根本的——尽管后现代思想家很反感使用这些词——规定性,那就是对现代性的否定。因此,即使某些建设性的后现代主义(constructive post‐modernism)辩称它们不是完全否定现代性,而是对现代性进行扬弃,甚至说只是反对现代性的霸权,后现代性从根本上也是不可能包容现代性的。如果哪天后现代主义自身退却到说它是可以包容现代性的,或者说现代性是一种特殊的后现代性的话,那么后现代性就自动地取消了自己。与此相反,现代性不仅仅是一种姿态与立场,它还把自己看做是流动的、未竟的事业。现代性在自己的进化中逐步超越各种"主义"——不仅超越了现代主义,还超越了社会主义、资本主义,当然也直指后现代主义——而将自己不断普遍化,它可以明确地宣布后现代性是其自身激进的变种(这不能不让人想起马克思那句老话:在社会上占统治地位的将是愈来愈具有普遍形式的思想)。

现代性凭什么可以说后现代性是其激进的变种呢?考察现代性的发生与发展,我们会发现,现代性自身就具有解构(deconstruction)和重构(reconstruction)的双重取向,以批判和自我批判的方式进化正是现代性累积的方式。在后现代思潮中贯穿的怀疑原则恰恰是现代性的思维的核心原则,后现代思潮在极致地发挥这一原则的时候,恰恰严重低

---

① 大卫·格里芬:《后现代精神》,中央编译出版社,1998年,第134~135页。

估了现代性自身的反思性。甚至可以说,后现代性的根源就在于现代性的内在矛盾性,就其思想的根源而言,后现代性思想的内容与现代性一样古老,后现代性不过是现代性的寄生胎(卢梭的思想就是一个样本)。不过,同样沿用辩证的思维逻辑,后现代性更多地徘徊于一种立场的表达,而现代性则提供不断拓殖的新的可能性空间。因此,所谓"后现代性"是以一种激烈而辩证的方式从属于现代性的。诚如吉登斯指出的,"我们实际上并没有迈进所谓的后现代性时期,而是正在进入这样一个阶段,现代性的后果比从前任何一个时期都更加剧烈化更加普遍化了。"①赫勒也认为,"后现代性并不是在现代性之后到来的一个阶段,它不是对现代性的补救——它是现代的。更确切地说,后现代视角也许最好被描述为现代性意识本身的自我反思。"②

再次,后现代性思想正日益从积极的力量演变成为一种保守的力量,成为一种辩护性的意识形态。

无论是现代性还是后现代性,如今都不能简单地作为一种文学、艺术思潮来理解,它们所指称的主要是一种社会状况。就任何一个社会而言,自由与秩序,或者说个人幸福与公共秩序都是应该同时追求的。后现代性批判现代性的最为核心的合法性根据就在于个人的自由遭受理性化秩序的戕害。后现代性思想反本质、反中心、反理性、反权威、反规训、反宏大叙事,倡导差异、多元、游戏、自由的立场,使得个体性、内在性、感性和私人性凸显。这些都曾经具有解放思想的革命意义,给予人们以莫大鼓舞。然而,正是在对现代性进行彻底的、非此即彼的批判与分割中,后现代性逐渐暴露了自己的局限性、片面性。

无中心、反权威的后现代性思想将我们带入一个断裂、碎片的扁平世界,偶然、混乱、表面被宣布为全部的真实,生活在联系的阙如中缺少了纵深感,感性的当下不仅意味着对现代性所崇尚的未来观念的颠覆,也表征了一种生存意义上的孤独。总的结果是人们并没有真正收获一种质量上的自由与幸福。就个人而言,后现代性正以一种超级"人性

---

① 安东尼·吉登斯:《现代性的后果》,译林出版社,2000年,第3页。
② 阿格尼丝·赫勒:《现代性理论》,商务印书馆,2005年,第13页。

化"（人性,太人性了!）的时尚言行、符号、情趣占领大众文化和青年领地。后现代主义的一种意想不到的独特功能就是把当代一些贪图享乐的人统统包装成为自命不凡的先锋派（有一些后现代性思想家则试图捍卫后现代性思想的纯正性,这本身就有悖于"纯正"的后现代精神）。更为重要的是,后现代性对于公共秩序与其说是乏善可陈,不如说是在它们的视野之外,因为秩序与他们所反对的理性、逻格斯、权威总是连在一起的。对多元和差异的崇拜最终导致相对主义,甚至机会主义和虚无主义的盛行——这些即使不能说全部是后现代性的后果,后现代性思想也在其中起到了火上浇油的作用。在呼求共同体秩序重建中,"怎么都行"的后现代性思想其实就扮演着一种消极,甚至反动的角色。就中国的现实而言,我们固然有"太不现代"的忧虑,但同时也有"后现代,太后现代"的危险。

二、经过后现代性的现代性

我们说后现代性的逻辑已经走向终结,但并不否认其历史的合理性和对他者的积极影响。我们当然确认,后现代主义的思想绝不是空穴来风,决不是一些思想家无聊的思想游戏。如前提及的,尽管后现代主义反对革命性的宏大叙事,但后现代主义思潮在知识、思想界却曾经发挥着十分革命的作用。从历史的高度看,后现代性思潮的出现和它们的功用都是十分"宏大"的。同时,后现代主义不仅仅是对一种所谓后现代状况的描述和解释,而且在一定意义上塑造和改变了这个世界——使现代变得后现代或使后现代变得更后现代。总的来说,后现代性最为突出的贡献就在于帮助现代性实现了自我进化。经过后现代性,现代性终于成年了!

首先,后现代性确实揭示出了现代社会生活在某些方面有异于以往现代性的独一无二的特征。20 世纪中后期以来,在现代性的内部,当代社会内部,确实发生了某种深刻的"断裂"——尽管不是整个现代性的替代性断裂。因此,被后现代性所标识的状况有资格成为现代性的一个重要阶段——尽管不是对整个现代性的替代性阶段。很多学者都从现代性角度对后现代性所标识的阶段进行指称:"第二现代性"
(second modernity)、"超现代性"(supermodernity)、激进的(radicalized)
现代性、高度(high)现代性或现代性"自己改变自己"(turning upon
itself)的阶段,等等。

其次,后现代性进一步激活了现代性反思的动力机制。如前所述,
后现代性所仰仗的辩证反思逻辑本身是现代性的看家本领。但是,在
相当长的时间内,现代性只是将这一逻辑运用于对象,而没有自觉地加
诸自身。后现代性出现之后的实际情况是,后现代性与现代性(狭义
或传统的现代性)似乎从历时的反对关系变为了共时的论辩。他们互
为他者,彼此激荡、相互启发和阐发。这实质上成为了广义现代性的内
在动力机制。一如赫勒所言,就现代性而言,后现代性不自觉地充当了
精神助产的苏格拉底角色。更为重要的是,现代性经过后现代性的批
判之后,自觉地对自己进行反思性监控(reflexive monitoring),对自己进
行敏感的自我修正。现代性已经成为自觉的反思性现代性(reflexive
modernity)。

最后,后现代性帮助现代性完成了自己的改写或重写。后现代性
对现代性的批判,既使传统现代性的不足、问题——例如理性霸权、绝
对同一性——得以极端化地呈现,也使人们更为清楚地看到了现代性
变中不变的那些核心、普遍价值——例如理性、公共秩序——的不可逾
越。对不足的克服和对问题的解答使得现代性逐渐改变了原来的模
样,而现代性核心、普遍价值的澄明则表明现代性地位的不可撼动。两
方面结合起来,那就是现代性得到自我修正。当然更为激进的说法是
重写现代性(rewriting modernity),开风气之先的后现代大师利奥塔就
持这种观点。利奥塔这一对后现代性"本质"(后现代性思想家是一定
不愿意使用这一词的)的揭示既表明了现代性的不可超越,也表明了
后现代性对现代性的作用。

就广义、普遍的现代性而言,后现代性的出场是不折不扣的"理性
的狡计",后现代性充当了现代性自身进化的手段、环节或路径。发端
于欧洲的现代性,在后现代性之前,自身已经反思性地发生了几次重大
的进化:文艺复兴时期的现代性、启蒙时期的现代性、德国唯心论的现

代性、19 世纪到 20 世纪初含混的现代性①。无疑,20 世纪 70～80 年代以来,在现代性自身的进一步进化中,后现代性起到了重大的作用。经过后现代性的现代性或者被后现代性重写过的现代性发生了脱胎换骨式的变化。今天,我们对现代性的规定性也有了全新的认识:

第一,现代性是一源而多元的。后现代性尽管最初没有主动观照东方性,但其思想的一度风靡,也标志着传统现代性或西方世界观的危机,这促使了西方更多地关注东方。如果说通过萨义德等人的努力揭示了西方在建构现代性时是以东方世界为他者的话,后现代性的兴起则首次让(西方)现代性尝到了被定位于"他者"的滋味。这一理论的反思与现实世界中东方世界的崛起使得西方不得不接受这样的一个事实:现代性是流动的现代性(鲍曼),是可选择的现代性(芬伯格)。在全球化的推动下,现代性在包括东方在内的世界生根,但是任何一个国家在追求现代性时都会程度不同地同时作出两种努力:普遍的特殊化和特殊的普遍化。这种情况尤其在历史上曾经饱尝过"先生打学生"之苦的民族体现得更为明显。这样的结果是,现代性中的地方性、文化价值因素被动员起来重塑了现代性,现代性模式成为复数的了,各种现代性之间具有的是一种"家族相似"。

第二,现代性是主体多元的。比之于前现代性,现代性彰显了主体性。这种源自欧洲的主体性,至少表现在一体同构的三个层面:一是个人相对于其他人的主体性;二是欧洲人相对于东方世界的主体性;三是人类相对于自然的主体性。事实上,经过后现代性对现代性主体中心的批判,不仅重新发现了东方,而且承认了一个简单但并不容易被接受的事实,即东西方是平等的主体。同样,在一个社会中,后现代性阐发的去中心、去权威的努力,也大大促进了个人之间的平等,每个人的内在性、私人性被极大地挖掘出来。在传统的现代性看来,自然界是一个被人类征服、改造的对象与客体,而后现代性对主体性的批判事实上包含着对人类中心主义(这种意义上的人类中心主义与欧洲中心主义是

---

① 刘小枫:《现代性社会理论绪论》,上海三联书店,1998 年,第 173～191 页;沈湘平:《全球化与现代性》,湖南人民出版社,2003 年,第 19～24 页。

同构的)的否定。经过后现代性的现代性并不一定将自然虚设一格为人之外的主体,但确实让人从自身的角度反思了人与自然的关系,基本确认了一个在马克思那儿就被清楚表达的观念:人与自然的关系受制于人与人的关系。也就是说,主体的多元化就将蕴涵着人与自然紧张关系的某种消解。

第三,理性被历史化、实践化。理性是现代性的核心,追求和实现现代性的过程也被称之为社会历史的理性化过程。在很大程度上,后现代性可以被理解为是对理性化问题的极端揭示与批判。在后现代性看来,理性的扩张不仅意味着世界的"祛魅",而且理性秩序是依靠一种权力机制来实现的,理性就意味着统治和压制。"罢黜理性""告别理性"成为了后现代响亮的口号。正是在后现代性的批判与现代性的自我反思中,近代以来的理性观发生了深刻变化。在哲学转向实践、交往、语言和生活世界的过程中,理性逐渐被理解为客观理性与主观理性、工具理性与价值理性、实质理性与形式理性、普遍理性与特殊理性、无限理性与有限理性、演进理性与建构理性、认识理性与实践理性的统一①。一言以蔽之,理性在使世界理性化的过程中自身被历史化、实践化了。

后现代性要反对一元、主体、理性,经过后现代性的现代性并没有固守传统的一元、主体、理性,也没有走向对元、主体和理性的彻底消解,而是走向多元、多主体和历史化的理性。

三、公共性是现代性的当代主题

经过后现代性的现代性自身得以进化,同时也就蕴涵着后现代性所揭示或表征的问题。如果我们同意依然把当代状况理解为现代性的,那么,当代现代性的问题乃是传统现代性与后现代性的双重后果——后现代性的后果是传统现代性激进后果的后果。这其中最为重要的后果就是多元主义、相对主义的盛行,甚或是虚无主义的弥漫。

---

① 沈湘平:《理性与秩序》,北京师范大学出版社,2003年,第157~187页。

现代性或后现代性只有上升到哲学话语才能达到深刻，而按照哈贝马斯的说法，现代性只有在黑格尔那才真正成为哲学的话语。可是，几乎整个现代哲学都是在批判这位声名赫赫的德国教授开始的。一般我们把现代西方哲学分为科学主义和人文主义两大思潮。在科学主义思潮中，库恩的历史主义、晚期维特根斯坦和罗蒂的语境主义都粉碎了多元之间公度的可能性，而费耶阿本德"怎么都行"的多元方法论则事实上确认了多元之间的等量齐观。人文主义在方法论上本来就以价值的相对性、差异性与科学主义的客观性、同一性相区别。现代人文主义思潮则通过对人的本能、欲望等非理性方面的开掘与彰显，对人们的存在状态与解释学情境的阐释，走向了对个体差异、文化多元的极度展现和辩护。后现代主义则直接表达了对任何中心、权威、同一性霸权的拒斥，以比较"人性"的"多"彻底压倒了"一"，形成对差异无原则的崇拜。这样"从一切综合中解放出来的多元性使得精神科学内部不可避免地出现了相对主义"①。其极端化则是虚无主义的弥漫。传统形而上学同一性的颠覆，正如"上帝死了"，其极端的后果不仅是一切都可能发生，而且是一种终极意义的迷失。哲学的这种转变不过是人们当代生活状况的深刻反映。在当代社会，原子化的个体都在追求着占有性的、私人性的自由。套用韦伯的说法，现代性社会不仅是一个不断祛魅的社会，而且是一个"诸神不和"的社会。放眼世界，不同文明之间的冲突不断；立足中国，多元利益、价值间矛盾重重。两个层面其实还彼此影响、"交相辉映"。同样，正因为同一性的彻底祛魅，人们精神生活中的超越维度极度萎缩，生存意义得不到整体的观照。以反智主义、快乐主义等表现出来的虚无主义强有力地突袭着人们的心灵。

终于，如何克服相对主义、虚无主义成为了当代政治、文化、社会、哲学思想的显要主题。就哲学而言，在一个形而上学坍塌之后的时代，一个古老的形而上学问题却重新出场，即如何解决"一"与"多"的关系问题。

面对这个问题，首先要确认的是，非此即彼的简单选择都不是答案

---

① 哈贝马斯：《后形而上学思想》，译林出版社，2001年，第154页。

所在。一方面,当代的或者说高度现代性的社会生活已经命定是多元的了,多样性的存在状态不可逆转。我们在寻求统一性时应该体认:"我们可以对在我们周围或在我们之内的多样性的这一方面或那一方面加以追问或改变,但我们不可能完全改变它。不存在这样一个视角,从它出发我们可以把某一方面看做一个整体;我们置身于多元的可能性领域之中,这些领域既不会整齐划一地出现,也不会作为一个总体而降临。"①换言之,秉持先验总体性、同一性、确定性的传统现代性不再可能被招魂——"只有在多元性的声音中,理性的同一性才是可以理解的。"②另一方面,我们不可能停留于迷人的多样性,在相对主义、虚无主义中沉沦。换言之,后现代性讨论的全部意义只有在假设现代社会具有足够的统一的基础上才是积极的。否则,正如前述,后现代性理论只会使我们的问题更严重,甚至充当了一种消极现实的辩护性意识形态。因此,今天要去克服相对主义、虚无主义,决不是简单地回到传统现代性的同一性,也不是回到后现代性所谓的多。我们要做的是如何使这两个"对子"能同归于尽,在超越简单"多"的基础上建构别样的"一",在特别的"一"下保证生动的"多"。

对这个别样的"一"的追求就是所谓公共性的吁求。就其原初含义而言,公共性(publicity)是与个体性、私人性直接相对的。今天,公共性的吁求则是基于传统现代性和后现代性共同后果的反思与求解,它更应当理解为对多元的个体性、私人性和同一的普遍主义、客观主义的双重超越。对于个体而言,公共性意味着在一个敞开的公共领域因他者的存在而获得自我在场的真实体验;对于社会而言,公共性则意味着一种"让公开事实接受具有批判意识的公众监督"的秩序建构原则与价值理念③。公共性一旦丧失,真实的自我和合法的社会都将付之阙如。无论是对于个人还是社会而言,走向对公共性问题的关注都是其成熟的重要标志。

与传统的统一性追求不同,公共性吁求具有主体性间性、生成性和

---

① 大卫·库尔珀:《纯粹现代性批判》,商务印书馆,2004年,第405页。

② 哈贝马斯:《后形而上学思想》,译林出版社,2001年,第139页。

③ 哈贝马斯:《公共领域的结构转型》,学林出版社,1999年,第157页。

批判性的特征。

公共性以承认他者的主体性为前提。哈贝马斯这样描述后形而上学时代高度现代性的处境与出路:"一旦意识彻底分裂成为无数个创立世界的单子,那么,从各个单子的角度看,如何才能建构起一个主体间性的世界,而且,在这个世界上,一种主体性不仅能够把另一种主体性当做客观对象,并且还能在筹划世界的原始能动性中与之照面。"[①]因此,公共性以确认私人性、个体性为前提,但并不停留于把他者作为凝视的对象、客体,而是将之作为能动的、可以照面的主体,公共性是主体之间的公共性。阿伦特认为主体之间有一个属于我们自己创造的公共世界,这个公共世界既使我们相聚、相连又相离。大卫·库尔珀在否弃"自我统一性或形式化总体图景"提供"有保障的根基"的同时,认为世界是我们的,有一种"存在的横向意识""与我们之所是保持间距,但并不与它分离",从而保障我们有可期望的未来[②]。

公共性并不是先验的,也不是一劳永逸的。正如海德格尔所指出的,经过马克思、尼采的努力,传统形而上学被彻底颠覆了。马克思、尼采、海德格尔用以射中传统形而上学的阿基里斯之踵的"神矢"就是对存在的历史性揭示。当代的公共性吁求就奠定于历史性之上,或者说,历史性乃是公共性的本质。除开主体的"共在"(历史性的共在)之外,公共性不预设更多的条件,尤其是不预设一种未经讨论的同一性。相反,正是在领悟、确保共在的过程中,或者说是在我们"发生性的共在"(库尔珀)中,公共性得以揭示和澄明。也就是说,公共性是一种基于共在而历史地达成的统一性。哈贝马斯认为,这一历史过程就是理性的交往与商谈。同时,公共性是脆弱的,即使在获得之后,也可能发生危机:一方面可能是公共性被极端同一性所替代;另一方面可能是公共性被极端的私人性所颠覆。当代世界,尤其是当代中国,表现为上述两个方面的公共性危机都深刻地威胁着我们的共在。

人是存在着的,是在世界——这个世界不是自然意义上的世界,正

---

① 哈贝马斯:《后形而上学思想》,译林出版社,2001年,第40~41页。
② 大卫·库尔珀:《纯粹现代性批判》,商务印书馆,2004年,第408页。

如马克思、阿伦特、库尔珀强调的是属于我们的世界——中存在着,也一定是与他者共在着的,这是人存在的本真状态。公共性是对这一本真状态的揭示及对现实中遗忘这一本真状态的反思性建构。传统现代性和后现代性的后果使得这个世界已经丧失了使人相聚、相连又相离的力量。因此,公共性问题事实上是对当代人类存在状态的整体性观照,公共性自身也就蕴涵着强烈的揭示、批判与建构功能。公共性的批判主要地指向公共权力以及与之合谋的种种意识形态,也批判极度扩张的、占有性的私人性;既批判"人们从一个角度去看世界"或"只允许世界从一个角度展现自己"的单向度状态①,也批判满足和沉溺于迷人的多样性状态。但万变不离其宗的是,批判总是以我们持续的共在作为终极的合法性标准。只要我们始终关注人类存在的状态,我们就能通过批判性的论辩不断地揭示出世界的公共性,并遵循这些公共性构建新的公共生活。这就是经过后现代性之后的现代性的当代主题。

(作者单位:北京师范大学哲学与社会学学院)

---

① 阿伦特:《人的条件》,上海人民出版社,1999年,第45页。

发展伦理学的选择论及其
对现代性的回应

陈　忠

发展伦理学以伦理为视野,以发展本身为研究对象,对发展的目的、过程、手段、关系等进行深层伦理反思、根本价值确认。发展伦理学不仅是一种"评价论",更是一种"选择论",发展伦理学的核心目标是"选择"更加合理的发展目标、发展手段与发展模式。美国学者古莱(Denis Goulet)反对"以阻绝人类的价值选择为代价"实现发展目标,认为侵害人们选择权的发展是"反发展"①,英国学者可思波(Des Gasper)认为,发展伦理学的一个重要任务是考察人们"对可选择的路径与方向进行思考与选择"的价值观基础,"其目标是帮助人们鉴别、思考,并对社会'发展'进行伦理选择"②。"发展伦理学基本上是关于选择的:选择价值、选择策略。正是因为可以进行真正的、严肃的选择,有关发

① Denis Goulet, *Development ethics at: a guide to theory and practice*, The apex press, New York, 1995, p.21.

② Des Gasper, *The ethics of development*, Edinburgh University Press, 2004, Preface, p.1.

367

展的伦理讨论才有意义。"①美国学者克拉克(David Crocker)认为,发展伦理学"对本地、国家、地区及全球发展的目的与手段进行反思与评价"②,其重要内容是反思、确认"什么是适当的发展选择"③。我们认为,选择是发展伦理的基本问题,选择论是发展伦理学的基本学科定位。但目前的发展伦理学在对选择本身的认识上还表现出某种自发性、自在性,还不是一门以自觉确认"选择本身的深层本质""现代性的可选择性"及"发展伦理学本身的可选择性"为基础的"自觉的选择论"。系统揭示发展伦理学的选择论特质,对推进发展伦理学的发展意义重大。

一

据英国学者可思波(Des Gasper)考证,"发展伦理学"这个术语,最早出现于 20 世纪 50 年代。1959 年,法国经济学家利浦瑞特(Louis - Joseph Lebret)在其著作"*Manifeste pour une civilization solidaire*"中首先使用了"发展伦理学"这个术语。1971 年,美国学者古莱出版了著作《艰难的选择:发展理论中的新范畴》,对发展理论、发展政策与发展实践中的诸多发展伦理问题进行了深入思考。正是这部著作,使发展伦理学这个范畴获得了广泛关注,并奠定了古莱作为发展伦理学这个新兴综合学科真正开创者的地位。1974 年,社会学家彼特·博格(Peter Berger)出版了著作《牺牲的金字塔》(*Pyramids of Sacrifice*),对贫困、发展代价等发展伦理学基本问题进行了研究。可思波认为,"利浦瑞特、古莱和博格虽然不是发展伦理学相关问题的最早研究者,但他们是发展伦理学这个领域的第一批自觉开创者。尤其是古莱,他定义了发展

---

① Des Gasper, *The ethics of development*, Edinburgh University Press, 2004, Preface, p. 15.

② David Crocker :*The Relevance of Development Ethics to USAID*, http://www. sum. uio. no/dev_ethics/developmentethicsstudy. pdf 或 http://www. iadb. org/etica/sp4321 - i/DocHit - i. cfm? DocIndex = 2254.

③ 参阅 Des Gasper, *The ethics of development*, Edinburgh University Press, 2004, Preface, p. 18.

伦理学并使其保持了持续的生命力。"①1980年,国际发展伦理学协会(International Development Ethics Association 简称 IDEA)成立,发展伦理学正式成为一门显学。发展伦理学的第一部代表作《艰难的选择:发展理论中的新范畴》以"选择"为核心词汇,看似偶然,其实却具有内在的必然性。它深刻预示着,发展伦理学是一门关于"选择"的科学。

第一,从发展伦理学的源起看,二战以后,现代化浪潮风起云涌、席卷全球,诸多民族国家为了在复杂的国际环境中求生存、谋发展,大多选择了一条以经济增长为龙头带动社会全面进步的现代化之路。这种以近代理性主义为观念基础,以增长为核心的现代化带来了巨大物质财富,但也在社会、政治、民生、生态、环境等方面造就了诸多问题,以理性为指导,由人们自身选择的现代化,却导致了诸多非理性的结果。面对现代化的成就与问题,人们应该如何选择? 是选择放弃,不要发展,还是转换发展模式? 是选择继续经济中心主义的增长路径,还是选择一条兼顾经济与伦理、人性与财富的发展之路? 面对现代性的选择困境,经济、政治、文化、社会等诸多领域的学者,"不约而同"在其研究中引入伦理、价值范畴,对现代化推进中的选择困境进行反思②。不同学科在面对选择困境时的这种伦理聚焦,为发展伦理学的兴起提供了重要知识基础。以"自由地借鉴经济学家、政治学家、计划工作者、农学家以及其他学科专家的著作"③为重要基础,古莱、克拉克、可思波等学者将诸多学科中的伦理、伦理视野加以集中、提炼、升华,构建起一门以伦理精神反思选择困境,推动人们进行合理价值选择的发展伦理学。在这个意义上,所谓发展伦理学,也就是由现代性的选择困境所催生、对人们在现代性推进过程的选择问题进行集中、自觉伦理研究的"选择论"。

第二,从发展伦理学的主题转换看,作为一门新兴学科,发展伦理

---

① Des Gasper, *The ethics of development*, Edinburgh University Press, 2004, Preface, p. 17.

② 参阅 Denis Goulet, *Development ethics at: a guide to theory and practice*, The apex press, New York, 1995, pp. 5 ~ 8.

③ 古莱:《发展伦理学》,中国社会科学文献出版社,2003 年,第 8 页。

学兴起于20世纪中叶,60、70年代,发展伦理学的研究者往往比较关注消除世界贫困的社会责任、国际援助的合理性基础、国际债务与发展公正性等问题;80、90年代,人们比较关注社会发展与个体尊严,发展机遇与主体能力,成就分配与代价共享等问题;新世纪以来,人们则更加关注合理发展的制度基础、发展与生态关系的转换、发展与文化文明的多样性等问题。综观发展伦理学主题的转换,呈现出两个特点:(1)具体主题的丰富性、多样性,现实中选择问题的转换推动着发展伦理学具体选择主题的转换;(2)根本主题的相对统一性,针对不同具体问题的发展伦理研究者最终都聚焦于"什么是好的发展、如何实现好的发展"这个根本选择问题。这一点正如古莱所指出,"发展伦理学在选题方面具有综合性。……在它的所有活动背后存在一个明确的统一任务:判断价值冲突,评估(实际和可能的)政策,并对发展评价进行确认或反驳。"①在这个意义上,可以说,发展伦理学既应该关注具体选择问题,更应当关注根本选择原则,是一门对现代性的发展、转换、未来走向等进行根本价值取舍的"选择论"。

第三,从发展伦理学的理论定位看,古莱认为,"发展伦理学是一门'综合性学科'"②,其根本目标在于为人们选择、构建有价值的生活提供"手段的手段"③。克拉克认为,"发展伦理学应该容纳多种声音。它应该是多学科的,以确保多样理论元素的并存,其中既有经济学,也有社会学、政治学、历史学、生态学、农学、法学、神学和哲学。它应该超越纯理论和应用科学的区别,因此也会涉及农业经济学、教育学、工程学、营养学和社会工作等领域。"④认为,作为一门综合学科,发展伦理学应当使多种理论要素在其中共存,但本质上,价值评价是发展伦理学

---

① Denis Goulet, *Development ethics at: a guide to theory and practice*, The apex press, New York, 1995, p.8.

② Denis Goulet, *Development ethics at: a guide to theory and practice*, The apex press, New York, 1995, p.8.

③ 古莱:《发展伦理学》,中国社会科学文献出版社,2003年,第27页。

④ David Crocker : *The Relevance of Development Ethics to USAID*, http://www. sum. uio. no/dev_ethics/developmentethicsstudy. pdf 或 http://www. iadb. org/etica/sp4321 - i/ DocHit - i. cfm? DocIndex = 2254.

的根本方法,发展伦理学的理论价值在于从多种可能性中"选择"出最有价值的发展路径。可思波认为,在一般意义上,发展伦理研究主要有三个层面:对现实问题的描绘、对反思系统的建构、对合理行动的推进;在这三个层面的交叉共存中,发展伦理学家最应该关注的是为人们进行选择提供一个清醒的理论框架①。综合以上见解,可以说,所谓发展伦理学,也就是以系统的价值理论对复杂发展实践进行认识、评价、选择的系统"选择论"。

二

众所周知,前现代的重要特点是命运,现代性的重要特点是选择。"宿命论认为世上的事情都是由非人为的力量所决定的,超出了人们可以控制的能力范围,是冥冥中早已注定的。"②"选择",也就是摆脱命运的束缚,成为自己的主人,成为这个世界的主体。以理性、价值、发展为基础的现代性,为人们提供了更加广阔的生成空间与多样可能,使人从被外在于人的自然、宗教等所决定的被动、宿命阶段,走向以人的主体能力为基础的自主、"选择"阶段。可选择性是现代性的深层精神特质。但在实际推进中,现代性本身却日益呈现出"异化"性:理性被等同于片面的工具理性,价值被等同于西方理念,发展被等同于片面的经济增长。马克思指出,现代性在实践中被扭曲为单纯的资本逻辑;韦伯指出,工具理性的体制性渗透,使现代人生活于理性的牢笼之中。以自由、选择为标尺的现代性变成了如命运一般的一元决定论,重新确认现代性本身的可选择性,成为一个重大的时代课题。

应该看到,发展伦理学的一个重要贡献正在于对现代性的可选择性进行了重新确认:(1)对人的价值主体地位进行了确认。在古莱、可思波等学者看来,在人与发展的关系中,发展是手段,人是目的,以经济、效率为中心的发展有可能成为"反发展"。(2)对发展文化的多样

---

① 参见 Des Gasper, *The ethics of development*, Edinburgh University Press, 2004.
② 劳伦斯·迈斯等:《比较政治学》,华夏出版社,2001 年,第 369 页。

性进行了确认。古莱认为,经济增长、现代生活可以对应于多样文化,非西方文化、传统文化在现代性过程中具有重要价值,它不仅为生活于其中的人们提供了根本心理支撑,也为解决现代性的诸多问题提供了可能方案。

同时,也应该看到,目前的发展伦理学还不是一种自觉的选择论。选择论有自在与自觉之分。所谓"自在的选择论",也就是虽然已经运用选择范畴,甚至把其作为重要的基础性范畴在使用,但并没有对选择本身进行深层反思,更没有自觉意识到理论本身的可选择性。所谓"自觉的选择论",也就是以经过哲学反省的选择范畴为基础构建整个理论体系,同时又对理论自身的有限性、可选择性具有清醒认识。目前的发展伦理学还存在诸多"选择问题",主要表现在以下三个方面。

第一,没有自觉揭示"选择本身"的哲学本质。虽然,古莱、克拉拉、可思波等学者都具有选择意识,都对选择(choice、option)范畴作了重要使用。但本质上,"选择"在他们那里还只是一种自在性的非反思范畴。我们认为,选择是"取与舍的具体统一、知识与行动的具体统一、主体性与条件性的具体统一、可能性与现实性的具体统一、统一性与多样性的具体统一"。但古莱、可思波等学者往往只使用了选择丰富含义中的某个方面。比如,在古莱那里,"选择"主要指"文化传统与价值观念的多样性";在克拉克那里,"选择"主持指"实际存在的具有多样性的行动";在阿玛蒂亚·森那里,选择则主要指"人的可行能力及对这种能力的使用";在可思波那里,选择则主要指以"一定价值观为基础的挑选行为"。虽然,以上学者对选择的使用,都为我们全面理解选择本身具有重要意义,但毕竟他们还没有在比较完整意义上使用选择,更没有自觉揭示选择的哲学内涵。这个缺失无疑妨碍了发展伦理学本身的自觉化、深层化。

第二,没有自觉揭示"现代性本身"的多样性、可选择性本质。所谓现代性的可选择性,也就是现代性条件下主体能力、主体文化的多样性与现代性本身发展模式、发展路径的多样性。应该肯定,相对于经济中心主义、效率中心主义,目前的发展伦理学对发展之伦理性的揭示,直接导向对现代性本身多样性的揭示,其研究对我们认识当代社会本身,认识现代性的深层问题与多样本性都具有重要价值。更应该看到,目前的发展伦理学虽然有助于人们认识现代性的多样性,但它毕竟没有对现代性本身的具体多样性、具体可选择性进行直接确认、深层反思。正是这种缺失,使克拉克等发展伦理学代表人物,在批判经济中心主义的同时,在认为发展伦理学应该具有宽容性、交叉性的同时,又认为,最理想的现代性路径是美国式民主,从而在实践上导向西方民主制度、西方发展理念一元论。他认为,美国式民主是已经得到发达国家经验验证,并为其他国家人民所向往的合理制度,第三世界的发展方向也就是建构美国式民主,在援助发展中国家中,美国应该以纯正的民主原则为指导①。

第三,没有自觉揭示"选择标准本身"的具体性、历史性、可选择性。选择也就运用标准进行所进行的具体取舍,发展伦理学的一个重要特点就是对公正、平等、自由、参与、尊严等伦理标准的坚守。"更为重要的是,任何选择都关联或者说依赖于伦理原则。这个伦理原则决定了选择的根本目的和被道德许可的手段。"②对伦理标准的坚守是发展伦理学成为伦理学的重要形式要件。但问题在于,对伦理标准的坚守是否等于伦理标准本身的抽象化、非反思化。从古莱、克拉克、可思波等学者的论著看,他们并没有对自由、民主、参与、公正等伦理范畴进行历史反思,而是天然地认为这些范畴已经具有不言自明的正确性,只要在发展实践及发展研究中运用这些标准即可。这种对伦理标准本身的非反思状态,是导致发展伦理学在实践运行中具有西方中心论的重要原因。不克服以上"选择困境",发展伦理学的批判力度会受到制约,其本身存在的合法性也将受到质疑。

---

① David Crocker: *The Relevance of Development Ethics to USAID*, http://www. sum. uio. no/dev_ethics/developmentethicsstudy. pdf 或 http://www. iadb. org/etica/sp4321 - i/ DocHit - i. cfm? DocIndex = 2254.

② David Crocker: *The Relevance of Development Ethics to USAID*, http://www. sum. uio. no/dev_ethics/developmentethicsstudy. pdf 或 http://www. iadb. org/etica/sp4321 - i/ DocHit - i. cfm? DocIndex = 2254.

三

发展伦理学是一种选择论,但选择论有自在与自觉之分,构建作为"自觉的选择论"的发展伦理学,需要明确以下几点。

第一,深层揭示选择的哲学本质。选择是拥有与放弃的统一,"主体性"与"可能性"的统一,是具体主体在具体多样可能性之中对自身构建及其与外界的关系的具体持有或放弃。构成选择的基本条件有两个:(1)人的主体性。选择是主体所进行的选择,没有主体性、主体能力也就无所谓选择。在这个意义上,选择区别于命运。命运也就是环境、条件对主体行为路径的唯一性决定,其本质也就是存在于其中的主体对自身构成及其与环境关系的不可选择。(2)路径与条件的多样性、可能性。没有情境、语境本身等客观条件的多样性、可能性,同样也没有选择可言。在这个意义上,选择区别于抽象自由,选择总是在既有历史条件、文化传统、现实关系中的选择,其本质是从条件出现对自身未来的有条件的构建。

选择是观念选择、制度选择、行为选择的具体统一,文化选择与历史选择的统一,人本性与情境性的统一,主体利益与主体责任的具体统一,理想性与现实性的具体统一,价值性与规律性的具体统一。一方面,作为选择,也就是主体从自身理想出发对关系所进行的现实取舍与未来构建;另一方面,选择的过程总受到各种复杂条件的制约,主体在获得成就的同时,也总会付出成本与代价,且其结果往往是对原有理想的转换甚至放弃。一方面,选择是一个以主体价值为目的的主体行动过程;另一方面,在本质上只有符号规律的选择才能真正现实化。选择本身具有具体性、过程性、复杂性。自觉、全面的理解选择本身,是构建深层发展伦理学的一般本体论基础。

第二,深层揭示现代性的可选择本质。一方面,现代性具有历史的必然性,规律的强制性。以工业化、城市化、市场化、法制化、全球化等为重要内容的现代性,是人类社会发展的必然内容。另一方面,现代性又具有深层多样性、选择性,是一个具有多种可能的过程性实践,其具体实现方式、发展路径、构建形态都是多样性的、可选择的,并不存在一个抽象绝对的一元现代性模式。对现代性的本身的多样性、可选择性,诸多学者从不同视野进行了研究。比如,在《比较政治学》中,劳伦斯·迈耶等反思了现代性的制度形态的多样性、可选择性[1];在《文化人类学》中,哈维兰反思了现代性的文化理念基础的多样性、可选择性[2];在《可选择的现代性》中,芬伯格反思了现代性的技术基础的多样性、可选择性[3]。

我们认为,在比较严格的意义上,发展也就是现代性的推进,也就是从传统社会走向现代社会。而现代性的精神本质、伦理转换实质,也就是从"命运"走向"选择";从被外在于人的自然、宗教等所决定被动、"命运"阶段,走向以人的能力为基础的自主、"选择"阶段。也就是说,"可选择性"是现代性的重要核心特性。明确现代性本身的可选择性,是构建深层发展伦理学的社会存在论基础。发展伦理学的一个重要任务,就是反思、确认现代性的可选择性。

第三,深层揭示伦理标准本身的可选择本质。应该承认,发展伦理学的主要代表人物都比较关注选择的标准问题。比如,古莱指出,"如果,某些方面发展的结果,是多种选择的不断减少,并最终只剩下一种绝对的强制性的解决办法,那么,这种解决办法往往反映的是支持这种办法的至高权力者的意见,这永远不可能是公正的。"[4]可思波认为,如果人们"认为任务事物都是有起因的,并认为这种起因只有不可避免的一个,那么,我们就没有选择。我们就会最终原谅最恶劣的政治体制以及社会实践中的压迫。但是,这样做就忽视了原则的存在,以及与选择相关的责任;同时,这样也就否定了人们的应有尊严。任何事物都有起因,但我们具备使自己根据多种起因采取行动的能力"[5]。

但是,可思波等学者在对选择原则认识上却存在基础性矛盾。一

① 劳伦斯·迈斯等:《比较政治学》,华夏出版社,2001年。
② 哈维兰:《文化人类学》,上海社会科学院出版社,2006年。
③ 芬柏格:《可选择的现代性》,中国社会科学文献出版社,2003年。
④ Denis Goulet, *Development ethics at: a guide to theory and practice*, The apex press, New York, 1995, p.22.
⑤ Des Gasper, *The ethics of development*, Edinburgh University Press, 2004, p.16.

方面,他们认为人的实践方式、生存方式、实践政策等是多样性,具有可选择性;另一方面,他们又往往认为伦理标准具有至上性,往往从根本上忽视伦理标准本身的历史性、多样性、可选择性,忽视伦理学本身的具体有限性,并往往导向对某一种伦理标准的执著。也就是说,他们的"选择意识"缺少深层反思性、"反自身性"。这种缺失,使一些学者在制度伦理上导向西方制度中心论。比如,克拉克一方面认为发展伦理学应该是多学科的,应该具有一种包容精神,但在思考、比较不同国家的政体运行模式时,却又认为,应该以"标准的"制度伦理对发展政策、发展计划等进行"纯正的"价值反思,以清理制度行动中的妥协、折中主义。在克拉克那里,这个标准化的伦理,也就是"不可消减的(irreducible)、毫不含糊的(unequivocal)民主政治",也就是已经在美国等国家实现并被发展中国家人民向往的分权式民主①。

马克思、恩格斯曾指出,任何伦理标准本身都是历史的、具体的,并不存在一个抽象、永恒的伦理标准。对不同时代、条件下的不同主体而言,公正、平等、民主、自由等所谓的绝对价值都现实性地具有不同含义。比如,自由就有古典个体自由和现代群体自由之分,平等有分配平等与机会平等、政治平等与文化平等之分,等等。对发展伦理学而言,没有理念、理论层面的可选择性,没有伦理标准本身的可选择性,发展伦理最终将导向绝对主义、一元中心主义。确认伦理标准本身的多样性、可选择性,是构建深层发展伦理学,构建合理发展伦理学"学科生态"的重要方法论基础。

四

从发展伦理学的总体格局看,发展伦理学首先兴起于美国、英国这些西方发达国家。虽然,可思波等学者认为发展伦理学可以并应该对发达国家本身的发展问题进行研究,但从发展伦理学的实际运作看,其

主要研究对象仍是发展国家,其主体研究力量是发达国家的学者,其核心理念基本上是近代以来在西方所兴起的价值理念。虽然,20 世纪 90 年代以来,我国开始逐渐兴起发展伦理研究,但毕竟,这种研究还处于起步阶段,还没有形成具有自身相对独立的话语体系。我们认为,应该构建一种综合性、过程性、由具有不同文化特质的发展伦理学"具体样态"组成的发展伦理学"学科生态"。

从学理上认识、确认发展伦理学自身的可选择性,是构建发展伦理学"学科生态",推进发展伦理学自身发展的一个重要前提。明确发展伦理学自身的可选择性,也就是明确:(1)发展伦理学具体学科样态的多样性;(2)不同文化主体建构不同形态发展伦理学的合理性;(3)发展伦理学本身随着时代变化而转换的发展性。发展伦理学本身的可选择性,是作为选择论的发展伦理学具有反思性、"反自身性"的重要表现。确认发展伦理学自身的形态多样性、可选择性,也深层确认不同发展主体文化主体权、理论话语权的内在要求。明确发展伦理学本身的可选择性,需要处理好以下几个方面的"生态关系"。

第一,"用伦理理解发展"与"用发展理解伦理"的生态关系。目前的发展伦理学往往更加注重用伦理来评价发展,而相对忽视用发展来定位伦理,没有充分认识到发展伦理学本身的发展性。发展与伦理,现代性与发展伦理学生态互动。(1)没有现代性的推进也就没有所谓的发展伦理研究,本体论意义上,发展伦理学是对现代性发展问题的自觉回应。近代以来,特别 20 世纪中叶以来,现代化进程中诸多选择难题、选择困境的集中涌现,是发展伦理学兴起的根本原因。(2)发展伦理学的系统构建有利于我们全面认识发展本身的问题、趋势、规律。发展伦理学对价值向度的自觉强调,有利于我们确认一种价值与发展相统一的现代性推进路径。(3)现代性的多范式性、综合性,为发展伦理学学科生态的多样性提供了社会存在论基础;发展本身的阶段性转换,必然推动发展伦理学学科样态的生态转换。总体上,现代性、伦理学、可选择性三者的关系是:现代性是发展伦理学产生的本体论原因;现代性之可选择性是发展伦理学之可选择性的社会存在论基础;而多样、可选择发展伦理学"学科生态"的深层构建又会推进人们深层确认现代性

377

本身之可选择性。

第二,发展伦理学不同研究范式之间的生态关系。目前的发展伦理学主要有三种范式:(1)"理想范式",以确认理想的发展目标、手段及其关系为特点,比如,古莱的发展伦理学;(2)"问题范式",以揭示发展实践与发展理念为问题的特点,比如,可思波与阿玛蒂亚·森的发展伦理研究;(3)"制度范式",以揭示目标发展制度中的问题及倡导合理的发展制度为特点,比如克拉克的发展伦理研究。在《发展伦理学的范式研究》一文中,我认为,发展伦理还存在一个基础性范式:"规律范式"①。"规律范式"的特点在于揭示现代性转换、发展的具体规律,从社会规律这个层面揭示现代性的问题原因及其解决方式。以上范式具体关联、历史互动,构成一个具体的、过程性、可选择的发展伦理学"范式生态"。发展伦理学研究范式的可选择性,不仅表现在不同的发展主体、不同研究者可以根据具体要求对三种范式进行选择、综合,更表现在人们可以根据发展实际与学科推进情况发展新的范式。"范式学"意义上,发展伦理学的学科活力正源于新范式的不断产生,不同范式的生态互动。

第三,发展伦理学与其他学科之间的生态关系。虽然,古莱、克拉克、可思波等学者都认识到发展伦理学本身的交叉性、跨学科性,但从发展伦理学的实际发展看,呈现出一种比较强烈的体系化、固化倾向,基本上形成了以人性、自由、公正、平等等为概念体系,以世界贫困、国际救助、发展代价等问题为具体研究对象的发展伦理学体系。比如,可思波就认为,构建范畴体系,是发展伦理学研究的核心内容。我们不抽象反对发展伦理学的范畴体系的独立化,但问题在于,当发展伦理学努力构建自身独立的范畴体系时,如何保持与其他学科的生态对话关系。如果没有了这种对话,从对话中产生的发展伦理学,如何继续发展? 人们还能以此为基础反思不断变动的时代问题吗? 显然,始终保持发展伦理学与经济学、政治学、文化学、人类学等学科的对话,是使发展伦理学保持活力,使其保持可选择性的重要基础。从发展伦理学自身看,要

① 陈忠:《发展伦理学的范式研究》,《中国社会科学》,2006年,第4期。

保持这种对话态势,就需要自觉认识、深层确认发展伦理学学科本身的过程性、具体有限性;充分认识到发展伦理学是一门以价值为导向的发展学,但这门发展学并不具有绝对性、至上性。以有限、过程为特质的生态观,是构建开放的发展伦理学"学科生态"的一个重要观念基础。

总之,发展伦理学是一门选择论,更是一门全面、具体意义的"自觉的选择论",构建作为"自觉的选择论"的深层发展伦理学,具有重要理论与实践意义。它不仅有助于我们深层确认发展伦理学的学科本质,推进发展伦理学本身的发展,也有助于我们更加全面地认识现代性的问题本质,更加自觉、全面地构建全球发展公正性。

（作者单位:苏州大学哲学系）

钱玄同公历纪年论研究
——回顾一种现代性话语的建构

马天俊

一、议题

"现代"或"现代性"如今已经牵涉着无比复杂的社会内容,这些内容无不和某种特殊的时间意识相关联,历史上与"现代"相关的概念也首先是关于时间的概念①,其次才是别的东西。然而,时间意识看来并

---

① 例如,卡林内斯库所做的概念梳理:"要精确地标明一个概念出现的时间总是困难的,而当要考察的概念在其整个历史中都像'现代性'一样富有争议和错综复杂时就更是如此。然而,有一点是清楚的:只有在一种特定的时间意识,即线性的、无法阻止流逝的历史性时间意识的框架中,现代性这个概念才能被构想出来。在一个不需要时间连续型历史概念,并依据神话和重现模式来组织其时间范畴的社会中,现代性作为一个概念将是毫无意义的。……尽管现代性的概念几乎是自动地联系着世俗主义,其主要的构成要素却只是对不可重复性时间的一种感觉,这个构成要素同犹太—基督教末世论历史观所隐含的那种宗教世界观绝非不能相容。**唯其如此,现代性的概念在异教的古代世界中显然不存在,它产生于基督教的中世纪。**"(卡林内斯库:《现代性的五副面孔》,顾爱彬、李瑞华译,商务印书馆,2002 年,第 18 页。)哈贝马斯也认为:"'现代'一词在欧洲被反复使用,尽管内容总是有所差异,但都是用来表达一种新的时间意识。"(哈贝马斯:"现代性的概念",汪民安、陈永国、张云鹏主编:《现代性基本读本》,河南大学出版社,2005 年,第 120 页。)——引文中字的黑体为引者所加。

不是公共的,而是被建构为公共的,因此涉及"现代"或"现代性",涉及时间意识,首先问一问"谁的时间意识"可能具有根本的意义。就如时贤已经指出的那样,"现代"首先是基督教的。由于时间意识具有高度的人为性,所谓"现代"首先是基督教的,这一点就不是纯粹偶然的,尤其是当关乎"现代"的诸多事情已经遍布世界的时候,这种非偶然性就更具微妙性。中国社会的现代化进程无疑早已经开始,它所达成的某些成果如今已是人们习焉不察的生活常态。例如,本文酝酿于"2007年年末",中间经过几个月的踌躇和犹豫,赶在"2008 年 4 月 20 日"前完成,因为下个月的某几天参加一个小型讨论会要用。这种规划时间从而规划行为及交往关系的方案如今太广泛、太平常了,还要对它加以讨论充其量只具有学术意义。然则本文恰好只是学术文章,它所追求的就是学术意义,本文即以此纪年方案所包蕴的现代性建构问题为议题,以钱玄同 1919 年发表在《新青年》第 6 卷第 6 号上的文章《论中国当用世界公历纪年》(见本文附录)为中介,分析所谓"世界公历纪年"内蕴的诸多现代意识形态因素及其话语建构。这些因素现在可能已经很难觉察,但是意识形态最成功的时候恰恰就是它再也不被察觉、其成分几乎没入集体无意识之中的时候。

二、文本读解

钱玄同(1887～1939 年)是 20 世纪前半叶中国新文化运动的激进倡导者之一。如果说"新文化运动"斩断(无论褒义还是贬义)了传承几千年的中国文化之流,这是过甚其词,那么,这一运动乃是中国文化演变的一个转折点,则是无疑的。钱玄同正是这一运动的主力,在语言文字或广义的文学改造上建议尤多,持论果断而且激进。兹先举一例以明其大概。他在 1917 年给陈独秀的信[①]中提出文章改革大纲 13 条,要义如下:(1)以国语为之;(2)所选之字,皆取最普通常用者,约以五千字为度;(3)凡一义数字者,止用其一,亦取最普通常用者;(4)关于

---

① 以"论应用文之亟宜改良"为名发表于《新青年》第三卷第五号。

文字之排列,制成一定不易之《语典》,不许倒装移置;(5)书札之款或称谓,务求简明切当,删去无谓之浮文;(6)绝对不用典;(7)凡两等小学教科书,及通俗书报、杂志、新闻纸,均旁注"注意字母",仿日本文旁注"假名"之例;(8)无论何种文章(除无句读文,如门牌、名刺之类),必施句读及符号。唯浓圈密点,则全行废除;(9)印刷皆用楷体,书写用草体;(10)数目字可改用"亚拉伯"(今译为"阿拉伯"——编者)码号,用算式书写,省"万""千""百""十"诸字;(11)凡纪年,尽改用世界通行之耶稣纪元;(12)改右行直下为左行横迤;(13)印刷之体,宜分数种,以便印刷须特别注意之名词等等①。

不消说,大约半个世纪后在中国大陆这些改造建议的大部分内容都落实到了普通教育之中,又半个世纪过去,人们已是司空见惯。关于纪年问题,钱玄同在上述第 11 条后面加括号写道:"此事说来话长,当别为论。现在我自己可以先表明一句,我绝非耶教信徒,且我绝对以为今后世界只有科学真理,彼宗教神话,断无存留之价值。如国人以此为太骇俗,或仍用民国纪元。其民国前一年辛亥,到周共和元年庚戌,则倒数之,称民国纪元前一年,到民国纪元前二七五二年,亦未尝不可。唯彼帝王纪年,三年一改五年一换,盗贼、夷狄、骏竖、淫妪,无不具备,此断当废止不用。"②两年后,钱玄同在《新青年》上撰文《论中国当用世界公历纪年》(以下简称"钱文")对这一想法详加发挥,并且大大推进,连民国纪年方案也否定了,坚决单单指向"世界公历纪年"。

本文寄生在钱文上,因此在进入具体评析之前,读者最好先完整地了解钱文,即本文的附录。

钱文(一):

纪年是历史上一种很重要的符号。有了这种符号,才可由年代距离的远近,考见文化的进退,事物的变迁。所以,必

---

① 刘思源等编:《钱玄同文集》第 1 卷(文学革命),中国人民大学出版社,1999年,第 26~29 页。

② 刘思源等编:《钱玄同文集》第 1 卷(文学革命),中国人民大学出版社,1999年,第 28~29 页。

须有一种能够永久继续的纪年法,才能适用。中国向来,是用皇帝来纪年。皇帝配不配拿来纪年,还是第二个问题。单从一个皇帝改一次元来说,已经可以证明这种纪年在历史上全无用处。何况一个皇帝还不止改一次元?像那武则天,做了二十一年的皇帝,竟改了十八次元。还有一个皇帝在一年之中改两三次元的。这样胡闹的纪年,倒不如索性没有纪年,还干净些。距今二十年以前,中国的明白人,看见西洋史上用基督纪年,觉得实在便利,于是也想改良中国纪年的方法。如梁任公做的《纪年公理》,可以算是中国纪年革命的宣言书。自此以后,中国人就想出了几种新纪年的方法。

读解1:

如果要"由年代距离的远近,考见文化的进退,事物的变迁",那么,用皇帝来纪年或者别的纪年方式其实也是"适用"的。一部《春秋》、一部《史记》、一部《资治通鉴》都无不探讨事物之变迁、文化之进退。虽然用皇帝来纪年会面临改元的事情,但是一元之内也是顺序排为一年、二年、三年等等的,中国历史上存在许多个这样的小单元,它们各有自己的起止点。这种纪年方式表明了中国历史特殊的时间意识,它突显世事的兴衰久暂。它是周而复始的环性时间意识,而不是往而不返的线性时间意识,后者与基督教末世论历史观及近代以来无止境进步的社会历史观念相互匹配。从这个意义上说,改变纪年方式必定涉及改变时间意识,从而改变生命自觉、改变社会构成、改变历史运动。钱文紧紧抓住了这一重大问题,的确是识见非凡。但正因为问题重大,改变纪年方式就不仅仅是一个以考虑计数上便利与否为宗旨的事情,它所牵连的内容实在既深且广。

读解2:

按钱文,要改良中国纪年方法的是"中国的明白人",他们"看见西洋史上用基督纪年,觉得实在便利"。便利与否的问题,如果只是计数意义上的问题,就没有什么了不起的重要性,也不构成看中某种纪年方法的关键理由。或者,便利与否的问题另有深意?如果是,那么人们就要留神:事情的复杂性和微妙性可能会被"便利"之说掩盖过去。事实上,由于议题内容本身的客观要求,钱文在后面不得不经常从事情的较不重要的方面转移到较为重要的方面。但是,钱文在这里也在悄悄地努力预定立论的趋向和受众的理解趋向。在中国人中(事实上在任何人群中),谁都不愿意自外于"明白人"之列而甘于或沦于非"明白人"甚至糊涂者之流,钱文据此动用了对"中国人"的隐含分类,既向读者发出了认同的诱惑,同时也发出了将读者打入另类的威慑。

读解3:

尤其重要的是,鸦片战争以来"西洋"对中国来说具有特殊意义,甲午战争后"东洋"日本也具有了特殊意义,但除了地缘政治上的利害以外,"东洋"也只是中国人心目中"西洋"的回声和中介而已。钱文的文眼之一就是"西洋",后面"世界""公历"等普遍性概念,其实质内容就是"西洋"。据说林则徐是中国第一个睁眼看世界的人,然而"世界"实在是一个意识形态概念。在中国人眼中,"世界"并不包括非洲,中国自己也有待于成为"世界"的一员。这种情况至今也并无根本改变。不过且先跟着钱文走吧。

钱文(二):

(1)有人看见西洋人用基督纪年,就说,"这是他们用他们的教主来纪年。我们中国也有一位孔大教主,我们应该拿他来纪年。"于是就有康有为一派的孔子纪年。

(2)有人看见日本人用神武天皇纪年,就说:"神武天皇是日本第一个皇帝,又是日本民族的始祖;他们拿他来纪年,却很合于爱国保种的道理。我们汉族的始祖是黄帝,我们该学日本人的办法,拿他来纪年。"于是就有《民报》一派的黄帝纪年。

这两种新纪年,除了创始的人以外,别人也有用他的。此外还有主张用干支纪年的,却是只见此说,没有看见人用过。

读解 1：

"孔教"之说不知起于何人何时，就孔子在中国文化精神中的地位而言，将其与"西洋"的耶稣基督相提并论，也许不是太离谱。从纯粹计数的角度说，孔子纪年与基督纪年除了元年位置不一，实质上并无不同。黄帝纪年情形也一样。如果说它们有重要的不同，那只能从别的角度说。显然，倡导孔子纪年有比拟基督教的意向，倡导黄帝纪年有引全中国人认祖归宗或"爱国保种"的意向。

此类意向在基督教中也不是没有的。在"西洋"，较早的纪年法有几种，古希腊奥林匹克纪年将元年约定为第一届奥林匹克运动会开会之时（公元前 776 年），众所周知，古希腊的奥林匹克赛会是向主神宙斯致敬的宗教性活动。古罗马纪年将元年确定为罗马建成之时，约当公元前 753 年。其他还有儒略纪元，即儒略历法（Julian calender）生效之年（公元前 45 年），殉教者纪元（亦称戴克里先纪元），其元年约当公元 284 年。基督纪元则是由基督教僧侣小狄奥尼西（约 500 ~ 约 560 年）在 532 年倡议并随即为基督教教会采纳推广的，它的元年定为小狄奥尼西所推算的耶稣基督生年（罗马纪元 753 年）[1]。后来教皇格列高利十三世（Gregory Ⅷ）1582 年推行格列高利历（Gregorian calender，其前身是儒略历）时承继了这种基督纪年方式，格列高利历也就是现在所说的"公历"。在这种"公历"中，"公元"即 A. D.（拉丁文 Anno Domini 缩写，意为"主的生年"），"公元前"即 B. C.（英文 Before Christ 的缩写，意为"基督以前"）[2]。中文一个"公"字，似乎抹去了一切地方性和宗教性色彩，这种自我欺骗或许称得上某种反向的文化殖民意识。也许不完全是巧合，据卡林内斯库[3]、哈贝马斯确认，"现代"（modernus）概念出现于 5 世纪或 5 世纪后期的基督教世界中，并开始广泛使用。哈贝马斯还随即对"现代"加以解释，"现代"的"意思是

---

① 上述有关历法的内容参阅保罗·库代克：《历法》，刘玉俐译，商务印书馆，1996年，第47~51页。亦参阅《简明不列颠百科全书》第2卷，"狄奥尼西（小）"条，中国大百科全书出版社，1985年。

② 参见《辞海》（缩印音序本）"公元"条，上海辞书出版社，2002年。

③ 参见卡林内斯库：《现代性的五副面孔》，顾爱彬、李瑞华译，商务印书馆，2002年，第19~20页。

要把已经皈依'基督教'的现代社会与仍然属于'异教'的罗马社会区别开来"①。不难看出,"现代"概念的出现和基督纪年的实行相隔不足半个世纪,以千百年的尺度来衡量,此二者可说是接踵而至,后者并且显然能够起到哈贝马斯所指的"区别"作用。

有趣的是,钱文后面将一面指斥孔子纪年、黄帝纪年含有"特别作用",一面尽力强调基督纪年没有或者可以没有"特别作用"。

读解2:

关于干支纪年,钱文说只听说过,没见用过。然而,干支纪年法本是中国最古老而悠久的纪年方法,后来与用皇帝纪年的方法并行使用。今日没有皇帝了,干支纪年法也还没有完全退出历史舞台。干支纪年表明的是一种更规范的环性时间意识,即以60年为周期循环。钱玄同在中国传统文化方面的渊深造诣有口皆碑,所著文中却主张干支纪年无人用过,着实难解。有证据表明钱玄同自己早年也曾用过干支纪年②。

钱文(三):

又,章太炎先生主张用"周召共和"纪年。他的意思,绝不是拿那二千七百年以前的"共和"两个字来冒现在的"共和政体"的牌。他是因为《史记十二诸侯年表》从"共和元年"起;自此以后,才有确实的年数,可以计算到现在。那"周召共和"以前的年数,都是靠不住的;什么《帝王世纪》《竹书纪年》《通鉴外纪》《通鉴前编》等书,把三皇五帝以来的年数说

---

① 哈贝马斯:《现代性的概念》,汪民安、陈永国、张云鹏主编:《现代性基本读本》,河南大学出版社,2005年,第120页。

② 钱玄同在写于1924年的文章《三十年来我对于满清的态度的变迁》中说:"当时我和几个朋友办一种《湖州白话报》,封面上决不肯写'光绪十三年',只写'甲辰年';当时这种应用'《春秋》笔法'的心理,正和二十年后的遗老们不肯写'民国十三年'而写'甲子年'一样。其实写干支还不能满足,很想写'黄帝纪元四千六百零二年',这也与遗老们很想写'宣统十六年'一样的心理;只因这样一写,一定会被官厅干涉,禁止发行,所以只好退一步而写干支。"(刘思源等编:《钱玄同文集》第2卷(随感录及其他),中国人民大学出版社,1999年,第111页。)不管钱玄同后来的见解怎样,这里的叙述生动地表明了纪年事宜从来都不单纯。

得"像煞有介事"，其实这都是各人做各人的春梦，没有一个可信的。所以，太炎先生用共和纪年，倒并不含什么"微言大义"在内，只是老老实实从中国历史上可考的年代起，拿来做中国的新纪年。（我以前也主张这一说，曾于一千九百十年作过一篇《共和纪年说》，登在《教育今语杂志》里。）

读解1：

所谓"'周召共和'纪年"，与孔子纪年、黄帝纪年或基督纪年相比，是最为技术化的一种纪年方案，照说最符合钱文倡导的可取纪年的若干标准（简单易记、不含特别作用、比较时一目了然等）。但是，后面这一方案被以一种既平常又奇怪的理由否定了（详见卢梭事）。

读解2：

钱文辩称章太炎倡导的纪年方案并无"微言大义"，"只是老老实实从中国历史上可考的年代起，拿来做中国的新纪年"。也许正是太"老老实实"了，没有什么精神可以寄托，人们对它也就没有兴趣。相比之下，基督纪年、黄帝纪年、孔子纪年之类，尽管所含形象其年代往往是模糊的，但因为各是不同精神恰可寄托的对象，人们就有兴趣加以取舍，甚至为此而战斗。

读解3：

钱文在此顺便打击了几部古书，这也印证了钱玄同对陈独秀的表态："我绝对以为今后世界只有科学真理，彼宗教神话，断无存留之价值。"这种对断裂的追求，看来与哈贝马斯所指"现代"概念的"区别"性很相一致。中国这个古老的"异教"国度似乎将由这一"区别"而转入"现代"社会。

钱文（四）：

一千九百十一年十月十日，共和革命军起兵。其时军中的檄文布告等等，都用黄帝纪年。这个缘故因为当时的革命军，本标揭"民族""民权""民生"三种革命，而以民族革命列在第一，所以，檄文布告等等都带着"排满"的口气；那么用汉族的始祖来纪年,原是当然,毫不足怪。到了一千九百十二年一月一日,中华民国政府成立,改用世界通用的阳历,于是就改称那天为"中华民国元年元旦"。自此以后,直到现在,就用"中华民国"来纪年。有些人因为民国纪年已经通行,那改良民国以前纪年的方法,可以不用想旁的花样,就称为"民国纪元前若干年"就行了。

读解1:

通过使用某种纪年,可以表达政治意愿,如用黄帝纪年表达"排满"之情。同样道理,通过使用某种纪年,可以表达社会政治状态,如用民国纪年标明帝王、朝代的社会政治模式的退场,"中华'民'国"的登场。同时,"'中华'民国"也还显示着当初"驱除鞑虏,恢复中华"所包含的"排满"意识(而今的"中华"显然已经不再"排满",而是把"满"视为自己当然的一部分)。如此看来,纪年确实具有高度的意识形态性。钱文在这里有此识见,后面却要努力洗净基督纪年,诚也所谓"知有二五而不知有一十"。

读解2:

从单纯计数的角度看,民国纪年和基督纪年也只是纪元点的不同,通过简单换算即可一致。况且,民国纪年方案在相应的纪月、纪日方面已经采取了格列高利历的方案。

钱文(五):

我对于以上各种新纪年的意见,只有那孔子、黄帝两种含有特别作用,不能赞成他,——因为不能强迫全国的人都信孔教,不能强迫全国的人都主张这种狭隘的民族主义。其余的两种,我也并不怎样反对他。因为符号这样东西里面,本来没有含着绝对的真理;只要简单易记,制作的时候又不含特别作用在内,什么都可以用得。共和纪年,从中国历史上可考的年代记起,用了他,可以把二千七百年以前文化的进退,事物的变迁,彼此距离的年代一目了然。"民国纪元前若干年"的方法,从现在逆溯上去,可以知道历史上某人某事距现在有若干年。这两种纪年法,都算有一种用处。

读解 1:

钱文在此标明了纪年的两个标准:一是简单易记;二是不含"特别作用"。这两个标准加在一起构成选取某种纪年的充分条件。依此标准,章太炎所倡导的共和纪年恐怕就是最可取的。然而,钱文的结论却不是这样。如果不能或没有按自己所已确立的逻辑走向合逻辑的结论而是走到别的结论上去了,那么,除了逻辑技能不够之外,必定有别的因素在其中起了作用。把这种因素从钱文中找出来,十分重要。

读解 2:

钱文一开始就将纪年视为一种重要符号,这里更明确认为符号里面本没有绝对的真理。这似乎表明符号乃是空壳。符号到底是不是空的,还是第二个问题,就算符号是空的,那么往里面填什么内容也是大有分别的。其实,从纯粹计数的角度看待纪年,就是把纪年抽象成空的符号,那时什么孔子纪年、基督纪年、黄帝纪年、共和纪年、民国纪年均无本质区别。但是,当钱文把基督纪年单选出来予以推举的时候,实例性地证明了不能从单纯计数的意义上理解纪年。况且,符号大概根本上从来就不是空的,它含有某种真理,甚至某种绝对真理;人支配符号的自由远比想象的要小。1793 年,法国国民公会颁行了与创新的法国大革命精神相一致的共和历,其中,年是从秋天开始的,富含诗意的十二个月依次是:葡月、雾月、霜月、雪月、雨月、风月、芽月、花月、牧月、获月、热月、果月。国民公会还本着普世情怀要把共和历推广到全世界,保罗·库代克就此写道:"殊不知这些称谓只符合法国的气候!"实际上共和历在法国也只延续了 13 年就被拿破仑所废止①。钱文在此虽然不是作哲学议论,但认为符号里面本没有绝对真理在哲学上大概是很成问题的。

---

① 参见保罗·库代克:《历法》,刘玉俪译,商务印书馆,1996 年,第 81 页。

读解 3：

钱文暂时放过了共和纪年和民国纪年,明确反对孔子纪年和黄帝纪年。反对孔子纪年的理由是"不能强迫全国的人都信孔教",反对黄帝纪年的理由是"不能强迫全国的人都主张这种狭隘的民族主义"。反过来看,所谓孔子纪年含有的"特别作用",应当就是"强迫全国的人都信孔教",黄帝纪年所含有的"特别作用"就是"强迫全国的人都主张这种狭隘的民族主义"。用孔子纪年,就一定要信"孔教",这种逻辑也太神经质了,属于由短袖立刻想到短裤的那种。其实,反过来说信孔教就要用孔子纪年可能更合理一些,康有为也许就是这样考虑问题的。当然,钱文自己也并不始终坚持这种逻辑,后面具体涉及主张基督纪年时,钱文就讲了相反的道理。关于"狭隘的民族主义",也存在类似的神经质逻辑。

钱文(六):

可是从现在以后的中国,是世界的一部分;现在以后的中国人,是世界上人类的一部分。所以无论讲时事,讲古事,都和世界各国相关联。时事不待言。以后研究中国历史上的古事,决不是再像从前研究《通鉴辑览》的办法:说尧舜怎样的仁,桀纣怎样的暴;刘备是正统,曹丕和孙权是僭伪;岳飞是忠臣,秦桧是奸臣。一定是用治社会学的方法,去研究自古至今中国民族文化变迁的真相。那么,一定有和别国历史比较的地方。既和别国历史常有比较,则须和别国用同一的纪年,才觉便当。我举一件小事为例。那黄梨洲作《原君》《原臣》两篇文章,近来如梁任公诸人,都拿他和法国的卢梭的《民约论》相提并论。虽然有些比得过当,可是二百余年以前的中国人能够讲这样透彻的话,在历史上确是一个很有价值的人物。我们假如要拿梨洲和卢梭两人比较他俩距离的年代,若用公历来记,则梨洲是一六一〇至一六九五,卢梭是一七一二至一七七八,一望而知他俩距离若干年。若用旧法来纪梨洲的生卒,则是明神宗万历三十八年至清圣祖康熙三十四年。

若用共和纪年来纪梨洲的生卒,则是二四五一至二五三六。若用"民国纪元前纪年"来纪梨洲的生卒,则是前三〇二至前二一七。和卢梭生卒的纪年相比较,没有一种能够一目了然的。所以,这共和纪年和"民国纪元前"纪年,还不是一个很适用的纪年。

所以,我以为中国应该爽爽快快用世界公历纪年。

读解 1:

中国是世界的一部分,中国人是世界上人类的一部分,这本是不需要附加任何时间限定的。不过,这须以把"世界"和"人类"视作自然地理概念为前提,可是在此前提下,申明上述论断恰恰是没有什么意思的。钱文对此特予郑重强调,意味着"世界"和"人类"这看似普泛之极的概念实际上并不是那么普泛的,实际上随着历史情势它们的内涵、外延经常变动,因此,它们是政治或国际政治概念。它们里面究竟包括什么? 究竟包括不包括中国和中国人? 如何包括中国和中国人? 这些的确都是待决的问题。

前文"钱文(一)之读解 3"已经多少触及"世界"问题。在中国人近现代历史的意义上,"世界"与"西洋"密切相关,"世界"是借由或者就是由"西洋"来建构的。而在鸦片战争之前,在中国人传统的天下概念格局中,"西洋"只不过是"夷"的一部分而已,处于比"东夷"更为边远更为边缘的位置。中国人天下概念的建构中,"西洋"即使不是子虚乌有,也没有什么特殊的重要性。同样,西洋人在人的类别格局衡量之下,虽然不是非人,但也只是"野"人而已。"世界"概念源于东渐的佛教,泛指一切时间(世)和空间(界)的总体,大致和"宇宙"概念相当。这种世界概念经近代日本人改造后用来翻译西方的 world 概念,然后再被引回到现代汉语之中。"世界"概念所发生的重要变化主要是内涵上空间性日益排挤了时间性,并且,"世界"也顶替了"天下"①。也就

① "世界"概念的有关讨论参阅王力:《汉语史稿》(修订本),中华书局,1980 年,第 512 页;亦参阅马西尼:《现代汉语词汇的形成——十九世纪汉语外来词研究》,黄河清译,香港语文协会审定,上海汉语大词典出版社,1997 年,第 111、第 177 页。

是说,"西洋"中心的"世界"格局顶替了原来中国中心的"天下"格局,中国和中国人在这一新格局中沦落到边缘,其正常成员的资格有待论证和争取,这也是钱文的一个多少自觉的任务。和中国传统的天下概念格局相比,"世界"格局的出现①是一个大翻转,这个过程鸦片战争之后开始,甲午战争之后加剧,新文化运动之时大体定局(其实"新""文化"运动本身就是这一翻转的典型症状)。当代中国和中国人仍然没有超出这一定局,对"现代"诸议题的学术痴迷反倒表明我们可能正在越陷越深,本文也是其中一例。

读解2:

在开始世界化和人类化的前提下,钱文主张,为便于比较"须和别国用同一的纪年"。然而,"便当"之说,是对谁便当呢?"别国"这一形式化的说法究竟指哪国?指爪哇国吗?看来不是。这倒不是因为中国历史和爪哇国历史没有比较的可能性和必要性,而是因为别的。"便当"和"同一"都不是泛泛而谈的,也不能是泛泛而谈的。钱文下面通过实例表明了"别国"的具体所指。至于这里又顺手打击了一下中国传统历史研究的某些习惯,理由已在前文"钱文(三)之读解3"中指出,这里还可点出的是通过"社会学""真相"等概念所显示的对"赛先生"的尊崇。

读解3:

小事如果成为典型,那就算不得小事了。拿黄宗羲和卢梭相比较,所谓"别国"也就有了实在内容,那就是法国或者欧美,以及那里的纪年——基督纪年,即所谓公历。

诚如钱文所指,如果都用公历来给这两位思想家纪生卒,比较起来的确称得上"一目了然",前提是把黄宗羲这个中国人的生卒改用原非

---

① 当马克思谈资本主义造成了"世界"历史时代时,可能对"东方"充满了同情,因为他本身是西方人,即使是反叛者,也是处于中心的反叛者。而近代中国人面对这同一个"世界"历史时代时,因为处于边缘,实在是无比焦虑和酸楚,甚至会产生某种文化自虐,例如鲁迅(有趣的是,鲁迅写作《狂人日记》,正是受了钱玄同的敦促和激励)。另一方面,并非不可想象的是,当马克思终于成为了"我们"的马克思时,我们对马克思的感受和态度也仍然是不单纯的,晚近的中国历史发展也正从一个侧面佐证着这一点。事情的根子恐怕还在于中国与"世界"历史的关系。

中国纪年的纪年方案来纪。但是，如果都用共和纪年或民国纪，乃至用孔子纪年或黄帝纪年来纪，照样"一目了然"，它们计数的道理本来毫无二致。

其实也可以这样，把卢梭的生卒改纪为清圣祖康熙五十一年至清高宗乾隆四十三年，以与黄宗羲的明神宗万历三十八年至清圣祖康熙三十四年相比，对于熟悉中国历史的人来说这也是"一目了然"的；而且这种比法本身还自然包含了更多的社会历史信息，黄宗羲生跨明清两朝，皇帝代谢若干，人们自然会关注黄宗羲对待明清两朝的政治态度，事实上，反清复明是黄宗羲一生中十分重要的事情，也是那个时代很重要的事情；相反，如果以"一六一〇至一六九五"来记写黄宗羲的生卒，上述有意义的生命和社会历史信息就无从联想了。

相对来说，基督纪年较为形式化，它抽掉了事情质的方面，这既便于比较，也妨碍比较。例如，按公历纪年比较柏拉图和普罗提诺，前者纪为公元前427～公元前347年，后者纪为公元205～270年，一望而知二者出生相距632年，但这只是个形式化的算术结果。如果人们要研究柏拉图主义和新柏拉图主义的关系，是不能从这种纪年方式及其比较中获得什么启发的。充其量人们可以知道一个生在耶稣之前，一个生在耶稣之后，从而确定柏拉图是异教徒，但是另一个呢，也是异教徒。实际上，柏拉图生活在古希腊城邦社会，用当时的城邦君主次序或共和国最高行政长官名字来纪年，普罗提诺生活在罗马帝国，用古罗马纪年，如果用他们各自实际的纪年，人们几乎自动地会去注意有关的社会生活的巨大转变。假如用钱文鄙夷不屑的中国传统纪年方式，也会有类似效果，柏拉图纪为周考王（姬嵬）十三年至周显王（姬扁）二十二年，普罗提诺纪为汉献帝建安十年至晋武帝泰始六年，"一望而知"前者生活在战国时代，后者生活在汉末晋初，其间多少舞榭歌台，雨打风吹……

不过，不管怎样，钱文为了自己所期待的"一目了然"，还是唯公历是举，同时排除了前面承认也"算有一种用处"的共和纪年和民国纪年。中国不仅应该用"世界""公"历纪年，而且还要"爽爽快快"地用。新"世界"格局中的自我驯服溢于言表。

读解4：

选黄宗羲来和卢梭相比,看来也不是随便选取的,因为和卢梭的社会契约论思想比起来,"二百余年以前的中国人能够讲这样透彻的话,在历史上确是一个很有价值的人物"。此种比法,钱文大概不是始作俑者,但是很可算是一个简单的样本。明于年代先后而昧于内容异质,是此种比法的共同点。当然,这种比法确实有助于营造文化心理上的主观安慰。按钱文的语势,如果都采用公历纪年,则黄宗羲之领先于卢梭恰可"一望而知",其快慰孰过于此? 然而,黄宗羲的《原君》《原臣》无论讲出多少或许具有现代意义的政治思想,其基本框架却仍然是君臣,仍然是儒家的治天下理念,和契约论的政治理念实在是有原则的不同,黄宗羲的"透彻"因而和卢梭的"透彻"在内容上并非一事。而只言片语的相近,实不足以得什么重要结论。当然,钱文在这里只是提及而已,所以,寄生性的评论也便不宜过多。就此打住。

钱文(七)：

有人问我,"你这所谓世界公历纪年,就是那基督纪年。基督教徒用基督降生纪年,和孔教徒的康有为要用孔子纪年一样。你说'不能强迫全国的人都信孔教,所以不能用孔子纪年',难道你要强迫全国的人都信基督教吗? 大概你自己是基督教徒,所以,明于责人暗于责己了。"我答道,我现在并不是基督教徒。即使我一旦入了基督教、我也断不敢如此妄为,强迫全国的人都信基督教,并且拿这基督纪年来诱人入教。我是因为基督纪年,其始虽出于教徒之私,然后来渐渐推广到政治上,到社会上。到了现在,欧美各国无不用此,就是中国和日本虽然别有纪年,然而也兼用这基督纪年。在事实上,已经变成一种世界通用的纪年。基督教徒虽然也用基督纪年,可是除基督教徒以外,别种社会用基督纪年的,丝毫不含有宗教的意味。所以在西洋,就是那口口声声反对宗教的**Anarchist**,也是用基督纪年。即此一端,更可证明基督纪年是世界通用的纪年。荀子说得好:"名无固宜,约之以命;约定俗成,谓之宜;异于约,则谓之不宜。"基督纪年之为世界通用的纪年,是已经"约定俗成"的了。所以,虽出于教徒之私,却是"宜"的。共和纪年和"民国纪年前"纪年,在中国前代既没有用过,现在要想来用他,却又因为和世界各国都没有关系,难于造成习惯,是"异于约"的了;所以虽然其中不含有什么特别的作用,却是"不宜"的。现在虽然还有人对于中国用基督纪年不免要怀疑,可是"二十世纪之中国"这些字样,他已经是"司空见惯",觉得毫不足奇。而一面又要来反对中国用基督纪年,岂不是"知有二五而不知有一十"吗?

读解 1:

钱文以设问方式引出了基督纪年和基督教信仰的关系问题,但它前面打击孔子纪年和黄帝纪年的神经质逻辑(见"钱文(五)之读解3")在这里被相反的论证所取代。钱文承认基督纪年起初是出于教徒之私,但"推广"之后,"欧美各国无不用此",**就是**中国、日本也有用的了,因此基督纪年"在事实上已经变成一种世界通用的纪年"。本文前已论及"世界"概念的政治性,在这里"世界"的政治性就完全明确了。这"世界"事实上是如此之小,欧美加东亚而已,而且东亚的日本特别是中国也还只有准成员的资格。中国在自己旁边只看见了日本,西亚、南亚、东南亚、中亚诸国俨然并不存在于这个"世界"上。欧美者,基督教世界也,取法于欧美而主张用基督纪年,确乎难避替基督教张目的嫌疑。但是,钱文并不接受设问中"明于责人暗于责己"的批评,所靠的就是"在事实上"的"世界"之名。公平地说,钱文之义即使不是"明于责人暗于责己",恐怕也是明于立己而暗于立人。但是,意识形态话语在面临竞争时确乎不能不分彼此地坚持一种逻辑。

至于钱文提到的西洋的反宗教的无政府主义者也用基督纪年,适足以表明基督纪年在西洋已经成为根深蒂固的习俗,而未必表明基督纪年的世界通用性。钱玄同倡导新文化如此激进,他接着就引用了荀子的话来加强自己的论点,这并不能证明荀子思想具有永恒的、普适的意义,而只表明引用者自己身上还有着不能完全觉察和清理的根深蒂

395

固的习俗罢了。

读解2：

钱文引用《荀子·正名》的见解来发挥"约定俗成"的道理，似乎暗示着纪年这种符号也服从约定俗成的道理。但是，荀子论名是有分类在先的，即刑名、爵名、文名和散名，大概只在最后一个类别上荀子主张约定俗成，所谓"散名之加于万物者，从诸夏之成俗"。那么，纪年之名属于散名还是文名？如果假设荀子的分类是完备的，那么，纪年之名**似乎**不属于散名而属于文名，因为礼法、仪轨的规范首先就要规约（纪）时间，而"文名从《礼》"。钱文未顾及此，泛泛而谈约定俗成之说，似有不慎处。退一步说，即使纪年之名属于散名，要以约定俗成为原则，那么，必定也要涉及谁和谁约、以谁为主、以谁为准的问题。荀子的议论中关于散名点出过"诸夏"和"远方异俗之乡"的政治格局，此其一；"正名"主旨是谈后王应如何循名、作名的原则的，制名是为了治世，此其二；荀子明言"夫民易一以道，而不可与共故，故明君临之以势，道之以道，申之以命，章之以论，禁之以刑"①，因此，所谓"约定俗成"，老百姓并没有资格参与，此其三。这也就是说，"约"及其"俗"的问题实在是一个不折不扣的社会政治问题②（相关讨论也可参阅"钱文（五）之读解2"）。钱文发挥荀子的话是为了再排挤一下共和纪年和民国纪年，思路是说它们在中国前代没有用过，也和世界各国都没有关系，这两点使得共和纪年和民国纪年皆异于约，难于成俗，所以"不宜"。中国从前没有用过，或许还是其次，主要是和"世界各国"没有关系，然则"世界各国"，欧美而已。

读解3：

钱文所指使用"二十世纪之中国"字样而又反对基督纪年者不知何人。的确，这样的人身处于某种现代性境遇中却浑然不觉，故钱文戏

---

① 《荀子·正名》，见王天海：《荀子校释》，上海古籍出版社，2005 年，第 882、第 904 页。

② 在我们这个公共言论多少平民化了的年月，"约定俗成"仿佛是一件谁都有资格参与同时谁也不能强加己意于他人的事情（其实这样说也不完全真实）。然而，如涉及荀子之论约定俗成的事情，不考虑他那个时代的社会结构状况和问题意识，而只凭字句的相同或相似，望文生义，那是很危险的。

之以"知有二五而不知有一十"。然而,这一戏语在更深刻的意义上也适用于钱文自己。(可参阅前文"钱文(四)之读解1"。)

钱文(八):

从前《新民丛报》第二十七号(?)有一位尚同子的通信,又《民声周刊》第十号有师复君答人的信。都是主张用基督纪年的。我的主张,完全和二君相同;现在把二君的话录在后面:——

尚同子说道:"……新民子既以齐万为一,去繁就简为纪年之公例,则何不竟用西历之为尤简且一乎?西历纪年,讬始耶稣,私也;行之既久,但称'几千几百几十几年'固已共忘为耶稣矣。今环球列国,无论何教何种,无不相沿用之。其未从西历者,独吾亚洲一二国而已。以数十百国,千余年所惯用之纪年,必非一二国,一二学者之力足以夺之,则不得不舍己从人者,势耳。……西历年号,后此必叠见于吾学界中,为读书人所常道。独于纪吾国事必思所以别异之,徒增繁耳。"

师复君说道:"来书以吾人所用之'新世纪十四年'乃由于耶稣基督之降生几岁而来,因谓'以宗教纪年为纪年,不免与教徒以口实'。不知此种纪年,已为今世界所通用,无论其人是否为基督教徒,其国是否为基督教国,均无不用此纪年者。如支那,日本,原与基督教相去甚远,然苟为世界的交际,无论条约,或个人之交通,即不能不用此纪年。而在学术上分别历史之时代,尤必以'某世纪'为断。然则所谓'一千九百若干年'者,其起源虽本于基督之降生,而在今日,则已成为全世界交际上学术上之公物,而不能复私之以为宗教之所有矣。原夫纪年之法,不过为表志年代之符号,而非有若何深意于其间;苟有一法,能令人周知而不偏于一地一事者,即属可用;如云'中华民国若干年','日本大正若干年',所谓限于一地;'孔子若干年','释迦若干年',所谓限于一事。今'一千九百若干年'者,既已通用于各地及各种社会矣,吾人又何不可沿其通俗而用之乎？"

二君所论，明通之至。怀疑于"用基督纪年就有基督教徒的嫌疑"的人，读了二君这两段的议论，一定可以明白了。
……

读解1：

钱文引用尚同子和师复君［当即刘师复（1884～1915年）］的见解为自己的援助，并先声明"我的主张完全和二君相同"。这两位的观点其实在明于立己和暗于立人两个方面都比钱文更为鲜明。如涉及基督纪年的"世界"性，尚同子认为"今环球列国，无论何教何种，无不相沿用之"，"环球列国"之语和"世界"毕竟稍有不同，那么，一个迄今不用基督纪年的广大伊斯兰世界就不在地球上吗？同时，尚同子却也坦率："不得不舍己从人者，势耳。"这比钱文的多方巧言更为准确地切中了事情的要害。师复君的意见性质也相似，他和尚同子一样断定基督纪年"已为今世界所通用，无论其人是否为基督教徒，其国是否为基督教国"，同时也承认"苟为世界的交际，无论条约，或个人之交通，即不能不用此纪年"，在这里，只要把"世界"理解为一个政治概念，师复君就和尚同子同样坦率和切中要害。

读解2：

此外，看来师复君早于钱文提出了同样的纪年符号论，认为"能令人周知而不偏于一地一事者即属可用"，但这也是用来打击非基督纪年独挺基督纪年的，只是打击对象与钱文有所不同罢了。其间纰缪"钱文（六）之读解3"已有讨论，不再重复。总之，钱文至此认为已经完成了洗净基督纪年的基督教性。如果还有人不服，钱文就准备以居高临下的姿势加以训诲了。

钱文（九）：

……如其还不能"释然于中"，那么，我就要请问：——"年"和"月""日"，是否一样的重要？如说是的，则诸位应该知道，现在民国所用的阳历，是以前的罗马教皇所制定的。其中七八两月的月名,还是教皇的名字哩(七月英文作 July,八月英文作 August,都是教皇的名字)。那什么二月只有二十八日,七月八月都是三十一日,这都有宗教上的历史的。何以大家就愿意遵用他呢? 七天称为一礼拜,到了礼拜日,就大家休息。这个典故,可不是出在《创世记》里吗?(《创世记》里说:"天地万物都已造成;到第七日,上帝造物的工已完成,就在第七日安息了。")何以现在中国的学校里无一不遵守这个典故呢? 我知道诸位一定说,"因为阳历和礼拜,在应用上很便利,所以虽然出于宗教,我们中国的非教徒也可以沿用。"那么,诸位已经明白了。我们主张中国当用基督纪年,也是因为它在应用上很便利,所以虽然出于宗教,我们不是教徒也可以沿用的。况且基督纪年,和阳历置闰的计算上很有关系;我们既然用了阳历,当然以用基督纪年为便。但我虽主张中国当用基督纪年,我却也嫌"救主降生"这类字样教气太重,看了觉得不大舒服;我因为承认这是已经"约定俗成"的世界通用的纪年,所以我就称他为"世界公历"("历"就是"年"的意思)。这种改称,和"礼拜"改称为"星期"命意相同。

读解 1：

钱文的第一个训诲是解释民国时已经采用的阳历中的月份名,说七月八月是根据教皇的名字命名的。其实,这两个月的名字是用罗马皇帝的名字命名的,七月用的是恺撒的名字,八月用的是奥古斯都的名字,和天主教教皇了无干系;而且,这两个月都是大月也是根据这俩皇帝的旨意调整而成的。这是历法常识,钱文当初是弄错了。

读解 2：

钱文的第二个训诲是关于礼拜日的,它解释说这源于《创世记》。但是认真说来,情况未必如此。按历法专家的研究,"在古代巴比伦,数字 7 是不吉利的数字,这种迷信使人们在每月 7、14、21 和 28 日这几天什么事都不能干。……从这个习惯中人们可以找到每周休息的起源,这一习惯后来成为犹太人的风俗。……西方仅仅从公元三世纪才开始采用周,在此之前,日历中没有这个成分。根据《创世记》,上帝创造世界花了六天,第七天休息。但是地球的形成经历了漫长的地质时期,在此期间生灵代代繁衍生息,这种事实促使教会决心放弃《旧约全书》中关于这个问题不现实的观点。从此以后,不再将一周中的日与上帝创世时的日混为一谈。"①

读解3:

钱文在论证和训诲大体结束之后,做了稍许退却。其实不如说是以退为进。钱玄同毕竟是中国人,承认觉得"救主降生"的说法"教气太重","不大舒服"。这本是对异质性入侵的自发感受,应顺藤摸瓜捕捉深层的文化问题,但是"约定俗成"的自我说服占了上风,以一个"公"字麻痹了感受,掩盖了问题,基督纪年于是乎洗净成了"世界公历"。

钱文(十):

还有人以为"公历纪年虽然便利,但是堂堂中华民国,忽然废弃民国纪年,岂非自亡其国吗?你看!日本他也用阳历,也用星期,光是纪年却非写'大正若干年'不可。就是他们历史上永久继续的纪年,也用什么'神武天皇若干年',并不采用基督纪年。这就是爱国心的表示。难道我们中国人不该学他吗?"我说,先生这种见解,简直和以前腐儒闹"帝蜀寇魏",闹"帝在房州"的办法同一迂谬可笑。难道国之存亡,在乎区区的纪年吗?那么,朱温做皇帝的时候,李存勖仍称"唐天祐若干年",毕竟唐朝是否因此而复兴?明永历帝被清兵杀了以后,郑成功仍称"明永历若干年",毕竟当时的明朝在那里?就说现在罢,那班遗老、遗少,爱写"宣统若干年",以表示其为清室忠臣,毕竟爱新觉罗溥仪的土地人民在那里?再翻过来说,基督是犹太人,犹太是否因为大家用了基督纪年,他就没有亡国?欧美各国用了基督纪年,是否就做了犹太的属国?

① 保罗·库代克:《历法》,刘玉俐译,商务印书馆,1996 年,第 42 页。

若说不然,便可知纪年不纪年,和亡国不亡国,是"风马牛不相及"的。怎么可以胡扯乱拉,牵作一团呢?至于日本的必须用大正和神武纪年,这是因为他是君主的缘故。我们中国既然是民主国,国情不同,当然没有应该效法他们的理由。况且日本近来一班新人物,用"一千九百若干年"的,也一天多似一天(请看日本新出的书报,便可知道)。他们君主国的国民还不一定用神圣不可侵犯的君主纪年,而用世界公历纪年,那么,我们民主国的国民用世界公历纪年,更是当然,丝毫不用犹豫了。

读解1:

清末民初,中国人亡国灭种的危险看来很大,所以,纪年问题往往也和爱国问题联系起来。钱文在此专拣软柿子捏,立了个容易击倒的靶子,从而申明纪年不纪年和亡国不亡国是风马牛不相及的。政治上或民族上是否亡国,的确和采用何种纪年方案没有直接的联系。但若说没有任何联系,风马牛不相及,就太过分了,因而不真实。整个新文化运动,包括钱玄同的文化活动在内,其前提无疑是文化诸方面和国家、民族的存亡、断续有着相当的联系,否则新文化运动根本就是庸人自扰甚至是无理取闹。钱文完全切断纪年问题和社会、国家、政治问题的曲折联系,原则上也就取消了自身议论和立论的现实合法性。但是,乌鸦站在黑猪上,它只瞧见了猪黑。意识形态话语的机制,大抵如此。建构新的时间意识,在中国建构西方的时间意识,在民国建构西方为主的世界性时间意识,这不是什么别的事业,而是意识形态的事业。

读解2:

有趣的是,在联系日本看问题的时候,钱文似乎又承认了纪年和政治的某种关联,认为日本用大正、神武纪年,**因为日本是君主国**。中国是"民主国,国情不同",不必仿日。那么,"民主国"就一定要用"世界公历"吗?钱文没有论证这一点,而是径直滑向实践的鼓动:就用"世界公历纪年","丝毫不用犹豫"!也许,所有意识形态论证都是半截子逻辑。

读解 3：

在追求差异性或为自身特殊性辩护的时候，"国情不同"的确是一块不错的魔布，钱文以来近一百年过去，它如今已经伸展成了一面随意收放、能遮天蔽日的皂雕旗①。

三、结语

钱文以"中国当用世界公历纪年"为主题，最后做结道："总而言之纪年是要能够永久继续的；纪年是宜求世界一致的；基督纪年，是已经为世界通用的；世界通用基督纪年，是和基督教不相干的；中国若用基督纪年，就是用世界通用的公历纪年，于考古，于现代应用，都是极便利的；所以说中国当用世界公历纪年。"

本文第二部分钱文（一）至钱文（十）10 个小节对钱文的论证多有寄生性异议，但本文显然并不是要反对钱文另求什么纪年方案，也不是要与什么"欧美"过不去。钱文已成历史陈迹，历史陈迹不可反对，也没有必要反对，事实上当代中国自 1949 年以来采用的就是"世界公历纪年"，至今如此。本文是要在学术意义上回顾性地清理一种现代性意识形态话语在中国的建构方式。

按《共产党宣言》的描绘，资产阶级"把一切民族连最野蛮的民族也卷入了文明。……它强迫一切民族（如果他们不愿意灭亡的话）学会资产阶级的生产方式；它强迫他们在自己那里推广所谓的文明，就是说成为资产者。一句话，它按照自己的形象为自己创造一个世界"②。这种资产阶级的强盗形象在"一个世界"的创造中只是事情的一个方面而已，事情的另一方面则是和"强迫"相补充的自我驯服。这种意识形态性质的自我驯服并不需要有人时刻拿枪顶在腰眼儿上才会出现，反倒需要以自身具备悠久的文明史为前提。钱文正是这种自我驯服的话语样本之一，它的不朽意义在于它的意识形态建构性质。

---

　　① 皂雕旗：哪吒借来帮助孙悟空行骗的宝贝，能遮蔽日月星辰。事见吴承恩：《西游记》第 33 回"外道迷真性 元神助本心"，齐鲁书社，1980 年，第 419～421 页。

　　② 《共产党宣言》，成仿吾译，人民出版社，1978 年，第 29 页。

"现代"并不是太初就有的,"现代"一出场就以厚重的历史负担为前提,它是对历史的一种异质态度,一种区分性安置。在界线的两侧,同一个原则并不能同样贯彻。因此,所谓"己欲立而立人,己欲达而达人","己所不欲勿施于人"(孔子),或者所谓要只按照你同时认为也能成为普遍规律的准则去行动(康德),都会被这个界线所割裂。在这个意义上,"现代性"乃是界线性。在一定的时候,时间的界线性也会转换为空间的界线性和社会的界线性。钱文整个论证的场域就是时间界线性和空间、社会界线性的双重叠合,它一面要自觉并确立时间的界线,一面也要正视并跨越空间、社会的界线。在时间上与过去的自身历史了断,是要到空间、社会界线的那一边去(或者反过来说也对,空间、社会界线的挤压造成了自身时间界线性的确立),"那一边"的时间性仅仅因为是那一边的就优越于自己这一边可能遵循同一原则的时间性。在钱玄同那个时代,没有哪个欧美人逼迫中国人采取基督纪年,欧美的扩张本身已经使他们大概可以坐等庄稼成熟,反倒是中国人自己在以所渴求的"世界"的名义加以激动的论证。同时,孔子纪年、黄帝纪年、共和纪年等等也都是中国人自己发明出来的,它们似乎造成了竞争局面,但只是自身历史意识的应激性反应和挣扎。因此,钱文在例如孔子纪年这方面总是看到有倾向的历史复杂性,而在基督纪年方面总是看到无倾向的现实简易性。钱文这种关于纪年的意识形态话语"逻辑"其实也不是独一无二的。

"现代"在从它的宗教形态转向世俗形态的时候,启蒙运动的大师伏尔泰就动用了想象中的中国来抨击黑暗的教会时代,例如,他写道:"中国人发明了周期历法,比我们的历法早 2602 年。我们计算古代时间的方法有 60 种,因此我们也就根本没有历法,难道应该由我们来对他们所一致接受的编年史提出异议吗?"[1]这番议论虽然不长[2],意向和

---

① 伏尔泰:《风俗论》(上册),梁守锵译,商务印书馆,1995 年,第 209~210 页。
② 伏尔泰对中国较为详细的议论可参阅其《风俗论》上册,"导论"第十八节(第 73~79 页);第一章"古代的中国;中国的军事力量;中国法律、风俗和科学"(第 209~217 页);第二章"中国的宗教;中国政府并非不信神者;7 世纪时基督教并未在中国传播;传入中国的某些教派"(第 218~224 页)。

钱文也大体正相反,但理路和钱文却是十分相近的。另外,作"现代"
之世俗形态的伴生物之一的自然科学,它的意识形态性可能一直是最
隐晦的,科学仿佛只在哥白尼、伽利略、牛顿那里才取得了出生证,此前
只是一个哲学教条主义的漫长黑暗时代,西方世界以及踵于其后的中
国(惯称"赛先生")借此生产了最大限度的意识形态"剩余价值",在
柯瓦雷、库恩、费耶阿本德等颇具哲学头脑的科学史家的工作之后,人
们才发觉并不得不正视现代自然科学的意识形态性质(因此这些作家
往往被归入"后""现代"),启蒙必须为自己创造足够的黑暗才能确立
自身。有时候,光明来自想象的别处。从这些相关事项来看,钱文之议
诚可谓不孤。

也许可以想象,假如真的是茹毛饮血的野蛮民族,"卷入文明"倒
可能是很简单的,所谓重不积,返不难。中国人是自己漫长历史的传
人,不得不为历史的漫长申辩,甚至赎罪。

何谓"现代"?何谓"世界"?何谓"时间意识"?这些问题如何聚
焦在"世界公历纪年"议题上?"世界""公"历"纪"年又如何曲折地显
露着"世界"问题?如何曲折地显露着"现代时间意识"的建构问题?

这些用中文写下的问题,其实并不是设问,也就是说,本文没有完
全回答这些问题,充其量是作了某些回答的尝试,"现代"之于我们,还
是"现在进行时"。也许黑格尔终究是明智的:密涅瓦的猫头鹰黄昏时
才会起飞。

(作者单位:黑龙江大学哲学系)

附　录

Quanqiuhua Beijing Xia De Xiandaixing Wenti

论中国当用世界公历纪年①

钱玄同

　　纪年是历史上一种很重要的符号。有了这种符号，才可由年代距离的远近，考见文化的进退，事物的变迁。所以，必须有一种能够永久继续的纪年法，才能适用。中国向来，是用皇帝来纪年。皇帝配不配拿来纪年，还是第二个问题。单从一个皇帝改一次元来说，已经可以证明这种纪年在历史上全无用处。何况一个皇帝还不止改一次元？像那武则天，做了二十一年的皇帝，竟改了十八次元。还有一个皇帝在一年之中改两三次元的。这样胡闹的纪年，倒不如索性没有纪年，还干净些。距今二十年以前，中国的明白人，看见西洋史上用基督纪年，觉得实在便利，于是也想改良中国纪年的方法。如梁任公做的《纪年公理》，可以算是中国纪年革命的宣言书。自此以后，中国人就想出了几种新纪年的方法：

　　① 《新青年》第六卷第六号(1919 年 11 月 1 日)，第 625～630 页。该文今亦见刘思源等编辑的《钱玄同文集》第 1 卷(文学革命)(中国人民大学出版社，1999 年，第 307～315 页)，但转录不够准确，如"刘备是正统，曹丕和孙权是僭伪"一句漏掉了"僭"字，成为"刘备是正统，曹丕和孙权是伪"，又如《创世记》改为《创世纪》。本文本除个别标点样式外，悉照原杂志刊登字句用简化字转录，部分标点与现今习惯不同，但不影响阅读——马天俊注。

（1）有人看见西洋人用基督纪年，就说，"这是他们用他们的教主来纪年。我们中国也有一位孔大教主，我们应该拿他来纪年。"于是就有康有为一派的孔子纪年。

（2）有人看见日本人用神武天皇纪年，就说："神武天皇是日本第一个皇帝，又是日本民族的始祖；他们拿他来纪年，却很合于爱国保种的道理。我们汉族的始祖是黄帝，我们该学日本人的办法，拿他来纪年。"于是就有《民报》一派的黄帝纪年。

这两种新纪年，除了创始的人以外，别人也有用他的。此外还有主张用干支纪年的，却是只见此说，没有看见人用过。

又，章太炎先生主张用"周召共和"纪年。他的意思，绝不是拿那二千七百年以前的"共和"两个字来冒现在的"共和政体"的牌。他是因为《史记十二诸侯年表》从"共和元年"起；自此以后，才有确实的年数，可以计算到现在。那"周召共和"以前的年数，都是靠不住的；什么《帝王世纪》《竹书纪年》《通鉴外纪》《通鉴前编》等书，把三皇五帝以来的年数说得"像煞有介事"，其实这都是各人做各人的春梦，没有一个可信的。所以，太炎先生用共和纪年，倒并不含什么"微言大义"在内，只是老老实实从中国历史上可考的年代起，拿来做中国的新（625①）纪年。（我以前也主张这一说，曾于一千九百十年作过一篇《共和纪年说》，登在《教育今语杂志》里。）

一千九百十一年十月十日，共和革命军起兵。其时军中的檄文布告等等，都用黄帝纪年。这个缘故因为当时的革命军，本标揭"民族""民权""民生"三种革命，而以民族革命列在第一，所以，檄文布告等等都带着"排满"的口气；那么用汉族的始祖来纪年，原是当然，毫不足怪。到了一千九百十二年一月一日，中华民国政府成立，改用世界通用的阳历，于是就改称那天为"中华民国元年元旦"。自此以后，直到现在，就用"中华民国"来纪年。有些人因为民国纪年已经通行，那改良民国以前纪年的方法，可以不用想旁的花样，就称为"民国纪元前若干年"就行了。

　　① 该数字指原杂志页码。下同——马天俊。

　　我对于以上各种新纪年的意见，只有那孔子、黄帝两种含有特别作用，不能赞成他，——因为不能强迫全国的人都信孔教，不能强迫全国的人都主张这种狭隘的民族主义。其余的两种，我也并不怎样反对他。因为符号这样东西里面，本来没有含着绝对的真理；只要简单易记，制作的时候又不含特别作用在内，什么都可以用得。共和纪年，从中国历史上可考的年代记起，用了他，可以把二千七百年以前文化的进退，事物的变迁，彼此距离的年代一目了然。"民国纪元前若干年"的方法，从现在递溯上去，可以知道历史上某人某事距现在有若干年。这两种纪年法，都算有一种用处。

　　可是从现在以后的中国，是世界的一部分；现在以后的中国人，是世界上人类的一部分。所以无论讲时事，讲古事，都和世界各国相关联。时事不待言。以后研究中国历史上的古事，决不是再像从前研究《通鉴辑览》的办法：说尧舜怎样的仁，桀纣怎样的暴；刘备是正统，曹丕和孙权是僭伪；岳飞是忠臣，秦桧是奸臣。一定是用治社会学的方法，去研究自古至今中国民族文化变迁的真相。那么，一定有和别国历史比较的地方。既和别国历史常有比较，则须和别国用同一的纪年，才觉便当。我举一件小事为例。那黄梨洲作《原君》《原臣》两篇文章，近来如梁任公诸人，都拿他和法国的卢梭的《民约论》相提并论。虽然有些比得过当，可是二百余年以前的中国人能够讲这样（626）透彻的话，在历史上确是一个很有价值的人物。我们假如要拿梨洲和卢梭两人比较他俩距离的年代，若用公历来记，则梨洲是一六一〇至一六九五，卢梭是一七一二至一七七八，一望而知他俩距离若干年。若用旧法来纪梨洲的生卒，则是明神宗万历三十八年至清圣祖康熙三十四年。若用共和纪年来纪梨洲的生卒，则是二四五一至二五三六。若用"民国纪元前纪年"来纪梨洲的生卒，则是前三〇二至前二一七。和卢梭生卒的纪年相比较，没有一种能够一目了然的。所以，这共和纪年和"民国纪元前"纪年，还不是一个很适用的纪年。

　　所以，我以为中国应该爽爽快快用世界公历纪年。

　　有人问我，"你这所谓世界公历纪年，就是那基督纪年。基督教徒用基督降生纪年，和孔教徒的康有为要用孔子纪年一样。你说'不能强迫全国的人都信孔教,所以不能用孔子纪年',难道你要强迫全国的人都信基督教吗? 大概你自己是基督教徒,所以,明于责人暗于责己了。"我答道,我现在并不是基督教徒。即使我一旦入了基督教、我也断不敢如此妄为,强迫全国的人都信基督教,并且拿这基督纪年来诱人入教。我是因为基督纪年,其始虽出于教徒之私,然后来渐渐推广到政治上,到社会上。到了现在,欧美各国无不用此;就是中国和日本虽然别有纪年,然而也兼用这基督纪年。在事实上,已经变成一种世界通用的纪年。基督教徒虽然也用基督纪年,可是除基督教徒以外,别种社会用基督纪年的,丝毫不含有宗教的意味。所以在西洋,就是那口口声声反对宗教的 Anarchist,也是用基督纪年。即此一端,更可证明基督纪年是世界通用的纪年。荀子说得好:"名无固宜,约之以命;约定俗成,谓之宜;异于约,则谓之不宜。"基督纪年之为世界通用的纪年,是已经"约定俗成"的了。所以,虽出于教徒之私,却是"宜"的。共和纪年和"民国纪年前"纪年;在中国前代既没有用过,现在要想来用他,却又因为和世界各国都没有关系,难于造成习惯,是"异于约"的了;所以虽然其中不含有什么特别的作用,却是"不宜"的。现在虽然还有人对于中国用基督纪年不免要怀疑,可是"二十世纪之中国"这些字样,他已经是"司(627)空见惯",觉得毫不足奇。而一面又要来反对中国用基督纪年,岂不是"知有二五而不知有一十"吗?

从前《新民丛报》第二十七号(?)有一位尚同子的通信,又《民声周刊》第十号有师复君答人的信。都是主张用基督纪年的。我的主张,完全和二君相同;现在把二君的话录在后面:——

尚同子说道:"……新民子既以齐万为一,去繁就简为纪年之公例,则何不竟用西历之为尤简且一乎? 西历纪年,讬始耶稣,私也;行之既久,但称'几千几百几十几年'固已共忘为耶稣矣。今环球列国,无论何教何种,无不相沿用之。其未从西历者,独吾亚洲一二国而已。以数十百国,千余年所惯用之纪年,必非一二国,一二学者之力足以夺之,则不得不舍已从人者,势耳。……西历年号,后此必叠见于吾学界中,为读书人所常道。独于纪吾国事必思所以别异之,徒增繁耳。"

师复君说道:"来书以吾人所用之'新世纪十四年'乃由于耶稣基督之降生几岁而来,因谓'以宗教纪年为纪年,不免与教徒以口实'。不知此种纪年,已为今世界所通用,无论其人是否为基督教徒,其国是否为基督教国,均无不用此纪年者。如支那,日本,原与基督教相去甚远,然苟为世界的交际,无论条约,或个人之交通,即不能不用此纪年。而在学术上分别历史之时代,尤必以'某世纪'为断。然则所谓'一千九百若干年'者,其起源虽本于基督之降生,而在今日,则已成为全世界交际上学术上之公物,而不能复私之以为宗教之所有矣。原夫纪年之法,不过为表志年代之符号,而非有若何深意于其间;苟有一法,能令人周知而不偏于一地一事者,即属可用;如云'中华民国若干年','日本大正若干年',所谓限于一地;'孔子若干年','释迦若干年',所谓限于一事。今'一千九百若干年'者,既已通用于各地及各种社会矣,吾人又何不可沿其通俗而用之乎?"

二君所论,明通之至。怀疑于"用基督纪年就有基督教徒的嫌疑"的人,读了二君这两段的议论,一定可以明白了。如其还不能"释然于中",那么,我就要请问:——"年"和"月"(628)"日",是否一样的重要? 如说是的,则诸位应该知道,现在民国所用的阳历,是以前的罗马教皇所制定的。其中七八两月的月名,还是教皇的名字哩。(七月英文作 July,八月英文作 August,都是教皇的名字。)那什么二月只有二十八日,七月八月都是三十一日,这都有宗教上的历史的。何以大家就愿意遵用他呢? 七天称为一礼拜,到了礼拜日,就大家休息;这个典故,可不是出在《创世记》里吗? (《创世记》里说:"天地万物都已造成;到第七日,上帝造物的工已完成,就在第七日安息了。")何以现在中国的学校里无一不遵守这个典故呢? 我知道诸位一定说,"因为阳历和礼拜,在应用上很便利,所以虽然出于宗教,我们中国的非教徒也可以沿用。"那么,诸位已经明白了。我们主张中国当用基督纪年,也是因为它在应用上很便利,所以虽然出于宗教,我们不是教徒也可以沿用的。况且基督纪年,和阳历置闰的计算上很有关系;我们既然用了阳历,当然以用基督纪年为便。但我虽主张中国当用基督纪年，我却也嫌"救主降生"这类字样教气太重，看了觉得不大舒服；我因为承认这是已经"约定俗成"的世界通用的纪年，所以我就称他为"世界公历"，（"历"就是"年"的意思。）这种改称，和"礼拜"改称为"星期"命意相同。

还有人以为"公历纪年虽然便利，但是堂堂中华民国，忽然废弃民国纪年，岂非自亡其国吗？你看！日本他也用阳历，也用星期，光是纪年却非写'大正若干年'不可。就是他们历史上永久继续的纪年，也用什么'神武天皇若干年'。并不采用基督纪年。这就是爱国心的表示。难道我们中国人不该学他吗？"我说，先生这种见解，简直和以前腐儒闹"帝蜀寇魏"，闹"帝在房州"的办法同一迂谬可笑。难道国之存亡，在乎区区的纪年吗？那么，朱温做皇帝的时候，李存勖仍称"唐天祐若干年"，毕竟唐朝是否因此而复兴？明永历帝被清兵杀了以后，郑成功仍称"明永历若干年"，毕竟当时的明朝在那里？就说现在罢，那班遗老、遗少，爱写"宣统若干年"，以表示其为清室忠臣，毕竟爱新觉罗溥仪的土地人民在那里？再翻过来说，基督是犹太人，犹太是否因为大家用了基督纪年，他就没有亡国？欧美各国用了基督纪年，是否就做了犹太的属国？若说不然，便可知纪年不纪年，和亡国不亡国，是"风（629）马牛不相及"的。怎么可以胡扯乱拉，牵作一团呢？至于日本的必须用大正和神武纪年，这是因为他是君主国的缘故。我们中国既然是民主国，国情不同，当然没有应该效法他们的理由。况且日本近来一班新人物，用"一千九百若干年"的，也一天多似一天，（请看日本新出的书报，便可知道。）他们君主国的国民还不一定用神圣不可侵犯的君主纪年，而用世界公历纪年，那么，我们民主国的国民用世界公历纪年，更是当然，丝毫不用犹豫了。

总而言之：——

纪年是要能够永久继续的；

纪年是宜求世界一致的；

基督纪年，是已经为世界通用的；

世界通用基督纪年，是和基督教不相干的；

中国若用基督纪年，就是用世界通用的公历纪年，于考古，于现代

应用,都是极便利的;

　　所以说:——

　　"中国当用世界公历纪年。"

　　　　　　　　公历一千九百十九年,十月,二十四日,于北京

重庆出版社近期推出书目

★《马克思主义经典著作基本观点研究参考丛书》
主编／俞可平　李慎明　王伟光

《农业的政治经济分析》　　　　　　　　　何增科等　著
《马恩列斯军事理论研究》　　　　　　　　张伊宁等　编
《经济文化落后国家社会发展道路问题的基本观点研究》
　　　　　　　　　　　　　　　　　　　　季正矩　著
《社会发展问题的基本观点研究》　　　　　张文成　著
《全球化和时代问题的基本观点研究》　　　杨雪冬　著

★《当代中国著名学者论丛》　主编／俞可平

《中国学者论全球化与自主》　　　　　　　俞可平　编
《中国学者论民主与法制》　　　　　　　　俞可平　编
《中国学者论中国与世界经济》　　　　　　余永定　编
《中国学者论和平与发展》　　　　　　　　黄　平　编
《中国学者论生态环境》　　　　　　　　　叶文虎　编
《中国学者论文化与文化转型》　　　　　　汪　晖　编

★《理论新视野丛书》第二辑　主编／俞吾金

《政治体制改革：问题与战略》　　　　　　桑玉成　著
《党的执政能力建设》　　　　　　　　　　林尚立　著
《健全现代市场体系》　　　　　　　　　　顾钰民　著
《和平发展道路》　　　　　　　　　　　　袁胜育　著
《新农村建设》　　　　　　　　　　　　　郁建兴　著
《社会主义核心价值观》　　　　　　　　　吴新文　著